EDWARD BEHR

DER LETZTE KAISER

ROMAN

*Mit einem Vorwort von
Bernardo Bertolucci*

Deutsche Erstausgabe

WILHELM HEYNE VERLAG
MÜNCHEN

HEYNE ALLGEMEINE REIHE
Nr. 01/7642

Titel der englischen Originalausgabe
THE LAST EMPEROR
Deutsche Übersetzung von Thomas Niehaus
Deutsche Übersetzung des Vorworts von Veronika Cordes

JEREMY THOMAS presents
A film by BERNARDO BERTOLUCCI
JOHN LONE, JOAN CHEN
PETER O'TOOLE as R.J
THE LAST EMPEROR
YING RUOCHENG, VICTOR WONG, DENNIS DUN
and RYUICHI SAKAMOTO
Associate Producer (U.K.) JOYCE HERLIHY
Costumes JAMES ACHESON
Production Designer FERDINANDO SCARFIOTTI
Editor GABRIELLA CRISTIANI
Photography by VITTORIO STORARO (AIC)
Music RYUICHI SAKAMOTO, DAVID BYRNE and CONG SU
Associate Producer FRANCO GIOVALE
Screenplay MARK PEPLOE with BERNARDO BERTOLUCCI
Producer JEREMY THOMAS
Director BERNARDO BERTOLUCCI
Eastman Color
Technovision Cameras & Lenses
Technicolor (Rome)

6. Auflage

Copyright © Recorded Picture Company (Productions) Ltd
and Screenframe Ltd
soundtrack album available on Virgin Records.
Copyright © der deutschen Übersetzung 1987 by
Wilhelm Heyne Verlag GmbH & Co. KG, München
Printed in Germany 1990
Umschlagfoto: Jugendfilm-Verleih GmbH, Berlin
Innenfotos: Jugendfilm-Verleih GmbH, Berlin
Umschlaggestaltung: Atelier Ingrid Schütz, München
Gesamtherstellung: Ebner Ulm

ISBN 3-453-02467-2

Pu Yi und die Chinesen
von Bernardo Bertolucci

Jedesmal, wenn ich während der Dreharbeiten zu meinem Film die Verbotene Stadt betrat, schien es mir wie ein Wunder, daß ein anderer Palast gefilmt wurde – der Winterpalast.

Ich betrachte die Gesichter der chinesischen Touristen, die zu Tausenden diese Architektur auf sich wirken ließen, diese Stille, diese leeren Räume. Han-Chinesen, Mandschus, Hakkas, Mongolen, aus allen Ecken dieses riesigen Landes herbeigeströmt, stand eine Art neugierige Unschuld in den Augen, ein Suchen. Was suchten sie? Ich weiß, was sie fanden: ganz einfach das Nichtvorhandensein des Kaisers.

Denn das Bild, das man sich von China macht, hat schwer auf dem Schicksal Chinas gelastet; es ist nicht von heute auf morgen verschwunden. Der Kaiser war ein Leitbild. Symbolisch bestellte der oberste Bauer Jahr für Jahr das Feld, fuhr die Ernte ein, sammelte sich darüber hinaus im Inneren der Verbotenen Stadt, in diesem Tempel des Himmels, dem Ort, der auch heute noch ‚Mittelpunkt des Universums' genannt wird, und wo er die Vergehen, die Sünden des gesamten chinesischen Volkes auf sich nahm.

Ich fragte die Menschen um mich herum: Wer ist verantwortlich für diese Architektur, diese Skulpturen, diese Fresken? Ich brauchte für meinen Film unbedingt den Schlüssel zur Ästhetik des traumhaften Ortes, in dem zu drehen mir gestattet worden war.

Der Kaiser als Veranschaulichung einer Gesamtheit: Da Pu Yi kein Leitbild sein konnte, konnte er niemals ein Kaiser sein. Es ist ein Widerspruch, daß er erst gegen Ende seines Lebens, als vorbildlicher Bürger nach Jahren der Umerziehung, bis zu einem gewissen Grad seinem Image als Kaiser entsprochen hat, durch Maos Einfluß, nach dem der Modellbürger in Hunderten von Millionen Exemplaren, in Hunderten von Millionen Kaisern vervielfältigt werden mußte.

Ich wollte wissen – es war fast ein Spiel –, wie die Chinesen aus allen Schichten über Pu Yi dachten. Abgesehen von einem Intellektuellen, einem anspruchsvollen Snob, der ihn ungebildet fand, weil er lediglich Dickens und ‚Alice im Wunderland' gelesen hatte, konnte ich aus ihren Antworten spüren, daß sie ihm große Sympathie entgegenbrachten. In ihren Augen war er nicht nur der Kaiser; er war – besonders in seiner letzten Lebensphase – das Bindeglied zwischen dem Bild, das sie sich vom Kaiser und ihm machten.

Was ich an dem Buch von Edward Behr schätze, ist vor allem, daß er versucht und verstanden hat, diese Sensibilität, diese Komplexität der Beziehungen zwischen Pu Yi und den Chinesen auszudrücken: Objektiv gesehen, läßt sich natürlich über ihn sagen, daß er feige war, opportunistisch, wankelmütig und in erster Linie auf sein eigenes Überleben bedacht. Das macht Behr anschaulich klar, aber er geht noch weiter.

Die besondere Übereinstimmung zwischen seinem Buch und meinem Film ist in diesem beiderseitigen Verständnis zu finden, das wir von dieser konstruierten Persönlichkeit haben. In beiden Fällen gibt es zwischen Geschichte und Fiktion etwas wie einen Punkt, von dem aus man nicht mehr zurück kann.

Cocteau hat einmal gesagt: „Ich habe stets die Mythologie der Geschichte vorgezogen. Geschichte setzt sich zusammen aus Wahrheiten, die zu Lügen werden, Mythologie dagegen aus Lügen, die Wahrheit werden."

Was Pu Yi, den letzten Kaiser, betrifft, kann man die Mythologie nicht außer acht lassen.

Vorwort

Bislang war er für die Geschichte nur eine Fußnote: Pu Yi, der letzte Kaiser von China, rief eher Spötteleien hervor als Verachtung. Zwischen ihm, spindeldürr, kurzsichtig, ängstlich und hoffnungslos geistesabwesend, und seinen hartgesottenen Mandschu-Vorfahren, die 1644 an der Spitze ihrer Mandschu- und mongolischen Reiter die Ming-Dynastie stürzten, klafften Welten. Es ist kein Zufall, daß die Stummfilmdarsteller und Regisseur Harold Lloyd, ebenso kurzsichtig und ungeschickt, sein Lieblingsfilmschauspieler war. Immer wieder bekannte der letzte Kaiser von China nicht nur, daß er seinen Vorfahren nicht das Wasser reichen konnte, sondern auch, daß er wußte, bei den Leuten Geringschätzung und Spott zu provozieren.

Er ließ sich trotz allem nicht unterkriegen. Von 1906 an, dem Geburtsjahr von Pu Yi, bis 1949, als die kommunistische Partei Chinas endlich mit den letzten KMT-Widerstandsnestern aufgeräumt hatte und Tschiang Kai-schek nach Taiwan flüchtete, fand China kaum zur Ruhe. Während dieser unruhigen Jahre hielt Pu Yi zäh stand, trotz des Verlustes seines Throns, trotz der Vertreibung aus der Verbotenen Stadt, trotz Exil und verschiedenen Anschlägen auf sein Leben. Er überlebte sogar seine erniedrigende Verbindung mit den Japanern und wurde am Ende gar ein angesehener Staatsbürger des kommunistischen Chinas, offensichtlich mehr mit sich in Frieden als je zuvor, allerdings nach neunjähriger ‚Umerziehung' in chinesischen Gefängnissen.

Ein solcher Bericht, wie ich ihn verfaßt habe, bedarf beträchtlicher Ausdauer, Entschlossenheit und eines geschickten Vorgehens. Vielleicht hätte Pu Yi das Zeug zum reinen Antihelden gehabt, imstande, entsetzlichen Verrat zu begehen, um seine eigene Haut zu retten, aber ich merkte – da mein eigenes Bild von ihm sich während der Zeit, in der ich mich mit seinem Charakter und Leben befaßte, immer mehr Inhalt bekam –, daß da mehr war, als sich vorderhand auftat: Der schlaffe Dandy, der sich während seiner Gefängnisjahre in völliger Selbsterniedrigung erging, paßte sich ungewöhnlich schnell an seinen Gefangenenstatus an. Er gewann sogar Leuten wie Tschou En-lai neidvollen Respekt ab, der den Charakter anderer wahrlich nicht mit durchschnittlichen Maßstäben beurteilte, der sich, wenn er in der richtigen Laune war, in seiner gewundenen Art human und sogar großherzig gegenüber seinen Feinden zeigen konnte.

Die Offenheit, mit der er seine Fehler zugab, war natürlich ein Merkmal des besonderen Strafsystems in China, wobei der Schwerpunkt auf ‚Selbstkritik' und Reue lag. Bei Pu Yi jedoch führte sein ausgedehntes Sündenbekenntnis zu einer Form von Katharsis: Er mußte sich wirklich für eine Menge vergangener Sünden verantworten, aber Intoleranz gehörte nicht dazu.

Während ich viel Überraschendes über Pu Yi im Laufe meiner Gespräche mit Überlebenden, Freunden, Verwandten, ehemaligen Untertanen und Gefängnisbeamten erfuhr, gab es einen Teil in seinem Leben, der sich mir immer wieder entzog: China bleibt in der Ära nach Mao, auch wenn es etwas toleranter als das alte China ist, gemessen an westlichen Standards, ein ungewöhnlich puritanisches Land. Selbst heutzutage noch sind die Menschen dort in beträchtlichem Maße nicht bereit, über das eigene Gefühlsleben oder das anderer zu sprechen. Von denen, die ihn am besten kannten, sprach jeder nur mit äußerster Zurückhaltung zu einem Fremden wie mir über sein Liebesleben.

Der Grad an schüchterner Zurückhaltung zeigt sich am besten an dem Verhalten eines der letzten noch lebenden Eunuchen von Pu Yi's ehemaligem kaiserlichem Hof. Als ein draufgängerischer französischer Journalist gewagt hatte, ihn zu fragen, wie man sich als Eunuche fühle, und ob er nach dem Eingriff immer noch sexuelle Wünsche verspüren konnte, beendete der Eunuche abrupt das Gespräch und deutete an, daß er keine weiteren Presseleute mehr zu treffen wünsche.

Ähnliche Fragen von mir wurden auch nie beantwortet: Pu Yi hatte während seines Lebens zwei Frauen und drei offizielle Konkubinen, aber ich vermochte, als ich mit jeder von ihnen in Peking sprach, nie zu ermitteln, welche emotionalen Beziehungen er mit ihnen wirklich hatte. Im Fall von Elisabeth, seiner ersten Frau, scheinen seine körperlichen Beziehungen zu ihr in einer Reihe von Fiaskos geendet zu haben, während die Verbindung mit der ersten Konkubine wenigstens anfänglich weniger unglücklich verlief; dennoch verließ sie ihn nach kurzer Zeit. Seine späteren Konkubinen waren Teenager, und in einem Stadium grenzte seine Vorliebe für ganz junge Mädchen an Pädophilie.

Anhand meiner Ermittlungen habe ich keinen Zweifel, daß Pu Yi bisexuell war und – wie er selbst zugab – etwas von einem Sadisten in seinen Beziehungen zu Frauen hatte. Es könnte gut sein, daß die Abwendung seiner ersten Frau von ihm und der Weggang seiner ersten Konkubine durch sein unakzeptables Verhalten zustande kam.

All das läßt sich jedoch nur aus den Tagebüchern von Pu Yi's Gefolgsleuten und aus seiner eigenen, höchst selektiv verfaßten Biographie schließen. Immer wieder, während ich ansonsten kooperative und sogar gesprächswillige Intimfreunde in Pu Yi's Leben drängte, mir mehr zu erzählen, geriet ich innerlich in Rage über ihre abschirmende Diskretion – obwohl sie mir andererseits bis zu einem gewissen Grad gefiel. Manche von ihnen mußten vielleicht in ihrer Jugend als gelegentliche Sexpartner für Pu Yi herhalten, und es war mir ob der chinesischen Reserviertheit klar, daß ich nicht erwarten konnte, daß sie darüber sprechen würden.

Puristen sind vielleicht der Ansicht, daß meine Auslegung von Pu Yi's Verhalten während seiner Erwachsenenjahre einfach zu sehr auf Schlußfolgerungen beruht und nicht ausreichend durch Beweise belegt wird, aber ich habe mir alle Mühe gegeben, um seine Geschichte mit so viel Respekt für Wahrheit und Genauigkeit zu erzählen, wie es mir eben möglich war. Ich habe keinen Zweifel, daß Pu Yi lange Zeit nervlich sehr zerrüttet war, weil er sich seines Riesenfehlers, sich auf Gedeih und Verderb mit den Japanern von 1931 an einzulassen, voll bewußt war. Daß er mit seinen Nerven am Ende war, äußerte sich in gelegentlichen sadistischen Vergewaltigungen hilfloser, unterwürfiger Jungen und Mädchen im heranwachsenden Alter, die jahrelang eigentlich seine Gefangenen im Inneren des ‚Salzsteuerpalastes' in Changchun waren, der Marionettenhauptstadt von ‚Manchukuo'.

Dennoch war dieser Marionettenkaiser, der sich so unbeholfen und ungelenk bewegte wie eine echte Marionette, nicht nur zu gütigen Handlungen fähig, sondern auch zu solchen echter Würde und moralischen Muts, wie seine Einstellung zum Liebhaber seiner ersten Frau attestiert. Die ganze Zeit hinweg war er sich über die Absurdität seines Zustands im klaren. Bisweilen bewies er die Objektivität eines unbeteiligten Betrachters, wenn er sich seinen eigenen grotesken Schabernack ohne eine Spur von Selbstgefälligkeit selbst vor Augen hielt.

Sein Unglück war natürlich, daß er in einem Alter, wenn Knaben auf den Schutz der Familie äußerst angewiesen sind und Astronauten- oder Soldatenspiele spielen, auf den kaiserlichen Thron katapuliert, als leibhaftiger Gott behandelt und jedweder echten Zuneigung beraubt wurde. Erst als Gefangener in einem chinesischen Gefängnis fing er an, sich wie ein normaler Mensch zu verhalten. Bis dahin hatten sich seine Beziehungen zu allen anderen Menschen in seiner Umgebung – mit der möglichen Ausnahme seines Privatlehrers, Reginald Johnston – auf einer völlig künstlichen Ebene abgespielt. Doch selbst Johnston idealisierte seinen königlichen Schüler; dieser im Kern schottische Gelehrte war viel zu konventionell eingestellt und von Pu Yi's königlichem Status zu sehr beeindruckt, um ihm hinsichtlich seines persönlichen Gefühlslebens Ratschläge erteilen zu können. Wie in anderen Königsfamilien auch wurde die Fiktion aufrechterhalten, daß der Kaiser und seine Kaiserin in vollkommener Harmonie lebten – und Johnston trug dazu bei, auch wenn es nicht so aussah.

Aufgrund dessen kann ein Porträt von Pu Yi nicht ganz objektiv ausfallen. Da von den wenigen betagten, noch lebenden Mitgliedern aus Pu Yi's ehemaliger Entourage sich wahrscheinlich niemand je ganz zu offenbaren gedenkt, werden manche Dunkelstellen – besonders die seines Privatlebens – wohl nie licht werden.

Aus dieser Schwierigkeit gab es einen Ausweg, der darin bestand, die Geschichte Pu Yi's zu ‚fiktionalisieren', und zwar durch Beschreibung imaginärer, aber wahrscheinlicher Ereignisse, als ob sie sich tatsächlich so zugetragen hätten – und der Autor sie als unsichtbare Fliege an der Wand beobachtet hätte. Diese Methode hat mich schon bei anderen immer irritiert – sie kann noch so gelungen und schön sein, sie ist und bleibt eine Fälschung –, und ich konnte der Versuchung eigentlich außerordentlich gut widerstehen.

Denn die Ereignisse, die Pu Yi miterlebte, bedürfen keines Kunstgriffs, wie auch die außergewöhnlichen Hochs und Tiefs in seiner tragikomischen Lebensgeschichte nicht beschönigt werden müssen. Hier geht es um jemanden, der sein Leben wie ein mittelalterlicher König von Gottes Gnaden begann, der Alltagsroutine eines Herrschers unterworfen, die sich seit 2000 Jahren kaum gewandelt hatte. Er erlebte mehrere Kriege und Revolutionen, gesellschaftliche wie industrielle, wurde Augenzeuge, wie sein Land in einen modernen, totalitären Staat verwandelt wurde und schließlich Zugang zum kleinen, erlesenen Kreis der Atomgroßmächte fand.

Gegen Ende seines Lebens mußte Pu Yi auf seine eigene Vergangenheit verwirrt und ungläubig geblickt haben – so als ob jemand während eines kurzen Lebens all die Wandlungen durchgemacht hätte, die zwischen dem Frankreich von Ludwig XIV. und dem de Gaulle's liegen, oder zwischen England zu Tudor-Zeiten und dem heutigen der Margaret Thatcher.

Es ist kaum zu glauben, daß wir dem gleichen Jahrhundert angehören bzw. daß er erst vor einem Jahrzehnt im Alter von 62 Jahren starb.

Danksagung

Während der Filmfestspiele 1984 in Cannes traf ich zufällig mit dem englischen Filmproduzenten Jeremy Thomas zusammen. Er erzählte mir, daß er endlich die Erlaubnis bekommen hatte, in China den Film ‚The Last Emperor' zu drehen. Ich wünschte ihm viel Glück. Ich wußte, er würde es brauchen.

Zwei Jahre später trafen wir uns beim Filmfestival in Cannes wieder, genau am gleichen Tisch in der Carlton-Bar. Nach einem Dutzend Reisen nach China, einige davon zusammen mit dem Regisseur Bernardo Bertolucci und dem Drehbuchautor Mark Peploe, war Jeremy so weit, daß er mit der Verfilmung von ‚The Last Emperor' innerhalb der ‚Verbotenen Stadt' beginnen konnte – bei weitem das ehrgeizigste Spielfilmprojekt, das je in China von einer ausländischen Produktionsgesellschaft in Angriff genommen wurde.

Er fragte mich, ob ich Interesse hätte, ein Buch im Zusammenhang mit dem Film zu schreiben. Ich sagte, daß ich mich lieber an einer ernsthaften Biographie von Pu Yi und seinem Leben versuchen wollte, als ein ‚Buch zum Film' zu schreiben. Das Ergebnis unseres Gesprächs ist dieses Buch.

Mein Dank gehört zuallererst Jeremy Thomas selbst, denn er hat es ermöglicht, daß ich mit den noch lebenden *dramatis personae* in Pu Yi's Leben zusammenkam; ohne seine Unterstützung, die er mir 1986 jeden Tag in Peking zukommen ließ, hätte ich niemals so mit ihnen sprechen können, wie ich es in der Zeit tat, und wahrscheinlich hätte ich sie auf eigene Faust niemals gefunden.

Ich möchte mich auch bei Bernardo Bertolucci und Mark Peploe bedanken, die mir Rat gaben und mit Vorschlägen kamen. Auch wenn alle Standpunkte in diesem Buch die meinen sind, war ihr Rat mir äußerst wertvoll: Während der Entstehung des Drehbuchs hatten sie nämlich vieles von dem recherchiert, was auch ich abdecken wollte, und mir meine Nachforschungsarbeiten dadurch erleichtert.

Das gesamte anglo-italienische Team, das an den Dreharbeiten zu ‚The Last Emperor' in China unter schwierigen Umständen mitwirkte, schenkte mir seine uneingeschränkte Kooperation, desgleichen die Belegschaft der Pekinger ‚Number One Coproduction', und ich möchte mich bei ihnen an dieser Stelle dafür herzlich bedanken.

Mein spezieller Dank geht auch an all jene, die jene faszinierende, von Wirren geprägte Periode in der chinesischen Geschichte überlebt haben. Pu Chieh, Pu Yi's jüngerer Bruder, besuchte mich mehrmals mit seinen achtzig Jahren, voll strotzender Gesundheit und einem ausgezeichneten Gedächtnis. Auch Li Wenda, der großartige Verleger, der Pu Yi half, ‚Vom Kaiser zum Staatsbürger' zu schreiben, und ihn wahrscheinlich besser kannte als jeder andere heute, kam des öfteren zu mir. Jui Lon, Pu Yi's liebster Neffe, Pu Ren, sein Halbbruder, und Rong Qi, sein Schwager, schenkten mir viel von ihrer Zeit. Besonders muß ich mich bei Rong Qi bedanken, der sich damals gerade von einer Herzattacke erholte und mir vom Krankenbett aus erzählte.

Ich muß mich auch bei Jin Yuan besonders bedanken, dem Vorsteher des Fushon-Gefängnisses, der inzwischen pensioniert ist und zehn Jahre seines Lebens hergab, um Pu Yi ‚umzuerziehen', und bei ‚Big Li', Pu Yi's lebenslangem Diener und Majordomus, der aus Loyalität mit Pu Yi ins Gefängnis ging und der jede meiner Fragen mit großer Geduld und Aufrichtigkeit beantwortete.

Ohne die Hilfe eines erstklassigen Dolmetschers wäre es unmöglich gewesen, die Atmosphäre wie auch die Substanz ihrer Erinnerungen einzufangen. Mit Rachel Wang, einer zweisprachigen Amerikanerin, die ehemals am Wellesley-College studiert hatte, hatte ich wirklich Glück; sie drang so sehr in den Geist meiner Arbeit ein, daß sie manchmal Fragen stellte, an die eigentlich ich hätte denken sollen. Ihr Enthusiasmus, ihr Taktgefühl und ihr Wissen über China und Peking machten meine China-Recherche zu einem freudigen Erlebnis.

Die Periode, die Pu Yi's Leben umspannt, ist reich an Memoiren und Geschichten; eine Primärquelle war natürlich Pu Yi's eigenes Werk ‚Vom Kaiser zum Staatsbürger', (‚From Emperor to Citizen'); hilfreich für die Anfangskapitel waren Reginald Johnston's ‚Dämmerung in der Verbotenen Stadt' (‚Twilight in the Forbidden City') und Marina Warner's ‚Die Drachenkaiserin' (‚The Dragon Empress'). Was die Kapitel 10 und 16 betrifft, bin ich David Bergamini zu immensem Dank für sein Monumentalwerk, ‚Die Imperialistische Verschwörung Japans' (‚Japan's Imperialist Conspiracy'), verpflichtet, das die Geschichte Japans im zwanzigsten Jahrhundert außerordentlich ausführlich und detailliert beschreibt. Seit den Tagen, als wir gemeinsam für das Magazin ‚Life' arbeiteten, haben sich unsere Wege nicht mehr gekreuzt. Ich wünschte, ich hätte ihn vor seinem vorzeitigen Tod noch einmal sehen können.

Ich möchte mich auch bei den Mitarbeitern der ‚School of Oriental and African Studies' und den Angestellten der ‚Imperial War Museum Libraries' in London für ihre unerschöpfliche Freundlichkeit und Kooperation bedanken, und bei Ted Slate von ‚Newsweek', der längst vergessene Bücher und Zeitschriftenartikel ausgrub. Dank geht auch an Botschafter James Baeyens, Robert Elegant, Peter O'Toole und Jean Pasqualini und viele andere China-Experten für ihren Beistand und Rat.

Die Herausgeber von ‚Newsweek' waren so freundlich, mich für die Arbeit an diesem Buch freizustellen, und ich bedanke mich bei ihnen für ihre Einsicht und Geduld.

Ohne Ed Victors Initiative, Ermunterung und Unterstützung wäre dieses Buch nie entstanden. Ich habe den Verdacht, daß er das Ganze im voraus geplant hatte, angefangen mit meinem allerersten Zusammentreffen mit Jeremy Thomas.

In allen Vorbereitungsstadien des Buches war er zugegen – in Cannes, London und Paris, unzählige Male am Telefon nach Peking; er las den Erstentwurf und gab, wie immer, wertvolle Hinweise.

Sobald ich mit meinen Recherchen für das Projekt begann, verstand ich, warum Ed Victor ein so großartiger Agent ist: Er weiß, und das manchmal besser als seine eigenen Freunde und Klienten, wo ihre Interessen liegen.

Edward Behr
Paris, London, Peking
Ramatuelle, 1986–87

Kapitel 1

Dem alten Mann in einem Privatzimmer des Pekinger Kreiskrankenhauses war klar, daß er sterben würde, aber er machte gute Miene zum bösen Spiel und tat so, als ob alles bestens wäre und er bald wieder in seine winzige Zwei-Zimmer-Wohnung zurückkehren könnte. Drei Jahre vorher, 1964, hatte er sich bereits einer Vorsorgeuntersuchung unterzogen; anschließend hatten die Ärzte eine Niere herausoperiert und ihm erklärt, er habe Krebs, der sich wahrscheinlich ausbreiten würde. Seither war er zwei weitere Male ins Krankenhaus gekommen, wo er stets privilegiert behandelt, ja fast verhätschelt worden war.

In den chinesischen Krankenhäusern geht es hart zu, aber sie sind trotz ihrer Überbelegung sehr effizient. Die Ärzte und Krankenschwestern sind unterbezahlt und überlastet und haben keine Zeit für mitmenschliche Nettigkeiten: Ihre Krankenbehandlung ist rundum unpersönlich. Doch bei dem alten Mann war das anders. Premierminister Tschou En-lai hatte höchstpersönlich den obersten Krankenhauschef angerufen und gesagt: „Schauen Sie, daß es ihm gut geht." Es war der einzige Anruf dieser Art, wie sich das Personal erinnern konnte, und man war entsprechend beeindruckt. Der Krebspatient bekam von allem nur das Beste.

Der Umgang mit ihm war einfach gewesen. Für jede noch so geringe Freundlichkeit bedankte er sich stets und entschuldigte sich zudem, daß er ihnen so viele Umstände machte – er war der ideale Patient, außer daß er immer seine Augengläser verlor. Er war ‚mit seiner Dankbarkeit jedem gegenüber fast zu demütig', wie sich eine Krankenschwester erinnerte. Anfangs war seine erste Frau, die selbst als Krankenschwester in einem anderen Krankenhaus gearbeitet hatte, zu Besuch gekommen, aber ihre Besuche wurden immer weniger häufig, bis sie schließlich gar nicht mehr kam.

Sie hatte eine gute Ausrede, warum sie ihn nicht mehr besuchte: Im Jahr zuvor war die Kulturrevolution ausgebrochen, und für die meisten Erwachsenen waren die Straßen nicht mehr sicher. 1967, als der Krebspatient zum dritten Mal ins Krankenhaus mußte, war die Bewegung gerade vierzehn Monate alt; daß dies eine Katastrophe beinahe unermeßlichen Ausmaßes wurde, die ungefähr zwei Millionen Menschen das Leben kosten, zwanzig Millionen Intellektuellen die Deportation bringen und China auf wirtschaftlichem, politischem und intellektuellem Gebiet zehn Jahre lang völlig lahmlegen sollte, hatte Mao selbst so gewollt.

Es war eine Zeit voller Chaos und blindwütiger Grausamkeit. Banden von jugendlichen Rotgardisten strömten zu Hunderttausenden nach Peking, zogen durch die Straßen, und was sie für richtig hielten, wurde Gesetz. Es war ein ganz normaler Anblick, Erwachsene zu sehen, die vorne und hinten große Tafeln umhängen hatten, auf denen ihre ‚Verbrechen' standen, die ihnen zur Last gelegt worden waren, oder mit Narrenkappen herumliefen, um dann öffentlich bespuckt, beleidigt und geschlagen zu werden. Es fanden Paraden statt, bei denen solche ‚Narrenköpfe' in beschlagnahmten Lastwagen durch die Pekinger Straßen gefahren wurden, verhöhnt von grausamen Kindern, die sich an ihrer eigenen Macht berauschten.

1967 war die Kulturrevolution gerade erst in Fahrt gekommen. Erwachsene hielten sich verständlicherweise versteckt, denn eine Karriere in der Partei oder ein verantwortungsvoller Posten war Grund genug, um ausgesondert zu werden und diesen wütenden, fanatischen und willkürlich handelnden Jugendlichen preisgegeben zu sein.

All dessen war sich der Mann, der in einem Privatzimmer des Pekinger Kreiskrankenhauses lag, nur vage bewußt. Er wußte nur, daß wegen eines jüngsten Aufruhrs seine Familie ihn nicht so einfach besuchen kommen konnte. Er hörte die merkwürdigen, ungewöhnlichen

Klänge draußen – endlos martialische Revolutionsmusik, ‚authorisierte' Gesänge zu Ehren Maos, des ‚Großen Steuermanns', die Tag und Nacht aus öffentlich aufgestellten Lautsprechern schallten.

Der im Sterben Liegende betrachtete sich selbst als einen loyalen Gefolgsmann des Vorsitzenden Mao, aber in seinem Herzen hatte er auch etwas für Tschou En-lai übrig, nicht nur, weil dieser sich um ihn im Krankenhaus gekümmert hatte, sondern auch wegen dem, was vorausgegangen war. Tschou, der die Kulturrevolution wie durch ein Wunder überlebte, tat sein Bestes, um den Wahnsinn der Roten Garden in Grenzen zu halten, auch wenn nur teilweise erfolgreich.

Der kranke Mann war vollkommen durcheinander: Sein Glaube an Mao war grenzenlos, ebenso sein Glaube an die Partei und an ‚die Massen', aber er konnte nicht verstehen, warum sich die Partei und die Massen gegenseitig an die Kehle gingen. Daß er imstande war, seine Krankheit mit stoischer Haltung hinzunehmen, lag allein an diesem seinem Glauben an die neue Gesellschaft. Aber im Verlauf der Zeit wurden die Roten Garden immer lauter und gingen mit immer mehr Gewalt vor, so daß seine geistig-seelische Verfassung zu leiden begann. Auch die Schmerzen nahmen ständig zu, und er wünschte sich, daß seine Frau ihn ein letztes Mal besuchen käme.

Die Besucher, die mit Getöse in sein Zimmer brachen, waren absurderweise blutjung und von Tschou En-lai ziemlich unbeeindruckt. Der Gang außerhalb seines Zimmers wurde zunächst ein Tummelplatz heiserer Stimmen, danach ein Kampfplatz, wo die Roten Garden, die gewaltsam von draußen eingedrungen waren, mit den Roten Garden aus dem Krankenhaus zusammenprallten. Die einen wollten den kranken Mann fortschleppen, ihn bestrafen – ja sogar umbringen. Die Roten Garden des Krankenhauses – Mitarbeiter, die in alle Eiler rote Armbänder angelegt hatten, um sich so etwas wie Autorität zu verschaffen, in einer Zeit, in der der Parteiapparat zu Brüche ging – protestierten dagegen, denn schließlich läge der Mann im Sterben. Mit lobenswertem mutigem Einsatz verteidigten sie ihren Patienten, anfangs mit Worten, später mit ihren Fäusten.

Die Eindringlinge zogen sich schließlich zurück, drohten aber wiederzukommen. Einen kleinen Sieg errangen sie schließlich. Sie sagten nämlich, daß der Alte in einem vor kurzem erschienenen Buch behauptet hatte, aus ihm wäre ein ganz normaler Landsmann geworden, also sollte er auch wie einer behandelt werden. Kein Privatzimmer mehr, Schluß mit dem speziellen Essen, Schluß mit der Sonderbehandlung. Sie würden nur abziehen, sagten ihre Anführer, wenn man ihn in ein Gemeinschaftszimmer brächte und wie einen gewöhnlichen Patienten behandelte.

Widerwillig gingen die Roten Garden des Krankenhauses darauf ein und brachten ihn so sanft wie möglich in einen großen, voll belegten Saal in einem anderen Stockwerk. Der alte Mann konnte sich nur schwach ein Bild davon machen, was das ganze Hin und Her eigentlich zu bedeuten hatte. Im Krankensaal merkte er, daß Tschou En-lais Wort nicht mehr überall galt: Die Krankenschwestern ignorierten ihn, und schmerzstillende Spritzen bekam er auch nicht mehr. Die Schmerzen wurden schlimmer. Er machte ins Bett, und niemand kam, um es sauberzumachen.

Dann kam wunderbarerweise erneut ein Anruf von Tschou En-lai, der wütete und erwirkte, daß der alte Mann unverzüglich in sein Privatzimmer zurückgebracht wurde. Ein Angehöriger, der den Spießrutenlauf der Roten Garden durchmachte, als er den Alten später besuchte, erinnerte sich, daß der Körper des alten Mannes seltsam geschwollen war und seine Haut einen grünlichen Stich hatte. Er bekam wieder schmerzstillende Tabletten, wenngleich nicht mehr so regelmäßig, als ob die Krankenschwestern Angst hätten, daß, verhielten sie sich ihm gegenüber zu nett, sie sich bei den Roten Garden außerhalb des Krankenhauses unbeliebt machten. Und als tatsächlich eine Frau zu Besuch kam, war es gar nicht seine Frau, sondern ein Gespenst aus der Vergangenheit – eine ehemalige Konkubine, die er jahrelang nicht zu Gesicht bekommen hatte.

Diese Frau war immer noch jung, in den Dreißigern, attraktiv und sehr, sehr aufgebracht. Sie trug ebenfalls ein Rotgardistenband am Arm, obgleich sie bestimmt nicht dazu berechtigt war. Es war lediglich eine bequeme Verkleidung, um sich freier bewegen zu können. Sie war mit ihrer Schwägerin gekommen, die sich gleichfalls als Rotgardistin maskiert hatte, obgleich sie schon über vierzig war. Beide hatten den weiten Weg von Shangchun in der Mandschurei nach Peking im Zug auf sich genommen. Wenn sie beim Anblick des Patienten einen Schock bekommen hatten, dann ließen sie es sich nicht anmerken. Sie schrien den kranken Mann an, keiften, als ob er sich ihrer Überzeugung nach nur krank stellte.

„Du hast mein Leben ruiniert", meinte die jüngere. „In der Mandschurei sagen sie schon alle, daß ich ein Volksfeind bin, nur weil ich deine Konkubine war. Du mußt ein Schreiben aufsetzen und bekennen, daß ich mit allem, was damals passierte, nichts zu tun hatte. Dann lassen mich die Roten Garden in Shangchun vielleicht in Frieden."

Der Mann murmelte, er wäre zum Schreiben zu krank.

Li Yi-ching, die ehemalige Konkubine, gab sich damit nicht zufrieden und plärrte: „Das ist längst nicht alles. Du hast ein Buch geschrieben und mich namentlich darin erwähnt. Du hast mich mit dir in den Schmutz gezogen, und dafür bist du mir etwas schuldig. Wieviel Geld hast du eigentlich dafür bekommen?"

Der alte Mann sagte, daß es nicht viel war. „Und außerdem habe ich das meiste an den Staat zurückgegeben." Die beiden Frauen glaubten ihm kein Wort. „Du bist mit dem Buch zu Geld gekommen. Ich habe einen Anspruch auf meinen Teil", meinte die jüngere.

Sie hätten ihn weiterhin traktiert, wenn nicht ein anderer Verwandter aufgetaucht wäre, der sie sofort wutentbrannt aus dem Zimmer schickte. „Ihr seid ja gar keine richtigen

Rotgardisten", warf er ihnen vor. „Ihr tragt diese Armbänder doch bloß, um hierher reisen zu können und einen sterbenden Mann zu belästigen. Ihr wollt, daß er bestraft wird, damit die Leute in Shangchun denken, ihr seid richtige Revolutionäre. Ich werde den Roten Garden erzählen, wer ihr wirklich seid, wenn ihr nicht auf der Stelle verschwindet."

Bevor die beiden Frauen aus dem Zimmer gingen, preßten sie noch 200 Yuan (ungefähr 60 Dollar) aus dem alten Mann heraus. Sie sagten, sie kämen wieder, aber sie hatten Farbe bekennen müssen, und das wußten sie. Es war das letzte Mal, daß der alte Mann sie gesehen hatte.

Danach ging es mit ihm rasch bergab. Ein Großneffe, der noch zur Schule ging und selbst wegen einer Rückgratverletzung im gleichen Krankenhaus lag, kam und hielt seine Hand, aber das Ende zog sich lange hin. Es gab keine schmerzstillenden Mittel mehr, da die Krankenschwestern fernblieben, aus Angst vor den Reaktionen der Roten Garden, wenn sie in seiner Nähe angetroffen würden. Sie wollten nur, daß er rasch starb. In den allerletzten Stadien gewann der alte Mann wieder ein wenig Frieden, und die Schmerzen gingen zurück. Seine letzte Frau, die er 1962 geheiratet hatte, kam jedoch nicht mehr rechtzeitig ins Krankenhaus.

„Passen Sie gut auf ihn auf", hatte Tschou En-lai gesagt, aber Tschou's Anweisungen hatten überhaupt kein Gewicht mehr. Nachdem der alte Mann gestorben war, verschlechterten sich die Dinge noch mehr. Sein Leichnam wurde auf dem Krankenhausgelände verbrannt, wie der eines Habenichts ohne Familie. Zwar wurde die Asche aufbewahrt, aber es gab keine Art von Zeremonie. Einer der Verwandten des Toten trotzte den wütenden Roten Garden und brachte die Überreste zur sicheren Aufbewahrung Tschou En-lais ins Haus.

Selbst im kommunistischen China spielen Bestattungsriten eine bedeutende Rolle. Seine Verwandten meinten, daß seine Seele erst Ruhe fände, wenn bestimmte Beerdigungsriten vollzogen wären. Aber die Kulturrevolution dauerte an, gefolgt von der Schreckensherrschaft der Viererbande. Erst 1979 – also drei Jahre nachdem Tschou En-lai selbst an Krebs gestorben war – kam die Familie des Toten wieder in den Besitz der Asche und hielt eine offizielle Begräbnisfeier.

Die sterblichen Überreste wurden zum Friedhof ‚Berg der acht Schätze' dreißig Kilometer außerhalb von Peking gebracht. An diesem Ort sind sowohl prominente Revolutionäre als auch gewöhnliche Leute begraben, und daß dieser Ort gewählt wurde, bewies, daß der Tote, wenngleich sich sein Grab im öffentlichen Teil befindet, in seinem Land nicht ganz ohne Ehre war, zumindest nicht in den letzten paar Jahren seines Lebens.

Sein Name war Pu Yi, und er war der letzte Kaiser von China gewesen. Einst hatte man ihn als eine lebendige Gottheit verehrt. Später war er als Verräter verleumdet und bereits als tot aufgegeben, doch schließlich nach vierzehnjähriger Haft, wobei er neun Jahre in einem chinesischen Gefängnis verbracht hatte, rehabilitiert worden.

Ich sah ihn einmal; es war 1964, als ich gerade einen Dokumentarfilm in China für das Fernsehen abdrehte und zu einem Empfang ging, den die chinesische Regierung nach der Eröffnung von Frankreichs Industrie- und Handelsmesse in Peking veranstaltete. Es war erst wenige Monate her, seit de Gaulle diplomatische Beziehungen zu Mao aufgenommen hatte. Inmitten des überfüllten Saals hielt eine hagere, gebeugte Gestalt mit einer dicken Brille vor den Augen ein Glas hoch und lächelte in meine Richtung. Es war ein müdes, mattes Lächeln. „Kanpei", sagte er. „Cheers", prostete ich ihm auf englisch zu. Andere Gäste beobachten ihn mit freundlicher Neugier. „Wer ist das?" fragte ich Pierre Chayet, einen französischen Diplomaten und persönlichen Freund aus den Tagen des Algerienkriegs. „Das ist Pu Yi", sagte er, „der letzte Kaiser von China. Genau die Person, die du für deinen Film brauchst."

Völlig aufgeregt suchte ich nun den ganzen Saal nach ihm ab, aber er war nicht mehr zu sehen. Ich lief nach draußen, aber er war nicht mehr da. Ich versuchte, ihn ausfindig zu machen, aber vergebens. Die Beamten, die ich damals um Unterstützung anging, konnten entweder nicht den Kontakt mit ihm herstellen oder sie wollten es nicht.

Inzwischen sind mehr als zwanzig Jahre vergangen, und es ist, als ob wir uns zum ersten Mal begegnen. Kanpei!

Kapitel 2

1793 erteilte Pu Yi's berühmter Vorfahre, der Kaiser Chienglung, der größte der kaiserlichen Mandschu-Krieger (bzw. der Ching-Dynastie), dem Abgesandten der englischen Regierung, Lord MacCartney, eine famose Abfuhr, der mit dem Auftrag angereist war, Beziehungen zu diesem ‚Sohn des Himmels' aufzunehmen. Chieng-lung's anmaßende Abweisung, die alle Pläne zunichte machte, die Großbritannien gehabt haben mochte, um mit China ein besonderes Verhältnis aufzubauen, stellte den britischen Abgesandten mit den verachteten unbedeutenden Kriegsherrn auf gleiche Stufe, die regelmäßig in die Verbotene Stadt kamen und ihren Kotau vor ihm machten.

„Es gibt feste Vorschriften", meinte Kaiser Chieng-lung, „an die sich alle abgabenpflichtigen Gesandte zu halten haben, die aus dem Ausland nach Peking kommen...
Tatsächlich haben die Prinzipien der Himmlischen Dynastie, was Tugend und Staatsachtung betrifft, weit und breit Geltung, zu Land und zu Wasser kommen die Herrscher unzähliger Nationen mit allen möglichen wertvollen Dingen. Es kann uns folglich an nichts fehlen."

Die chinesischen Kaiser der Ming-Dynastie (1368–1644) und der Ching-Dynastien (1644–1911) waren der Auffassung, daß China das beste Regierungssystem der Welt hatte, da es auf konfuzianischen Prinzipien beruhte und dem Rest der Welt nichts schuldete.

Die ‚Analekten' bzw. Lehren des Konfuzius (551–479 v. Chr.) waren weniger eine philosophische Lehre, sondern eher eine Reihe von Moralgesetzen, die die Beziehungen zwischen Regierenden und Regierten festlegten, viele davon geradezu vortrefflich – und wunderbar geeignet für die hierarchisch geprägte Geisteshaltung der kaiserlichen Herrscher und ihres Hofstaates.

Konfuzius selbst war ein humanitärer Aristokrat, ein Pazifist, der nicht nur die Kaste der Krieger, sondern auch die der Kaufleute verabscheute, ein Gelehrter, der der festen Meinung war, daß gesellschaftliche Unterschiede eine göttliche Fügung waren, die Herrschenden aber dennoch in der moralischen Pflicht standen, sich ihren Untergebenen gegenüber verantwortungsbewußt und großzügig zu verhalten. Die Hymne ‚Der Reiche in seinem Schloß, der Arme draußen vor dem Tor' hätte wohl seine volle Zustimmung gehabt. Manch eine seiner Richtlinien hat einen deutlichen Beigeschmack von ‚moralischer Wiederaufrüstung'.

Verantwortlich für das chinesische System einer Leistungsgesellschaft war die Verehrung von Wissen und Intellekt durch Konfuzius. Diese Leistungsgesellschaft stellte Gelehrte (Mandarine) an die Spitze von Provinzen und beschränkte die Spitzenränge in der Administration auf eine winzige elitäre Minderheit, die ihre geistige Stärke in strapaziösen Prüfungen unter Beweis gestellt hatte. Das System hatte einige Ähnlichkeit mit der kleinen regierenden ‚Oxbridge'-Elite in England und noch mehr mit dem ‚Mandarinat' der ‚Grandes Ecoles' in Frankreich, wo die oberste Etage der Regierungs- und Universitätsbürokratien einer winzigen Gruppe vorbehalten ist, die die harten Zulassungsprüfungen zur ‚Polytechnique' oder zur ‚Ecole Normale Superieure' oder zur ‚Ecole Nationale d'Administration' erfolgreich hinter sich gebracht hat.

Was die chinesische Meritokratie einzigartig machte, war die Tatsache, daß diese geistige Elite im Dienst einer Kaiser-Dynastie stand, die an einer mittelalterlichen Weltsicht festhielt – eine Weltanschauung, die nur sehr wenige der hochintelligenten und enorm gebildeten Mandarine in Schlüsselpositionen in Frage zu stellen wagten. Die Neigung der chinesischen Herrscher, China wie eine Insel zu sehen, ging Hand in Hand mit der Vorliebe, vieles geheimzuhalten (noch heute ist Peking eine Stadt mit abgeschlossenen Bezirken, nicht nur innerhalb der Verbotenen Stadt), und einer Leidenschaft für Intrigen.

Bei der fast ununterbrochenen Serie von Konflikten, die die Beziehungen zwischen China und der Außenwelt kurz vor Pu Yi's Geburt kennzeichneten, läßt sich schwer sagen, welche Seite sich am schlimmsten benahm: Das rassistische, absurd konservative kaiserliche China, das auf arrogante Weise überzeugt war, daß es von den ‚rothaarigen Barbaren' nichts lernen mußte, oder die westlichen Mächte – und Japan –, deren zynisches, räuberisches, unmoralisches Verhalten aus den Tagen, als der Imperialismus des 19. Jahrhunderts seine Blüte erlebte, heute noch schockiert. England bekämpfte China im Opiumkrieg von 1839 bis 1842, um die freie Ausfuhr indischen Opiums nach China zu sichern, nachdem ein Kaiser der Mandschu-Dynastie die Einfuhr verboten hatte. Das Verhalten Japans war die ganze Zeit hindurch nicht weniger skandalös. Die Einstellung der westlichen Welt gegenüber China reflektiert am besten Lord Palmerstons außergewöhnlich rassistische Tirade, die Hitler alle Ehre gemacht hätte: ‚Die Zeit rückt langsam näher', schrieb er 1855,

> ‚wo wir uns verpflichtet fühlen sollten, zu einem neuerlichen Schlag gegen China auszuholen. Solche halbzivilisierten Regierungen wie die in China, Portugal und in den spanisch-amerikanischen Ländern brauchen alle acht bis zehn Jahre eine Tracht Prügel, damit wieder Ordnung bei ihnen einkehrt.
> Sie haben alle einen viel zu seichten Verstand, als daß die Wirkung länger als eine solche Periode anhielte, und Warnungen nützen wenig. Sie machen sich wenig aus den Worten, und es reicht nicht, wenn sie den Knüppel nur zu sehen bekommen, sondern sie müssen ihn tatsächlich auf ihre Schultern niedergehen fühlen, ehe sie nachgeben.'

China bekam den Knüppel ein Jahr später zu spüren, als Palmerston nach einem Vorfall im Hafen von Kanton, in den das englische Handelsschiff ‚Arrow' verwickelt war, eine militärische Expedition zusammenstellte. Lord Elgin, Sohn des englischen Aristokraten mit einer leidenschaftlichen Vorliebe für griechische Skulpturen, machte sich für eine ‚Mission nach Peking' stark, um Vergeltung zu fordern – sowie die Präsenz und Akkreditierung eines permanenten britischen Botschafters am Hofe der Mandschu-Kaiser. Die Elgin-Mission, die sich infolge des 1857 ausgebrochenen indischen Aufstands verzögerte, führte schließlich zu einem zweiten Krieg, an dem französische Kanonenboote und Marinesoldaten genauso teilnahmen wie eine voll ausgerüstete britische und indische Streitmacht. In diesem Krieg kam es dann zur Plünderung des Sommerpalastes und zur Überlassung von Gebieten mit dem Recht der Exterritorialität an ausländische Mächte im großen Stil, wogegen der ehemalige Kaiser Chien-lung stets Widerstand geleistet hatte.

Es lag etwas Ironie darin – und zudem die ganze Absurdität der Politik der völligen Abschottung gegenüber dem Ausland, die von den chinesischen Kaisern betrieben wurde –, daß der wesentliche Grund, warum China sich so heftig gegen Lord Elgins Vormarsch auf Peking wehrte, der war, daß man am kaiserlichen Hof einfach nicht glauben konnte, daß ausländische Mächte eine solche militärische Expedition nur unternahmen, um Botschafter auszutauschen und den Handel zu forcieren. Die Mandschu-Krieger waren aus ihren Tataren-Festungen in den Nordosten des Landes gestürmt, um das Reich zu erobern und die Ming-Dynastie abzuschaffen. Der kaiserliche Hof der Mandschu-Dynastie war fest davon überzeugt – jedenfalls im Jahr 1860 –, daß Lord Elgin auf das gleiche aus war wie die eigenen Vorfahren der Mandschu-Dynastie, daß also die ‚Behaarten mit ihren großen Nasen' jetzt nichts anderes im Schilde führten, als den Thron an sich zu reißen. Die kaiserlichen Berater merkten nur allmählich, daß die britischen und französischen ‚Barbaren' wirklich nur Handelsbeziehungen suchten

– und eben eine permanente diplomatische Präsenz in Peking. Hätten sie es früher eingesehen, wären vielleicht Tausende von Menschenleben und die unermeßlichen Schätze des Sommerpalastes gerettet worden.

So kam es, daß die Elgin-Expedition den Beginn von Chinas ‚Kolonisierung' und Einbüßung territorialer Hoheitsrechte markierte – ein Prozeß, der sich das ganze 19. Jahrhundert hindurch fortsetzte und weiter bis zum Ende des Zweiten Weltkriegs andauerte. Kaum hatte Lord Elgin einen Botschaftssitz in Peking erhalten, bemächtigte sich Rußland des Hafens von Haishenwei, das heute als Wladiwostok bekannt ist. Die Japaner annektierten einige Jahre später Formosa, die Franzosen Annam, die Engländer Burma. Entlang der gesamten chinesischen Küste kamen Japan, Frankreich, Deutschland, Rußland und England in den Besitz ‚konzedierter' Gebiete mit dem verhaßten Privileg der Exterritorialität. Während sich Ausländer unter Kaiser Chien-lung, der ihnen das Recht vorenthalten hatte, sich innerhalb der Mauern von Kanton aufzuhalten, noch auf eine winzige Enklave in Kanton beschränken mußten, genoß zur Zeit, als Pu Yi zur Welt kam (1906), jeder Ausländer, der in einem der zahlreichen konzedierten Gebiete entlang der chinesischen Küste lebte, die gleichen Privilegien wie jeder Diplomat: Ausländer konnten nicht verhaftet oder vor ein chinesisches Gericht gestellt werden. Die englischen, französischen, deutschen und japanischen Enklaven auf chinesischem Boden waren winzige Mikrokosmen ihrer jeweiligen Mutterländer geworden. Von allen Großmächten versäumten es damals nur die USA, in den Wettlauf um ‚Konzessionen' einzutreten – sie weigerten sich aufgrund ihrer eigenen antikolonialen Vergangenheit, das koloniale Schema der Europäer zu kopieren. Im weiteren Verlauf aber kamen auch die ersten Amerikaner in die ausländischen Enklaven und in deren Kielwasser – dem europäischen Beispiel folgend, Elitetruppen zum Schutz ihrer nationalen Minderheiten zu entsenden – die amerikanischen Marinesoldaten.

Da die mandschurischen Eroberer des 19. Jahrhunderts

China als ihren Privatbesitz ansahen, machte das die ‚ausländischen Teufel' nur noch begieriger, Teile davon in ihre Hände zu bekommen. ‚Es war das instinktive, unerschütterliche Ziel der Mandschu-Staatskunst, das Volk hinter einem Vorhang zu halten', schrieb Paul H. Clements in seinem Buch ‚Der Boxer-Aufstand' (1915). ‚Die mandschurischen Eroberer aus einer der begünstigsten Gebiete des Globus bewerkstelligten das recht schnell, und da sie der Zahl nach nicht sehr stark vertreten waren, lag es nur in ihrem Interesse, als Herren über eine intelligente und gesetzestreue, wenn auch passive Rasse, die ein Viertel der Weltbevölkerung ausmachte, alle Bemühungen um Austausch zu verbieten und das Land abzuriegeln, damit sich so etwas wie ihre eigene Heldentat nicht wiederholen, noch im Volk Unzufriedenheit mit ihrer Herrschaft infolge äußerer Einflüsse entstehen konnte.'

Niemand anders verkörperte diesen Geist mehr als die Kaiserwitwe Tzu Hsi (dies war nicht ihr einziger Name, der so viel wie ‚Die Mütterliche und Glückverheißende' bedeutete, sondern nur einer von vielen, die sie im Laufe ihres Lebens erwarb, wie ‚Die Vollkommene', ‚Die Ehrerbietige', ‚Die Erhabene'), der gemeine ‚Alte Buddha' in Gestalt einer Frau, die 1835 zur Welt gekommen war und die Geschicke Chinas von 1860 bis zu ihrem Tod im Jahre 1908 lenkte und zwei Tage vor ihrem Tod Pu Yi auf den Thron setzte.

Tzu Hsi (oder Ci Xi, um die moderne Schreibweise ihres Namens zu verwenden) herrschte aber auch so unbarmherzig, verschlagen und gewissenlos wie kaum ein anderer Herrscher ihrer Zeit. Obendrein ist sie ein wesentlicher Bestandteil unserer Geschichte, denn ohne sie wäre China ein anderes Land geworden – und Pu Yi niemals Kaiser. Sie verkörperte fast alles, was mit Chinas Führung im neunzehnten Jahrhundert nicht stimmte. Gleichzeitig erzwingen ihre Charakterstärke, ihr manipulatives Geschick und ihre Fähigkeit, sich nicht in die Ecke treiben zu lassen, zweifellos Bewunderung. In ihren politischen Manövern und mit ihrem jongleurhaften Geschick, die Macht zu verteilen, ähnelten sie der späteren Indira Gandhi, ihr sturer Nationalismus hatte etwas von dem de Gaulles an sich, und ihre dunkle Seite läßt Messalina und die Borgias wie gute Bürger erscheinen.

Tzu Hsi begann das Leben mit einem entscheidenden Vorteil: Sie war eine Angehörige der Mandschus – das heißt, sie gehörte durch Geburt dem herrschenden Volk an, das nur fünf Millionen zählte, aber seit 1644 über China herrschte. Marina Warner, deren hervorragendes Buch ‚The Dragon Empress' (‚Die Drachenkaiserin') nach wie vor die beste und maßgeblichste Biographie über sie ist, sagt: „Tzuhsi's Familie war nicht reich; in China bedeutete das wahrscheinlich, daß ihr Vater ehrlich war." Er war ein untergeordneter Mandarin der staatlichen Bestallungsbehörde, vergleichbar einem hohen Beamten im Staatsdienst. Später wurde er Verwalter bzw. Kommissar von Anhwei, einem grünen und wunderschönen Landesteil am mächtigen Yangtse-Fluß. Die Familie hatte aristokratische Vorfahren; in ihr gab es eine ‚Königliche', ein junges Mädchen, das einst, d. h. gute 250 Jahre bevor Tzu Hsi zur Welt gekommen war, die Frau Nurhacis geworden war, des Begründers der Ching-(Mandschu)Dynastie. Seither war ihre Familie in die Geschichte eingegangen.

Zur Zeit ihrer Geburt (1835) war Lan Kueu (Kleine Orchidee, wie sie hieß, ehe sie ihren ‚kaiserlichen' Titel bekam) nur eines von vielen Mandschu-Mädchen in einer Beamtenfamilie mittleren Ranges.

Aus Tzu-hsi's frühen Jahren gibt es keine Fotos. Die Sepiafotos, die sie in den späteren Jahren zeigen, offenbaren einen affenartigen Ausdruck, obgleich man sich offenbar immer sehr bemüht hatte, sie gut in Pose zu bringen. Sie war sehr kleinwüchsig, und in ihrer Jugend mußte sie eine gehörige Portion Charme gehabt haben. ‚Sehr viele Leute waren neidisch auf mich, weil man mich damals für eine Schönheit hielt', soll sie laut ihrer Schwester oft gesagt haben. Was sie von den meisten anderen Mandschu-Mädchen ihres Alters unterschied, war ihre frühreife Intelligenz und – selbst in ihren Jugendjahren – ihr maßloser Ehrgeiz.

Mandschu-Frauen hatten zu Anfang ihres Lebens einen Vorteil über die aus guten Häusern stammenden ‚Han'-Mädchen (die chinesischen Mädchen): Ihre Füße waren nicht zusammengebunden, und sie waren nicht dieser langwierigen Tortur ausgesetzt, infolge derer die chinesischen Kurtisanen auf ihren drei Zoll großen Stumpen herumlaufen mußten – den ‚Lotusfüßchen', die angeblich die chinesischen Männer an den Rand des sexuellen Wahnsinns trieben und die chinesischen Frauen daran hinderten, ein normales Leben zu führen.

Da sie so klein war, waren ihre Füße auch ohne diesen Kunstgriff sehr winzig; als sie älter war und mit fremden Frauen zusammentraf, konnte sie nicht umhin, voller Entsetzen auf deren riesige, unförmige Schuhe zu starren. Vielleicht war ihre Erscheinung – einschließlich ihrer kleinen Füße – der Grund, warum die königlichen ‚Talentsucher' sie aussuchten, als der junge Kaiser Hsien-feng (1831–1861), dessen Name so viel bedeutete wie ‚Fülle des Universums', nach angemessener Zeit der Trauer um seinen verstorbenen Vater sich nach Frauen und Konkubinen umzuschauen begann.

1851 wurde sie zusammen mit ihrer Schwester an den Hof in der Verbotenen Stadt zitiert. Tzu-hsi war eine von sechzig ausgesuchten Mandschu-Mädchen aus gutem Hause, die zu einer Zeremonie befohlen wurden, welche etwas von einem uralten chinesischen Ritual hatte, etwas von einem banalen Schönheitswettbewerb und sehr viel mit Astrologie zu tun hatte. Sie war damals sechzehn, und nach sorgfältiger Begutachtung durch die Mutter des Kaisers (er selbst hatte in der Sache nichts zu sagen) wurde sie zur ‚ehrenwerten Person' ernannt, zu einer Konkubine fünften Ranges. Ihre Schwester fiel bei dem Test durch. Die astrologischen Daten, die in Tzu-hsi's Fall zufriedenstellend gewesen waren, waren bei ihr ungünstig; allerdings paßten sie zu einem anderen königlichen Junggesellen. Tzu-hsi's Schwester heiratete einen der jüngeren Brüder des Kaisers, den Prinzen Chun.

Die Verbotene Stadt war eine Stadt innerhalb einer Stadt, eine Gemeinde von Zehntausenden, die alle in einem Labyrinth von Palästen, Tempeln, Hofanlagen und Gärten untergebracht waren. Noch heute, wenn man durch das ‚Wumen' oder ‚Mittagstor' hindurchgeht, das in die hohen ockerfarbenen Mauern eingelasssen ist (früher wurde es nur vom Kaiser selbst benutzt, seine Untertanen benutzten Seiteneingänge), hat man das Gefühl, in eine völlig andere Welt zu kommen: Die Gebäude – meistens aus Holz und in hellen Farben leuchtend – sind durchweg ohne genormte Form, was für das Auge eine ständige Freude ist. Selbst im heutigen Peking mit dem Lärm und Verkehrsgedränge scheint die Außenwelt überhaupt nicht zu existieren.

Die Verbotene Stadt war nicht einfach der Palast des kaiserlichen Herrschers. Es war eine Stadt innerhalb einer Stadt, der Kern des Regierungsapparates, mit Amtsräumen, Tempeln, Schatzkammern, Theatern, Zeughäusern, Schulgebäuden, Stallungen und sogar Gefängnissen und ‚Strafkammern' für unbotmäßige Höflinge und widerspenstige Kurtisanen.

Der kaiserliche Palast, umgeben von einer zehn Meter hohen Mauer und einem fünfzig Meter breiten Stadtgraben, befindet sich am Eingang zur Verbotenen Stadt. Angeblich soll er aus 9999 Räumen bestanden haben; eine offizielle Zählung der Räume durch Museumsbeamte im Jahr 1958 ergab allerdings, daß es nur 8886 waren. Der Palast ist kein Einzelgebäude im westlichen Baustil, sondern besteht vielmehr aus einer Reihe von Turmbauten, Hofanlagen und Pavillons, die alle zusammenhängen. Im Zentrum befindet sich ein Turmbau mit einem doppelten Dachaufbau aus gelben Glasziegeln, die speziell für den Kaiser angefertigt wurden. Einer der Pavillons im Innern des kaiserlichen Palastes ist der ‚Turm der fünf Phönixe'. Der chinesischen Mythologie nach ist der Phönix ein Symbol für Glück, und auf dem Dach des Phönix-Pavillons sieht man die Nachbildungen dieses symbolhaften Vogels zuhauf.

Der Palast ist durch eine Brücke aus weißem Marmor, die

‚Goldene Wasserbrücke', mit dem übrigen Teil der Verbotenen Stadt verbunden, und nur der Kaiser durfte sie überschreiten. Sie führt zum ‚Tor der Höchsten Harmonie', hinter dem sich ein riesengroßer, gepflasterter Hof öffnet, der fast so groß ist wie ein Fußballstadion, mit ausreichend Platz für 90000 Leute. Hier kamen die kaiserlichen Wachen und Amtsträger zusammen, um dem Herrscher bei offiziellen Anlässen ihren Respekt zu zollen.

Innerhalb der von Mauern umgebenen Verbotenen Stadt gibt es neunzehn weitere Palastbauten. Manche, z. B. die ‚Sechs Paläste des Westens' und die ‚Sechs Paläste des Ostens', gleichen eher staatlichen Häusern. Zu Pu Yi's Zeit dienten sie als private Wohnunterkünfte für Kaiserinnen, Konkubinen und Eunuchen. Während der Ming-Dynastie lebten dort mehr als tausend Eunuchen. Als Pu Yi Kaiser wurde, waren es ungefähr 200.

Alle anderen Paläste hatten eine spezielle Funktion: In der ‚Halle der Höchsten Harmonie' mit ihren 72 zinnoberroten Stützsäulen befand sich der Thron des Kaisers: Er wurde selten benutzt, außer für Krönungsfeiern und hochoffizielle Hofzeremonien. In der kleineren ‚Halle der Vollkommenen Harmonie', wo ebenfalls ein Thron stand, wenn auch ein kleinerer, ging es etwas entspannter zu; hier hielt der Kaiser inoffizielle Unterredungen mit seinen Bediensteten ab, hörte Musik oder ruhte sich einfach nur aus.

In der ‚Halle der alles bewahrenden Harmonie' wurden Bankette wie auch die staatlichen Prüfungen der Aspiranten auf einen Posten als Mandarin abgehalten. Das ‚Tor der Himmlischen Reinheit' ist über marmorne Treppenaufgänge und Terrassen zu erreichen; vier vergoldete Bronzelöwen wachen symbolisch über den kaiserlichen Privatbereich: den ‚Palast der Himmlischen Reinheit'. Dort befanden sich des Kaisers private Räumlichkeiten. Unmittelbar daneben schließt sich der ‚Palast der Einheit' an, wo die Kaiserinnen gekrönt wurden und die Damen am Hof ihre Seidenraupen zogen. An diesen wiederum ist der ‚Palast der Irdischen Ausgeglichenheit' angeschlossen, mit seinem speziellen ‚roten Zimmer', wo die kaiserlichen Hochzeitsnächte über die Bühne gingen. Rot ist in China eine glückversprechende Farbe; obendrein ist das Zimmer mit goldverzierten Phönixen ausgeschmückt. Das einzige Möbelstück darin war ein riesiges Bett.

Kaiserin Tzu-hsi hielt sich mit Vorliebe in der kleinen, äußerst fein eingerichteten ‚Halle der geistigen Bildung' auf, wahrscheinlich weil es von dort aus am nächsten zum kaiserlichen Garten war, mit seinen steinernen Landschaften, Pinien, Zypressen, Teichen und Blumenbeeten. Sie liebte die Gartenpflege über alles und brachte ganze Tage darin zu.

Heute ist die Verbotene Stadt insgesamt ein großflächiges Museum voller Juwelen, zeremonieller Gewänder, Bernsteinsiegel und Küchenutensilien. Man kann immer noch durch ihre engen Gassen wandern und sich in kaiserliche Epochen zurückversetzen. Es ist unmöglich, sich von der Verbotenen Stadt einen Gesamteindruck zu verschaffen, wie man es von Versailles kann, das man sich am besten aus der Luft ansieht, wenn man seine außergewöhnliche Symmetrie wahrnehmen will, wenngleich der kaiserliche Palast vom ‚Kohleberg' sichtbar ist, der sich im Rücken der Verbotenen Stadt unmerklich erhebt und einst als Kohlenhalde diente. Innerhalb der Stadtmauern wird das Auge ununterbrochen von freischwebenden Stützpfeilern, vergoldeten Standbildern, Statuen aller Art und den äußerst fein geformten gelben, grünen und roten Dächern verwirrt. Überall tun sich Überraschungen auf: Schmale Türen führen in großzügig angelegte quadratische Höfe, Marmortreppen in kleine, exquisite Tempel. Ohne ausführlichen Wegführer kann man sich in diesem komplizierten Labyrinth leicht verlaufen.

Zu Zeiten der Ming-Dynastie standen etwa 100 000 Eunuchen im Dienste des Kaisers. Einige von ihnen – eine verschwindende Minderheit – wurden so einflußreich wie Minister, die meisten aber waren praktisch Sklaven, die nach Gutdünken geschlagen und sogar hingerichtet wurden. Es war allgemein bekannt, daß die Eunuchen, trotz der damit verbundenen Strafen, den Kaiser hinten und vorn bestohlen; sie rächten sich so für die Verachtung und Erniedrigung, die ihnen entgegengebracht wurde. Während Tzuhsi's Zeit waren die Eunuchen überall als korrupt bekannt. Sie folgten eigentlich nur Tzu-hsi's eigenem Beispiel: Eines ihrer Merkmale war ihre Leidenschaft für Reichtümer, die ihr ganzes Leben lang anhielt, und selbst als sie auf der Höhe ihrer Macht und ihres Ruhmes stand, hamsterte sie große Mengen Juwelen, Geld, Antiquitäten und Edelmetalle ein, ohne große Unterschiede zwischen den Einkünften des Staates und ihren eigenen zu machen. Das berühmte ‚Marmorboot', das zu den ungewöhnlicheren – und geschmackloseren – Schätzen des Sommerpalastes gehört (entsprechend ihren spezifischen Wünschen nach seiner Zerstörung im Jahr 1860 wiederhergestellt), wurde mit Mitteln erbaut, die von den Geldern abgezweigt worden waren, die für den Wiederaufbau der chinesischen Marine gedacht waren.

Eine Konkubine des fünften Ranges – was Tzu-hsi 1854 wurde – war mit dem Kaiser nicht unbedingt intim zusammen, und Tzu-hsi bemerkte sehr rasch, daß sie die Komplizenschaft der Eunuchen brauchte, um ins kaiserliche Schlafzimmer vorzustoßen. Der neue Kaiser, Hsien-feng, jedenfalls stand in einzigartiger Weise für den ‚Untergang der Rasse': Er war schwach, liederlich, feige und seit seiner Pubertät ein emsiger Gast in den Pekinger Bordellen – männlichen wie weiblichen.

Die am Hofe erlaubten sexuellen Freuden fand er konventionell und deshalb langweilig. Die erotischen Bücher der Taoisten aus dem zwölften Jahrhundert – die Bettlektüre für chinesische Aristokraten – ließ der Fantasie keinen Raum, obgleich alles in eine entsprechende blumige Sprache gehüllt war: Die Fellatio war ‚Das flötenspielende Jademädchen', und Sodomie wurde als ‚mit der Blume im Hintergarten spielen' umschrieben. Wie sich die kleine, lebhafte, aber nicht sonderlich hübsche (wenigstens nach klassischen chinesischen Standards) Tzu-hsi in das Bett des jungen Kaisers schlich, ist nicht bekannt. Später ging im Palast das Gerücht um, daß sie den Obereunuchen bestochen hatte, der dem Kaiser ihren Namen ins Ohr flüstern sollte. Wie dem auch war, ihr Name stand eines Tages auf der Jadetafel – eine Art Stammbuch –, die die Namen der Nachtgefährtinnen des Kaisers anzeigte.

Gemäß eines altehrwürdigen Rituals, das mehr dem Sicherheitsbedürfnis galt als der Erotik (Mandschu-Kaiser), und vor ihnen die Ming-Kaiser hatten schauerliche Angst davor, ermordet zu werden), kam eines Nachts der Eunuch, zog sie bis auf die Haut aus, wickelte sie in eine scharlachrote Wolldecke und trug sie auf den Schultern zur königlichen Bettstatt. Aus Zeugungsgründen wurde das Datum ihres Geschlechtsverkehrs registriert und mit dem kaiserlichen Siegel versehen. Vielleicht war der Kaiser nicht nur von ihrer Sexualität entzückt, sondern auch von ihrer Intelligenz und ihrer angenehmen singenden Stimme. Immer häufiger tauchte ihr Name fortan auf der Jadetafel auf, und im April 1856 brachte sie, gerade zwanzig Jahre alt, einen Sohn zur Welt.

Der Kaiser hatte zwar bereits eine Tochter von einer anderen Konkubine, aber Mädchen zählten wenig: Tsai-ch'un sollte der einzige Sohn des Kaisers sein. Als Folge davon änderte sich Tzu-hsi's Status über Nacht. Sie wurde eine Konkubine zweiten Ranges. Höflinge und Eunuchen wußten, daß sie einen eisernen Willen besaß und bereits auf das höchste Ziel schielte, das eine Frau erreichen konnte, nämlich den Status der Kaiserinwitwe. Ohne die schweren Probleme, die China erlebte, als sie sich gerade die sexuelle Gunst des Kaisers erwarb, hätte sie keine Chance gehabt.

In das Jahr, in dem Tzu-hsi eine von vielen kaiserlichen Konkubinen wurde, fielen einige der unheilvollsten Ereignisse in der Geschichte Chinas: Der zutiefst fanatische, zum Protestantismus konvertierte Hung Hsieu-chan, der die Prüfung zum Mandarin nicht geschafft hatte, rief sich selbst zum ‚Himmlischen König' und Widersacher des Kaisers aus und erklärte den Mandschu-‚Usurpatoren' den heiligen Krieg.

Von seiner Provinz Kwangsi aus zogen seine Gefolgsleute, die immer stärker wurden, Richtung Süden und Westen. Sie überrannten Anhwei, wo Tzu-hsi zu Hause war, eroberten Nanking, die Hauptstadt Südchinas, und bedrohten bald Peking. Die Bauernarmee des aufständischen ‚Himmlischen Königs' war sehr diszipliniert und fanatisch. Die ‚Taiping-Rebellion', wie diese Periode genannt wurde, war eine seltsame Mischung aus Puritanismus, oberflächlich angenommenem Protestantismus und primitivem Kommunismus. Bauern, die von der Steuerlast erdrückt wurden und welche lange Zeit die gestürzte Ming-Dynastie unterstützt hatten, sowie die im Süden lebende Bevölkerung, die die Mandschus als Fremdlinge, Tataren und Invasoren betrachtete, sie alle schlossen sich der Sache dieses ‚Himmlischen Königs' an.

Wie man es auch sieht, der junge Kaiser Hsien-feng lud sich mit seinem Verhalten einige Schmach auf. Als die Taiping-Streitmacht die Außenbezirke der Stadt Tientsin erreichte, die nur 100 Kilometer südlich von Peking an der Küste liegt, geriet er in Panik. Nur sein Gefolge hinderte ihn daran, sich schändlich aus der Verbotenen Stadt zu schleichen, um sich in einem Palast in Jehol im Norden des Landes zu verschanzen, unter dem Vorwand einer ‚jährlichen Inspektionstour'.

Er hatte jedoch Glück, denn der aufrührerische ‚Himmlische König' zeigte langsam Anzeichen von Schwachsinn, und während der Zeit, als Tzu-hsi's Besuche im königlichen Schlafzimmer zunahmen, begann auch die Zeit, in der die kaiserlichen Heerscharen nach und nach entscheidende Siege über die Taiping-Rebellen errangen. Als sie dann einen Sohn zur Welt brachte, war manche Gefahr, die dem kaiserlichen Thron gedroht hatte, gebannt, aber der Preis war hoch gewesen: China war ein verwüstetes Land, und entscheidend sollte sich das Blatt gegen die Taipings erst 1860 wenden, das Jahr, in dem die französisch-britische Expedition unter Lord Elgins Führung nach Peking marschierte. Angesichts der britischen und französischen Truppen vor den Toren der Verbotenen Stadt geriet der Kaiser erneut in Panik und floh dieses Mal tatsächlich nach Jehol (Chengde), wobei der größte Teil seines Hofstaates in den königlichen Jagdhäusern untergebracht wurde. Auch Tzu-hsi und ihr gerade erst geborener Sohn kamen nach Jehol. Der Bruder des Kaisers, Prinz Kung, der etwas mehr Mumm hatte, blieb zurück, um mit den anglo-französischen ‚Barbaren' zu verhandeln.

Die Nachricht von der Besetzung seiner Hauptstadt durch ausländische Streitkräfte und der Plünderung des Sommerpalastes stieß den Kaiser in tiefe Depression, aus der er nur hervorkam, um seine Sorgen in Alkohol, Drogen und Ausschweifungen zu ertränken. Tzu-hsi wurde ausgeschlossen; inzwischen verachtete sie offen den 29jährigen Wüstling. Sie zog die Gesellschaft von Eunuchen vor, da diese wenigstens bei Verstand waren, sowie die der Offiziere der Palastwache, die wenigstens Männlichkeit zeigten.

Es dauerte nicht lange, bis am Hofe, wo Klatsch und Gerüchte schnell die Runde machten, auch bald von ihrer Untreue gesprochen wurde, so daß sie den Status einer Palastschmarotzerin bekam. Wäre der Kaiser ganz Herr der Lage gewesen, wäre sie vielleicht mit dem Tode bestraft worden. Aber er hatte andere, dringlichere Probleme als die Treulosigkeit einer seiner Konkubinen. Sein Exil zog sich immer länger hin. Inzwischen schrieb man das Jahr 1861, die anglo-französischen Streitkräfte hielten immer noch das Gebiet in und um Peking besetzt, und es herrschte eine solche Nahrungsmittelknappheit und Inflation in der Hauptstadt, daß die gewohnte chinesische Ehrerbietung vor dem Königshaus von Verachtung und Haß abgelöst wurde: Ladenbesitzer bewarfen Palastbeamte mit Bündeln von Geldscheinen, die durch die Inflation wertlos geworden waren. Niemand machte mehr ein Hehl aus seiner Verachtung für den verkommenen, feigen Kaiser, der viel zuviel Angst hatte, um den barbarischen Eindringlingen die Stirn zu bieten.

Er lag sowieso im Sterben – Wassersucht, Alkohol und Depressionen hatten ihn zugrunde gerichtet. Und kurz vor seinem Tod ließ Tzu-hsi etwas von ihrem wahren Wesen durchscheinen, das sie zur mächtigsten Frau in China machen sollte.

„Da der Kaiser praktisch gar nicht mehr mitbekam, was um ihn herum vorging", erzählte sie ihrer Schwester Teh Hing, „brachte ich meinen Sohn an sein Bett und fragte ihn, was er mit seinem Thronfolger vorhatte. Er gab darauf mehrere Antworten, aber ich war, wie immer in Notfällen, der Lage gewachsen und sagte zu ihm: ‚Hier ist dein Sohn.' Als er das hörte, machte er unverzüglich die Augen auf und sagte: ‚Natürlich wird er den Thron besteigen.' Ich fühlte, wie mir ein Stein vom Herzen fiel, als das ein für allemal erledigt war. Es waren praktisch seine letzten Worte."

Legendenbildung und der Haß auf Tzu-hsi nach ihrem Tode liefern natürlich noch eine andere Variante der Thronnachfolge. Man glaubt heute, daß sie einen Eunuch bestach, das kaiserliche Siegel zu stehlen, welches ihren Sohn als Kaiser proklamierte, und ein kaiserliches Dekret verbrannte, das den acht Fürsten, die darin ernannt waren, die Regentschaft des neuen Kaisers zu überwachen, auftrug, ‚Tzu-hsi mit dem Tod zu bestrafen, falls sie irgendwelche Schwierigkeiten machte'.

Tzu-hsi war inzwischen brillant im Manipulieren, und während der Leichnam des Kaisers im Sarg lag und man auf den astrologisch günstigen Moment für den Antritt der Rückkehr nach Peking wartete, gewann sie in der beklemmenden Hofatmosphäre von Jehol rasch die Oberhand. Die Ex-Frau des Kaisers, die gutherzige, aber kinderlose, ehemalige ‚Nummer eins', die Kaiserin Niuhuru, war von Tzu-hsi's rücksichtsvoller hilfsbereiter Art angetan: Niuhuru, nahezu Analphabetin und infolge ihrer neuen Verantwortlichkeiten vollkommen verwirrt, ging sofort auf Tzu-hsi's Vorschlag ein, daß beide Frauen Kaiserinwitwe werden und gemeinsam regieren sollten, wobei ihre Befugnisse weit über die der Regenten hinausgingen.

Als der Sarg mit dem toten Kaiser endlich nach Peking überführt werden konnte, hatte sich Tzu-hsi erneut weiter nach oben bewegt und hielt nun fast die höchste Macht in Händen, nach der sie von Anfang an gestrebt hatte.

Es dauerte nicht lange, bis sie ihre machiavellistische Ader zeigte. Kaum war der Leichenzug in Peking eingetroffen, holte sie auch schon zum Schlag aus, wobei sie Prinz Kung und einen anderen Bruder des Kaisers, Prinz Chun (der ihre Schwester geheiratet hatte), als Verbündete einsetzte: Die Regenten wurden abgesetzt, weil sie sich bei den Verhandlungen mit den vordringenden ‚Barbaren' wie Stümper benommen hätten. Da Tzu-hsi jetzt außerdem die Behauptung aufstellte, daß der ehemalige Kaiser, der Vater ihres Kindes, ‚großenteils gegen seinen Willen gezwungen worden war, in Jehol Zuflucht zu suchen', mußte auf ihren Befehl hin die Geschichtsschreibung neu abgefaßt werden. Drei weitere Prinzen, unter ihnen einer, der ihren Tod geplant haben sollte, wurden wegen Subversion festgenommen. Zweien wurde erlaubt, ‚sich selbst das Leben zu nehmen', dem dritten wurde, wie einem gemeinen Verbrecher, der Kopf abgeschlagen. Sie waren die ersten von vielen anderen, die auf Betreiben des ‚Alten Buddha' umgebracht wurden. Mit ihrer geistigen Überlegenheit machte Tzu-hsi auch bald ihre Mitregentin zu einer willigen und vollkommen unbedeutenden Person. Sie begann nun, alle größeren Entscheidungen bei den Verhandlungen mit den Fremden im Namen ihres unmündigen Sohnes zu fällen; ehe die ausländischen Streitkräfte China verließen, halfen sie bei der Niederschlagung der letzten Rebellenbanden der Taiping. Um 1863 waren die fremden Truppen bis auf ein paar Hundert britische und französische Soldaten größtenteils fort. Der Rest blieb zum Schutz der neu eröffneten Gesandtschaften in Pekings neuem ‚Botschaftsviertel' zurück.

Tzu-hsi zeigte bald, daß Loyalität bei ihr nur eine sehr schwach ausgebildete Eigenschaft war; im Jahr 1885 beschuldigte sie Prinz Kung, sie während einer Audienz belästigt zu haben, und während sie ihm danach ‚vergab', degradierte sie ihn zum ‚Berater' und beförderte statt dessen den gefügigeren Prinzen Chun – Pu Yi's Großvater.

Allmählich schlug sie einen Kurs ein, der China sowohl in wirtschaftlichen als auch in moralischen Bankrott trieb. Wenn sie Geld für ihre Extravaganzen brauchte, veräußerte sie einfach gewisse Privilegien an Magistrate oder Präfekte. Ihre Ausgaben stiegen ins Astronomische. Ihre kostspieligen Vergnügungen im Palast der Verbotenen Stadt lagen ganz in der Hand ihres Lieblingseunuchen, An Te-hai, der später hingerichtet wurde, weil er sich selbst wie ein König aufgeführt hatte.

Tzu-hsi wußte, daß, sobald ihr Sohn erwachsen war, sie nicht länger ‚den Vorhang herunterlassen und die Staatsgeschäfte führen konnte', wie man sagte, denn es war Frauen offiziell nicht erlaubt – auch nicht den Witwen des Kaisers – Staatsgeschäfte vom Thronsaal aus zu führen, außer sie befanden sich hinter einem gelben Vorhang.

Sie hatte jedoch das Glück, daß ihr Sohn Tung-chih (1856–1875) sich als genauso untauglich herausstellte wie sein Vater. Tzu-hsi behandelte ihn äußerst nachsichtig. Mit der Zeit war es unvermeidlich, daß man ihr vorwerfen würde, sie hätte seine angeborene Neigung zu Alkohol und Ausschweifungen bewußt gefördert. Sie unternahm nichts, um seine Ausflüge in die Pekinger Bordelle zu beenden. Er genoß die Gesellschaft von Transvestiten, war aller Wahrscheinlichkeit nach bisexuell und hatte sich obendrein vielleicht sogar Syphilis zugezogen. Auch als er mit sechzehn mit einem hübschen Mandschu-Mädchen aus aristokratischem Haus vermählt wurde (sie war die Tochter eines der Regenten, die zum Selbstmord gezwungen worden waren; die Vermählung sollte angeblich einen Bruch zwischen den Familien kitten), schaffte er es nicht, sich zu bessern. Und Tzu-hsi, die wußte, daß sie selbst bald Macht und Ansehen einbüßen würde, würde ihr Sohn einen Jungen zeugen (denn stieße ihrem Sohn irgend etwas zu, würde ihre Schwiegertochter, Alute, Regentin werden), tat fortan alles in ihrer Macht Stehende, um das Mädchen zu demütigen.

Aber erneut verschworen sich die Ereignisse zu Tzu-Hsi's Vorteil. Der junge Kaiser starb mit neunzehn an Pocken,

Alute nahm sich kurz darauf das Leben (die Kritiker warfen Tzu-hsi vor, sie selbst habe das Mädchen dazu ‚ermuntert'), und sie wurde erneut die unangefochtene Herrscherin von China. Tzu-hsi selbst behauptete, daß es nach dem Tode ihres Sohnes ‚mit dem Glück vorbei war'.

Sie verlor keine Zeit: Noch am gleichen Tag, an dem ihr Sohn gestorben war, berief sie eine Sitzung ein, um die Nachfolge festzulegen. Es verwunderte niemanden, daß sie es fertig brachte, daß man am Hofe ihrer Wahl zustimmte: Der dreijährige Sohn ihres Schwagers Prinz Chun sollte Kaiser werden und bekam auf der Stelle den Namen Kuanghsu, ‚von ruhmreicher Nachfolge'.

Es war eine willkürliche, illegale und heftig kritisierte Wahl, auch wenn ihre Höflinge alles vermieden, um ihre schrecklichen Launen zu provozieren. Der Kaiser war in China nicht nur Herrscher über die irdischen Dinge, sondern auch über die spirituellen. Ein wesentlicher Teil seiner Aufgaben beinhaltete die Verehrung der Vorfahren und Darbringung von Opfern an ihren Gräbern. Aber nur ein männlicher Erbe konnte solche Zeremonien durchführen, und er mußte einer anderen Generation entstammen. Kuang-hsu war ein Vetter des ehemaligen Kaisers und als solcher außerstande, derartige Riten rechtmäßig zu vollziehen. Um die Dinge zu korrigieren, adoptierte Tzu-hsi ihn kurzerhand, aber ihre Gleichgültigkeit und Gefühlslosigkeit gegenüber der Tradition, wenn es ihr gerade in den Kram paßte, waren mindestens für einen angesehenen Mandarin Grund genug, sich das Leben zu nehmen, während für Prinz Chun die Nachricht, daß sein Sohn die Thronfolge angetreten hatte, Anlaß zum Weinen war.

Viele Jahre später sah Pu Yi, der sich noch an die Besuche im Hause seines Großvaters erinnerte, „zahlreiche Schriftrollen, die alle die Handschrift meines Großvaters zeigten, in den Zimmern seiner Söhne und Enkel hängen. Auf einer stand: ‚Reichtum und Glück zeugen mehr Glück, königliche Gunst noch mehr Günstiges.'"

Den Schriftrollen nach war Prinz Chun möglicherweise

ein königlicher Speichellecker, aber andererseits kannte er inzwischen Tzu-hsi gut genug, um sie zu fürchten. Erneut hatte sich Tzu-hsi, mit einem weiteren Kind auf dem Thron, für eine Zeitlang ‚hinter dem gelben Vorhang' eingenistet. Dieses Mal sollte alles mit Mord und Rebellion enden – eine der schwärzesten Perioden in der chinesischen Geschichte.

Kapitel 3

Trotz des Abgleitens in Korruption, Anarchie und schließlich Revolution wurden die ersten Jahre, als die Kaiserinwitwe Tzu-hsi die Macht verwaltete (in den '8oer und '9oer Jahren des 19. Jahrhunderts), auf Seite der Ausländer, deren Präsenz immer größer wurde, als Jahre des Fortschritts und der harmonischen Beziehung betrachtet.

Die zweite Witwe des Kaisers, Niuhuru, obgleich offiziell von gleichem Rang, überließ es Tzu-hsi, sämtliche Staatsgeschäfte zu betreiben, bis sie 1881 im Alter von 44 Jahren vorzeitig starb. Von da an regierte Tzu-hsi unumschränkt. Im Palast ging unvermeidlich, aber wahrscheinlich nicht unbegründet das Gerücht um, daß sie auf Tzu-hsi's Veranlassung hin vergiftet worden war.

Tzu-hsi änderte nie ihre Haltung gegenüber den verhaßten ‚Barbaren'. Das alte chinesische Sprichwort kam zum Tragen: ‚Benutze die Barbaren, um die Barbaren zu beherrschen.' Zum erstenmal kamen scharenweise Fremde nach China, die nicht Jesuiten waren (die praktisch die chinesische Nationalität zusammen mit den chinesischen Bräuchen übernommen hatten) – Bootsbauer, Söldner, Verwaltungsbeamte, Dolmetscher. Bestimmte Teile der Bürokratie – insbesondere der Zoll und die militärische Ausbildung – wurden Sonderbereiche, die den fremden Mächten (vorwiegend den Engländern) vorbehalten waren. Tzu-hsi hatte ganz recht, wenn sie davon ausging, daß gutbezahlte Ausländer redlicher wären als Mandarine. Sie vertraute Ausländern sogar bestimmte diplomatische Missionen an.

Aber gerade als es schien, daß die noch nie dagewesenen harmonischen Beziehungen zu einer neuen Ära des Vertrauens führen könnten, brachte der enorme Zustrom fremdländischer Missionare aller Schattierungen neue Spannungen. Und Tzu-hsi sah sich in ihrer Ansicht bestätigt, daß alle Fremden im Grunde ihres Herzens ‚Teufel' waren.

Einige dieser neuen Missionare benahmen sich auf ihre Weise ebenso brutal wie Palmerston: Sie beschlagnahmten buddhistische Tempel – und machten daraus christliche Kirchen. Andere dieser neuen ‚Reis-Christen' waren oft durchsichtige Gauner, die sich hinter der neuen Religion versteckten, um sich dem Zugriff der chinesischen Justiz zu entziehen, und das ärgerte die chinesischen Beamten. Antichristliche Pamphlete kamen bald überall heraus, die die Christen aller möglichen Schandtaten anklagten, vom Kannibalismus bis dahin, daß sie Menstruationsblut tranken. Und als ungefähr vierzig Babys während eines Konvents der Schwestern vom heiligen Vinzenz von Paul in Tientsin 1870 an Pocken starben, nachdem ein erkranktes Kind in den Konvent zum Empfang der Taufe gebracht worden war, erhob sich die örtliche Gemeinde gegen die Missionare in der Überzeugung, daß diese Leute menschliche Opfer geduldet hatten, während hitzköpfige französische Diplomaten ihre gewohnte Arroganz an den Tag legten – und dafür von dem aufgebrachten Mob in Stücke gerissen wurden. Die Schwesternschaften hatten sich keiner ernsteren Sache schuldig gemacht als religiösen Eifers, verbunden mit durchschnittlichem Stolz. In ihrem Enthusiasmus, die Zahl der getauften Kleinkinder zu vermehren, nahmen sie gewöhnlich auch die an, die todkrank waren, und akzeptierten sogar, wenn auch ohne ihr Wissen, solche, die entführt worden waren und von einem korrupten Pfortensteher beigebracht wurden. Wieder einmal wurde Kanonendiplomatie praktiziert, als sich französische Kriegsschiffe nahe an die Küste von Tientsin begaben und willkürlich und ohne Warnung das Feuer eröffneten, wodurch mehrere unschuldige Chinesen den Tod fanden.

Tzu-hsi wußte, daß China nicht auf einen militärischen Sieg über eine der westlichen Mächte hoffen konnte. Sie befahl folglich ihrem Vizekönig in Tientsin, all die zu bestrafen, die sich der Ermordung der Nonnen und französischen Diplomaten schuldig gemacht hatten. Acht Rädelsführer wurden hingerichtet, fünfundzwanzig weitere zu lebenslangen Gefängnisstrafen verurteilt, während die Familien der ermordeten Franzosen eine Wiedergutmachung erhielten. Daß Frankreich dies als hinreichend erachten würde, war keineswegs sicher, und Gerüchte waren im Umlauf, daß Napoleon III. eine militärische Strafaktion erwog, wobei er den Tod der Franzosen zum Vorwand nehmen wollte, weitere Stützpunkte auf chinesischem Territorium zu errichten. China hatte aber Glück, da der französisch-preußische Krieg von 1870 eine Verschiebung der französischen Prioritäten erforderlich machte, und Napoleons Pläne fallengelassen wurden.

Als Tzu-hsi schließlich ihre Vollmacht als Witwe vom Stande nicht über den achtzehnten Geburtstag des jungen Kaisers Kuang-hsu hinaus ausüben konnte, zog sie sich mit allen Würden von ihren Pflichten zurück. Sie hatte längst ein so ausgezeichnetes Netz von Spionen innerhalb der Verbotenen Stadt, so daß dort nichts vor sich gehen konnte, ohne daß sie nicht umgehend davon unterrichtet wurde. Sie griff selbst auf kleine Tricks zurück – wie die Vermauerung des Zugangs für den Kaiser sowohl zu den Quartieren der Kaiserin als auch zu denen seiner Konkubinen, so daß er, wenn immer er dorthin wollte, durch ihre eigenen Räumlichkeiten laufen mußte (die Holzplanken knarrten dann). Die neue Kaiserin war in jedem Fall eine natürliche Verbündete von Tzu-hsi; sie war eine ihrer eigenen Nichten.

Mit zunehmendem Alter wuchs auch Tzu-hsi's Habgier sowie ihre Sucht nach Luxusbauten. Sie hatte aus Zuwendungen und Schmiergeldern aller Art ein riesiges persönliches Vermögen angehäuft, und um die ungefähr achteinhalb

Millionen Pfund Sterling (in Gold und Edelmetallen) ‚an einem sicheren Ort' zu bunkern, trat sie schließlich mit Londoner Banken in Verbindung. Heute sind die verschiedenen Palastbauten, Gartenanlagen, Tempel und angelegten Seen, die zu Lasten der Nation auf Tzu-hsi's ausdrückliches Geheiß entstanden, für jeden Touristen eine Augenweide, aber sie waren enorm extravagant, denn China war pleite und außerstande, sich seiner räuberischen Nachbarn zu erwehren. 1887 besetzten die Franzosen das chinesische Protektorat, das heutige Indochina. 1894 annektierte Japan, das bereits auf Expansionskurs war, Korea, das damals ebenfalls ein strategisch wichtiges chinesisches Protektorat war, nachdem die chinesischen Streitkräfte zu Wasser und zu Land vernichtend geschlagen waren. Über den enormen Landverlust war Tzu-hsi genausosehr empört wie über die Tatsache, daß sie aufgrund Chinas Niederlage gezwungen war, die Feiern anläßlich ihres sechzigsten Geburtstags abzusagen.

Japans Sieg war das Signal für ein weiteres wahnsinniges Gerangel zwischen den Großmächten um noch mehr Anteile am chinesischen Territorium: Deutschland machte sich in Kiachow breit, in der Provinz Shantung, nachdem dort 1897 zwei deutsche Missionare ermordet worden waren, während sich England (in Hongkong, Kanton und Weihawei) und Rußland (in der Mandschurei und Mongolei) bereits große ‚Einflußzonen' gesichert hatten.

Mehr oder weniger das einzige Land, das es nicht schaffte, sich von dem chinesischen Territorium einen Teil zu sichern, war Italien: 1899 schickte Rom einen italienischen Diplomaten, De Martino, los, um zu verlangen, daß China die Bucht San-men in Chekiang aufgab. Italien hatte aber keine nennenswerte Marine und konnte letzten Endes wirklich keine ‚Kanonenbootdiplomatie' betreiben, sollte die Forderung danebengehen. Zum erstenmal blieb China standhaft. Es weigerte sich schroff, irgendeinen Teil seines Territoriums an Italien abzugeben. Italien mußte folglich Farbe bekennen. De Martino verließ China noch im gleichen Jahr und tief gedemütigt. Wie der berühmte Korrespondent der Londoner Times in Peking, George Morrison, bemerkte, war De Martinos Schwierigkeit zum Teil die, daß die Chinesen seinen inkompetenten Dolmetscher nicht verstanden und auf der Landkarte nichts finden konnten, was der italienischen Forderung entsprochen hätte. Auch hatten chinesische Mandarine ihm voller Verachtung erzählt, daß De Martino ein ungebildeter Mann war, was dieser dadurch bewiesen hatte, daß er in einer Note, in der ein permanenter italienischer Stützpunkt auf chinesischem Territorium gefordert wurde, Bezug auf das ‚Europäische Nationenkonzert' nahm und dafür ein chinesisches Ideogramm benutzte, ‚das gemeinhin für Theateraufführungen stand'.

Wenige Monate bevor De Martino 1899 seine unglückliche Mission begann, hatte Tzu-hsi wieder einmal die Macht an sich gerissen und den jungen Kaiser, Kuang-hsu, in einem behelfsmäßigen Gefängnis auf einer Insel inmitten der Anlagen des Sommerpalastes einsperren lassen. Kuang-hsu's Schmach sollte enorme Auswirkungen auf China haben; damit war das Ende der Mandschu-Dynastie besiegelt. Und es war mehr oder weniger sicher, daß, wer immer auf Tzu-hsi folgen würde, nicht sehr lange Kaiser wäre.

Grund war, daß der junge Kaiser eine Bestandsaufnahme gemacht hatte und Chinas verheerenden Zustand sah. Er erschrak mehr und mehr darüber, und prompt geriet er in den Bann einer kleinen Bande von ‚Reformern', deren prominentester ein Gelehrter namens Kang Yu-wei war, der, wenngleich er königstreu blieb, es sich zu Herzen genommen hatte, weittragende Veränderungen herbeizuführen.

Kaiser Kuang-hsu begann Kang's Memoranda zu lesen und danach zu handeln. Im Jahr 1886, für die Dauer der ersten stürmischen ‚Hundert Tage', wurden die Ministerien, Provinzen und militärischen Hauptquartiere von durchgreifenden, das Siegel des Kaisers tragenden Reformerlässen überall in China überflutet. Ein Dekret war die Errichtung der Pekinger Universität, ein anderes die Ernennung der progressiveren Stadt Nanking zur Hauptstadt Chinas. Außerdem sollten Reisen ins Ausland gefördert werden, technische Schulen im ganzen Land entstehen und aus den Dorftempeln Schulen werden. Die traditionelle chinesische Kleidung sollte zugunsten des westlichen Stils auf den Müll geworfen werden, die Armee sich westlichen Standards angleichen und Journalisten über Politik schreiben. Die altmodischen Zulassungstests für Mandarine mit der ganzen Regelung des Zugangs zu Schlüsselpositionen wurden abgeschafft und zahlreiche Amtsträger für überflüssig erklärt.

Eine Lawine von Maßnahmen kam ins Rollen, darunter viele bewunderungswürdige, längst überfällige. Aber bisweilen klang der wahllose Enthusiasmus des Kaisers für Veränderung – und die äußerste Verachtung der Konsequenzen seiner Aktionen – nach Evelyn Waugh's in Oxford ausgebildetem afrikanischen Protagonisten Seth in ‚Black Mischief', mit Kang Yu-wei als seinem Basil Seal. Es wurden nicht nur keine Anstrengungen unternommen, das Land, den feindlich gesinnten Hof oder die mächtigen alteingesessenen Interessenvertreter, die die Gunst des Status quo nicht verlieren wollten, auf die Wende vorzubereiten, sondern auch die Durchführung der Maßnahmen wurde äußerst vage gehandhabt, vor allem die Frage der Verantwortlichkeit der örtlichen Beamten, die fast alle die Maßnahmen inhaltlich ignorierten. Wie eine mit allen Wassern gewaschene Anglerin ließ Tzu-hsi den Kaiser am Ende einer langen Schnur zappeln; für sie war es ein Spiel, und nach dem Ende der ‚Hundert Tage' holte sie die Leine ein und schlug zu.

Der Kaiser, seiner äußersten Isolation innerhalb der Verbotenen Stadt gewahr, dachte, daß er bei dem einen der wenigen offensichtlich reformbewußten Generäle in China, Yuan Shi-kai, Rückhalt fände. Yuan hatte sich in Korea ausgezeichnet und war Befehlshaber der besten Truppen im Land. Kaiser Huang-hsi rief ihn nach Peking, während er gleichzeitig eine pathetische Note an seine Reformberater ausgab. ‚Angesichts der augenblicklichen schwierigen Situation bin ich zu dem Schluß gekommen, daß nur Reformen China retten können und daß sich diese Reformen nur durch die Entlassung der konservativen und ignoranten Mi-

Peking 1908. Der dreijährige Pu Yi (Richard Vuu) ist Herrscher über das Weltreich China.

Pu Yi (Richard Vuu, links) wird von der im Sterben liegenden Kaiserinwitwe zum Erben des Drachenthrones und damit zum Kaiser von China bestimmt.

Bild oben und unten: Die Krönungszeremonie in Pekings Verbotener Stadt.

nister erreichen lassen sowie durch die Berufung intelligenter und rechtschaffener Gelehrter. Ihre durchlauchte Majestät, die Kaiserinwitwe, jedoch war anderer Meinung. Ich habe immer wieder versucht, sie zu überzeugen, machte Ihre Majestät aber nur noch wütender. Ihr ... solltet euch alle unverzüglich überlegen, wie ihr mich retten könnt. Mit größter Besorgnis und ernster Hoffnung.'

Yuan Shi-kai spielte zunächst mit. Er schien selbst ein echter Reformer geworden zu sein. Unter den Beratern des Kaisers waren jedoch auch radikale, die offen dafür plädierten, Tzu-hsi zu entfernen. (‚Wir müssen uns die alte korrupte ... vom Hals schaffen, oder unser Land geht zugrunde.') Die persönliche Treue zur Mandschu-Dynastie war eine heilige Pflicht bei den Mandschu-‚Bannerleuten' – wie die Gefolgsleute des Stammes der jeweiligen Herrscherfamilie in China genannt wurden. Yuan Shi-kai, einer der führenden ‚Bannerleute' und zudem einer der einflußreichsten am Hof, ging schnurstracks zu einem von Tzu-hsi's Anhängern, um sie zu warnen, daß da etwas im Gange war.

Die alte Kaiserin stürmte mit ihren 64 Jahren sofort in die Räume des Kaisers. „Ist Euch bekannt, was das Gesetz des kaiserlichen Hauses für jemanden vorschreibt, der seine Hand gegen seine Mutter erhebt?" brüllte sie und hielt sich nicht zurück, ihn zu schlagen.

Treue Palastwachen schleppten den Kaiser auf ein kleines Eiland an der Südseite der Palastes des Meeres. „Ich konnte absolut nichts sagen", vertraute Kuang-hsu danach einer Tante an. Er sollte Tzu-hsi's Gefangener bleiben, bis zu seinem Tod zehn Jahre später. Der schlecht vorbereitete Coup scheiterte, Yuan Shi-kai's Soldaten zogen in Peking ein, sechs führende Reformanhänger wurden geköpft (aber nicht Kuang Yu-wei, der fliehen konnte), sämtliche Reformdekrete annulliert, und Tzu-hsi bekam offiziell die Macht zurück, für ein letztes Desaster.

Wie Reginald Johnston, der spätere Privatlehrer von Pu Yi und enge Freund von Kuang Yu-wei, schrieb, wären dem Kaiser ‚zehn Jahre Elend und Schande erspart geblieben, hätte er das Schicksal der sechs Märtyrer geteilt.' So wurde er aber gezwungen, die Dekrete zu besiegeln, die seine Reformen im einzelnen wieder aufhoben, wie auch die Todesurteile gegen seine Freunde zu bestätigen. Die öffentliche Stellungnahme aus dem Palast hörte sich einfach so an: ‚Da der Kaiser erkrankt ist, hat die Kaiserinwitwe die Regentschaft übernommen.'

Vielleicht war die Demütigung Italiens – schließlich war De Martino aus Peking verschwunden, ohne daß China irgendein neues territoriales Zugeständnis gemacht hatte – für den ‚Alten Buddha' Grund zu glauben, daß die Zeit gekommen war, den ‚ausländischen Teufeln' gegenüber einen strengeren Kurs einzuschlagen. Vielleicht hatte ihr politischer Verstand aufgrund ihres fortgeschrittenen Alters nicht mehr die Klarheit von früher. Jetzt, da der Kaiser ihr Gefangener war, konnte sich Tzu-hsi darauf freuen, für den Rest ihres Lebens ‚den gelben Vorhang unten zu lassen'.

Anscheinend hatte sie kein Gespür für das Kommende, als erneut ein gewaltsamer Aufstand drohte, der der Mandschu-Dynastie beinahe den Rest gegeben hätte. Als es zum Ausbruch kam, schien sie blind gegenüber den Konsequenzen, sah darin lediglich die Möglichkeit, die verhaßten, arroganten ‚ausländischen Teufel' ein für allemal zu verjagen und die Uhren wieder zurückzustellen, indem sie für China ein neues Goldenes Zeitalter in herrlicher Isolation ankündigte.

Der Boxeraufstand hatte seine Ursprünge in einer provinziellen Basisbewegung, wie die Taiping-Rebellion ein halbes Jahrhundert zuvor. Jedoch waren die Boxer im Gegensatz zu den Taiping-Rebellen treue Anhänger der Monarchie. Ihre Führer glaubten tatsächlich, daß sich Kaiserin Tzu-hsi nur mit ihrer Hilfe vor den verhaßten ‚ausländischen Teufeln' retten konnte. Auch in anderer Weise waren sie einzigartig unbedarft: Sie glaubten, Amulette und Zauberformeln böten adäquaten Schutz gegen die Kugeln der anderen.

Während der Geheimbund der Boxer mit Tzu-hsi's stillschweigendem Einverständnis an Stärke und Einfluß gewann, sicherte sie sich zusätzlich ab: Durch ein kaiserliches Dekret gab sie bekannt, daß von nun an ihr rechtmäßiger Nachfolger Pun-chun wäre, ein verkommener Teenager, Sohn von Prinz Tuan, der ein Blutsverwandter von ihr war und eine ihrer eigenen Nichten geheiratet hatte. Tuan war seit langem ein Liebling am Palast, ein säbelrasselnder Affe von einem Mann, der sie an jene schneidigen Offiziere erinnerte, mit denen sie als entehrte Konkubine in Jehol liebäugelt hatte. Außerdem war er ein guter Soldat, loyal, ohne eine Spur von gefährlichem Intellekt und mit ihren Ansichten über Ausländer konform, während ihr obendrein die Tatsache zugute kam, daß er im Ruf stand, korrupt und gierig zu sein; er würde also brav sein und sich kaum gegen sie wenden oder sie zu ‚Reformen' bewegen.

Aber Tzu-hsi war nicht die einzige, die der Ansicht war, daß ‚die Fremden in diesen Tagen ein einziger Fluch für China' waren. Die Bewegung der Faustrebellen, die gegen Christen und Ausländer eingestellt und fanatisch der Mandschu-Dynastie ergeben waren, wäre vielleicht nur ein weiterer Geheimbund mit heidnischen Riten und Bräuchen geblieben – wie Hunderte andere, die jahrhundertelang in ganz China gewirkt hatten –, wenn es nicht um all die Schulden, Demütigungen und Nöte gegangen wäre, die ganz China nach dem chinesisch-japanischen Krieg erschütterten. Wie die Taiping-Rebellen, so kannten auch die Boxer kein Pardon; sie mordeten mal hier, mal dort, predigten den Heiligen Krieg und meinten, sie hätten übernatürliche Kräfte. Mit der Zeit wurden sie immer stärker und fürchterlicher.

Tzu-hsi's letzter schändlicher Dienst an China war, daß sie glaubte, sie könnte die Boxer zu ihrem eigenen Vorteil einsetzen, um sich von den Ausländern zu befreien und gleichzeitig die Reihen ihrer bewaffneten Anhänger zu vergrößern. Sie mußten nicht einmal bezahlt werden – was kein geringer Vorteil war, zu einer Zeit, als China infolge der ‚Reparationen' an Deutschland, Frankreich und Japan bis zum Hals in Schulden steckte.

Der Boxeraufstand war Thema zahlreicher Bücher und

mindestens eines unbeabsichtigt heiteren Films, ‚Die fünfundfünfzig Tage von Peking' mit Ava Gardner. Wie die Boxer gen Peking marschierten, Tzu-hsi's Unterstützung gewannen, das Diplomatenviertel besetzten und schließlich von einer multinationalen Streitmacht aus amerikanischen, englischen, französischen und japanischen Truppen zerrieben wurden – die kaiserliche Garde kam viel zu spät, um in die Kämpfe einzugreifen, aber nicht, um zu plündern –, ist zu einem der mythischen Ereignisse dieses Jahrhunderts geworden, das damals eine enorme Attraktion für die Medien war und ein neues, noch nie dagewesenes Interesse am China des zwanzigsten Jahrhunderts weckte.

Mit ihrem verlogenen, hin und her schlingernden Kurs führte Kaiserin Tzu-hsi kaum die Opfer der Belagerung an der Nase herum, wohl aber eine Weile lang die ausländischen Mächte. Auf der einen Seite bewaffnete und ermutigte sie die jungen Faustrebellen, während sie auf der anderen Seite alles unternahm, um den Westen zu überzeugen, daß sie ein Opfer der Belagerung von Peking durch den Pöbel der aufständischen Faustrebellen war und nicht gemeinsame Sache mit ihnen machte. Als die Boxer auf der Siegerstraße schienen, waren sie sich ihres schmeichlerischen Danks gewiß. Selbstverständlich hoffte sie ab einem gewissen Stadium, daß sie alle Fremdlinge bis auf die letzte Frau und das letzte Kind umbringen würden, um zu verhindern, daß irgendwelche Augenzeugenberichte ihrer doppelgesichtigen niederträchtigen Haltung ans Licht kamen.

Sie kam mit ihren Lügen nicht durch, da ihr Verhalten ständig im Widerspruch dazu gestanden hatte, und nachdem die Faustrebellen ihre letzte Schlacht verloren hatten, kam alles auf. Sie beschloß, Peking zu verlassen aus Angst vor den Vergeltungsmaßnahmen der ‚ausländischen Teufel'. Bevor sie aus der Verbotenen Stadt floh, schlug sie in einem nahezu geisteskranken Wutausbruch noch einmal blind um sich und ließ einige ihrer Adjutanten köpfen, die so mannhaft gewesen waren, ihre boxerfreundliche Politik öffentlich zu rügen, und als die Konkubine Perle, der Liebling des gefangengehaltenen Kaisers, sie bat, nicht die Ehre ihrer Mandschu-Vorfahren durch Flucht zu entwerten, befahl Tzu-hsi kurzerhand ihren Leibwächter-Eunuchen, sie in den Brunnen des Nordosthofes zu stoßen. Der eingesperrte Kaiser mußte zusehen, wie man seine geliebte Konkubine ermordete. Später wurde ihr Tod als ‚Selbstmord aus Vaterlandsliebe' in die offiziellen Bücher eingetragen.

Tzu-hsi begab sich mit einer traurigen Kolonne auf die Flucht in südwestlicher Richtung in die Provinz Shansi. Sie hatte sich ihre fast fünfzehn Zentimeter langen Fingernägel abgeschnitten und sah in ihrer Verkleidung ganz wie eine pummelige, rundliche Bauersfrau aus. (Ein Diplomat hatte einmal die Bemerkung gemacht, daß, schüttelte man ihre Hände, man das Gefühl hatte, ‚als hielte man eine Anzahl Bleistifte in der Hand'.) Unterdessen war die Belagerung Pekings von den europäischen Soldaten aufgehoben worden. Plündernd zogen sie durch die Verbotene Stadt, schmierten Obszönitäten an die Wände des königlichen Schlafzimmers im Innern der ‚Halle der geistigen Bildung', während die Westmächte nach neuen Möglichkeiten sannen, um China zahlen zu lassen.

Ihr Exil, zunächst in Hsian, danach in Kaifeng, dauerte zwei Jahre. Während dieser Zeit taten ihre in Peking zurückgelassenen Minister ihr Bestes, um sich mit den westlichen Besatzungskommandanten zu versöhnen. Als Gegenleistung für enorme Reparationszahlungen beschlossen die Invasoren, Vergangenes vergangen sein zu lassen, und erlaubten schließlich sogar, daß Tzu-hsi zurückkehrte und wieder die Herrschaft übernahm.

Es war ein außergewöhnliches Comeback. Die Großmächte hatten im Interesse der politischen Stabilität entschieden – nachdem sie mit dem Gedanken gespielt hatten, China ganz zu besetzen oder aber einen Dynastiewechsel oder Regimewechsel zu erzwingen –, daß die Ching-Dynastie fortdauern durfte. Für Riesensummen Geldes (die Zahlungen waren theoretisch bis 1940 fällig), weitere territoriale Überlassungen und einige Hinrichtungen von Sündenböcken wurde alles verziehen. Die Kaiserinwitwe kehrte mit großem Pomp nach Peking zurück. Die ausländischen Mächte akzeptierten mit einigem Zynismus die Fiktion einer ‚Rebellion' gegen den kaiserlichen Thron. Von ihren Ministern waren einige gefälligerweise damit einverstanden, sich selbst aufzuhängen. Andere, die weniger bedeutende Führungsaufgaben hatten, wurden entweder geköpft oder von den Besatzern hingerichtet. Prinz Tuan, der sie dazu ermuntert hatte, sich ganz auf die Sache der Boxer einzulassen, fiel in Ungnade, durfte aber ins Exil gehen. Das Dekret, demzufolge sein Sohn rechtmäßiger Erbe war, wurde annulliert. Dieser Zweig der Familie wurde für alle Zeit vom Thron ausgeschlossen – durch ein weiteres Dekret, das allen in dieser Linie ihre erlauchten Titel wegnahm.

Tzu-hsi, wie eh und je nie in Verlegenheit, wandte sich jetzt an einen anderen ihrer bevorzugten Waffengänger um Hilfe. General Jung-lu hatte während der Belagerung von Peking eine sehr fragwürdige Rolle gespielt, indem er scheinbar auf der Seite der Boxer war, tatsächlich aber alles in seiner Macht Stehende getan hatte, damit sie keinen entscheidenden Sieg erzielen konnten. Er hatte zu jenen schneidigen Offizieren in Jehol gehört, die sich damals Tzuhsi's angenommen hatten. Jeder wußte, daß sie etwas miteinander gehabt hatten, als sie noch ein junges Mädchen gewesen war. Auch er hatte in die kaiserliche Sippschaft eingeheiratet. Ein anderer Opponent der boxerfreundlichen Politik der Kaiserin war der abtrünnige Yuan Shi-kai gewesen, der ‚Verräter', der seinen Kaiser verraten und Tzu-hsi dessen Reformpläne enthüllt hatte; er gewann nun auch wieder ihre Gunst.

Nach Peking kehrte sie zunächst mit einem festlich hergerichteten Eisenbahnzug zurück, den die Belgier bereitgestellt hatten (die auch die Eisenbahnstrecke gebaut hatten), in einem mit königlicher gelber Seide ausgestatteten Waggon, bevor sie sich in einer festlichen Sänfte, die mit Pfauenfedern geschmückt war, in die Stadt tragen ließ. Am Südtor der Verbotenen Stadt fiel dann der gefangengehaltene Kaiser Kuang-hsu vor ihr auf die Knie, um sie untertänig zu begrüßen. Die ausländische Gemeinde, darunter einige, die sie am liebsten während der fünfundfünfzig Tage hätte verhungern, umbringen oder verbrennen lassen, stand da und schaute zu, und als sie ihnen ein schüchternes, mädchenhaftes Lächeln schenkte und sich gar in ihre Richtung verbeugte, mit einer spröden ehrerbietigen Geste mit zusammengehaltenen Handflächen, brach bei ihnen lauter Applaus aus. Sie hatte ihren schwärzesten Tag in einen persönlichen Triumph gekehrt.

Es war ein kurzes, aber bemerkenswertes Comeback. Sie gab den Diplomaten einen Empfang, bei dem der Kaiser wie ein Angsthase stumm neben ihr saß. Für die ausländischen Damen arrangierte sie eine Teeparty und sparte nicht mit Geschenken. Sie schluchzte sogar, als sie ihnen die Hand reichte und erzählte, wie entsetzlich es während der Wirren war. „Die Boxer haben die Regierung einfach überrumpelt", erklärte sie, „ja, sie brachten sogar ihre Gewehre mit und stellten sie im Palast an die Wand. Derartiges wird sich nie wieder ereignen." Dann überreichte sie ihren Gästen einige ihrer Pekinesenhündchen, und die Beschenkten waren tief beeindruckt; erst später stellten sie fest, daß die kleinen Hunde kastriert worden waren, damit sich ja keines fortpflanzen konnte.

Sie machte sich sogar daran, manche der Reformen umzusetzen, mit denen der Kaiser in Ungnade gefallen war. Außerdem sollte das Rechtssystem neu gestaltet, die Bürokratie effektiver gemacht, die Folter abgeschafft, der Opiumhandel unterdrückt und ihre Mitarbeiter zu Auslandsreisen ermuntert werden, und – im Jahr 1906 – tat sie sogar ihren Glauben an eine konstitutionelle Monarchie kund.

Sie schien, so meinten verwunderte Diplomaten, ein völlig neues Kapitel aufschlagen zu wollen. Aber trotz der hohen Geldsummen, die die ausländischen Mächte weiterhin in Form von Reparationen forderten und welche das Land lähmten, kam es ihr nie in den Sinn, einen Teil ihres persönlichen Vermögens, das sich laut Schätzungen auf über 35

Millionen Dollar in Gold belaufen haben soll, beizusteuern, obgleich die Kosten durch ihre eigene, gescheiterte Politik verursacht worden waren. China befand sich nun in der Rolle eines passiven Zuschauers, selbst als Japan und Rußland 1904/05 auf chinesischem Boden um die Mandschurei kämpften und Rußland schwer geschlagen wurde. Japan machte in der Mandschurei riesige territoriale Gewinne und bekam auch die Eisenbahnkonzession. Der ‚Alte Buddha' nahm diese neue Demütigung mit offensichtlichem Gleichmut hin, denn noch nie hatte sie soviel Zeit bei Laientheaterspielen verbracht wie in jenen Tagen; und sie ließ es sich auch nicht nehmen, die Feiern zu ihren Geburtstagen sorgfältig vorzubereiten und sich an den extravaganten Geschenken zu ergötzen, die sie von ihren Beamten haufenweise bekam (für die wie gewohnt bettelarme Bauern mit ihren viel zu hohen Steuerabgaben bezahlt hatten).

Da sie sich ihrer Stellung wieder sicherer war, behandelte sie den inhaftierten Kaiser entsprechend schlechter. Während der ersten Monate nach ihrer Rückkehr hatte sie seine Haftumstände gelockert; gelegentlich ließ sie sich sogar herab, ihn um seinen Rat zu fragen. Aber schon bald erkannte sie, daß die ‚ausländischen Teufel' sie nicht zwingen würden, wie sie befürchtet hatte, ihm seine Freiheit zurückzugeben, und griff wieder zu den alten Behandlungsmethoden. Kuang-hsu, vorzeitig gealtert, krank und mit gebrochenem Willen, war fortan der Prügelknabe für manchen Eunuchen, die sich anmaßten, grausame Spiele mit ihm zu treiben. 1903 wurde die Verbotene Stadt mit elektrischem Licht versehen, aber nicht Kuang-hsu's Bereiche. Als er von ihr die Erlaubnis bekam, seine früheren Räumlichkeiten innerhalb der Verbotenen Stadt wieder zu beziehen, ließ sie sicherheitshalber all seine Fenster zumauern, damit er sich allzeit bewußt blieb, daß er immer noch ihr Gefangener war.

Tzu-hsi, der ‚Alte Buddha', war schon immer ein Vielfraß gewesen und erkrankte schließlich 1907 ernsthaft an Ruhr. Kuang-hsu lag ebenfalls im Krankenbett, an Tuberkulose, Depressionen und Nierenschwund leidend. Zeichen ihrer

Sterblichkeit zwangen sie, sich zum drittenmal nach einem passenden Erben umzusehen. Ihre Wahl reflektierte ihre augenblicklichen Loyalitäten – und ihre Entschlossenheit, selbst im Tod noch, sicherzugehen, daß kein Nachfolger je ihr Charisma hätte.

Mehrere Kandidaten kamen für die Nachfolge – und für die Regentschaft – in Frage. Einer davon war der junge Prinz Pu'Lun. General Yuan Shi-kai glaubte, daß er gute Aussichten hatte, als sein Regent zu agieren, und ließ sogar durchblicken, daß sie das Nachfolgegespann wären, das der ‚Alte Buddha' auserkoren hätte. Zudem war da noch Prinz Chun II., ein Sohn des Prinzen und Speicheleckers Chun, der in Tränen ausgebrochen war, als sie seinen Sohn – den unglückseligen Kuang-hsu – als Kaiser ausgesucht hatte.

Dieser Prinz Chun war ein mittelmäßiger Konservativer, ein Wirrkopf mit schwachem Willen, der ihr bestimmt nie das Wasser hätte reichen können. Er hatte obendrein eine Tochter ihres alten Freundes und Exgeliebten, General Junglu, geheiratet, aus deren Ehe ein Sohn hervorgegangen war, Pu Yi, der gerade drei Jahre alt war. Freilich gab es noch andere Kandidaten, aber die meisten Eingeweihten im Palast meinten, daß Yuan Shi-kai und Pu'Lun das Rennen machen würden. Der ‚Alte Buddha' jedoch weigerte sich konsequent bis zur allerletzten Minute, die Entscheidung bekanntzugeben.

Am 14. November 1908 starb der Sohn des Prinzen und Speicheleckers Chun, der lebenslänglich in Haft gehaltene Kaiser Kuang-hsu.

Daß er mit vierunddreißig Jahren starb, kam nicht unerwartet, denn er hatte ganz offensichtlich sämtlichen Willen zu leben verloren. Überraschend aber war die Art und Weise, wie er starb. Ein am Hofe angestellter Arzt, der ihn drei Tage zuvor untersucht hatte, berichtete, daß der im Sterben liegende Kaiser-Häftling Symptome gezeigt habe, die eher auf eine akute Vergiftung schließen ließen als auf Tuberkulose oder Brightsche Krankheit. ‚Er konnte nicht schlafen, nicht Wasser lassen, sein Herz schlug immer schneller, sein

Gesicht brannte purpurrot, und seine Zunge war gelb geworden', notierte der Arzt. Auch wenn er es nicht so geradeheraus zu sagen wagte, machte er dennoch deutlich, daß er der Ansicht war, der Kaiser sei ermordet worden.

Es gab eine Reihe von möglichen Verdachtspersonen: Die Kaiserinwitwe, aus Angst, er könnte sie überleben und seine entsetzliche Geschichte erzählen, konnte ihre Eunuchen angewiesen haben, sein Essen zu vergiften. Der ‚Verräter' Yuan Shi-kai hatten ebensogute Gründe, ihn aus dem Weg zu räumen, mußte er doch befürchten, daß der Kaiser nach Tzu-hsi's Tod fürchterliche Rache an ihm nehmen könnte, und Yuan hatte am Hofe genügend Freunde, die ihm diesen Dienst erwiesen hätten. Genausogut hätten die Hofeunuchen selbst Hand an ihn legen können, die sehr wohl wußten, daß ihre Arbeitsplätze in Gefahr waren, wenn er lebte und seine angekündigten Reformen durchführte. Die Wahrheit wird wohl nie bekannt werden.

Am darauffolgenden Tag, den 15. November 1908, war der ‚Alte Buddha' selbst tot, zugrunde gegangen an der Ruhr. Ein letztes Mal hatte Tzu-hsi eine riesige Schüssel voll Holzäpfel und Sahne verschlungen und – endlich – die Katze aus dem Sack gelassen, wer denn nun der Kaiser-Nachfolger ihrer Wahl sein sollte. Ihre Entscheidung war eine bittere Enttäuschung für den ‚Verräter' Yuan Shi-kai. Daß der ‚Alte Buddha', im Todeskampf liegend, zu dem Entschluß gekommen war, er wäre zu sehr auf seinen eigenen Vorteil aus, war ihm entgangen.

Tzu-hsi's Tod war nur von offizieller Trauer gekennzeichnet. Als die Nachricht die Runde machte, eilten viele reiche Chinesen scharenweise in die Häuser der singenden Mädchen (wie die Freudenhäuser genannt wurden) und machten aus ihrer Freude kein Hehl.

Seit dem Boxeraufstand hatte sich das Land im Chaos befunden. Im Süden hatte eine starke republikanische Bewegung, mit dem ins Exil gejagten Sun Yat-sen an der Spitze, dazu geführt, daß es zwischen den südlichen und nördlichen Landesteilen mitunter tatsächlich gärte und man sich fast bürgerkriegsähnliche Auseinandersetzungen lieferte. Überall war man mit dem Regime unzufrieden, nicht nur unter den völlig verarmten Bauern', sondern auch unter den ehemaligen Stützen des Regimes – den Mandarinen, Beamten, den Kleinverdienern des chinesischen Mittelstands. Allen ausländischen Beobachtern war klar, daß die Ching-Dynastie nur mehr auf einem Bein stand. Die Frage war nicht: ‚Konnte sie überleben?', sondern eher: ‚Wie würde sie enden – und wie schnell?'

Kapitel 4

Die Dunkelheit war bereits hereingebrochen, als am 13. November 1908 eine ungewöhnliche Prozession durch das festliche ‚Wumen'-Tor marschierte, die Verbotene Stadt verließ und ihren Weg durch die Stadt nahm. Begleitet wurden die Marschierer von Kavalleristen in stattlichen Uniformen. In der Mitte trugen ein paar der stärksten Eunuchen des kaiserlichen Palastes eine Sänfte. Daneben ritt eine Abteilung kaiserlicher Wachen, und denen voran ritten die Kämmerer des kaiserlichen Hofes und andere Würdenträger.

Nach ungefähr einer halben Stunde war man am Ziel: dem am See gelegenen ‚Nördlichen Herrschaftssitz', in dem Prinz Chun II. mit seinen beiden Frauen lebte. Eine Vorankündigung hatte es nicht gegeben – in Peking gab es zu der Zeit noch kein Telefon –, denn man hatte sich in aller Eile zu dem Zug zusammengefunden: Der ‚Alte Buddha' lag im Sterben, und es war dringend nötig, den Nachfolger so schnell wie möglich zu ernennen.

Der Zug hielt am Rande des Sees an, wo die Kavallerie größtenteils zurückblieb. Die Tore zum nördlichen Herrschaftssitz taten sich auf, und die Sänfte wurde von den Eunuchen in Begleitung der Hofbeamten hereingetragen. Erst jetzt wurde Prinz Chun gewahr, daß sein älterer

Sohn, Pu Yi, auserkoren worden war, der nächste Kaiser zu werden, und daß man gekommen war, um ihn abzuholen.

Der dreijährige Bub spielte gerade mit seiner Amme, Frau Wang, als die Sänfte im Hof der Familie erschien. Er war ein starrköpfiges Kind, und es war sehr schwirig, ihn ins Bett zu bringen. Verwandte, Diener und Schmarotzer tummelten sich im ganzen Haus. Die Ankunft der Beamten aus dem Palast brachte den gesamten Haushalt in Unordnung. Einer der Kämmerer rief, daß ‚das Kind angezogen' und so rasch wie möglich zur Sänfte gebracht werden sollte, aber der plötzliche Aufmarsch so vieler fremder Leute in seltsamen Kleidern jagte dem kleinen Pu Yi Angst und Schrecken ein. Er verkroch sich in den Armen seiner Amme. Als man ihn in die Sänfte setzen wollte, krabbelte er in ein Versteck, einen Garderobenschrank, wo er sich immer verkroch, wenn er mit seiner Amme Versteck spielte. Ein paar der servilen Eunuchen versuchten, ihn mit Lächeln herauszulocken, bevor sie den Befehl von den Palastbeamten bekamen, ihn herauszuholen. Pu Yi wehrte sich mit Händen und Füßen und entkam ihnen wieder. Er heulte und brüllte. Es war nicht gerade ein unter guten Vorzeichen stehender Beginn einer Herrschaft.

Prinz Chun's betagte Mutter fiel inmitten dieser unfaßlichen Situation in Ohnmacht und mußte in ihr Zimmer getragen werden. Der Palast-Kämmerer erwartete, daß Prinz Chun das Kommando übernahm und sich als Regent selbst durchsetzte, aber der setzte sich nur hin, von der unvermittelten Neuigkeit völlig übermannt und unfähig, irgend etwas in Bewegung zu bringen.

Schließlich übernahm der Kämmerer selbst das Ruder. „Die Amme. Schafft die Amme her!" brüllte er. Frau Wang, die achtzehnjährige Amme, war die einzige, die auf den kleinen Pu Yi Einfluß hatte. Sie wußte, was zu tun war; sie kam, öffnete ihre Bluse und säugte ihn. Es wirkte augenblicklich. Sein Geschrei ließ nach. Pu Yi fand in ihren Armen Ruhe und fühlte sich in der weichen Wiege, die ihr warmer junger Körper bot, geborgen. Wortlos trug sie ihn hinaus, bestieg die Sänfte, und man zog mit beiden zurück zum kaiserlichen Palast, den in völlige Aufregung versetzten ‚Nördlichen Herrschaftssitz' verlassend. Pu Yi sollte seine leibliche Mutter die nächsten zehn Jahre nicht mehr zu Gesicht bekommen.

Verständlicherweise ist Pu Yi's eigene Erinnerung an jenen Tag verschwommen. Als er seine Autobiographie zu schreiben begann, lebten einige der Augenzeugen jener Szene noch, und Pu Yi wollte sie aufsuchen. Und er hatte Glück; der Mann, der ihm beim Schreiben seiner Autobiographie und bei den Nachforschungen half, Li Wenda, ein routinierter Journalist und Herausgeber, machte sie in unermüdlicher Weise ausfindig.

Li's Name erscheint an keiner Stelle in Pu Yi's Buch ‚From Emperor to Citizen'. Wie alle guten anonymen Schreiber machte sich Li Wenda in seiner Rolle so klein wie möglich. Aber alle noch lebenden Angehörigen und ehemaligen Gefolgsleute von Pu Yi meinen einhellig, daß Pu Yi nicht imstande gewesen wäre, das Buch ohne Hilfe zu schreiben. Vieles, was mir in Pu Yi's Geschichte fehlte, hat Li Wenda aufgefüllt. Er gestand ein, daß er eine Menge Beinarbeit zu leisten hatte, um die entfernten Angehörigen, Hofangestellten und Eunuchen zu finden und sie gegenseitig über Pu Yi's Kindheitsjahre auszufragen.

Li Wenda ist ein Mann ohne revolutionären Fehl und Tadel. Von 1944 an diente er in der Vierten (kommunistischen) Armee, zuerst gegen die Japaner, dann gegen die Truppen der Kuomingtang (KMT) von Tschiang Kai-schek. 1949 schied er aus der Armee aus, um Journalist zu werden. Davor hatte er bereits die Herausgabe eines Nachrichtenblattes für seine Einheit geleitet, ein kreisrundes Blatt Papier, das regelmäßig kurz hinter den Frontlinien, also meistens unter ausgenommen risikoreichen Bedingungen, in Druck ging. Später arbeitete er für eine Zeitung und ein staatliches Verlagshaus, wo man ihn einstellte, um das Projekt der Herausgabe von Pu Yi's Biographie zu leiten, das Tschou En-lai's Segen hatte. Dank Li Wenda wissen wir heute eine Menge über Pu Yi's Kindheit innerhalb der Verbotenen Stadt.

Pu Yi sah sich über Nacht wie ein kleiner Gott behandelt. Sich wie ein Kind zu verhalten, war ihm unmöglich, außer wenn er bei seiner Amme war. Überallhin wurde er in einer Sänfte getragen, von Eunuchen, denn man erachtete es für einen Kaiser als erniedrigend, wenn er zu Fuß ging; und wohin man ihn auch trug, machten andere Eunuchen und Aufwartende den Kotau, knieten nieder und schlugen den Kopf neunmal gegen den Boden, während er passierte. Nur in den Nächten war er davor geschützt; er schlief im Innern des ‚Palastes Himmlischer Reinheit' auf einem großen ‚kang', einer Art Podiumsbett, in den Armen seiner treuen Amme.

Pu Yi war erst ein paar Stunden von zu Hause fort, da brachte man ihn auch schon in die ‚Halle der geistigen Bildung', um den ‚Alten Buddha' zu sehen.

„Ich habe immer noch eine schwache Erinnerung an dieses Zusammentreffen", schrieb Pu Yi viele Jahre später. „Der Schock hat sich tief in mein Gedächtnis gesenkt. Ich erinnere mich, wie ich mich plötzlich in einer fremden Umgebung wiederfand, inmitten lauter fremder Leute, und vor mir ein gelblicher Vorhang, durch welchen ich hindurchschauen konnte und auf ein ausgemergeltes und schrecklich entstelltes Gesicht sah. Es war Tzu-hsi. Bei diesem Anblick soll ich in lautes Heulen ausgebrochen sein und angefangen haben, hemmungslos zu zittern."

„Tzu-hsi", schrieb Pu Yi, „befahl jemandem, mir Süßigkeiten zu geben, die ich aber auf den Boden schmiß und kreischte: Ich will das Kindermädchen, ich will das Kindermädchen, was ihr natürlich sehr mißfiel. ‚Was für ein ungezogenes Kind', meinte sie. ‚Schafft es fort, damit es spielen kann.'"

Obwohl das Kindermädchen Wang die einzige war, die ihn unter Kontrolle hatte und bei der er sich wohl fühlte, wurde sie von der Krönungszeremonie ausgeschlossen. Das Protokoll verlangte, daß sich Prinz Chun, Vater des Kaisers und Regent, während dieser langatmigen, Ehrfurcht einflößenden Zeremonie, die für jedes dreijährige Kind einfach zuviel war, seiner annehmen sollte.

Es ging sowohl religiös als auch weltlich zu: Musiker, Eunuchen und Priester standen dichtgedrängt in der ‚Halle Höchster Harmonie', wo Pu Yi auf seinem Thron so hoch oben hockte, daß man Angst bekommen mußte. Es war der 2. Dezember, ein kalter Tag, und Pu Yi fröstelte vor Kälte, aber auch aus Angst, derweil eine Parade von obersten Palastwachen und Ministern an ihm vorbeizog und einer nach dem anderen seine Ergebenheit zeigte.

„Ich fand es sehr lange und ermüdend", schrieb Pu Yi. „Außerdem war mir so kalt, daß ich es, als man mich in die Halle trug und auf den hohen und enormen Thron pflanzte, nicht länger aushielt. Mein Vater, der unterhalb des Throns kniete und mich stützte, befahl mir, nicht herumzuzappeln, aber ich strampelte herum und schrie: ‚Ich mag hier nicht sein. Ich will nach Hause.' Mein Vater wurde so verzweifelt, daß ihm der Schweiß heruntertropfte. Da die Beamten nicht aufhörten, vor mir den Kotau zu machen, schrie ich immer lauter. Mein Vater versuchte mich zu beschwichtigen: ‚Schrei nicht so, gleich ist alles vorbei.'" Seine als Beschwichtigung gedachten Worte hatten allerdings auf die im Palast Anwesenden einen bedauernswerten Effekt, denn die sahen darin ein ‚düsteres, prophetisches Omen'.

Pu Yi's Leben geriet zu einem vom Protokoll geregelten Dasein. Spielgefährten hatte er nicht. Seine Leute am Hof behandelten ihn mit der Ehrerbietung, die einem leibhaftigen Gott geziemte. Wenn er zuweilen zu widerspenstig wurde, sperrten ihn die Eunuchen, die sich um seine täglichen Bedürfnisse kümmerten, einfach in einen kleinen kahlen Raum, bis er sich beruhigte. In der Amme Wang hatte er sein einziges Verbindungsglied zur Vergangenheit. Sie gab ihm weiterhin die Brust und teilte mit ihm für die nächsten fünf Jahre das Bett.

Für einen Kaiser war es wichtig, daß er sich in den traditionellen Fertigkeiten eines Kalligraphen ausbildete. Seine Eunuchen brachten ihm zunächst das Lesen und Schreiben bei, einen Grundstock von chinesischen Zeichen, den er brauchte, um seinen Namen auf den kaiserlichen Siegeln überhaupt erkennen zu können. Die Amme Wang war wie fast alle Mädchen vom Land der damaligen Zeit des Lesens und Schreibens unkundig, und die Beamten am Hof verachteten sie deshalb, fürchteten sie aber auch, denn sie betrachteten diese selbstlose, hingebungsvolle Frau mit Argwohn, aus Angst, sie würde mit der Zeit ungewöhnlichen Einfluß auf den neuen Kaiser besitzen, wenn sie innerhalb der Verbotenen Stadt bliebe. Im Augenblick konnten sie dagegen wenig ausrichten; sobald Pu Yi von ihr getrennt war, wurde er zu einem widerborstigen kleinen Jungen, von unkontrollierbaren Wutanfällen geschüttelt. Außerdem waren da andere, ernsthaftere Probleme, mit denen sie konfrontiert waren.

Denn in dem Jahr, als Pu Yi auf den Thron kam, herrschte in China ein Chaos. Die kaiserlichen Verfügungen fanden im Süden keine Beachtung mehr; Kanton und die gesamte Provinz Kwangtung kochten vor Eifer für die republikanische Sache. Sun Yat-sen (1886–1925), der ins Exil verstoßene republikanische Führer und Begründer der Partei der Kuomingtang (Allianz), hatte soeben seinen neunten erfolglosen Putsch gestartet, um die Monarchie aus den Angeln zu heben. Er hatte meistens im Untergrund gearbeitet, da auf ihn ein Kopfgeld ausgesetzt war.

Während es jedoch in den Anfangstagen der KMT hauptsächlich Chinesen in Übersee waren und ein paar japanische Geheimbünde, die Unterstützung leisteten, umfaßte die Opposition in China mittlerweile auch Beamte, Offiziere, Kaufleute und sogar konfuzianische Gelehrte, die alle der Überzeugung waren, daß die Herrschaft der Mandschus ein Ende haben mußte. Als der eigentliche Kollaps der Regierung eintrat, war das Kommen der Republik unaufhaltsam – eine Frage von Monaten allenfalls –, trotz der Proklamation Pu Yi's zum Kaiser.

Ironischerweise versetzte ausgerechnet Prinz Chun, einer der inkompetentesten Regenten in der Geschichte Chinas, der Monarchie den Todesstoß, indem er den einen Mann verjagte, der das System vielleicht ein Weilchen länger hätte am Leben erhalten können.

Yuan Shi-kai, der ‚Verräter', der es sich in letzter Minute überlegt hatte und sich von den Reformern abgewendet hatte, um sich 1898 in Tzu-hsi's erzkonservatives Lager zu schlagen, war zum Zeitpunkt der Thronbesteigung durch Pu Yi Oberbefehlshaber der chinesischen Armee. Was immer seine moralischen Fehlleistungen waren, er war ein fähiger Soldat, ein Zuchtmeister, der seinen Männern Zuversicht einflößte. Prinz Chun aber entließ ihn prompt.

Die Art und Weise, wie man seine Entlassung darstellte, war ausgesprochen beleidigend. Dem kaiserlichen Dekret mit der Unterschrift des Infanten Pu Yi zufolge

‚... leidet Yuan Shi-kai derzeit an einer Fußentzündung. Es fällt ihm nicht nur das Laufen schwer, sondern er ist auch kaum in der Lage, seine Pflichten adäquat zu erfüllen. Wir verfügen daher, daß Yuan Shi-kai sein Amt (des Oberbefehlshabers) unverzüglich niederlegt und zu seinem Geburtsort zurückkehrt, um das Übel behandeln zu lassen und auszuheilen. Es wurde daher beschlossen, Rücksicht und Mitgefühl walten zu lassen.'

Yuan Shi-kai war bei den Europäern seit langem beliebt – insbesondere bei den Leuten der britischen Gemeinde in Peking, die in ihm den sprichwörtlichen ‚starken Mann' sahen, der China stabil halten und dafür sorgen würde, daß die enormen Reparationsschulden getilgt wurden, die der ursprünglichen Idee nach bis 1940 abgestottert werden sollten.

„Warum kann sich Yuan Shi-kai nicht selbst an die Spitze von 10 000 Männern stellen und das Pack verjagen?" fragte John Jordan, britischer Minister in Peking, Morrison von der Times auf ganz undiplomatische Weise. In der Tat hatte Yuan Shi-kai bereits begonnen, mittels Zwischenhändler freilich, die Republikaner über ihre Absichten auszuhorchen. Seine Entlassung war wie durch göttliche Vorsehung bewirkt: Er durfte sich zurücklehnen und dabei zuschauen, wie die Ereignisse ihren Lauf nahmen.

Das Ende für die Ching-Dynastie kam am 10. Oktober

1911, aber erstaunlicherweise nicht durch Sun Yat-sen's KMT-Republikaner. Statt dessen passierte es so, daß in Wuhan eine Gruppe junger Offiziere meuterte, indem sie sich gegen ihre korrupten Generäle kehrten und weitgreifende Reformen verlangten. Die demoralisierte kaiserliche Armee stellte sich auf die Seite der Aufständischen. Es ließen sich überhaupt keine Truppen finden, die das morbide Regime verteidigt hätten. Statthalter flohen, während sich die Soldaten mit den Meuterern verbrüderten, denen allerdings klare politische Vorstellungen fehlten. Diese hatten Sun Yat-sen's Republikaner, die folglich das Ruder übernahmen. Die Bewegung ging von Wuhan aus fast durchs ganze Land, und bald waren auch die chinesischen Bankleute, Unternehmer, Ladenbesitzer und eine winzige Mittelschicht auf republikanischer Seite. Gefordert wurde das Ende der hoffnungslos archaischen, untauglichen Ching-Dynastie.

Morrison telegrafierte an die Londoner Times: ‚Die Mandschu-Dynastie ist gefährdet. Die Sympathien der großen Masse gebildeter Chinesen gehören den Revolutionären. Es kommt nurmehr wenig Sympathie auf für die korrupte und abgetakelte Mandschu-Dynastie mit ihren Eunuchen und anderen barbarischen Erscheinungen. Am Hofe ist man in großer Angst, denn aller Voraussicht nach droht dem Thron einiges Unheil.'

Vor lauter Verzweiflung rief Prinz Chun Yun Shi-kai herbei, der nach Peking zurückkehren und die hoffnungslose Lage retten sollte. Der gewitzte ‚Verräter' Yuan gab sich geschmeichelt und antwortete, daß ihm der Fuß immer noch weh tat. Mittlerweile war er schon am Schmieden eines Komplotts mit den Revolutionären, die ihm angeboten hatten, ihn zum ersten republikanischen Präsidenten Chinas zu machen. Der ‚Verräter' Yuan hatte schon immer einen immensen Ehrgeiz gehabt, wenn es zu seinem Vorteil war. Überzeugt, daß jetzt seine Stunde gekommen war, übernahm er das Kommando über die kaiserlichen Truppen, stellte aber stets sicher, daß die Republikaner nirgends eine entscheidende Niederlage einsteckten. Insgeheim verhandelte er mit einigen ihrer Führer, aber nicht mit Sun Yat-sen, der immer noch im Exil war. Morrison von der Londoner Times besuchte Yuan Shi-kai in Hankow, wo er sich Yuan gegenüber für die sterbende Mandschu-Dynastie stark machte, im Weggehen aber überzeugt war, daß ‚es China nicht darum geht, ob sich Yuan Shi-kai zum Präsidenten macht oder zum Kaiser; die Mandschus müssen verschwinden. Darüber scheint absolute Einhelligkeit zu herrschen.'

Im Dezember 1911 legte Prinz Chun seine Würden als Regent ab, und die Kaiseringattin, Lung Yu, die schon immer ein viel größeres Verständnis für politische Dinge gezeigt hatte, bevollmächtigte Yuan Shi-kai, einen Kompromiß mit den Republikanern auszuarbeiten. Von diesem Augenblick an hatte Yuan Shi-kai die volle Kontrolle über das Geschehen. Innerhalb eines Jahres hatte er Sun Yat-sen kaltgestellt und sich selbst zum ersten republikanischen Präsidenten gemacht.

Wenngleich Pu Yi seinerzeit erst fünf Jahre alt war, so war er doch Zeuge einer Unterredung, die wohl eine letzte und heikle gewesen sein muß zwischen der Kaiseringattin Lung Yu und dem mit allen Wassern gewaschenen Yuan Shi-kai. Er beschrieb die Szene so:

> ‚Die Kaiserinwitwe saß auf einem ‚kang' (eine Art Plattformbett) in einem Nebenraum des ‚Palastes zur Pflege des Geistes' und trocknete die Augen mit einem Taschentuch, während ein dicker alter Mann (Yuan) auf einem roten Kissen vor ihr kniete und Tränen sein Gesicht herunterkullerten. Ich saß rechts von der Kaiseringattin und wunderte mich, warum die beiden Erwachsenen heulten. Außer uns drei war kein anderer im Raum, und es war sehr still. Der Dicke schniefte immer laut, während er redete, und ich konnte nicht verstehen, was er sagte ... Bei der Gelegenheit stellte Yuan direkt die Frage nach Abdankung."

Gemessen am Üblichen fielen die ‚Artikel zur Regelung der bevorzugten Behandlung des Großen Ching-Kaisers nach seiner Abdankung' regelrecht großzügig aus: Der Kaiser behielt seinen Titel („Die Republik China wird ihn mit den Ehren behandeln, die einem ausländischen Herrscher gegenüber gelten'), die riesige kaiserliche Schatulle, seine Residenz in der Verbotenen Stadt (auf unbestimmte Zeit) und sein persönliches Vermögen. Auch die Palastwachen würden ihm, dem Exkaiser, weiterhin dienen, nur mit dem Unterschied, daß sie von nun an – aus Etatgründen – als reguläre Angehörige der Armee betrachtet wurden. Und obwohl die neue chinesische Republik ihre eigenen Orden und Abzeichen festsetzte, war der Kaiser immer noch ermächtigt, seine eigenen Auszeichnungen zu verteilen, seine eigene, persönliche kaiserliche ‚Ehrenliste' zu führen, nach der er Herzogtümer, Baronien und sogar Fürstentümer schaffen durfte und Mandarine vom siebten in den ersten Grad heben konnte, ohne auf den ganzen Pomp und Protz verzichten zu müssen, der noch heute solche Beförderungszeremonien umgibt, wie sie die Orden des heiligen Michael und des heiligen Georg oder die Fremdenlegion betreiben. Die einzige Änderung im Lebensstil des Kaisers wurde im Grunde nur, daß keine Eunuchen mehr unterhalten wurden, während die Sicherheit des Lehens aller Palastangestellten verbürgt war.

Die Bedingungen waren so generös ausgefallen, weil es bei den chinesischen Bauern und Landleuten, trotz all des Republikanismus auf seiten der ‚fortschrittlichen' Elite Chinas, immer noch beträchtlichen Respekt für die monarchistische Idee gab – und 80% der Bevölkerung lebten auf dem Land. Für sie war ein glatter Bruch mit der Vergangenheit undenkbar. Auch die ausländischen Regierungen mit chinesischen Interessen sprachen sich für einen Kompromiß aus: Japan, selbst eine kaiserliche Macht, war gegen jede strenge Behandlung der chinesischen Kaiserfamilie, desgleichen die Mehrzahl der Westmächte, in der Absicht, die Stabilität in China zu bewahren – damit es weiterhin die ‚Reparationsgelder' zahlen konnte, die man nach der Niederschlagung des Boxeraufstands aus Tzu-hsi herausgepreßt hatte.

Eben weil die Vereinbarung zwischen dem kaiserlichen

Hof und der neuen republikanischen Führung für die Ching-Dynastie so günstig ausgefallen war, hatte Pu Yi mit seinen fünf Jahren keinen blassen Schimmer von dem, was passiert war. Das die Lebensgewohnheiten des jungen Kaisers festlegende Protokoll blieb unberührt. Das Leben am Hof geriet in der Tat noch mehr zum bloßen Schein. Da den Tausenden von Palastangestellten alle wirklichen Regierungsgewalten genommen waren, blieb ihnen nichts anderes mehr, als am Hof den höfischen Ritualen, Traditionen und Intrigen nachzugehen. Man war in der Verbotenen Stadt hinreichend eigenständig und von der Außenwelt unabhängig, um sich gegenseitig eine Scheinwelt als real vorzugaukeln.

Für Pu Yi war sie ein Gefängnis, das erste von vielen, durch die er im Laufe seines Lebens mußte.

Kapitel 5

Auf den frühesten Fotografien von Pu Yi starrt ein ernster kleiner Junge genau in die Kameralinse, und man sieht, daß er geheime Gedanken hat. Er sieht traurig drein, aber gefaßt. Stille umgibt ihn, und in seinem Blick liegt eine Spur arroganter Verachtung.

Chinesische Eltern sind mit ihren Kindern außergewöhnlich nachsichtig. Sie bestrafen sie selten unter fünf oder sechs Jahren, egal, wie böse sie sich benommen haben. Äußerste Nachsicht geht Hand in Hand mit elterlicher Wärme und Sorge. Selbst Mao's Kulturrevolution konnte daran auf die Dauer nichts ändern. Chinesische Kinder fühlen sich daher innerhalb ihrer Familie ungemein geborgen.

Der dreijährige Pu Yi war quasi über Nacht, nachdem er in die Verbotene Stadt gebracht und gekrönt worden war, aus der Geborgenheit seiner unmittelbaren Familie herausgerissen worden. Seine einzige Verbindung mit der Vergangenheit war Frau Wang (Wan Chao), seine Amme. Außer ihr hatte er keinen Menschen, dem er sich irgendwie mitteilen konnte. Alle anderen waren für ihn total fremd, weit weg, erwachsen und immer am Buckeln und Dienern.

Ihre Ehrerbietung war erschreckend. Wo er auch innerhalb des Palastes hinging, überall knieten erwachsene Männer nieder und schlugen mit dem Kopf auf den Boden, um den Ritus des Kotau zu vollführen, oder sie drehten ihm ihren Rücken zu. Nur Eunuchen ‚der kaiserlichen Präsenz' durften den Königsknaben anschauen. Die anderen mußten mit dem Gesicht zur Wand stehen oder auf den Boden starren.

Vom Moment des Aufstehens an jedem Morgen bis zum Moment des Einschlafens am Abend in den Armen seiner Amme, an deren Brust er wie an einem Schnuller lutschte, wurde alles für ihn von ausgewählten ‚Eunuchen der kaiserlichen Präsenz', seltsamen, bartlosen Männern mit Zöpfen und hohen Stimmen, erledigt. Sie wuschen ihn, leerten seinen Nachttopf, putzten sein Hinterteil, zogen ihn an, spielten mit ihm oder trugen ihn in festlichen Sesseln oder Sänften im Palast herum. Unablässig verbeugten sie sich vor ihm. Pu Yi mußte nur sagen: „Ich habe Hunger", und wo immer er auch gerade war, wurde sofort ein riesiges Büfett aufgefahren. Er konnte ins Badezimmer gehen, wann er wollte – ständig stand ein Eunuch mit dem königlichen Nachttopf bereit.

Die Verbotene Stadt war fast ausnahmslos von Männern bevölkert, und fast alle waren Eunuchen. Gekommen war es dazu während der früheren Ming-Dynastie, als die Kaiser um die Tugend ihrer zahlreichen Konkubinen fürchteten. Während Tzu-hsi sich noch mit tausend Eunuchen umgeben konnte, blieben Pu Yi nur noch etwa zweihundert, unter denen nur ein paar im jugendlichen Alter waren. Einige waren sehr gebildet. Sie waren, wie er später schrieb, ‚meine ersten Lehrer' – und praktisch seine einzigen Spielgefährten.

Ein Eunuch zu werden, war relativ leicht. Die Operation war spottbillig (ungefähr ein Dollar), und die, die den Eingriff machten, waren so geschickt, daß nur 4 bis 5 % der Patienten starben.

Wenn man Verwandte hatte, die bereits innerhalb der Verbotenen Stadt arbeiteten, war es eine große Hilfe. Die Einstellung von Eunuchen geschah meistens auf dem Wege der Zuwahl: Die Eunuchen wählten sich nachträglich selbst, und obwohl die meisten derer, die innerhalb der Verbotenen Stadt arbeiteten, verachtetes Gesinde war – Kehrer, Küchenhilfen, Abfallsammler, Gärtner und andere Handlanger –, gab es beachtliche Aufstiegschancen. Wer als Eunuch gebildet genug war, konnte es zum Sekretär bringen; wer eine gute Gesangsstimme hatte oder gefälligen Witz versprühte, konnte sein Talent bei Darbietungen vorführen – und oft wurde der eine oder andere zum engen Vertrauten hochrangiger Palastbeamter. Da die konfuzianische Tradition verlangte, daß ein Körper ganz bestattet wurde, um in den Himmel zu kommen, paßten die Eunuchen sorgfältig auf ihre abgeschnittenen Hoden auf, indem sie diese in eine Salzlösung in kleinen Gefäßen einlegten, die sie immer bei sich hatten – denn theoretisch mußten sie sich auch inspizieren lassen. Es gab sogar einen lukrativen Schwarzmarkthandel mit diesen grausigen Relikten. Ein paar wenige Eunuchen errichteten in Peking luxuriöse Haushalte – manche adoptierten ganze Familien, andere hatten eine eigene Familie gegründet, da sie sich erst im Erwachsenenalter, und nachdem sie bereits Familie hatten, entmannen ließen. Ein paar Eunuchen standen sogar im Ruf, überhaupt keine Eunuchen zu sein, sondern Scharlatane, um die kaiserlichen Etatverwalter zu beschwindeln und Vermögen an sich zu bringen, was innerhalb der Verbotenen Stadt, wenn man als Eunuche arbeitete, durchaus machbar war. Einer von Tzu-hsi's Eunuchen war so mächtig geworden wie jeder Vizekönig.

Die finanziellen Vergünstigungen konnten in der Tat immens sein: Da Eunuchen in der Verbotenen Stadt an allen Ecken eingesetzt wurden, boten sich ihnen laufend Gelegenheiten, um zu Schmiergeldern zu kommen. Die Eunuchen waren zwar nicht die einzigen, die den Etat für den Palasthaushalt teilweise zu ihren eigenen Zwecken benutzten, aber das Ausmaß der Korruption war dermaßen groß, daß fast jeder Eunuch innerhalb der Verbotenen Stadt seine Einkünfte auf die eine oder andere Weise vermehrte – wenn es sein mußte, auch mit offener Bettelei. Von frühester Kindheit an war Pu Yi es gewohnt, irgendwelchen unterwürfigen, katzbuckelnden Leuten Münzen vor die Füße zu werfen, die solche Freigebigkeit ihnen gegenüber nur für angebracht hielten.

Theoretisch mußte jeder Eunuch, der beim Stehlen ertappt worden war, damit rechnen, umgehend geköpft zu werden. Als Pu Yi Kaiser wurde, waren solche Hinrichtungen überaus rar. Statt dessen bekamen Eunuchen beim geringsten Anlaß ihren Hintern versohlt. Pu Yi gewöhnte sich auch bald daran mit anzusehen, wie ein Eunuch den anderen mit einer großen Holzschaufel oder einem Stock verprügelte. Tzu-hsi hatte gewöhnlich Dutzende Eunuchen jeden Tag schlagen lassen: Sie behauptete, daß sie es mochten. Pu Yi folgte ihrem Beispiel sehr schnell. Aufzeichnungen belegen, daß es nicht ungewöhnlich war, wenn er mehrere Eunuchen an einem Tag wegen wirklicher oder eingebildeter Vergehen durchprügeln ließ – oft nur um des perversen Spektakels willen. Für den 21. Februar 1913 findet sich folgender Eintrag in einem der Tagebücher seines Privatlehrers: ‚Seine Majestät bestraft häufig die Eunuchen; erst kürzlich hatte er siebzehn wegen kleinerer Vergehen windelweich schlagen lassen . . . Sein Untergebener (der Tagebuchschreiber) erhob zwar dagegen Einspruch, aber Seine Majestät nahm den Rat nicht an.' Pu Yi selbst bemerkte, daß bereits während seiner Kindheit ‚das Schlagen von Eunuchen zu meiner täglichen Routine gehörte. Meine Grausamkeit und meine Liebe zur Macht waren bereits zu fest in mir verankert, so daß auch die überzeugendste Rede ohne Einfluß auf mich blieb.'

Pu Yi's Diener rekrutierten sich aus einem privilegierten Kreis von Eunuchen. Einer von ihnen, Chang Chieng-lo, wurde in jenen frühen Jahren fast zu einem Ziehvater, der ihm Lesen und Schreiben beibrachte und ihn mit Kindergeschichten erfreute. Pu Yi hatte ihn wirklich gern. Aber wenn man zu der kleinen Gruppe privilegierter Eunuchen gehörte, die jeden Tag mit dem ‚Sohn des Himmels' spielten, bedeutete das nicht, daß man nicht bestraft wurde. Wenn Pu Yi schlechte Laune hatte, ließ er seine erwachsenen Spielkameraden, manchmal selbst während des Spielens, vermöbeln. Außerdem probierte er wie ein kleines Kind – und absichtlich – seine Macht und Autorität aus, die er als ‚Herr und Gebieter über Zehntausend Jahre' über sie hatte, nur um zu sehen, wie weit er gehen konnte. „Einmal", so schrieb er, „hatte ich einen Geistesblitz. Ich wollte sehen, ob diese servilen Eunuchen dem ‚Göttlichen Sohn des Himmels' wirklich Gehorsam leisteten. Ich suchte mir einen von ihnen heraus und deutete auf ein Stück Dreck am Boden. ‚Iß das für mich', befahl ich, und er kniete nieder und aß es."

Seine Amme war die einzige Person, die den kleinen Jungen im Zaum hatte. Einer der Eunuchen ‚der kaiserlichen Präsenz' stellte regelmäßg ein Puppenspiel auf die Beine, das dem kleinen Pu Yi sehr gefiel. Pu Yi wollte ihm zur Belohnung einen Kuchen schenken, befahl aber seiner Amme, Eisenspäne mit hineinzugeben. „Ich möchte sehen, was er für ein Gesicht macht, wenn er ihn ißt", sagte Pu Yi. Die Amme hatte einige Schwierigkeiten, ihn dahin zu bringen, daß sie statt Eisenspäne trockene Bohnen nehmen konnte. Allerdings schaffte sie es nie, ihn davon abzuhalten, die Eunuchen als Zielscheibe für seine Luftgewehrübungen zu gebrauchen. Ganz selten (und nur bis er vier Jahre alt war) sperrten ihn seine Eunuchen-Gefährten in ein kahles Zimmer innerhalb des Palastes, wenn sich seine schlechte Laune zu heftigen Wutanfällen steigerte. Aber niemand hatte mehr wirkliche Autorität über ihn, nachdem er fünf Jahre alt war – nicht einmal seine Amme. Der Kaiser war eine Gottheit. Er konnte nicht gerüffelt oder gar bestraft werden. Man konnte ihm allenfalls mit aller Ehrerbietung einen Rat geben. Auch wenn er mit Schrotkugeln auf sie schießen wollte, war das sein Vorrecht.

Vielleicht rührten Pu Yi's Anfälle von Grausamkeit von seiner Ungeduld her, weil ihm jegliche Intimsphäre ver-

sagt war. „Jedesmal, wenn ich in mein Studierzimmer ging oder einen kleinen Ausflug in den Garten machte, war immer ein großes Gefolge mit dabei", schrieb er.
Selbst für einen inoffiziellen Spaziergang im Garten „mußte ein ganzes Aufgebot organisiert werden. Vorweg marschierte ein Eunuch, der, grob gesagt, die Funktion einer Autohupe hatte; er schritt zwanzig oder dreißig Meter voraus, an der Spitze der Gesellschaft, und gab den Ton ‚tschirr... tschirr' von sich, damit jeder, der sich in der Nähe aufhielt, sofort verschwand. Dahinter kamen zwei Obereunuchen, die sich wie Krebse zu beiden Seiten des Weges voranbewegten; zehn Schritte hinter ihnen kam der Mittelteil des Zugs. Wenn ich in einem Sessel sitzend getragen wurde, schritten zwei Untereunuchen neben mir, um jeden Moment meinen Wünschen entsprechen zu können; ging ich zu Fuß, stützten sie mich. Als nächster kam ein Eunuch mit einem großen Baldachin aus Seide, gefolgt von zahlreichen Eunuchen, die teilweise nichts, teilweise alle möglichen Dinge mit sich herumschleppten: etwas zum Sitzen, falls es mir einfiele, mich auszuruhen, Kleider, Regenschirme, Sonnenschirme, alles mehrfach, um es wechseln zu können.
Nach den Eunuchen der kaiserlichen Präsenz kamen Eunuchen der kaiserlichen Teebehörde mit Schachteln voll verschiedener Kuchen und Delikatessen... Ihnen folgten die Eunuchen der kaiserlichen Apotheke... am Ende des Zugs Eunuchen, die Waschzeug und Nachttöpfe trugen. Den Schluß bildeten, wenn ich zu Fuß ging, die Eunuchen, die die Sänfte trugen, die je nach Jahreszeit entweder offen oder geschlossen war. Dieser kunterbunte Zug aus mehreren Dutzend Leuten bewegte sich in aller Stille und perfekter Ordnung."
Es gehörte zu Pu Yi's täglichen Riten, daß er die fünf Frauen besuchte, die in den östlichen Palästen wohnten – und welche er ‚Mutter' nannte, obgleich er nichts als Feindseligkeit für sie empfand.

Diese Frauen waren entweder die Witwen oder die ehemaligen Konkubinen der beiden vorherigen Kaiser, und sie hatten ihr ganzes Erwachsenenleben in der Verbotenen Stadt verbracht. Lung Yu, die Kaiseringattin des ehemaligen Kaisers, war ihre anerkannte Leiterin. Sie war die ‚Nummer eins' des inhaftierten Kuang-hsu's gewesen. Bedeutender aber war, daß sie die Nichte des ‚Alten Buddha' war, und als Pu Yi seinerzeit Kaiser wurde, dachte sie fast so traditionell und autokratisch wie ihre entsetzliche Tante, und Palastbeamte wie Eunuchen hatten vor ihr gleichermaßen Angst.

Drei der anderen vier alten Damen waren ‚Kaisergemahlinnen' – verwitwete Konkubinen von Kuang-hsu's Vorgänger, Tung Chi – der liederliche Jüngling, den Tzu-hsi adoptierte und 1874 als Kaier auserkor, damit sie weiterhin als Kaiseringattin agieren konnte. Die vierte war ‚Die Glanzvolle', die Schwester von ‚Perle', die Lieblingskonkubine des inhaftierten Kaisers, die Tzu-hsi kurz vor dem Zusammenbruch des Boxeraufstands umbringen ließ.

Pu Yi haßte Lung Yu besonders, die meinte, daß man kleine Buben halb verhungern lassen sollte, um sie bei guter Gesundheit zu halten. Jeden Tag mußte er bei ihnen vorstellig werden und sich ritusgemäß fragen lassen, ob es ihm gutginge. „Obwohl ich so viele Mütter hatte", schrieb Pu Yi, „kannte ich nie mütterliche Liebe."

Bald bekam er noch einen zusätzlichen Grund, sie zu hassen: Als er acht Jahre alt war, taten sie sich hinter seinem Rücken zusammen, um seine Amme loszuwerden. Frau Wang sollte ihre Sachen packen und verschwinden, ohne noch von ihrem vergötterten Mündel Abschied nehmen zu dürfen. Pu Yi erfuhr von ihrem Weggang erst, als sie schon fort war. Als sie nicht mehr da war, heulte er Nacht für Nacht in seinem großen, leeren Bett, bis er endlich einschlief.

Den königlichen Gemahlinnen war an ihrem Status überaus viel gelegen. Vor den Veränderungen, die außerhalb der Mauern der Verbotenen Stadt passierten, hielten sie die Augen völlig verschlossen. Auch Pu Yi's Mutter, die ‚Nummer eins' unter den Frauen des Prinzen Chun, behandelten sie mit beträchtlicher Verachtung und verweigerten ihr jede Möglichkeit, den Kaiser-Knaben zu besuchen, bis er dreizehn wurde.

Jede der Witwen kaiserlichen Standes hatte eine große Anzahl Diener und Schmarotzer um sich, die fast allesamt Diebe waren. Man sagt Eunuchen zwar nach, daß sie abergläubisch waren und religiöse Opfer darbrachten, Wahrsager befragten und zu einer Reihe von Hausgöttern beteten, aber im Grunde war ihre Mentalität eher die von Dieben, die nicht bei den hohen Herrschaften, sondern beim Dienstpersonal klauen gingen. Sie hatten ein feines Gespür für hierarchische Ordnung und wußten genau, welche Besucher wichtig waren und welche man ausnehmen konnte. Ein Trick, den sie oft anwandten, war, einen wichtigen Beamten auf dem Weg zur Audienz bei einer der Kaiserinwitwen aufzuhalten, indem sie einen Kübel Wasser über seine Zobeljacke kippten. Es war undenkbar, die Witwen kaiserlichen Standes warten zu lassen, und so war der Beamte gezwungen, sich von dem Eunuchen ein passendes Festgewand auszuleihen – für eine ansehnliche Gebühr, versteht sich. „Die Eunuchen", schrieb Pu Yi, „hatten immer eine komplette Auswahl an Gewändern in Gewahrsam, die von Beamten rasch ausgeliehen werden konnten."

Die bei weitem größten ‚Nebeneinnahmen', die den Eunuchen zuflossen, kamen sozusagen aus der Speisekammer. Das gleiche absurde Ritual, das aus jedem Spaziergang eine Prozession machte, regierte auch die Mahlzeiten. In den Tagen des ‚Alten Buddha' wurde aufgetischt, wann immer ihr danach war – feste Zeiten gab es da nicht – und an dieser Tradition wurde auch während Pu Yi's Kindheit festgehalten, ebenso am Speiseplan.

Zu Tzu-hsi's Zeit, schrieb Marina Warner,

> „... bestand das Mittagsmahl genauso wie das Abendmahl aus den gleichen Hunderten von Speisen, aus denen sie ihre Lieblingsgerichte herauspickte. Da sich diese nie änderten, steckten die Köche einen guten Teil

der Gelder für die kulinarischen Zusammenstellungen in ihre eigene Tasche, indem sie Tag um Tag die gleichen Gerichte immer wieder auftischten, die sie nicht anrührte, bis die Würmer sichtbar darin herumwühlten."

Als Pu Yi ein kleiner Junge war, herrschte die gleiche Routine. Jede Mahlzeit mobilisierte ein Heer von Eunuchen aus mehreren verschiedenen Haushaltssparten. Es wurde eine riesige Tafel hingestellt, aber es war alles nur Schau: Die Speisen in dem kaiserlichen gelben Porzellangeschirr mit Drachenbildern und der Inschrift ‚zehntausend lange Leben ohne Ende' wurden eigentlich nie gegessen, sondern alle wieder abgetragen von den Eunuchen, die sie sehr wahrscheinlich entweder selbst verzehrten oder verkauften. Pu Yi aß eigentlich immer nur das, was in den Küchen der ‚Vier Gemahlinnen Seiner Hoheit' zubereitet wurde.

Es sind Unterlagen der kaiserlichen Haushaltsführung dieser Periode erhalten geblieben, und es ist phänomenal, was für Essen und Trinken innerhalb der Verbotenen Stadt aufgewendet wurde. Pu Yi allein soll in einem Monat des Jahres 1909 fast 200 Pfund Fleisch und 240 Enten und Hühnchen verzehrt haben. Damals war er gerade vier Jahre alt. Diese Menge unterscheidet sich deutlich von der, die für den kaiserlichen Hof vorgesehen war, obgleich die genauso über alle realistischen Maße hinausging. Das Ausmaß, in dem gestohlen wurde, war gigantisch.

„So wie Berge von Speisen gekocht und nicht gegessen wurden, wurden auch Unmengen von Kleidern hergestellt, die nie getragen wurden", schrieb Pu Yi. Der Brauch verlangte es, daß alles, was der Kaiser als Knabe trug, nagelneu sein mußte. Einmal getragene Kleidungsstücke wurden ausgesondert und höchstwahrscheinlich veräußert. Auch über die Unmengen von Seidenröcken, Zobeljacken, pelzgefütterten Mänteln und Wamsteilen, die für Pu Yi im Laufe eines einzigen Monats angefertigt wurden, existieren noch Unterlagen. Die vier ‚Gemahlinnen Seiner Hoheit' trieben einen gleichermaßen extravaganten und verschwenderischen Aufwand, mit ähnlich großen Unterschlagungen.

Ein anderer Teil in Pu Yi's Leben, der völlig falsch gehandhabt wurde, war seine Ausbildung, wenigstens bis Reginald Johnston, sein schottischer Privatlehrer, 1919 seinen Dienst antrat. Neben Lesen und Schreiben (ein mühsamer Prozeß für alle Chinesen, die Tausende von Ideogrammen beherrschen und jeden Tag stundenlang Kalligraphie üben müssen) konzentrierten sich Pu Yi's Lehrer auf klassische chinesische und konfuzianische Schriftstücke. „Ich lernte nichts von Mathematik, von Naturwissenschaftlichem gar nicht zu reden, und lange Zeit wußte ich nicht einmal, wo Peking überhaupt lag", schrieb Pu Yi über seine Ausbildung in den Jahren seiner Kindheit.

Der Respekt, mit dem der kleine Pu Yi von seinen Lehrern und Eunuchen behandelt wurde, bedeutete, daß er nie Prüfungen oder Aufsätze schreiben mußte, um seine Fortschritte zu belegen. Theoretisch mußten alle Kaiser fließend Mandschu beherrschen – eine ganz andere Sprache als Chinesisch –, aber Pu Yi beherrschte sie nie. Als er acht Jahre alt war, wurde auf Betreiben seiner Lehrer ein kleiner Schulraum im Palast eingerichtet, wo Pu Yi zusammen mit einer kleinen Zahl gleichaltriger Aristokratenkinder lernen und mit ihnen wetteifern konnte. Unter ihnen war auch Pu Chieh, sein um drei Jahre jüngerer Bruder, der für den Rest seines Lebens eng mit Pu Yi's Hof verbunden bleiben sollte.

Pu Chieh's Worten nach herrschte ein solcher Respekt vor einem chinesischen Kaiser, daß Prinz Chun daheim nie von ‚deinem älteren Bruder' sprach, wenn von Pu Yi die Rede war. Pu Chieh war deshalb sehr erstaunt, als er dahinterkam, daß der ‚Kaiser', von dem man zu Hause sprach, sich als kleiner Junge entpuppte, der gerade drei Jahre älter als er selbst war. „Ich hatte mir einen ehrwürdigen alten Mann mit einem Bart vorgestellt", meinte Pu Chieh. „Ich konnte es gar nicht fassen, als ich diesen Jungen in seinen gelben Gewändern feierlich auf dem Thron sitzen sah."

Pu Yi wurde in aller Form seinem neuen Schulkameraden im Beisein der vier ‚hoheitlichen Gemahlinnen' und seiner eigenen Eltern vorgestellt, die allen Ernstes vor ihm niederknieten und den Kotau machten. Pu Yi hatte längst vergessen, wie seine Mutter aussah, und erkannte sie folglich nicht. Pu Chieh erinnert sich, daß ‚eine der Gemahlinnen sagte: Das ist dein älterer Bruder. Er ist der Kaiser. Wenn du also mit ihm spielst, raufe nicht mit ihm.' Beim Versteckspielen, was Pu Yi zuvor nur mit seinen Eunuchen gespielt hatte, bekam er dann einen Anfall, als er entdeckte, daß das Ärmelfutter seines jüngeren Bruders gelb war – eine Farbe, die nur dem Kaiser vorbehalten war.

Es war ein irgendwie unglückliches erstes Zusammentreffen, aber Pu Chieh war nun einer der drei Knaben, die täglich in die Verbotene Stadt gebracht wurden, um zusammen mit Pu Yi in die Schule zu gehen. Pu Chieh erinnert sich, daß er und Pu Yi bisweilen gemeinsam in den Unterrichtsraum gingen. „Jedesmal, wenn wir an die Tür kamen, mußte ein Eunuch sie aufsperren, der dafür dann ein Trinkgeld bekam. Das war so Sitte. In der Verbotenen Stadt gibt es Hunderte von Türen, und jede wurde von einem anderen Eunuchen bewacht." (Traditionen sterben in China schwer aus: Bertolucci traf auf genauso viele Türposten – natürlich waren es keine Eunuchen mehr –, und um in die Räumlichkeiten eingelassen zu werden, mußte jeder von ihnen bestochen oder geschmiert werden.)

Aber trotz der Schulgefährten, die sorgfältig ausgesucht worden waren, lebte Pu Yi weiterhin ein völlig künstliches Leben. Ein Kaiser, war er im Unterricht faul oder unfolgsam, konnte auf keinen Fall getadelt werden. Seine Lehrer suchten dann einen anderen Schüler aus, der als Prügelknabe herhalten mußte und anstelle des Kaisers die Strafe abbekam. Rückblickend läßt sich heute leicht feststellen, daß Pu Yi's gesamte Kindheit ihm unweigerlich einen Haufen psychologischer Probleme mit auf den Weg gab. Emotional allein gelassen, gezwungen, in den ehemaligen, alten hoheitlichen Gemahlinnen seine ‚Mutter' zu sehen, immer von absurdem Respekt umgeben und auf Schritt und Tritt von Eunuchen verfolgt, die er für den geringsten Fehltritt verprügeln ließ – da nimmt es nicht wunder, daß Pu Yi's Psyche in seinen jungen Jahren ein explosives, fast tödliches Gemisch war – die klassische Grundlage für Neurosen. Als seine leibliche Mutter, kurz nachdem sie ihn wiedergesehen hatte, starb, war seine emotionale Isolation komplett.

Kapitel 6

Mit sieben beherrschte Pu Yi es fast schon meisterlich, in zwei Welten zu leben: in der kindlichen Welt der Spiele mit Eunuchen, Puppentheater und anderen Unterhaltungen, die ihn vor Langeweile bewahren sollten (für diesen Zweck wurden sogar Hundekämpfe ausgerichtet), und dem nächtlichen Kuscheln an seine Amme, Frau Wang, und in der ganz anderen Welt, der der offiziellen Pflichten, in deren Mittelpunkt die unangenehme Aufgabe stand, mit allem Pomp den Kaiser zu spielen, was seine Zeit immer mehr in Anspruch nahm.

Prinz Chun, sein Vater, war einer der untauglichsten, unschlüssigsten Regenten gewesen, die die chinesische Geschichte kennt. Aus diesem Grund war er auch nie fähig gewesen, Pu Yi zu erklären, welcher Natur die Revolution von 1911 in China gewesen war. Pu Yi hatte eine vage Ahnung davon, daß sich außerhalb der Mauern der Verbotenen Stadt etwas verändert hatte. Es wurde aber nichts unternommen, um ihm die Tatsache bewußt zu machen, daß China eine Republik geworden war, während er immer noch den Kaiser innerhalb des Palastbereiches spielen mochte, noch kümmerte man sich darum, ihm die Implikationen eines derartigen Wandels begreiflich zu machen.

Zu seinem siebten Geburtstag schenkte ihm einer der ‚Eunuchen der kaiserlichen Präsenz' eine komplette Generalsuniform in Kinderausführung mit Spielzeugschwert und gefedertem Kopfteil. Der kleine Pu Yi stolzierte darin im Palast herum und freute sich wie ein Zaunkönig. Unklugerweise brüstete er sich mit seinem Geschenk auch vor den alten

Kaisergemahlinnen, die sofort erkannten, daß er in der verhaßten Uniform eines Generals der ‚Republik' herumlief, und ihn anschrien, sie auf der Stelle abzulegen und seine traditionelle Kaiserkleidung anzuziehen. Eine Untersuchung wurde eingeleitet, und der Eunuch, der ihm die Uniform geschenkt hatte, wurde mit zweihundert Stockschlägen bestraft, ehe er für immer aus der ‚Kaiserlichen Präsenz' ausgestoßen wurde.

In der Scheinatmosphäre der Verbotenen Stadt war Pu Yi nach wie vor gezwungen, sich wie ein echter Kaiser zu benehmen. Seine Privatlehrer und Kämmerer am Hofe ließen ihn weiterhin das kaiserliche Siegel auf Dokumente drücken, die man ihm während langer, langweiliger höfischer Zeremonien unterbreitete. Er hockte unterdessen auf seinem viel zu großen Thron und mußte sich stundenlang langatmige Reden anhören, in denen es um Dinge ging, die er überhaupt nicht verstand. Seinen Lehrern war es gleichgültig, daß die Schriften, die ihm zur Unterzeichnung vorgelegt wurden, gar keine Staatsangelegenheiten waren, sondern Hofzirkulare oder Anweisungen für die Hofhaltung, Personalangelegenheiten, Beförderungen oder Terminfestlegungen, wann Bäume gepflanzt werden sollten oder die Eunuchen ihre offizielle Winterbekleidung gegen Sommeruniformen austauschen sollten. Sie machten sich nichts aus dem Inhalt solcher kaiserlichen Dekrete. Ihr Augenmerk galt lediglich dem Ritual.

Es gab auch religiöse Zeremonien, denn der Kaiser spielte bei der Totenverehrung der vorangegangenen Mandschu-Kaiser eine wichtige Rolle. Zwar verstand Pu Yi auch nicht, was diese Bräuche bedeuteten, aber er merkte sehr rasch, daß er innerhalb der Verbotenen Stadt – und eine andere Welt kannte er ja nicht – immer noch ein absoluter Herrscher war, und da auch seine Lehrer in dieser Scheinwelt lebten, die sie möglichst lange am Leben halten wollten, und sich mit der Realität einer sich verändernden Welt außerhalb der Mauern der Verbotenen Stadt nicht abzufinden vermochten, bestärkten sie Pu Yi nicht nur in seinem Gefühl, ein echter Kaiser zu sein, sondern integrierten ihn zudem in ihre Intrigen und Komplotte zur Wiederherstellung der Monarchie.

Pu Yi's Oberlehrer war Chen Pao-shen, ein gewandter konfuzianischer Gelehrter mit einem dünnen Bart, der sich selbst den aufgeblasenen Titel eines ‚Politischen Direktors' gab. Chen war ein waschechter Konservativer, ein glühender Königstreuer, der tatsächlich glaubte, daß die verhaßte Republik nicht von Dauer wäre. Er benutzte jede erdenkliche Gelegenheit, um den siebenjährigen Pu Yi mit seinen Ansichten zu indoktrinieren.

Um den Bruch zwischen der Monarchie und der Republik deutlich zu machen, hatte die chinesische Regierung, deren Präsident immer noch der ‚Verräter' Yuan Shi-kai war, beschlossen, den alten chinesischen Kalender aufzugeben und nicht nur das chinesische neue Jahr zu zelebrieren, sondern auch das der ‚westlichen Welt'. Am 31. Dezember 1911 suchte ein hoher Abgesandter des Präsidenten Pu Yi auf, um ihm für das kommende neue Jahr seine besten Empfehlungen zu übermitteln. Pu Yi schrieb: „Mit allen Regalien, goldenem Drachenumhang und Gewand, einer Kopfbedeckung mit einem Perlenknopf, einer Perlenkette um den Hals..., thronte ich würdevoll im Palast der wolkenlosen Himmel, umgeben von Ministern, kaiserlichen Begleitern und schwerttragenden Kaiserwachen." Yuan's Abgesandter machte eine Verbeugung, ein paar Schritte nach vorne, eine neuerliche Verbeugung, näherte sich weiter, verneigte sich ein drittes Mal – fast schon zum Kotau – und überbrachte seine Glückwünsche.

Später bekam Pu Yi von seinem Lehrer Chen erklärt, wie wichtig diese Zeremonie gewesen war, und wie ‚selbst dieser Präsident da sich nicht verhöhnen kann', wobei er die ‚Artikel zur Regelung der bevorzugten Behandlung' ansprach, die jetzt in Chinas Nationalarchiv aufbewahrt liegen.

Bald darauf hatte Pu Yi Geburtstag (am 14. Februar), und wieder ließ Yuan Shi-kai seine offiziellen Glückwünsche überbringen. In der Hauptstadt richteten sich alle anderen ganz nach dem Präsidenten – und plötzlich wurde es Mode, stolz damit zu prunken, daß man mit dem Hof der Ching-Dynastie verbunden war. Pu Yi schrieb, daß ‚ehemalige Ching-Beamte, die sich während der ersten Jahre der Republik in der Öffentlichkeit nicht zu zeigen getraut hatten, mit einem Mal stolz ihre unübersehbaren höfischen Regalien trugen – rote Kopfbedeckungen und Pfauenfedern ... Manche von ihnen führten auch die Praxis wieder ein, den Weg von Vorreitern freimachen zu lassen und sich mit einem Gefolge zu umgeben, wenn sie durch die Straßen Pekings unterwegs waren.' Davor hatten Palastbeamte, um keine Aufmerksamkeit auf sich zu lenken, ihre offiziellen Hofgewänder erst wieder angelegt, wenn sie zurück in der Verbotenen Stadt waren. Jetzt, so schrieb Pu Yi, ‚wagten sie sich in kompletter kaiserlicher Tracht auf die Straße'.

Im gleichen Jahr, 1912, starb die Gattin des Exkaisers, Kaiserin Lung Yu, und wieder mußte sich Pu Yi von seinem Oberlehrer Chen erläutern lassen, wie wichtig es war, daß der Präsident eine offizielle Trauerperiode für die Dauer von 27 Tagen verordnet hatte, und daß alle verhaßten republikanischen Fahnen auf halbmast wehten. Selbst Präsident Yuan Shi-kai trug ein schwarzes Band am Arm und sprach bei Pu Yi vor, um sein Beileid auszudrücken. Wie Pu Yi von seinen Lehrern erfuhr, konnte das nur bedeuten, daß große Veränderungen vor der Tür standen. Zwar ertönten in der Verbotenen Stadt die Klagegesänge, die die Eunuchen unaufhörlich für die langwierigen Bestattungsfeiern anstimmten – aber der Kummer war rein formaler Art. In der ganzen Verbotenen Stadt wurde überwiegend jubiliert, und Pu Yi merkte, daß da eine ganz neue, erwartungsvolle Stimmung aufgekommen war.

Peking war nie eine Bastion für den Republikanismus gewesen: Es war eine Stadt, die einen erheblichen Teil ihres Wohlstands dem kaiserlichen Hof mit seinen sündhaft teuren Extravaganzen verdankte. Viele westliche Beobachter hatten damals das Gefühl, daß es eine starke geheime Strömung zugunsten der Wiederherstellung der Monarchie gab, eine Bewegung, die von Präsident Yuan Shi-kai selbst gefördert wurde.

Dabei war es auch geblieben – denn der ‚Verräter' Yuan sah darin eher seine, auf keinen Fall Pu Yi's Gelegenheit gekommen. Sein Präsidentenpalast befand sich direkt gegenüber dem Haupttor zur Verbotenen Stadt. Pu Yi ahnte zum erstenmal von Yuan's eigenen Plänen, sich selbst zum Monarchen zu machen, als der gerissene alte Präsident anfing, gewaltige Mengen Geld in die Verschönerung des Regierungspalastes zu pumpen, und außerdem eine merkwürdige und – wie kaiserliche Palastbeamte meinten – ominöse Sitte einführte: Zu den Mahlzeiten marschierten Militärkapellen auf, um ihm ein Ständchen zu bringen. Stundenlang starrte Pu Yi aus einem Fenster hoch oben im kaiserlichen Palast auf das Präsidentengebäude und hörte sich die martialische Musik an. Seine Lehrer wußten ihm nichts anderes zu sagen, als daß das Gerücht umging, der Präsident selbst wolle sehnsüchtig Kaiser werden. Wie sich Pu Yi erinnerte, behielt man am Hofe die Vorgänge genauestens im Auge. „Wir hatten das Gefühl", schrieb er, „daß unser eigenes Schicksal damit verknüpft war." Schließlich kommt Pu Yi zu einem seiner Meinung nach zwingenden Argument: „Er kann gar nicht Kaiser werden", ließ er seine Lehrer wissen. „Schließlich gehören die kaiserlichen Siegel mir. Wir können sie immer verstecken." Ehrerbietig erwiderten seine Lehrer, daß der ‚Verräter' Yuan wahrscheinlich neue anfertigen ließe.

Yuan Shi-kai's Ambitionen wirkten bald auch auf die Art und Weise, wie sich Pu Yi's Lehrer während des Unterrichts verhielten. Einer seiner ‚königlichen' Klassenkameraden war ein Junge namens Yu Chung, ein Sohn des Prinzen Pu'lun, der – für kurze Zeit – dem Gerücht nach als rechtmäßiger Erbe, sowohl 1876 als auch 1908, in Frage gekommen sein sollte. Prinz Pu'lun hatte sich nie mit dem Gedanken anfreunden können, zugunsten von Pu Yi übergangen worden zu sein, und wurde zu einem der engsten Förderer von Yuan Shi-kai, indem er ihn drängte, seine eigene neue Dynastie zu gründen.

Yu Chung war der Sündenbock der Klasse gewesen – immer wenn Pu Yi etwas falsch gemacht hatte, traf die Strafe der Lehrer ihn, aber ‚mit einem Mal', so stellte Pu Yi fest, ‚wurden sie ganz höflich zu ihm'. Sie wollten sich nicht eine Familie zum Feind machen, die vielleicht schon bald eine bedeutende Rolle zusammen mit einem neuen Kaiser spielen mochte.

Denn der ‚Verräter' Yuan Shi-kai blieb in der Tat seinem Ruf treu: Nachdem er einst mit der Idee gespielt hatte, Pu Yi auf seinen Thron zurückzubringen, besann er sich dieses Mal (1915) eines anderen: Er organisierte kurzerhand ein Plebiszit und ließ sich zum Kaiser ausrufen.

Keine andere Herrschaft in der Geschichte Chinas war von so kurzer Dauer; sie währte nicht länger als ein paar Wochen. Yuan, der ‚Verräter', hatte mächtige Feinde gegen sich, zu denen auch einflußreiche Militärs gehörten. Nach einigen kurzen Scharmützeln mußte er die Zeremonien zu seiner Inthronisation ‚verschieben', für die er bereits Münzen hatte prägen und alles bis ins letzte Detail planen lassen. Er machte eine erstaunliche Kehrtwendung um 180 Grad und nahm wieder den Titel des Präsidenten der Republik an. Dabei verkündete er, daß er nur noch den Wunsch habe, ‚dem Gesetz des Volkes zu gehorchen' und sich mit Freude ‚bis an mein Lebensende der Erhaltung der Republik zu widmen'. Ein halbes Jahr später – im Juni 1916 – starb er.

Daß der Tod des ‚Verräters' Yuan innerhalb der Verbotenen Stadt große Freude auslöste, ist ziemlich verständlich. Für Pu Yi, der diese Hofintrigen und Palastputsche immer noch aus der Kinderperspektive sah, ergab sich daraus im wesentlichen nur, daß die Palastlehrer wieder ihre ehemalige Ehrerbietung zeigten und Yu Chung erneut zum Prügelknaben machten.

Ein Jahr später, als der Erste Weltkrieg seinen Höhepunkt erreicht hatte, kam es zu einem erneuten ‚Putsch', dieses Mal allerdings mit ernsteren Konsequenzen für Pu Yi. Jahrzehnte später, als Gefangener des kommunistischen chinesischen Regimes, wurde er noch für seine Rolle bei dem

Versuch, die Monarchie 1917 wiederherzustellen, zur Rechenschaft gezogen.

Pu Yi war 1917 elf Jahre alt und verstand inzwischen etwas mehr von seinem Status. Seine Lehrer erlaubten ihm, bestimmte, ausgesuchte Pekinger Zeitungen zu lesen, die häufig über die Vorgänge am Hof schrieben sowie über die Möglichkeiten von Pu Yi's eigener Wiedereinsetzung.

Initiiert wurde der unglückliche Versuch zur Wiedereinsetzung der Ching-Dynastie 1917 von einem General Chang Hsun, den die Presse den ‚General mit Zopf' nannte, weil er sich wegen seiner Loyalität zur Ching-Dynastie immer geweigert hatte, seinen Zopf abzuschneiden – den traditionellen Haarstil der Mandschus, den sie im 17. Jahrhundert in China eingeführt hatten. Am Hof trugen die Leute alle noch einen Zopf, auch Pu Yi. Der ‚General mit Zopf' bestand darauf, daß die Soldaten unter seinem Kommando ebenfalls Zöpfe trugen. Die ‚Armee mit Zöpfen' hatte den Ruf, die Truppe mit der besten Disziplin und Kampfkraft in ganz China zu sein. Chang Hsun, der für den ‚Verräter' Yuan viele Schlachten gewonnen hatte, sagte man nach, er wäre sowohl auf Yuan's Seite als auch auf seiten der Monarchie gewesen. Er scheint ein derber, geradliniger, für Gesetz und Ordnung eintretender Soldat gewesen zu sein, ohne viel von Politik verstanden zu haben. Zur Zeit des ‚Putsches' war er ‚Vizekönig' der Provinz Kiangsu und kontrollierte Chinas strategisch wichtigstes Gebiet – Tientsin und die Eisenbahnstrecke nach Peking. Als tadellosem Soldaten bereitete ihm natürlich die Welle von abtrünnigen Bewegungen im Nordosten des Landes ebensolche Sorgen wie die beunruhigende Lage im Süden, wo radikale Strömungen sich offen der zentralen Autorität Pekings widersetzten.

Wie Pu Yi zu berichten weiß, traf sein Lehrer Chen (inzwischen zum ‚Vormund Seiner Hoheit' avanciert) sämtliche Vorkehrungen für Pu Yi's spezielle Audienz mit dem ‚Zopf-General' in der ‚Halle zur Bildung des Geistes', die mittlerweile zu Pu Yi's persönlichem Bereich gehörte.

Zwischen dem General und dem Hof war vorher bereits

alles abgesprochen worden, während Pu Yi, der nur wußte, daß der General ‚ein treuer Untergebener' war, ‚deutlich zu verstehen geben sollte, daß ich an ihm interessiert war'. „Chang Hsun fühlt sich verpflichtet, Eure Majestät zu preisen", erzählte ihm sein Lehrer. „Ihr dürft aber nicht vergessen, in aller Bescheidenheit zu antworten, um sozusagen zu zeigen, von welch göttlicher Tugend Eure Majestät sind."

Die Tradition verlangte es, daß Pu Yi Besucher von draußen allein empfing. Der ‚General mit Zopf' machte einen Kotau und setzte sich auf Pu Yi's Geheiß hin. „Beim Anblick dieses ‚treuen Untergebenen' von mir war ich etwas enttäuscht", erinnerte sich Pu Yi später. „Er hatte ein ganz gerötetes Gesicht mit ganz buschigen Augenbrauen. Außerdem war er dick. Ich kam darauf, weil ich sah, was für einen dicken Hals er hatte. Andererseits sah er mit dem Backenbart wie einer der Eunuchen in der Küche aus ... Vorsichtig schaute ich nach, ob er einen Zopf hatte, und tatsächlich, er hatte einen, der graumeliert war."

Das Treffen war kurz und diente nur dem Austausch von Banalitäten. Zwei Wochen später aber kamen Pu Yi's Lehrer mit der Ankündigung: „Chang Hsun ist hier."

„Ist er gekommen, um seine Hochachtung zu zeigen?" fragte Pu Yi.

„Nein. Es ist alles vorbereitet und eingerichtet. Er ist gekommen, um Eure Majestät zurückzuholen und die Große Ching-Dynastie wiederherzustellen."

Und, wie Pu Yi sagt, „ich war verblüfft ob dieser völlig unerwarteten guten Nachricht".

Sein Lehrer Chen wies ihn nochmals kurz in das weitere Verhalten ein.

„Es ist nicht nötig, viele Worte zu verlieren. Ihr müßt es lediglich akzeptieren. Aber nicht sofort. Zuerst müßt Ihr ablehnen, ehe Ihr schließlich sagt: ‚Nun gut, wenn die Dinge so liegen, sehe ich mich wohl dazu gezwungen.'"

Der ‚General mit Zopf' erschien also, machte wieder seinen Kotau und verlas eine vorbereitete Rede. Es gäbe einen Auftrag von seiten des Volkes, sagte er. „Eine Republik ist nichts für unser Land. Nur die Rückkehr Eurer Majestät wird das Volk erretten."

Während der General weiter seine Rede hielt, wollte Pu Yi plötzlich wissen, was denn mit dem Präsidenten der Republik, Li Yuan-hung, der der Nachfolger von Yuan, dem ‚Verräter', geworden war, geschehen würde.

„Er hat bereits offiziell darum gebeten, abtreten zu dürfen", antwortete der General.

Im gleichen Moment war auch schon ein Eunuch mit einem Stapel ‚kaiserlicher Edikte' zur Stelle, die von Pu Yi's Lehrern vorbereitet worden waren. Pflichtgemäß drückte Pu Yi seine Siegel auf. In einem Edikt wurde ein Regentschaftsrat ernannt, dem sowohl sein Lehrer Chen Pao-shen als auch der ‚Zopf-General' angehörten, was kaum überraschte. Allerdings ärgerte sich Pu Yi beträchtlich, daß sein eigener Vater nicht darin aufgenommen worden war.

Die Nachricht wurde in aller Eile nach draußen gegeben, und Präsident Li Yuan-hung suchte unverzüglich im Diplomatenviertel Zuflucht, wo die Soldaten des ‚Zopf-Generals' ihn nicht verfolgen konnten.

Wie Pu Yi schreibt,

„tauchten plötzlich wieder Ching-Gewänder in den Straßen auf, die man jahrelang nicht mehr zu Gesicht bekommen hatte ... Läden betrieben wieder schwunghaften Handel ... Schneider kamen mit dem Verkauf der Ching-Fahnen mit dem Drachensymbol nicht mehr nach ... Theaterausstatter wurden von Menschenmengen umringt, mit der Bitte, ihnen falsche Zöpfe aus Pferdehaar zu machen. Ich erinnere mich noch, wie überall in der Verbotenen Stadt Männer in Hofgewändern mit Mandarinabzeichen und Pfauenfedern an ihren Kopfbedeckungen herumliefen ..."

Wie echt war nun der Eifer für die Restauration? In Peking hatte der ‚Zopf-General' auf alle Fälle beträchtlichen Rückhalt in den Reihen der Ladenbesitzer, die ‚immer mehr Fahnen' mit dem kaiserlichen Drachensymbol ausstellten, um zu zeigen, wo ihre Sympathie lag. Aber die Chinesen drehten ihr Fähnlein immer sofort nach dem Wind, wie die Diplomaten sagten, um keine Geldstrafen zu bezahlen oder zu vermeiden, daß ihr Eigentum zerstört wurde. Wenn man bei ihnen Rückhalt fand, bedeutete das noch nicht sehr viel.

Die Euphorie am Hof hielt nicht einmal zwei Wochen an. Der ‚Zopf-General' hatte die republikanische Gesinnung anderer Kommandeure des Heeres, die ebenfalls über einigen Einfluß verfügten, gründlich unterschätzt, und desgleichen auch ihr Mißtrauen ihm gegenüber. Innerhalb der Truppen machte sich das Gefühl breit, daß Chang Hsun seinen Spießgesellen ‚ein Schnippchen geschlagen hatte', und die Bewegung kein Glück hatte, nicht weil es an Sympathisanten gefehlt hätte, sondern weil einige der Hauptbeteiligten selbstsüchtig, ehrgeizig und aufeinander neidisch waren, und weil Chang Hsun selbst keine wesentlichen Qualitäten zum Staatsmann hatte.

Der zwölftägige ‚Mittsommer-Wahnsinn' – wie das Diplomatische Korps in Peking den Putschversuch nannte (eine andere Bezeichnung war ‚Restaurationskomödie') – nahm ein abruptes Ende, als aus einem kleinen Flugzeug, welches von einem republikanischen Offizier gesteuert wurde, drei kleine Bomben auf die Verbotene Stadt fielen, wodurch ein Sänftenträger verwundet und eine Menge herumstehender Eunuchen, die sich gerade auf einer Allee in der Verbotenen Stadt mit Spielen die Zeit vertrieben, verschreckt wurde, die zitternd vor Angst und in aller Panik Reißaus nahmen. Die ‚Gemahlinnen Ihrer Hoheit' versteckten sich unter Tischen und Betten. Pu Yi wurde eilends von Eunuchen in sein Schlafzimmer getrieben, wo man rasch einen Schutz für ihn improvisierte. Der ‚Zopf-General' suchte in der niederländischen Botschaft Zuflucht. Es dauerte nicht sehr lange und überall in den Straßen Pekings lagen weggeworfene Zöpfe herum.

Angesichts der Umstände verhielten sich die Behörden der chinesischen Republik mit bewundernswerter Zurückhaltung. Die ‚Artikel zur Regelung der bevorzugten Behandlung' wurden nicht abgeändert, und der ‚General mit Zopf' durfte sogar relativ ungeschoren in ehrwürdigen Ruhestand gehen. Keiner von Pu Yi's Lehrern verlor seinen Posten. Das einzige Opfer, abgesehen von dem unglückseligen Sänftenträger, war Präsident Li Yuang-hung selbst. Er hatte ‚sein Gesicht verloren', da er seine Stellung geräumt und auf Forderung des Generals das Parlament aufgelöst hatte. Er wurde umgehend durch Feng Kuo-chang ersetzt, einen gemäßigten konservativen Aristokraten. Ein neues Parlament wurde einberufen, das dann Deutschland den Krieg erklärte – ein Schritt, der die Monarchisten beschwichtigen sollte, die für einen Krieg waren, und eine Abfuhr für Dr. Sun Yat-sen, der sich heftig gegen jede Beteiligung Chinas aussprach. Außerdem war es finanziell gesehen ein pfiffiger Zug: Als Bedingung für seinen Eintritt in das Lager der Alliierten ließ China alle Reparationen streichen, die in die Zeit der Nachwehen infolge des niedergeschlagenen Boxeraufstands zurückreichten.

Der ‚Mittsommer-Wahnsinn' sollte für Pu Yi dauerhafte Folgen haben – und sehr zu seinem Nachteil. Nicht nur, weil er später direkt die Schuld in die Schuhe geschoben bekommen sollte, den ‚Putsch' gefördert zu haben, sondern auch, weil eine wachsende Front radikaler Feindschaft gegen die Zentralregierung deren fast unerklärlich nachsichtige Haltung gegenüber dem Hof in den Brennpunkt rücken sollte. Republikanische Kritiker sagten, diese Haltung beweise nur, wie monarchistisch die Haltung selbst republikanischer Politiker sein konnte.

Pu Yi's Lehrer lernten aus keinem der beiden Fiaskos. Munter machten sie ihn glauben, daß es quer durchs Land einen starken Block gab, der für die Restauration wäre. Am Hofe fing man an, Politik zu spielen, indem man aus dem eigenen Säckel Politiker finanzierte, die für die Restauration waren, Titel verlieh, Ehren vergab und andere Privilegien erteilte – wie beispielsweise das Recht, Jacken mit dem ‚Gelb des Kaisers' zu tragen oder mit dem Pferd in die Verbotene Stadt zu kommen. Von 1917 an wurde bei den jungen chinesischen Intellektuellen, die langsam eine zunehmend wichtige Rolle sowohl in der Regierung als auch in den verschiedenen ‚revolutionären' Bewegungen spielten, die überall im Land aus dem Boden schossen, das Gefühl immer stärker, daß weder Pu Yi noch seinem Hof über den Weg zu trauen war, weil sie nicht respektierten, was sie gemäß der ‚Artikel zur Regelung der bevorzugten Behandlung' zu respektieren hatten.

Und Pu Yi tat seinerseits nichts, während er aus der Kindheit in die Adoleszenz kam, um dieses Gefühl zu zerstreuen.

Kapitel 7

Reginald Johnston betrat die Verbotene Stadt zum ersten Mal am 3. März 1919. Er verdankte seine neue Stelle – als Pu Yi's Englischlehrer – einem der Lehrer am Hof, Chen Paocheng, der ihn als hervorragenden chinesischen Linguisten schätzte, sowie der Regierung der chinesischen Republik. Johnston wurde 1874 geboren und diente als ‚Hongkong-Kadett' im britischen Kolonialdienst, ehe er Beamter in Hongkong und in Weihawei wurde, das damals nach Hongkong eine der ältesten Kolonien in britischem Besitz war. Er hatte ausgedehnte Reisen durch ganz China gemacht und sich als Kalligraph und Verfasser chinesischer Gedichte einen Namen geschaffen. Als er in die Verbotene Stadt kam, war er 45 Jahre alt und ein großer, korpulenter Mann mit blauen Augen und rötlicher Haut und zottigem grauem Haar. Auf Pu Yi wirkte dieser eingefleischte Junggeselle wie ‚ein alter Mann'. Bezahlt wurde er für seine Dienste vom Palast, der ihm auch ein großzügiges Haus zur Verfügung stellte, in dem er mietfrei wohnen konnte und sich auf traditionelle chinesische Art einrichtete.

Johnston schrieb sein Buch, ‚Twilight in the Forbidden City', nachdem er Peking verlassen hatte, um seiner Ernennung als Kommissar von Weihawei nachzukommen. Es erschien erst 1934, kurz bevor er als Sir Reginald in den Adelsstand erhoben wurde und eine Professur für Chinesisch an der Londoner Universität annahm. Es liefert eine Unmenge Informationen über Pu Yi in den Jahren 1919 bis 1924. Aber wie Pu Yi's eigene Autobiographie ist auch dieses Buch bei der Auswahl der Fakten höchst selektiv. Es liest sich (wie Peter O'Toole, der Reginald Johnston im Film verkörpert, erklärt) beinahe wie die schwere rhetorische Prosa aus dem neunzehnten Jahrhundert von Thackeray und des ‚Edinburgh Review' und ist voller Respekt für die Monarchie jedweder Art.

Als Konservativer mit einer gehörigen Portion Respekt für die durch und durch disziplinierten Japaner und einem blinden Glauben an die Überlegenheit des britischen Empires über jedes andere Regierungssystem hatte Johnston sofort eine Schwäche für Pu Yi, den er in seinem Buch durchweg als einen perfekten kleinen Gentleman hinstellt. Er schreckte allerdings zurück, als er sah, wie korrupt man am Hofe war und mit welchen Scheuklappen man herumlief. Sein Buch bestätigt vieles, an das sich Pu Yi erinnerte – ein Ort von absurder Extravaganz, grotesker Verschwendung, unaufhörlichen und nichtigen Intrigen, wo das übrige China und der Rest der Welt nichts galt. Es ist Johnston hoch anzurechnen, daß er versuchte, das System zu reformieren, und es teilweise sogar schaffte; aber am Ende versagte er, weil die Korruption einfach überhandnahm.

Von 1919 an bis zu Pu Yi's Vermählung im Jahre 1922 kam Johnston täglich in den Palast zu Besuch und verbrachte mindestens zwei Stunden am Tag bei Pu Yi. Offiziell war Johnston lediglich als Sprachlehrer eingestellt worden, aber er hatte es sich selbst zur Aufgabe gemacht, seinem jungen Schüler ein Bild von der großen weiten Welt da draußen zu vermitteln, von den westlichen Wertvorstellungen, und ihm die Ansätze einer ‚zivilisierten', ‚westlichen' Lebensweise nahezubringen. Selbst nachdem Pu Yi verheiratet war und er keine offiziellen Unterrichtsstunden mehr bekam, hörte Johnston nicht auf, Pu Yi fast täglich zu besuchen. 1924 bekam er dann wieder eine Funktion am Hofe, als Pu Yi ihn zum ‚kaiserlichen kommissarischen Leiter des Sommerpalastes' machte.

Johnston war weder ein Zuchtmeister noch ein engstirniger ‚Imperialist', trotz seiner Ansichten über das Empire und seines weiteren Ausbaus, sondern schlicht davon überzeugt, daß China für einen Republikanismus ‚nicht reif' war und dem Land am besten gedient war, wenn es seine Interessen in einer konstitutionellen Monarchie britischen Zuschnitts wahrte. Im Gegensatz zu den meisten britischen Diplomaten in Peking war er kein Bewunderer von Yuan Shikai, dem ‚Verräter', gewesen. In dieser Hinsicht bewies er wesentlich mehr politische Klugheit als der Korrespondent der Times, George Morrison, der aus seiner Neigung für den General kein Hehl gemacht hatte, so sehr, daß seine Depeschen aus Peking total unzuverlässig wurden und man ihn eigentlich unverzüglich nach London hätte zurückrufen sollen.

Obgleich Johnston überzeugt war, daß die meisten Chinesen für eine Wiederherstellung der Monarchie waren, ließ er es nicht zu, daß seine monarchistische Einstellung in seine Berichte über die Ereignisse, deren Zeuge er in den Jahren von 1919 bis 1924 wurde, einfloß. Er war ein exzellenter und akkurater Berichterstatter. Auch wenn er aufgrund seiner Liebe zum Konfuzianismus bisweilen auf ermüdende und langweilige Art moralisierend klingt, gibt er sich nie gönnerhaft, wenn es um Pu Yi geht. Wenn er einen Fehler hat, dann den, daß er, wie sein Buch belegt, hemmungslos vornehm tat. Seine neue Ernennung erfüllte ihn mit Freude. In seinem Haus bewahrte er all die Zeichen der Ehrerbietung und Begünstigung auf, die ihm von seiten des Hofes zuteil wurden – seine Beförderungen in die Hierarchie der Mandarine, die gelegentlichen Briefe, die Pu Yi an ihn schrieb. Endlos – und unermüdlich – schrieb er über die verschiedenen höfischen Rituale, an denen er zunächst als ‚kleiner Mandarin' teilnahm, mit dem Recht, in die Verbotene Stadt in einer Sänfte zu kommen, später als Mandarin

‚zweiten Grades' mit dem Recht, eine Robe aus Zobel zu tragen, und schließlich als ‚chinesischer Mandarin von höchstem Rang', was ihm erlaubte, in der Verbotenen Stadt herumzureiten, ein Recht, von dem er immer mit großer Vorliebe Gebrauch machte.

Genauso stolz war Johnston auf die häufigen Geschenke und anderen Dinge, die er von der kaiserlichen Familie bekam, und die zeigten, wie sehr man ihn schätzte – Porzellan, alte Manuskripte, Gemälde, Jade, Ginseng, auch Obst und Kuchen von den Kaiserfrauen. Obgleich er nur selten seine Hofkleidung trug, bei offiziellen Anlässen im Morgenmantel erschien und vom Kotau ausgenommen war, schrieb er dennoch, daß es ihm gefallen hätte, aber ‚den Kotau mit der Leichtigkeit und Anmut zu machen, wie es für einen Chinesen oder Mandschu ganz natürlich war, wäre für den ungeübten Europäer nahezu unmöglich'.

Johnston interessierte sich ausnahmslos für Literarisches, Historisches und Politisches. Anders als sein Zeitgenosse Morrison suchte er sein Heil nicht in irgendwelchen Liebesaffären oder in den vielen ‚Singsang-Häusern' Pekings. Johnston hatte beileibe nichts Unmännliches an sich, doch scheint er seine sexuelle Energie völlig sublimiert zu haben.

In seinen Aufzeichnungen bemerkt er ohne ein Wort der Mißbilligung, daß alle wichtigeren Ereignisse, die das Leben am Hof regelten, von Astrologen zeitlich festgelegt wurden, mithin auch das Datum seiner eigenen Ernennung zum Palastlehrer. Der Traditionalist in ihm freute sich offenbar, als er durch das ‚Tor der Himmlischen Reinheit' schritt und ‚eine neue Welt aus Raum und Zeit ... die schon vor der Gründung Roms alt war', betrat, wo man das Datum immer noch anhand der Jahre errechnete, die Pu Yi ‚Herrscher' war, und wo sämtliche Ereignisse am Hof, angefangen bei königlichen Audienzen bis hin zur Terminierung, wann die Palastwache und die Beamtenschaft am Hofe die Winterkopfbedeckungen in solche für den Sommer zu wechseln hatten, in einem täglichen ‚Hofzirkulär' festgehalten wurden. Dieses Rundschreiben war nicht für jeden am Hof bestimmt, sondern auf ein paar wenige Privilegierte beschränkt – und es stammte aus der Feder eines Hofkalligraphen.

In den Gesprächen, die Johnston mit Pu Yi hatte, lagen ihm stets britische Interessen am Herzen, was er in seinem Buch unumwunden zugibt. Zweifellos erwies er auch England gute Dienste, indem er zu allen Zeiten enge Verbindungen mit der britischen Gesandtschaft in Peking aufrechterhielt.

Dieser Umstand gab dann der Legende Auftrieb, daß Johnston ein ‚Geheimagent' gewesen sei, einer dieser Abenteurer, die das Empire nach Art eines John Buchan an entlegenen Ecken der Welt aufbauten. Der Gedanke ist verlockend, aber bestimmt falsch, denn Johnston kannte keine Geheimnisse: Alles, was ihm zu Ohren und vor Augen kam, teilte er sofort seinen Freunden in der britischen Botschaft mit – auch seine Eindrücke von Pu Yi.

Jeder in der Verbotenen Stadt wußte das: Alle am Hof – Lehrer, Beamte und später Pu Yi selbst – benutzten Johnston als Kommunikator, um Informationen an die britische Regierung zu leiten. Dafür unterrichtete Johnston in loyaler und insgesamt akkurater Weise den Hof über das, was seiner Ansicht nach die englische Regierung bezüglich China plante. Johnston's Beziehungen zu britischen Diplomaten, denen er durchaus auf die Schulter klopfen und mit „Alter Junge" begegnen konnte, auf der einen Seite, und zu Pu Yi und seinem Gefolge auf der anderen waren privilegierter Natur, aber das war für die Politik Englands nie bestimmend oder von Einfluß. Für viele Diplomaten in Peking war Johnston viel zu sehr mit der konfuzianischen Lehre verwachsen, viel zu sehr ein ‚Chinese', um ihm komplett vertrauen zu können. Daniele Vare, der damals als Diplomat und Schreiber in Peking war, sagte in seinem Buch ‚Laughing Diplomat': Das in Peking ansässige Diplomatenkorps ‚lebte vom Leben der Chinesen völlig abgetrennt in einer Art Zitadelle'.

Johnstons Buch ‚Twilight in the Forbidden City' ist ein bemerkenswertes Dokument, aber wie Pu Yi's eigene Autobiographie mit vielen Auslassungen, die fast ebenso faszinierend sind wie das, was enthüllt wird.

In seiner Beschreibung des täglichen Ablaufs für Pu Yi am Hofe erscheint der heranwachsende Ex-Kaiser immer nur als perfekter kleiner Gentleman: Es gibt so gut wie keine Hinweise auf Pu Yi's Wutanfälle oder Stimmungsumschwünge, seine Indifferenz im Unterricht oder auf die barbarischen Prügelstrafen, die er den Eunuchen verpassen ließ. Auch über Pu Yi's Privatleben wird nichts gesagt. Johnston war bemüht, Pu Yi im bestmöglichen Licht erscheinen zu lassen, und stellt es manchmal sogar so hin, daß Initiativen, die er selbst vorschlug, Pu Yi's Ideen waren. Beispielsweise machte Johnston den Vorschlag an Pu Yi, als dieser heiratete, eine Party für ausländische Gäste zu veranstalten, um seine Gattin – oder, korrekter gesagt, Gattinnen – vorzustellen.

Johnston schweigt sich auch komplett über Pu Yi's Sexualleben aus. Wie die meisten konventionellen Engländer damals erachtete auch er das ganze Thema für tabu. Er erwähnt ein paarmal Pu Yi's Gattin, ‚Elizabeth', die er sowohl kannte als auch schätzte, macht aber nirgends die geringste Andeutung, daß die Beziehung zwischen ihnen alles andere als ideal war.

Unmittelbar nach seiner ersten Zusammenkunft mit Pu Yi setzte sich Johnston hin und verfaßte in aller Eile ein ‚Memorandum' an die ‚Britischen Behörden' – vermutlich an den britischen Minister in Peking, Sir John Jones. Der Stil war typisch gedankenschwer:

„Der junge Kaiser kann überhaupt kein Englisch noch eine andere europäische Sprache, scheint aber wißbegierig und macht einen geistig aktiven Eindruck. Er darf die chinesischen Zeitungen lesen, und offensichtlich verfolgt er die täglichen Nachrichten mit Interesse und Intelligenz, insbesondere in innen- und außenpolitischen Dingen. Von Geographie versteht er eine Menge und interessiert sich für Reisen und Entdeckungen. Die augenblickliche Lage in Europa und die Folgen des gro-

Pu Yi (Richard Vuu) als Herrscher über fast die Hälfte der Weltbevölkerung.

Die engsten Vertrauten der verstorbenen Kaiserinwitwe können sich nur langsam an die neue Hofführung anpassen.

Pu Yi (Richard Vuu) mit seinen Kindermädchen beim Ankleiden.

Pu Yi (Richard Vuu) nimmt die Huldigung seiner Untertanen entgegen.

ßen Krieges versteht er zum Teil und scheint sich keine falschen oder übertriebenen Vorstellungen über Chinas politische Lage und relative Bedeutungslosigkeit zu machen.
Für sein Alter erscheint er körperlich robust und gut entwickelt.
Er ist ein sehr ‚menschlicher' Junge, lebhaft, intelligent, mit einem scharfen Sinn für Humor. Er hat ausgezeichnete Umgangsformen und ist von Arroganz gänzlich frei ... Er hat keine Möglichkeit, sich zu anderen Jungen zu gesellen und mit ihnen zu spielen, außer wenn sein jüngerer Bruder und zwei oder drei andere Kinder aus dem Kreis der kaiserlichen Verwandtschaft ihn für kurze Zeit besuchen dürfen, was selten vorkommt ... Selbst wenn er in den Unterrichtsraum kommt, ist das jeden Tag aufs neue Anlaß zu einer Art Staatsakt mit feierlicher Prozession. Er wird auf einem großen Struhl, drapiert mit den gelben Farben des Kaisers, hineingetragen, in Begleitung eines großes Gefolges von Dienern."

Johnston fügte noch hinzu, daß ‚obgleich er durch die Verrücktheiten und Nichtigkeiten seiner Umwelt bislang nicht verzogen scheint', wenig Hoffnung bestand, ‚daß er je unversehrt hindurchkommen wird', wenn man ihn nicht rasch ‚von den Horden Eunuchen und anderen nichtsnutzigen Funktionären, die derzeit die einzigen sind, mit denen er Umgang hat', wegnahm.

Johnston empfahl, daß Pu Yi unverzüglich in den ‚weniger schwachsinnig machenden' Sommerpalast umziehen sollte, wo er ‚ein weitaus weniger künstliches und viel glücklicheres Leben' hätte mit ‚viel Platz für die körperlichen Ertüchtigungen' – ohne Eunuchen.

Johnston erwähnt es in seinem Bericht nicht, aber das erste, was ihm nach der offiziellen Vorstellung beim Kaiser-Knaben passierte, war, daß die Hofeunuchen ihn umringten und ihm zu der Ernennung gratulierten – und, da die Gelegenheit günstig war, Geld haben wollten. Johnston, geizig wie ein Schotte, verlangte prompt eine Quittung. Sofort hielten sie sich zurück, aber er hatte sie für immer zu seinen Feinden gemacht.

Pu Yi's Zusammentreffen mit Johnston wirkte ebenfalls ein Leben lang. Vor dem 3. März 1919 hatte Pu Yi Ausländer nur von weitem zu Gesicht bekommen, bei einem Empfang, den die Gattin des Ex-Kaisers, Lung Yu, zu ihren Lebzeiten einmal gegeben hatte. Er schrieb, daß ‚ihre seltsamen Kleider und ihre Haare und Augen, die so viele Farben hatten, sowohl häßlich waren als auch erschreckten'. In geschmuggelten Illustrierten hatte er Fotos von Ausländern gesehen. ‚Auf ihren Oberlippen tragen sie Bärte; an den Hosenbeinen war immer eine gerade Falte zu sehen, und immer hatten sie Stöcke bei sich.' Pu Yi's Eunuchen hatten ihm allerlei falsche Vorstellungen über die ‚ausländischen Teufel' eingetrichtert: Ihre Bärte an den Oberlippen wären so steif, daß Laternen daran hängen könnten, ihre Beine bogen sich eben nicht, und die Stöcke benutzten sie, um Leute damit zu schlagen.

Pu Yi erinnerte sich, daß Johnston mit seinen stechenden blauen Augen und dem grauen Haar ‚mir ein unwohles Gefühl gab'. ‚Ich fand, daß er sehr einschüchternd wirkte, und lernte wie ein braver Junge mit ihm Englisch, ohne es zu wagen, über andere Dinge zu sprechen, wenn mir langweilig wurde ..., wie ich es bei meinen anderen, chinesischen Lehrern machte.' Schon bald kamen die anderen Lehrer mit der Bitte zu Johnston, seinen Einfluß beim Kaiser einzusetzen, wenn sie mit ihrem Latein am Ende waren, damit er für sie durchsetzte, was sie selbst nicht schafften.

Johnston irrte, als er in seinem ersten Schreiben behauptete, Pu Yi hätte keine Schulkameraden. Johnston initiierte daraufhin eine Reihe inoffizieller Sitzungen zum Thema ‚Zeitgeschehen' mit Pu Yi allein – oder mit höchstens einem oder zwei Jungen dabei. Als Johnston anfing, Pu Yi die englische Sprache beizubringen, fand er ein ziemlich abgegriffenes Exemplar von ‚Alice im Wunderland' im Klassenzimmer – aber weder Pu Yi noch einer der anderen Jungen im königlichen Schulunterricht konnte es lesen. Johnston brachte Pu Yi nicht nur die Anfänge der Weltgeschichte (einschließlich der englischen Geschichte) bei, sondern nahm zur Belebung des Sprachunterrichts auch englische Zeitungen und Magazine her, darunter Artikel über den Ersten Weltkrieg, und Johnston glaubte mit Recht, daß Pu Yi von den abgebildeten Panzern, Gewehren und Schützengräben fasziniert war. Schlau bemerkte Pu Yi: ‚Mir Englisch beizubringen, war in Johnston's Augen nicht so wichtig, wie mich darin zu schulen, der englische Gentleman zu sein, von dem er immer redete.'

Es folgte eine kindliche, tragikomische Schüler-Episode. Pu Yi hatte die Verbotene Stadt bisher noch nie verlassen, außer bei den seltenen Staatsausflügen zum Sommerpalast. Er war nie durch die Straßen Pekings gegangen, hatte nie die Läden gesehen oder den alltäglichen Straßenverkehr. Er hatte auch nie verlauten lassen, daß er es wünschte. Wie sein jüngerer Bruder Pu Chieh meinte, ‚hatte er das Gefühl, daß er sich der zeremoniellen Routine, die für ihn als Kaiser festgeschrieben war, nicht entziehen konnte, und es so vorherbestimmt war. Er hatte sich ihr auf merkwürdige Weise überlassen, wenigstens als er dreizehn Jahre alt war.'

Pu Yi hatte für nahezu alles seine Eunuchen. Was er auch wünschte, wurde von ihnen beigebracht. Mit vierzehn beschloß Pu Yi, wenigstens äußerlich der kleine englische Gent zu werden, so wie Johnston es sich von ihm immer wünschte. Er schickte seine Eunuchen los, um ihm ‚große Mengen westlicher Kleider' zu besorgen. ‚Als ich ins Klassenzimmer kam, zitterte Johnston vor Empörung und schickte mich wieder heraus, um sie sofort auszuziehen.' Die Kleidungsstücke, die man einem Theaterrequisiteur in Peking abgekauft hatte, waren geradezu grotesk, mit lauten Farben und von schlechtem Sitz. Am nächsten Tag kam Johnston mit einem der bestbekanntesten westlichen Schneider aus Peking in den Palast. „Wenn Sie Ihre Kleider gebraucht kaufen, werden Sie kein Gentleman. Sie werden..." Er kam ins Stottern und brachte, laut Pu Yi, kein Wort mehr heraus.

Johnston unterwies Pu Yi auch in den Tischmanieren – wie man den Tee auf westliche Art trinkt (die Chinesen trinken ihn hörbar laut, um ihre Anerkennung zu zeigen, wie auch das Rülpsen eines Chinesen nach der Mahlzeit als Auszeichnung für das exzellente Essen des Gastgebers aufzufassen ist), wie man vornehm knabbert, mit Messer und Gabel umgeht, mit den Mitmenschen plaudert. Wie aus seinen eigenen Aufzeichnungen über diese ersten Jahre mit Johnston hervorgeht, machte Pu Yi jetzt eine kindliche, aber verständliche, prowestliche Phase durch. In riesigen Mengen orderte er nun westliche Kleidungsstücke, auch Ringe, Krawattennadeln, Manschettenknöpfe, Halsbinden. Er ließ seine Eunuchen europäische Möbel besorgen. Er fand sogar daran Gefallen, sich Heinrich zu nennen (Heinrich VIII. schien ihm ein gutes Beispiel für einen ungestümen König). Pu Chieh wurde zu William. Seine Frau nannte er später Elizabeth. Er fing sogar an, während seiner täglichen Unterhaltungen eine Mischung aus Englisch und Chinesisch zu sprechen, eine Art Chinglisch, wenngleich er im Englischen bestenfalls langsame Fortschritte machte.

Pu Yi begann, auf seine stille, verhaltene Art Johnston zu verehren. ›Ich dachte, alles an ihm war erstklassig‹, schrieb er. ›Er gab mir das Gefühl, daß die Menschen der westlichen Welt am intelligentesten und zivilisiertesten waren, und daß er von allen der gebildetste war.‹ Als mit der Hochzeit das Ende der offiziellen Schulstunden gekommen war, ›war Johnston zu einem wesentlichen Teil meiner Seele geworden‹, schrieb Pu Yi.

Da Johnston die Zopftracht ablehnte, beschloß Pu Yi, sich den seinen abschneiden zu lassen – ein ebensolches Sakrileg, wie wenn ein Brahmane seine heilige Schnur zertrennt. Daß Johnston nicht gefeuert wurde, weil er Pu Yi dazu ermuntert hatte, zeigt, welches Ansehen er am Hof genoß und wie sehr man ihn für nützlich hielt. Die einstmaligen Gefährtinnen des Ex-Kaisers schrien, daß es eine Schande wäre und ihr höchstes Mißfallen errege, während die Eunuchen solche Angst hatten, daß sich keiner von ihnen traute, den

Zopf abzuschneiden – also mußte Pu Yi es selbst machen. Der Zopf war mehr als nur ein politisches Symbol – er war das Zeichen der Mandschus, das nahezu religiöse Bedeutung bekommen hatte. Die Traditionalisten hatten jahrelang ihren Einfluß geltend gemacht, um den Zopf zu behalten – nicht zuletzt mit dem Argument, daß der Zopf ein Abzeichen wäre und nützlich, um entscheiden zu können, wer in die Verbotene Stadt eingelassen werden und wieder hinaus durfte. Nach Pu Yi's kühnem Akt folgten am Hofe Tausende seinem Beispiel. Nur Pu Yi's Lehrer und ein paar der ganz konservativen Beamten am Hofe behielten ihre Zöpfe.

Der jüngere Bruder Pu Chieh gehörte zu denen im kaiserlichen Gefolge, die sich hin und her gerissen fühlten zwischen dem Wunsch, es Pu Yi gleichzutun, und der Angst, sich den Zorn ihrer Familien zuzuziehen, wenn sie es tatsächlich taten. Fünfundsiebzig Jahre später erzählte mir Pu Chieh, längst zusammengeschrumpft, aber immer noch eindrucksvoll anzusehen, mit festem Handschlag und mit erstaunlich jugendlicher Stimme, in seinem winzigen Wohnzimmer, wie er nach der Klasse nach Hause stürmte und seiner Großmutter sagte, er wolle den Zopf abgeschnitten haben. „Sie sagte: ‚Ich kann vermutlich nichts dagegen tun, wenn der Kaiser schon seinen Zopf abschneidet'", erinnerte sich Pu Chieh. „Aber sie war sehr entsetzt und ließ mich von diesem Tag an im Haus nur noch mit Kopfbedeckung herumlaufen. ‚Du nimmst sie in meiner Gegenwart nie ab, hörst du?' sagte sie. Und ich hielt mich daran – immer."

Johnston war noch für weitere dramatische Veränderungen im Lebensstil des heranwachsenden Pu Yi verantwortlich. Schockiert darüber, wie man den Jungen überall hintrug, in Sänften und Tragsesseln, legte er ihm ans Herz zu laufen und brachte das erste Fahrrad in die Verbotene Stadt. Pu Yi hatte so viel Spaß an dieser neuen Fortbewegungsart, daß er sämtliche vorspringenden Kanten und Stufen an allen Türen und Toren nivellieren ließ, um beim Überqueren nicht vom Fahrrad steigen zu müssen. Pu Yi kaufte Räder für Pu Chieh und einige der athletischeren Eunuchen.

Die kichernden radfahrenden Eunuchen richteten in den Blumenbeeten und Rosengärten der Verbotenen Stadt allerhand Verwüstungen an. Oft kamen sie mit dem Rad ins Schwanken und verloren alle Kontrolle, denn das königliche Brüderpaar durfte ja nirgends ohne Gefolge sein; und so kurvten also an die zehn Eunuchen hinter Pu Yi und Pu Chieh her. Meistens fielen sie auf die Nase, wenn sie versuchten, mit den beiden Jungen mitzuhalten.

Eine andere, von Johnston angeregte Revolution war die Installierung von Telefonen innerhalb der Verbotenen Stadt. Prinz Chun, Pu Yi's Vater, hatte sich 1919 gerade eines ins Haus legen lassen, in den ‚Nördlichen Herrschaftssitz', wo Pu Chieh zu Hause war – und Pu Chieh war es dann auch, der Pu Yi von diesem Zauberspielzeug erzählte. Pu Yi ließ sofort eins installieren. Am kaiserlichen Hof war man entsetzt. „Es gibt in den Büchern unserer Vorfahren kein Präzedens für derartige Apparate", argumentierten die Hofleute. Pu Yi meinte, man fände überall in der Verbotenen Stadt ‚derartige fremde Apparate' – denn schließlich gab es Klaviere, elektrisches Licht, stundenschlagende Uhren. Was war gegen ein Telefon zu sagen? Die kaiserlichen Lehrer wählten ein anderes Argument. „Wenn Leute von draußen im Palast anrufen können, ist es dann nicht eine Beleidigung für das Himmlische Antlitz?"

In Wirklichkeit hatten sie natürlich Angst, daß Pu Yi mit einem Telefon immer zur Außenwelt Kontakt haben konnte und daß er ihnen außer Kontrolle geriet. Prinz Chun, dessen einziges Anliegen es war, weiterhin das Geld von der Republik und aus der kaiserlichen Schatulle einzustreichen, hielt es mit der Anti-Telefon-Lobby, ehe er dann doch widerwillig nachgab.

Kaum war das Telefon angeschlossen, begann Pu Yi ‚in höchster Aufregung' seine ersten Telefongespräche zu machen. „Ich rief bei einem Operndarsteller und bei einem Akrobaten in Peking an, und bevor ich sagte, wer ich war, legte ich auf. Ich rief in einem Restaurant an und bestellte ein Essen, um es an eine falsche Adresse zu schicken."

Selbst nachdem der Apparat etwas von seiner Neuartigkeit eingebüßt hatte, kam Pu Yi nicht davon weg. Es wurde für ihn eine feste Gewohnheit, unendliche Gespräche mit Johnston am Telefon zu führen.

Ermutigt von seinem Telefonsieg, beschloß Pu Yi, daß die Verbotene Stadt ihre eigene Wagenflotte bekommen sollte. Diese kam dann zum ersten Mal am 30. September 1921 zum Einsatz, als er zur Ehrung seiner toten Mutter nach Nordpeking in ihr Haus fuhr. Es war sein erster Ausflug – abgesehen von einem oder zwei zum Sommerpalast. Das Haupttor der kaiserlichen Stadt wurde aufgestoßen – was ein weiteres Zeichen war, wie man am Hofe bemerkte, daß die ‚Artikel zur Regelung der bevorzugten Behandlung' buchstabengetreu eingehalten wurden –, und die königliche Wagenkolonne rollte nach draußen. Monatelang hatte Pu Yi seinen Lehrern und seinem Hofstaat zugesetzt, ihm eine Fahrt durch Pekings Straßen zu gestatten. Johnston hatte sich dafür eingesetzt, aber die Antwort war ein unmißverständliches Nein gewesen, aus Gründen der Sicherheit. Tatsächlich standen Soldaten und Polizisten an den Straßen, eingekeilt von einer Menge Schaulustiger, die immens neugierig waren, den Ex-Kaiser zu sehen, aber sie standen ihm nicht feindselig gegenüber.

Insgeheim erklärten die Beamten am Hofe Johnston, daß allein die Kosten, die entstünden, würde man Pu Yi einen Besuch in Pekings Straßen erlauben, ein Hinderungsgrund war. Soldaten und Polizisten mußten bestochen werden, um zu erscheinen, und für diesen Zweck waren ‚fantastische Summen von Schmiergeldern' nötig. Johnston schlug vor, daß er und Pu Yi einfach inkognito durch die Straßen gehen sollten. „Der Vorschlag", sagte Johnston, „kam für eine ernstere Diskussion nicht in Betracht."

Pu Yi bekam ein- oder zweimal seinen Willen – in einem Auto des Palastes hinauszufahren, um einen seiner erkrankten Lehrer zu besuchen –, aber wiederum nur in einer unnötigen, nach allen Seiten hin sichtbaren, festlichen Kolonne, in der sich uniformierte Offiziere der Polizei und der Armee befanden, die aufpaßten, daß er das Ziel geradewegs ansteuerte und geradewegs wieder zurückfuhr, ohne unterwegs anzuhalten, um in der ‚Tatarenstadt' – dem Diplomatenviertel – mit ausländischen Abgesandten zusammenzutreffen.

Die vielleicht absurdeste Auseinandersetzung, die Johnston für seinen noch die Schulbank drückenden Kaiser auf sich nehmen mußte, war der Kampf um Brillengläser für den himmlischen Herrscher. Johnston hatte festgestellt, daß Pu Yi kurzsichtig war und daß darin die Ursache seiner häufigen Kopfschmerzen, Wutanfälle und Konzentrationsschwächen zu suchen war. Der Kaiser brauchte dringend eine Brille.

Ausgeschlossen, war die Antwort der Gemahlinnen des Ex-Kaisers. Die Augen des Kaisers waren viel zu wertvoll, und ausländischen Ärzten wollte man sie schon gar nicht anvertrauen. „Es kommt einfach nicht in Frage, daß Kaiser Brillen tragen." Selbst Pu Yi's Vater, Prinz Chun, war der Ansicht, daß der Würde des kaiserlichen Amtes mit einem solchen Schritt bestimmt nicht gedient wäre. Johnston setzte seinen Job aufs Spiel. Pu Yi wußte sich nicht mehr anders zu helfen, als mit dem Fuß auf den Boden zu stampfen und eine Brille zu verlangen. Tuang Kang, der Gemahlin des Ex-Kaisers, wurde davon nichts erzählt, bis Pu Yi endlich eine Brille trug. Einer der Hofbeamten erzählte Johnston ganz ängstlich, daß sie sich womöglich das Leben genommen hätte, hätte sie davon vorher Kenntnis bekommen.

Johnston tat ebenso sein Bestes, um die intellektuelle Neugier seines Schülers anzustacheln, indem er eine Reihe ‚Bridgepartien' (wie E. M. Forster es nannte) veranstaltete, zu denen führende chinesische Schriftsteller und Dichter kamen, was aber nur zum Teil Erfolg hatte. Denn die Annahme einer Einladung in die Verbotene Stadt galt als politischer Akt und in diesem Fall als automatische Billigung des monarchistischen Establishments.

Letztendlich entdeckte Pu Yi das Kino: Die chinesische Regierung selbst war es, die ihm als Hochzeitsgeschenk einen eigenen Vorführraum innerhalb der Verbotenen Stadt einrichtete, und bald gab es jede Woche eine Filmvorführung – in den Augen der Gemahlinnen des Ex-Kaisers und reaktionären Beamten erneut ein Skandal. Für eine Abendvorstellung ausgesucht zu werden, war fast so gefragt wie ein fürstlicher Titel – oder wie die Erlaubnis, mit dem Pferd durch die Verbotene Stadt zu reiten.

Aber trotz des Fortschritts seines königlichen Schülers, trotz der neuen Freiheit für ihn, war Johnston nicht ganz zufrieden. Pu Yi, schrieb er, hatte eine ‚frivole' Seite. „Zuerst schrieb ich es seinem fehlenden jugendlichen Verantwortungsgefühl zu", aber „zuzeiten schien es mir, als sah ich in seinem Charakter irgendwie Anzeichen einer permanenten Spaltung, und vermutete fast, in ihm existierten zwei widerstreitende Persönlichkeiten." Pu Chieh erinnert sich noch an seine wechselhaften Stimmungen: „Wenn er guter Dinge war, war alles bestens, und er war ein wunderbarer Kamerad. Sobald ihn aber etwas ärgerte, kam seine dunkle Seite zum Vorschein."

Es konnte in der Familie gelegen haben, aber wahrscheinlich war es eher die unausweichliche Konsequenz, wenn man von hinten und vorn von kriecherischen, schleimigen Höflingen bedient wird.

„Er war nun schrecklich gelangweilt", erinnert sich Pu Chieh viele Jahre später, „und er fühlte sich wie in einer Falle." Pu Yi wollte heraus. Die Telefone, Autos, westlichen Kleider und Magazine, alles wurde mehr und mehr Ersatz und immer unbefriedigender.

Stillschweigend sah Pu Chieh zu, wie Pu Yi anfing, Pläne zu schmieden, um aus seinem goldenen Gefängnis auszubrechen, und er ließ ihn gewähren. In der Ahnung, daß ihr königliches Auskommen gefährdet war, verschworen sich die alten Damen des ehemaligen Kaisers, die sich normalerweise so in den Haaren lagen, daß sie kaum ein Wort miteinander wechselten. Johnstons wachsender Einfluß mußte gestoppt und zurückgedrängt werden und Pu Yi in ihrer Gewalt bleiben, auf ewig dazu verdammt, als Marionettenkaiser in einer Scheinwelt zu leben, mit einem Hof, der keiner mehr war, sich aber immer noch rentierte.

Sie beschlossen, ihn alsbald zu verheiraten.

Kapitel 8

Pu Yi's Autobiographie gibt uns ein erschreckendes – und gewiß akkurates – Bild vom Zustand seines Hofstaates in den Jahren seines Heranwachsens. Aber über sein privates Gefühlsleben sagt er so gut wie gar nichts.

Der Grund ist natürlich, daß sein Buch ein ganz definitives Ziel hatte – den Vergleich zwischen den ‚schlimmen alten Tagen' und Maos ‚neuer Gesellschaft'. Pu Yi hob folglich jene Charakterzüge hervor, die in den Augen der Leser verzeihlich waren und sie auch amüsieren würden, und stellte sich als unreifer, kindischer, verzogener Hanswurst hin. Vielleicht war seine Selbstbezichtigung nicht ganz fehl am Platze. Allerdings übersah er zu erwähnen, was Johnston mühevoll ans Licht brachte – daß er sich während jener Jahre des Heranwachsens einsichtsvoll dem fast permanenten Krisenzustand zuwandte, in dem sich China seinerzeit befand, und bald ein scharfsinniger und aufgeklärter, wenngleich passiver Augenzeuge jener Vorgänge wurde, die China fast an den Rand des Zusammenbruchs brachten.

Pu Yi sprach nie so fließend Englisch, wie Johnston gehofft hatte, aber er war ein eifriger Zeitungsleser – sowohl englischer als auch chinesischer Blätter. Wegen der Bedeutung, die den territorialen ‚Konzessionen' zukam, die sich England von China geholt hatte, gab es eine rege englischsprachige Presse. Chinesische Blätter stellten sämtliche verschiedenen Meinungen dar, angefangen von erzkonservativen bis hin zu ganz revolutionären. Außerhalb der Hauptstadt waren viele Lokalkorrespondenten der fremdsprachigen Presse gleichzeitig missionarisch tätig, und zahlreiche von ihnen waren prorepublikanisch. Johnston beklagte sich oft, daß Pu Yi mit dem Zeitungslesen viel zuviel Zeit verbrachte. Aus Johnstons eigenen Memoiren aber wird deutlich, daß der Schotte und konfuzianische Moralist und der heranwachsende Kaiser stundenlang über Politik sprachen, von der Pu Yi mehr verstand, als er in seinem Buch erkennen läßt.

Pu Yi war dreizehn, als es 1919 zur ‚Bewegung des 4. Mai' kam – der riesigen Versammlung von Studenten auf dem Tien An Men-Platz in der Nähe der Verbotenen Stadt, um gegen die Entscheidung im Versailler Vertrag zu protestieren, durch die Deutschlands Tiengtsao-Konzession Japan zugeteilt wurde, als Belohnung für seinen Eintritt in den Ersten Weltkrieg auf seiten der Alliierten.

Es war eine unmoralische, ungerechte und arrogante Entscheidung, die China verständlicherweise vom Westen jahrelang entfremdete. Die ‚Bewegung des 4. Mai' sollte so etwas wie eine mythische Basis für alle folgenden ‚revolutionären' Bewegungen werden. Als Bertolucci irgendwann Aufnahmen zum ‚4. Mai' machte und außerhalb der Verbotenen Stadt Studenten in Aktion brauchte, mangelte es überhaupt nicht an Freiwilligen. Im chinesischen Geschichtsunterricht von heute wird die ‚Bewegung des 4. Mai' als Vorläuferbewegung für die Revolution betrachtet.

In Pu Yi's Buch erscheinen nur zwei knappe Hinweise auf den ‚4. Mai'. Er behauptet, er habe davon aus einem Gespräch mit Johnston erfahren (obgleich er den Radau, den die Studenten außerhalb der Verbotenen Stadt machten, kaum hatte überhören können). Laut Johnston ‚verfolgte der Kaiser mit genauem Interesse' sowohl die ‚4.-Mai-Bewegung' als auch andere. Was die beiden allerdings wesentlich mehr interessierte als die Nachwirkungen, die der ‚4. Mai' hinterlassen hatte, waren die fortwährenden Gerüchte von Putschen zur Wiederherstellung der Monarchie und endlose Zeitungsdebatten über deren Erfolgsaussichten.

Obgleich der ‚General mit dem Zopf', Chang Hsun, 1917 schändlich gescheitert war, schmiedete er weiterhin seine Komplotte, dieses Mal zusammen mit dem berühmten

Kriegsherrn Chang Tsu-lin, dem Bauernburschen, der der eigentliche Machthaber sowohl der Mandschurei als auch der Mongolei geworden war. Johnston zitiert in seinem Buch sehr häufig aus englischsprachigen Leitartikeln aus den Jahren 1919 bis 1924, die Pu Yi ganz aufmerksam durchlas. Obwohl die Auswahl zusammengewürfelt ist, wird erkennbar, daß die Möglichkeit einer Restauration nicht nur offen im Gespräch war, sondern sogar als wahrscheinlich in Erwägung gezogen wurde. Johnston zitiert aus der ‚Peking and Tsientsin Times' vom 19. März 1921, daß „es wahrscheinlich eher eine moderate Schätzung ist, daß neunzig Prozent der Bevölkerung die Rückkehr des Kaisers begrüßen würden". („Das war nicht übertrieben, wie ich glaube", fügt Johnston noch hinzu.) Um eine solche Behauptung weiter zu untermauern, zitiert er auch aus einem im gleichen Jahr erschienenen Artikel in einer republikanischen Zeitung, Shu Kuang, und beklagt, daß in den ländlichen Gemeinden „die ungebildete ... geistig beschränkte (Landbevölkerung) überhaupt keine Ahnung hat, was Freiheit, politische Rechte und Regierungen bedeuten ... Man trifft auf Leute, die solche Fragen stellen wie: ‚Wie geht's dem Kaiser?' – ‚Wer regiert denn derzeit im kaiserlichen Palast?'"

Johnston war ziemlich gut vorbereitet auf Pu Yi's Fragen, welche Aussichten eine Restauration hätte, und Pu Yi fragte oft, wie Johnston durchblicken läßt. Bei seinen Fragen „zögerte ich nicht, mit allem Nachdruck, so sehr ich konnte, meine Meinung auszudrücken", welche die war, daß „jede Verschwörung in der Art von 1917 unbedingt vermieden werden sollte ... und daß der Kaiser jede Einladung, den Thron wieder zu besteigen, zurückweisen sollte, solange sie nicht in Form eines echten und spontanen Appells an ihn aus den Reihen freigewählter Volksvertreter kam." Johnston fügt hinzu, daß er das Gefühl hatte, daß eine solche Eventualität angesichts chinesischer Umstände „in weiter Ferne" lag, auch wenn er der Meinung war, daß, sollte es tatsächlich zu einer solchen freien Wahl kommen, „die Mehrheit zugunsten der Monarchie überwältigend wäre".

Daraus ließ sich nur entnehmen, daß Pu Yi eigentlich zu einem Gefangenendasein innerhalb der Verbotenen Stadt verdammt war, bis die Republik eines schönen Tages freiwillig zusammenbrechen würde. Selbst wenn es soweit kommen sollte, war die Restauration nicht garantiert. Denn es gab viele rivalisierende Restaurationsbewegungen, die sich gegenseitig bekämpften, und auf keinen Fall alle Aristokraten, mit denen Pu Yi verwandt war, waren der Idee zugetan, ihn eines Tages tatsächlich auf dem Thron zu sehen. Anders gesagt, Pu Yi's Aussichten waren nicht gerade erfreulich; da half ihm der ganze Luxus nicht, in dem er schwelgte. Selbst die Extravaganzen verloren langsam ihren Reiz. Die Republik hatte begonnen, die versprochenen Gelder, die in die kaiserliche Schatulle flossen, zu sperren, und am Hofe stapelten sich langsam die hohen Rechnungen. Der unfähige Ex-Regent Chun, Pu Yi's Vater, fing an, immer mehr Schätze aus dem Palast zu verkaufen, um den gewohnten Status am Hof zu halten.

In diesem Klima, das damals innerhalb der Verbotenen Stadt herrschte, hielten nun die ehemaligen kaiserlichen Damen Ausschau nach einer Frau, mit der sie Pu Yi verheiraten konnten. Befragt wurde er in dieser Sache natürlich nicht. Viel schrilles Gezänk mußte erst mal durchgestanden werden, ehe sie ihre Auswahl auf vier Mädchen beschränkten. Zu Beginn des Jahres 1922 bekam Pu Yi vier Fotos in die Hand gedrückt und sollte nun auswählen.

Pu Yi meint ganz pathetisch,
„mir kamen die Mädchen alle gleich vor, und sie hatten überhaupt keine Figur in ihren Kleidern. Sie sahen darin aus wie Tuben. Jede hatte auf dem Foto ein kleines Gesicht, und ich konnte nicht sehen, ob sie nun Schönheiten waren oder nicht ... Es kam mir damals nicht so vor, als wäre es eines der größten Ereignisse in meinem Leben, und ich hatte nichts, wonach ich mich richten konnte. Auf einem hübschen Foto machte ich dann beiläufig einen Kreis."

Das Mädchen, das er ausgesucht hatte, war Wen Hsiu. Sie

war dreizehn Jahre alt, hatte ein plattes Gesicht und einen untersetzten Körper. Sie stammte aus einer aristokratischen Mandschu-Familie, die aber verarmt war. Man könnte vermuten, sie war nur auf der Liste, um vier beisammenzuhaben. Die Damen vom Stande waren folglich von Pu Yi's Entscheidung konsterniert. Sie beschlossen, Pu Yi könnte Wen Hsiu zur ‚Nebenfrau' haben. Als Kaiserin aber war Wen Hsiu ziemlich ungeeignet, und Pu Yi sollte es noch mal versuchen.

Pu Yi, der in dieser Sache weniger Entschlossenheit an den Tag legte als bei den Auseinandersetzungen um Fahrräder, Telefone und Brillen, tat gehorsam, was ihm aufgetragen wurde. Dieses Mal fiel seine Wahl auf Wan Jung (Schönes Antlitz). Sie war sechzehn und aus einer der prominentesten und reichsten Familien in der Mandschurei, lebte zur Zeit in Tientsin, wo sie an einer amerikanischen Missionsschule ausgebildet worden war. Die Gemahlinnen des Ex-Kaisers strahlten. Dann versuchten sie Pu Yi zu überreden, weitere ‚Nebenfrauen' auszusuchen (der Tradition nach hatte ein Kaiser mindestens vier Konkubinen). Pu Yi aber stampfte mit dem Fuß auf den Boden, und die Damen hielten sich zurück.

Dem Foto nach scheint Wan Jung eine füllige, sinnliche Schönheit gewesen zu sein, eine morgenländische Claudia Cardinale, mit vollen Lippen, großen Augen, melancholischem Ausdruck, und verhältnismäßig groß. Sie war sehr gebildet (wie Pu Yi hatte sie einen Englischlehrer) und gewohnt, die Dinge so zu tun, wie sie es für richtig hielt.

Pu Yi sollte, wie es der kaiserliche Brauch festlegte, Wan Jung erst am Tag der Hochzeit zu sehen bekommen, der dann in einer Serie von komplizierten Prozessionen und Ritualen gipfelte, die von Johnston in seinem Buch mit ansehnlichem Vergnügen breitgetreten werden. Angekündigt wurde die Vermählung zum ersten Mal in Johnstons geliebter Hofgazette (am 15. März 1922). Am 17. März wurde ‚Hübsches Antlitz' mit einem Sonderzug der Eisenbahn nach Peking gebracht, wo sie von Würdenträgern des Hofes, republikanischen Regierungsvertretern und einer Ehrengarde des Heeres mit allen zeremoniellen Ehren empfangen und zu einem speziellen ‚Herrschaftssitz der Kaiserin' geleitet wurde, der sich außerhalb der Verbotenen Stadt befand. Dort sollte sie ‚in der Hofetikette' unterwiesen werden. Am 6. April ging Pu Yi – wie üblich von Höflingen eskortiert – zum Schrein seiner Vorfahren, um ihnen die bevorstehende Heirat mitzuteilen.

Und am 4. Juni versuchte Pu Yi verzweifelt, sich von allem freizumachen und außer Landes zu fliehen. Lediglich sein Bruder Pu Chieh und Johnston wußten davon.

Was war geschehen? Pu Yi hatte Johnston beim Wort genommen, der leichtfertig dahingesagt hatte, daß er eines Tages in Oxford studieren könne. Pu Chieh erinnert sich noch gut. „Pu Yi sprach ununterbrochen davon, nach England zu gehen und das Studium in Oxford zu machen. ‚So wie Johnston', erklärte er mir. Monatelang ging das so. Wir wollten, daß niemand davon erfuhr, am allerwenigsten der Vater (Prinz Chun). Von nun an stahlen wir bei jeder Gelegenheit etwas Wertvolles aus dem Palast – ein Bild oder antikes Porzellan, einfach alles von Wert, das ich ungesehen nach Hause bringen konnte. Ich hatte Freunde, die für derartige Dinge einen guten Preis bekommen konnten, und nach und nach sammelte sich ein Notgroschen an. Das Geld wurde von den gleichen Freunden in Tsientsin aufbewahrt."

Bedeutete das, fragte ich, daß Pu Yi keine Lust mehr hatte, die Hochzeit einzuhalten?

„Pu Yi's Entschluß hatte mit der bevorstehenden Heirat nichts zu tun", sagte Pu Chieh. „Er fühlte sich eingesperrt und wollte heraus."

Pu Yi hoffte natürlich, daß Johnston, der immer von Oxford geredet hatte, seinen Plan unterstützte. Aber als der heikle Moment kam, machte er einen Rückzieher. Johnston hielt den ganzen Vorfall selbst genauestens fest und zeigt nicht nur Pu Yi's Verzweiflung auf, sondern auch die damalige, höchst ambivalente Haltung der englischen Regierung gegenüber Pu Yi, dem unglückseligen Ex-Kaiser.

Wie Johnston erzählt, erhielt er ein vertrauliches Schreiben von Pu Yi, mit der Bitte, am Morgen des 3. Juni 1922 um drei Uhr zum Palast zu kommen, mit zwei Autos. Johnston mietete einen Wagen von einer Tankstelle mit Chauffeur. Dann setzte er sich ans Steuer seines eigenen und kam mit der kleinen Wagenkolonne in die Verbotene Stadt. Kaum war er angekommen, rief ihn Pu Yi zu sich, vergewisserte sich, daß keine Eunuchen zuhörten, und umriß seinen Plan. Johnston sollte ihn nachmittags mitsamt seinem Gepäck und einem persönlichen Diener zur englischen Botschaft bringen. Sobald er in der Botschaft in Sicherheit war, wollte er einen offenen Brief an das ‚chinesische Volk' verfassen, in dem er alles aufgab, auf seinen kaiserlichen Titel verzichtete, auf die kaiserlichen Schätze und auf all seine anderen Privilegien. Gleich danach wollte er China verlassen – mit der Hoffnung, die Oxford-Universität würde ihn als Studenten aufnehmen.

Johnston, völlig verblüfft, nannte Pu Yi drei Gründe, warum er solches unterlassen sollte – aber keiner überzeugte. Der erste war, daß der monarchistische Präsident von China, Hsu Shi-chang, tags zuvor zurückgetreten war, und die öffentliche Meinung – wie auch die Presse – aus seinem Verhalten schließen würden, ‚sie wären gemeinsam an einer politischen Intrige beteiligt gewesen'. Der zweite Grund war, daß, gäbe er seine Subsidien auf, es sich anhören müßte, als ob man sie ihm sowieso weggenommen hätte (was nicht der Fall gewesen wäre), und man ihm zur Last legen würde, daß er nur versucht hätte, sein ‚Gesicht zu wahren' durch ‚die freiwillige Aufgabe dessen, was man ihm in jedem Fall mit Gewalt abgenommen hätte'.

Als dritten Grund meldete Johnston ganz einfach seine Zweifel an, ob Pu Yi in der englischen Botschaft überhaupt willkommen wäre, und sei es nur vorübergehend.

„Aber Sie haben es versprochen!" erregte sich Pu Yi.

Auch darauf hatte Johnston eine Antwort parat. Tatsächlich hatte die englische Botschaft durch Johnston an Pu Yi ausrichten lassen, daß man ihn aufnehmen würde, wenn sein Leben in Gefahr war. Aber ‚die Person des Kaisers war von keiner wirklichen Gefahr bedroht'. Außerdem, so Johnston, hatte China derzeit weder einen Präsidenten noch ein Parlament – wer also hätte die Macht, seine Abdankung entgegenzunehmen und zu bestätigen?

Schweren Herzens und fast den Tränen nahe entließ Pu Yi ihn, packte seine Sachen wieder aus und erzählte seinem Bruder, daß der Plan gescheitert war, weil die Engländer ihn im letzten Moment im Stich gelassen hatten.

In seinem Bericht darüber äußert Johnston, daß Pu Yi seine Motivation aus dem ‚wachsenden Ekel vor der Korruption, von der er weiß, daß sie sich überall im Palast ausbreitet', bezogen hatte. Pu Chieh wußte es anders. Er erzählte mir, daß Pu Yi den verzweifelten Wunsch gehabt hatte, aus seinem Palast auszubrechen und zu versuchen, ein ganz normales Leben anzufangen.

Was Johnston bewog, Pu Yi abzuweisen, war natürlich weit weniger edel, als er es hinstellte. Der wesentliche Grund für seine glatte Weigerung, mit Pu Yi in die englische Botschaft zurückzukehren, war, daß die englische Regierung ‚nicht hineingezogen werden wollte' – wie schon so oft in ihrer ruhmlosen diplomatischen Geschichte. Johnston brachte es Pu Yi so nahe, indem er argumentierte, seine Flucht in die englische Botschaft „könnte leicht so hingestellt werden, wenngleich auch völlig unberechtigt", als ob „man sich unbefugt in Chinas innere Belange einmischte". Johnston selbst bemerkte später einmal, daß, hätte der englische Minister das Spiel mitgemacht und Pu Yi seine Gastfreundschaft erwiesen, „all seine weiteren Aktivitäten nur als Resultat englischer Intrigen angesehen worden wären. Ich selbst wäre unzweifelhaft das Opfer von Verleumdung und Denunziation geworden."

Solche Skrupel waren absurd: Die ausländischen Botschaften in Peking waren damals – wie später – Orte, die unverletzbar waren. Chinesische Präsidenten, Kriegsherren und Kabinettsminister benutzten, wenn sie nicht mehr ein und aus wußten, die verschiedenen Botschaften als Asyl, so wie später die lateinamerikanischen Kabinettsminister sich gegenseitig die Botschaften offen hielten, wenn gegen sie geputscht wurde. England war damals eine Großmacht in Asien, wenn nicht die Großmacht überhaupt, und hätte jede dieser Krisen leicht überstehen können, die Johnston skizziert hatte, wäre es überhaupt soweit gekommen.

Ein ergänzendes Argument – neben anderen – war, daß der junge Kaiser seine Geldwirtschaft in Ordnung bringen sollte, ehe er einen derartigen, letzten Schritt der Verzweiflung tat. Doch daraus folgerte man hartherzig, daß Johnstons negative Haltung aus anderen, weit weniger hochherzigen Erwägungen heraus zustande gekommen war: Johnston mochte seine Rolle als Privatlehrer des Kaisers und hochrangiger Mandarin viel zu sehr, um sie aufs Spiel zu setzen. Er liebte es, bei alten höfischen Ritualen zugegen zu sein, und daß es ihm eine Freude war, erkennt man an seinem Bericht über Pu Yi's Hochzeit, der von diesem Gefühl ganz durchdrungen ist.

Pu Yi's Hochzeit fand sieben Monate später statt. Johnston bemerkte stolz, daß „kein Ausländer außer mir selbst dabeisein" durfte und schrieb darüber exklusiv für ‚Country Life' und die Times.

Der Hochzeit selbst gingen weitere Hofrituale voran, die alle von Astrologen zeitlich festgelegt waren, und es ging alles vonstatten, als ob es Pu Yi's pathetischen Versuch, aus seiner erdrückenden Routine auszubrechen – und aus den für ihn arrangierten Ehen –, nie gegeben hätte.

Am 21. Oktober wurden die ‚Vermählungsgeschenke' eingesammelt und zur Prinzessin gebracht: zwei gesattelte Pferde, achtzehn Schafe, vierzig Satinteile und achtzig Rollen Stoff. Eskortiert von Palastwachen, Hofmusikern und einer ausgeliehenen Abteilung chinesischer Kavalleristen schlängelte sich der bizarre Zug durch die Straßen Pekings.

Der Mandschu-Tradition nach war das eine symbolische Mitgift. Die wirklichen Geschenke kamen später: riesige Mengen Gold und Silber, wertvolles Porzellan, Satinrollen und noch mehr gesattelte Pferde. Die Eltern und Brüder der

Auserwählten wurden in ähnlicher Weise beschenkt. Die Diener der kaiserlichen Gemahlin erhielten laut Johnston 400 Dollar pro Mann.

Am Tag der Hochzeit – oder besser in der Hochzeitsnacht, denn gemäß der Mandschu-Tradition mußte alles bei Mondlicht über die Bühne gehen – paradierte man wieder einmal durch Peking; dieses Mal eskortierten die Palastwachen, republikanische Soldaten und Blaskapellen sowohl chinesischen als auch europäischen Stils die zukünftige Kaiserin aus ihrem vorübergehenden Wohnsitz in die Verbotene Stadt. Die Prinzessin legte den Weg in einem speziell für die Zeremonie präparierten Tragestuhl zurück, genannt ‚Phönix-Sessel' (nach dem mythischen Tier, welches Glück und Segen symbolisiert), der mit silbernen Vögeln geschmückt war und von zweiundzwanzig Trägern getragen wurde.

Vor dem Tor zur Verbotenen Stadt wurde angehalten, jeder der Träger des ‚Phönix-Sessels' durch einen Eunuchen ersetzt und die Prinzessin ganz allein in die Verbotene Stadt und zugleich in ihr neues Leben hineingetragen. Hofmusikanten mit seltenen Musikinstrumenten, die nur bei besonderen Anlässen aus der Versenkung geholt wurden, stimmten ihre eigentümlichen Melodien an. Im ‚Palast des Irdischen Friedens' machten dann alle Prinzen, Verwandte (die Eltern und Brüder der Kaisergemahlinnen waren in der nur noch symbolischen Hofordnung zu Fürstentümern oder Herzogtümern gekommen) und obersten Höflinge unablässig ihren Kotau vor Pu Yi, der auf seinem Drachenthron hockte. Dann ging es in die neue Wohnstatt der Kaiserin, wo sie selbst zu Boden kniete und sich sechsmal vor dem Kaiser und seinem Hof verbeugte, während das kaiserliche Dekret zur Zelebrierung der Ehe verlesen wurde.

Kurz danach, gegen vier Uhr morgens, gab es eine weitere, ähnliche, wenn auch etwas weniger ausgefeilte Zeremonie zum Empfang der ‚Nebengemahlin' Wen Hsiu. Zwei Tage später kam es im ‚Palast des Himmels ohne Wolken' zu einem großen offiziellen Empfang, auf dem sich auch Minister des republikanischen Kabinetts und hohe Beamte bewegten, und am Abend desselben Tages waren Pu Yi und seine Gattin schon wieder Gastgeber, allerdings für eine weniger offizielle Gesellschaft mit ungefähr zweihundert prominenten Ausländern. Es war eine diskrete Initiative Johnstons gewesen, der stolz notierte, daß er einer von vier auserwählten offiziellen Hofvertretern war, die die Namen der ankommenden Gäste dem Kaiser und seiner Gemahlin anzukündigen hatten.

Pu Yi war entsprechend vorbereitet worden und hielt eine kurze Ansprache (in Englisch): „Es ist uns eine große Freude, hier heute so viele erlauchte Besucher aus allen Teilen der Welt zu sehen. Wir danken Ihnen, daß Sie gekommen sind, und wünschen Ihnen beste Gesundheit und höchstes Wohlergehen." Nach dem Trinkspruch machte er vor den versammelten Gästen eine Verbeugung und hielt den Champagner hoch. Die ausländischen Gäste klatschten laut Beifall. Beim Verlassen der Verbotenen Stadt bekamen alle Gäste ein kleines Geschenk zur Erinnerung überreicht – die Männer Cloisonné-Aschenbecher, die Damen Silberschmuck.

Nach außen hin ging Pu Yi durch diese Zeremonien mit angemessenem Selbstbewußtsein. Er war siebzehn und seiner eigenen Aussage nach sexuell völlig unerfahren. Nichts war in seinen Jahren zuvor unternommen worden, um ihn auf eine Ehe oder die Intimität mit einer Frau vorzubereiten. Und plötzlich hatte er zwei Frauen am Hals. Er beschreibt es so: ‚Ich hatte kaum über solche Dinge wie Ehe und Familie nachgedacht. Erst als die Kaiserin in mein Blickfeld kam, eingehüllt in karmesinroten Satin mit einer Drachenstickerei und über ihrem Kopf einen Phönix, wurde ich überhaupt neugierig und wunderte mich über ihr Aussehen.'

Die Hochzeitsnacht, oder was davon noch übrig war, nach der Ankunft der ‚Nebengemahlin', fand gemäß der Tradition der Mandschu-Dynastie im Brautgemach des ‚Palastes der Irdischen Gelassenheit' statt. Pu Yi's Erinnerung nach war es „ein ziemlich merkwürdiger Raum – außer dem Bettgestell, das ein Viertel des Raumes einnahm, gab es keine Möbel darin, und rundum war alles rot, außer dem Fußboden". Die ‚Drachen-Phönix-Liegestatt' war eine riesengroße, himmelbettähnliche Schlafstatt mit roten und goldenen Vorhängen rundum und mit Drachen und Phönixen besetzt. Auf dem Foto sieht es eher aus wie das Bett in dem berühmten ‚Chinesischen Zimmer' im ‚One Two Two', dem berühmten Bordell in Paris in der Zeit vor dem Krieg, wo Edward VII. bei seinen Besuchen in der Stadt als Stammkunde verkehrte.

‚Als wir den Hochzeitsbecher ausgetrunken und ‚Söhne und Enkel'-Kekse gegessen hatten', schrieb Pu Yi, ‚hatte ich das Gefühl zu ersticken. Die Braut saß mit nach unten hängendem Kopf auf dem Bett. Ich sah mich um und merkte, daß alles rot war: rote Bettvorhänge, rote Bettkissen, ein rotes Kleid, ein rotes Hemd, rote Blumen und ein rotes Gesicht ... es sah aus, als wäre eine Wachskerze geschmolzen. Ich wußte nicht, ob ich stehen oder sitzen sollte, und entschied, daß ich lieber in die ‚Halle der geistigen Bildung' gehen wollte, wohin ich dann auch ging.

Wie mußte sich Wan Jung gefühlt haben, so ganz allein gelassen im Brautgemach? Was dachte Wen Hsiu, die noch nicht einmal vierzehn war? Diese Fragen kamen mir zu keiner Zeit.' Wenn es nach Pu Yi geht, sollen wir also glauben, daß seine Gedanken in diesem Moment ausschließlich um seine Zukunft als Kaiser kreisten. ‚Ich dachte: Wenn es keine Revolution gegeben hätte, dann würde ich jetzt mit voller Macht zu regieren anfangen. Es war unbedingt notwendig, daß ich das Erbe meiner Ahnen wiedererlangte.'

Ganz im Widerspruch dazu steht allerdings, was er während seines qualvollen Zusammentreffens mit Johnston vor nicht einmal sieben Monaten erst von sich gegeben hatte.

Es ist eher wahrscheinlich, daß er ob dieser offensichtlichen Schmach seiner sexuellen Unzulänglichkeit Zwangsvorstellungen haben mußte. Es war der Aufstieg eines Traumas, denn er wußte, daß sein vorzeitiges Verschwinden aus dem ‚Palast des Irdischen Friedens' von den allgegenwärtigen, schadenfrohen Eunuchen in alle Welt hinausposaunt werden würde – und daß ein derartiges Verhalten im volkstümlichen China als lachhaft und als zutiefst demütigend angesehen wurde.

Vielleicht war es von einem heranwachsenden jungen Mann in dauernder Umgebung von Eunuchen zu viel erwartet, die sexuelle Reife eines ‚normalen' Siebzehnjährigen zu zeigen. Zu den sexuellen Dingen des Lebens hatte er weder von den Gemahlinnen seines Vorgängers noch von Johnston Rat bekommen – bei Kaisern wurde es einfach nicht für nötig erachtet, und es wäre ein entsetzlicher Verstoß gegen das Protokoll gewesen.

Trotzdem bleibt die Tatsache bestehen, daß selbst ein total unerfahrener, vom Elternhaus über die Maßen beschützter heranwachsender junger Mann, wenn er normal veranlagt war, es schwerlich fertigbringen konnte, von Wan Jung's ungewöhnlicher, sinnlicher Schönheit nicht erregt zu werden. Schlußfolgernd muß man natürlich sagen, daß Pu Yi entweder impotent, sexuell außergewöhnlich unreif oder sich seiner homosexuellen Neigungen bereits bewußt war.

Die Tabus, die die Homosexualität heutzutage in China umgeben, sind so stark, daß ich mich in den Gesprächen mit Pu Yi's noch lebenden Angehörigen anstrengen mochte, wie ich wollte, aber nie einen Weg fand, sie darüber zum Sprechen zu bewegen. Das wenige, das sie dazu sagten, war absolut vage und kam nicht einmal einer Andeutung nahe. Am nähesten kam ich der Sache, als mir Pu Chieh auf meine bewußt unschuldige Frage: „Warum hat Pu Yi eigentlich nie Kinder gehabt?" erzählte, daß viele Jahre später „festgestellt wurde, daß der Ex-Kaiser biologisch nicht in der Lage zur Zeugung war".

Pu Yi's Darstellung seiner Hochzeitsnacht ist praktisch der einzige Hinweis in seinem Buch auf seine Beziehung zu ‚Schönes Antlitz' oder ‚Elizabeth', wie er sie bald zu nennen begann. Über Wen Hsiu, seine ‚Nebenfrau', verliert er darin kein Wort. Pu Chieh erinnert sich noch, wie sie zu dritt – die beiden Brüder und Pu Yi's Braut – lachten, mit dem Fahrrad innerhalb der Palastgrenzen herumkurvten und ‚wie die Kinder spielten'.

Wan Jung war kein ungebildetes Püppchen. Ihre Eltern im weltoffeneren, westlich orientierten Tsientsin hatten sie zu einem verhältnismäßig ‚modernen' Mädchen erzogen. Sie konnte Englisch fließend lesen und schreiben. Sie mochte Jazz und konnte sogar den Twostep. Rong-Qi, ihr jüngerer Bruder, hat sie als ‚lebhaftes, geistig eigenständiges, eigensinniges Mädchen' in Erinnerung, ‚eine typische Prinzessin eben'.

Er erinnert sich auch, daß kurz nach der Hochzeit „viel gelacht wurde, und sie und Pu Yi miteinander gut auszukommen schienen. Sie waren wie die Kinder, wenn sie zusammen waren." Rong-Qi war damals erst zehn, aber er erinnert sich trotzdem noch daran, wie Pu Yi und Wan Jung auf ihren Fahrrädern durch die Alleen der Verbotenen Stadt flitzten, Eunuchen erschreckten, sich gegenseitig in die Ecke stellten und ihre helle Freude hatten, wenn sie sich wie kleine Kinder zum Schein bekämpften.

Das sorglose Miteinander währte nicht lange. Wenige Monate nach der Hochzeit war Wan Jung immer öfter allein in ihren Gemächern und langweilte sich immer mehr, mit zunehmend übler werdender Laune.

San Tao, einer ihrer jungen Eunuchen – inzwischen ein schrulliger 85jähriger und einer der beiden einzigen noch lebenden Eunuchen aus jener Zeit –, spricht nur widerwillig über jene Tage. Der verschrumpelte alte Mann mit weißem Stiftenkopf, kläglicher, aber nicht sonderlich hoher Stimme und dauerndem Groll auf sein zerstörtes Leben wurde später ein popeliger Antiquitätenhändler, Schmalspur-Schmuggler und lausiger Gauner und lebt jetzt in einem Heim für alte Leute; er benimmt sich wie jemand, dem viel zu wichtige Geheimnisse anvertraut waren, als daß er sie an Fremde weitergeben könnte. Als San Tao als Eunuch in den Hausstand der Kaiserin aufgenommen wurde, war er einundzwanzig und hatte eine tödliche Angst vor Pu Yi, der einmal im Scherz hinter ihm her durch die Gemächer der

Braut gejagt kam, mit einem Revolver fuchtelnd. Aber Pu Yi stellte nur eine Szene aus einem Western nach, doch San Tao, unwissend, was gespielt wurde, glaubte, daß Pu Yi ihn aus irgendeinem Grund totschießen wollte.

Nach all dem ganzen Hinter-dem-Busch-Halten, dem bewußten Meiden des Themas und Drauflosgerede über Ereignisse im Palast, die überhaupt keinen Bezug zu den gestellten Fragen hatten, bestätigte er insgeheim die ungewöhnliche Beziehung zwischen Pu Yi und der kaiserlichen Braut. „Der Kaiser", sagte er, „kam gewöhnlich ungefähr einmal alle drei Monate in die Brautgemächer und verbrachte die Nacht dort." Und dann? Weiteres Drauflosgerede, weitere Reminiszenen aus seinem späteren Leben. Sehr interessant, aber wie fühlte sich der Kaiser dabei?

„Er ging wieder früh am Morgen des folgenden Tages", sagte San Tao und fügte hinzu, „und für den Rest des Tages war er dann gewöhnlich sehr schlechter Laune."

Kapitel 9

Eine der weniger reizvollen Angewohnheiten des ‚Alten Buddha' war, daß sie enorm teure, nutzlose Geschenke an solche Leute machte, die sie ruinieren wollte. Der Brauch schrieb es vor, daß die Beschenkten diese Gefälligkeit Ihrer Hoheit erwidern mußten, und zwar noch großkotziger, oder sie riskierten, in einem unannehmbaren, fatalen Maße ihr Gesicht zu verlieren.

Am Hofe Pu Yi's erging man sich nie in solchen Taktiken. Prinz Chun, der korrupte, schlaffe Regent und Vater des Ex-Kaisers, wäre von dieser Idee wahrscheinlich sehr angetan gewesen, aber als er die Finanzen des Kaiserhauses leitete, ließ sich das leider nicht mehr durchführen: um ‚das Haus der Ching' liquide zu halten, war der kaiserliche Hof trotz der jährlichen Zuwendungen von seiten der Republik (die sich damals auf 4,5 Millionen chinesische Dollar bzw. dem heutigen Wert nach auf 1 Million Dollar beliefen) gezwungen, manchen der unermeßlichen Schätze, die im Laufe der Jahrhunderte von den Ming- und Ching-Dynastien zusammengetragen worden waren, stückweise zu verpfänden oder zu veräußern.

Als Pu Yi ins Mannesalter kam, wurde seine schlechte finanzielle Situation noch ärger. Theoretisch war er einer der Reichsten in China. In der Praxis aber war es so, daß die kaiserlichen Gelder wie ein riesiger Eisberg unter glühender Sonne dahinschmolzen und es keinen Weg zu geben schien, den Schmelzprozeß aufzuhalten.

Pu Yi's Hochzeit war immens kostspielig gewesen, und die Geschenke, die er erhalten hatte – darunter auch Bares –, erreichten bestimmt nicht die Höhe der angefallenen Kosten. Viele Geschenke kamen in Form von Statuen, Porzellan, Jade oder alten Schriftstücken, alles gewiß sehr wertvoll, aber nicht so ohne weiteres vermarktbar, zumal einige Geschenke wirklich nur symbolischen Wert hatten. Pu Yi's Gattin stammte aus einer reichen Familie mit großem Besitztum in Tientsin, doch für Pu Yi machte sich das nicht bemerkbar. Er merkte nur, daß aufgrund seines Verheiratetseins mit zwei Frauen die Unterhaltskosten für zwei neue Haushalte für die Hofkasse eine schwere Belastung waren.

Doch was das kaiserliche Privatvermögen wirklich zum Schmelzen brachte, waren nicht Pu Yi's persönliche Extravaganzen oder die plötzlichen Forderungen seiner neuen Frauen. Vielmehr lag es an der Korruptheit und Untüchtigkeit der ‚Kaiserlichen Haushaltungsbehörde', die das Vermögen des Kaisers und seiner Angehörigen verwaltete – und einer der schlimmsten Betrüger war Regent Chun selbst. Er war sich sehr wohl bewußt, daß die ‚Geldnot' der königlichen Familie bald einer Strangulierung gleichkäme, war aber dennoch vollkommen bereit, den Prozeß so weiterlaufen zu lassen – solange er noch seinen Teil bekam. Reginald Johnston zeichnet ihn als ganz verheerenden Charakter:

> „Mit jedem meint er es gut, ... versucht auf seine träge und erfolglose Art, jedem schön zu tun, erreicht aber

nur, keinem zu gefallen, weicht vor Verantwortung zurück, ist durch und durch eine geschäftliche Niete, auf verhängnisvolle Weise ohne jede Energie, Willenskraft und Standhaftigkeit, und man hat Grund zu glauben, daß es ihm auch an körperlichem und moralischem Mut mangelt. In Notsituationen ist er völlig hilflos, ohne originelle Einfälle und geht wahrscheinlich jedem Heuchler auf den Leim."

Eine erfolgreiche Regel war es, Johnston zufolge, Prinz Chun zu fragen, welcher Kurs denn einzuschlagen war, und dann den zu nehmen, von dem er abgeraten hatte. Prinz Chun hatte riesige Mengen der Kunstschätze der Verbotenen Stadt verkauft, um seine Palastschulden zu tilgen, war aber selbst bei seinen krummen Touren dermaßen ungeschickt, daß man ihn systematisch übers Ohr haute.

Noch zur Zeit, als Pu Yi den Thron bestieg, waren die Schätze der Ching-Dynastie unermeßlich: In all den Jahren seines Lebens inmitten der Verbotenen Stadt sah er fortwährend nur volle Hallen, in denen sich Antiquitäten, Schriftrollen und Goldornamente bis zur Decke stapelten. Neben diesen Schätzen hatte Pu Yi haufenweise Antiquitäten aus den Ching-Palästen in Mukden und Jehol geerbt, die teilweise in die Verbotene Stadt gebracht und vergessen wurden. Außerdem besaß seine Familie in Peking, Tientsin und in der Mandschurei riesige Liegenschaften, Ackerland und herrschaftliche Familiensitze. Johnston fand heraus, daß man noch nie Bestand beim Besitz der kaiserlichen Familie aufgenommen hatte.

Der schottische Geizkragen nahm daran gewaltigen Anstoß, und sobald er mit seinem königlichen Schüler inoffiziell sprechen konnte, drängte er ihn langsam, sich mehr für sein Eigentum und Erbe zu interessieren. Wie ein loyaler Buchhalter der Familie machte er sich sogar die Mühe, jene Teile aus den Schatzkammern in Mukden und Jehol einzeln aufzulisten, die seiner Meinung nach der Familie gehörten und nicht der Republik.

Es gelang ihm aber nicht, Pu Yi's Interesse zu wecken, bis

es zu spät war: Mathematik war eine ‚verachtete Wissenschaft', etwas für die unteren Klassen der Ladenbesitzer. Geldangelegenheiten, schrieb Johnston, ‚waren unter der Würde eines Gelehrten und Gentleman'. Keiner der kleinen Prinzen, mit denen Johnston zusammenkam, außer einem, wußten mit einem Abakus umzugehen. Während sich mit einem Abakus sehr genau und schnell rechnen ließ, wie Johnston pedantisch ausführt, gab es doch einen ‚beachtlichen Nachteil, weil es damit nicht möglich war, sich schrittweise zurückzuarbeiten, wenn man einen Fehler suchte'. Pu Yi hatte das gleiche Problem, als er schließlich merkte, daß dem Hof die Pleite drohte, war es zu spät, um aufzudecken, durch welche Fehler der Ruin der Ching-Dynastie entstanden war.

Johnston hatte eine simple Erklärung: Der Fehler lag im System selbst. Früher mußten sich die Mandschu-Fürsten nie Sorgen um ihre Finanzen machen. Sie hatten Inspektoren, die ihre Interessen vertraten; und selbst wenn die Inspektoren korrupt waren oder ihre eigenen Familien mit auf die ‚Gehaltsliste' schrieben, machte das nichts aus, denn Geld gab es damals in Hülle und Fülle, und für Adlige waren die Lebenshaltungskosten ziemlich niedrig, so daß die Fürsten nie Anlaß zur Sorge haben mußten.

Nach der ‚Revolution' 1911 konnten die Mandschus keine direkten Steuern mehr erheben. Dieses Vorrecht nahmen sich die Republikaner und in der Praxis, wenigstens in manchen Gebieten Chinas, die obersten Militärs, die sich selbst ihre autonomen Herrschaftsbereiche gesichert hatten. Die Ching-Dynastie mußte mit ihren 4,5 Millionen chinesischen Dollar in der Kasse pro Jahr auskommen – damals eine astronomische Summe. Aber über die Jahre hinweg hatten sich die Mandschu-Herrscher ganz an ihre Inspektoren in der kaiserlichen Finanzbehörde gewöhnt, die die finanziellen Geschäfte für sie regelten, und diese sowohl inkompetenten als auch korrupten Beamten waren wahre Meister in der ‚kreativen Buchführung' geworden.

Johnston fand dafür schon früh ein Beispiel: Als Pu Yi

80 000 Dollar für die Instandsetzung der Botschaftsstraße in Peking lockermachte, verblieben davon für die eigentlichen Arbeiten gerade 800 Dollar, der Rest war in die Taschen der Finanzbeamten und ihrer Geschäftskomplizen geflossen.

Die Ausgaben für die Haushaltung innerhalb der Verbotenen Stadt blieben weiterhin skandalös. Es war allgemein bekannt, daß manch einer der Eunuchendirektoren in Saus und Braus in Peking oder Tientsin lebte. Da die Schmiergelder bis in die Niederungen der ergebensten Eunuchen hinuntertröpfelten, verpfiff keiner von ihnen einen anderen, am allerwenigsten die chinesischen Privatlehrer, die um Pu Yi waren. Als dann die Republik, selbst einem Bankrott nahe, anfing, Teile des kaiserlichen Privatvermögens zu sperren, verschlimmerte sich die Situation dramatisch. Die kleinen Diebstähle machten dann nur noch einen kleinen Prozentsatz der gewaltigen Summen aus, die Pu Yi's Beamte am Hof insgesamt heraussaugten.

Das große Geld steckte im Verkauf von Antiquitäten, Goldschmuck und uralten Schriftrollen, die von den Beamten (und selbst von Prinz Chun) veräußert wurden, um die laufenden Kosten zu decken. Johnston schrieb, daß man sich der Schätze „auf ruinierend korrupte und verschwenderische Weise entledigte", indem man sie mit Wissen der anderen Beamten am Hofe an einen ‚exklusiven Händlerring' verhökerte, der aus engen Familienmitgliedern der Finanzbeamten an der kaiserlichen Haushaltsbehörde bestand. ‚Die Preise, die bezahlt wurden', schrieb Johnston weiter, ‚lagen weit über den Beträgen, die im Palast verbucht wurden, aber weit unter dem Marktwert des verkauften Stücks.' Die ornamentalen Schmuckstücke und Statuen aus purem Gold wurden oft nach Gewicht verkauft. Es überrascht kaum, daß in Peking bald überall luxuriöse Antiquitätengeschäfte aufmachten, viele davon im Besitz von Freunden und Angehörigen der Finanzbeamten oder Eunuchen. Pu Yi kümmerte das nicht, wie Johnston anmerkt. „Nie war ihm der Wert des Geldes beigebracht worden."

Der erste große Skandal, der Pu Yi's Aufmerksamkeit erregte, passierte, als Chuang-Ho, eine der Gemahlinnen des alten Kaisers, 1921 starb. Kaum hatte sie den letzten Atemzug getan, schrieb Johnston, ‚ging ihr Stab von Eunuchen los, um wie die Elstern sämtliche Schmuckstücke und Wertgegenstände aus dem Palast zu stehlen'. An sich war das kein Skandal – solche Praktiken waren bereits eine Selbstverständlichkeit –, aber ‚die Diebe stritten sich untereinander um die Beute und machten im Gemach der Toten ungebührlichen Radau'. Bestraft wurde keiner, wie er hinzufügt. Das hätte nur dazu geführt, daß die Seele der alten Dame ‚das Antlitz verloren' hätte.

Innerhalb der Verbotenen Stadt wurde in solchem Umfang geklaut, daß selbst Pu Yi nach seiner Heirat anfing, etwas davon zu bemerken, was er als ‚Plünder-Orgie' darstellte. ‚Die Methoden wechselten', schrieb Pu Yi. ‚Manche brachen Schlösser auf und stahlen heimlich, während andere sich mit legalen Methoden Zugang verschafften und am hellichten Tag klauten.' Ein Diamantring, der ihn 30000 Dollar gekostet hatte, verschwand auf unerklärliche Weise; die Perlen und Jadebesätze in der feierlichen Krone der Kaiserin waren gestohlen und durch künstliche ersetzt worden. Auf Johnston's Betreiben hin ordnete Pu Yi Anfang Juni 1923 eine Bestandsaufnahme in der Halle der Höchsten Harmonie an, wo rauhe Mengen von Goldschmuck und Antiquitäten an versteckten Plätzen aufbewahrt wurden. In der Nacht des 26. Juni fegte ein Feuer durch diesen Palast, der trotz der in aller Eile angerückten Feuerwehr der italienischen Botschaft bis auf die Grundmauern niederbrannte – mitsamt den ganzen Schätzen darin.

Am Morgen des 27. Juni kam Johnston und ‚sah den Kaiser mit seiner Kaiserin auf einem Haufen verkohlten Holzes stehen und traurig auf das Spektakel blicken'. Eine Reihe von Beamten der kaiserlichen Finanzbehörde taten, wie er schrieb, ‚ganz geschäftig ihr Bestes, um die sehr disziplinierten italienischen Feuerwehrleute bei ihrer Arbeit zu stören und ihnen beizubringen, wie man Feuer nicht löscht'. Auch

Ausländer scharten sich nun um den Platz, manche von ihnen noch in den Kleidern von der Dinnerparty abends zuvor, die sofort aufgebrochen waren, als sie von dem Feuer hörten, um zwischen Schutt und Asche nach Souvenirs zu stöbern.

Die Ghule der kaiserlichen Finanzbehörde konnten sogar noch aus dieser Kalamität ihren Vorteil ziehen: Wie Pu Yi bemerkte, ‚wurden die Goldkaufleute von der Finanzverwaltung eingeladen, ihre Angebote zu unterbreiten, und einer kaufte dann das Verfügungsrecht über die Asche für 500 000 Dollar'. Zu den verlorenen Schätzen gehörten 2685 goldene Buddhastatuen, 1675 Altarornamente, ebenfalls aus purem Gold, 435 unschätzbare uralte Porzellanstücke, Tausende von alten Handschriften und 31 Kisten mit Zobelpelzen und Kaiserroben. Natürlich lag nahe, daß vieles davon verkauft worden war und die Diebe ihre Spuren verwischen mußten. Obgleich einige Eunuchen und Palastdiener verhaftet wurden, kam keiner vor Gericht. Aber Pu Yi war durch das Feuer aufgewacht und tat, was Johnston jahrelang von ihm verlangt hatte: Achtzehn Tage nach dem Feuer vertrieb er alle Eunuchen ‚manù militari' aus der Verbotenen Stadt, ohne ihnen noch Zeit zum Packen ihrer Sachen zu lassen.

Später schrieb er, daß er sich zu diesem Schritt entschlossen hatte, weil er, wenn auch verspätet, erkannt hatte, daß die Lage innerhalb der Verbotenen Stadt vollkommen außer Kontrolle geraten war. Pu Yi hörte, wie ein paar Eunuchen vor seinem Fenster über ihn redeten und sich beklagten, daß „meine Laune immer schlechter wurde", und als er weiter lauschte, wie sie sich eine Geschichte zusammenreimten, derzufolge er selbst, Pu Yi, den Palast des Gestifteten Glücks in Brand gesteckt hatte. Irgendwo erdolchte ein Eunuch, der wegen eines geringfügigen Verstoßes bestraft worden war, dafür einen Diener, dem er zuvor Kalk in die Augen gespritzt hatte, und der Schuft lief frei herum, denn niemand konnte – oder wollte – ihn ausliefern. Pu Yi erinnerte sich, wie auch er Eunuchen für kleinere Vergehen hatte schlagen lassen, ‚und ich fragte mich, ob sie nicht auch auf mich in derartiger Weise losgehen könnten'.

Bei einem seiner seltenen auswärtigen Besuche bei seiner ehemaligen Familie im ‚Nördlichen Herrschaftssitz' erzählte er seinem Vater von seinem Entschluß, alle Eunuchen ohne Warnung aus der Verbotenen Stadt zu vertreiben. Prinz Chun bat ihn, um wie immer Zeit zu schinden, sich die Sache entweder nochmals zu überlegen oder ihnen wenigstens Zeit zu geben, ihr Hab und Gut zusammenzupacken. Pu Yi sagte, wenn er das täte, könnten die Eunuchen glatt die ganze Verbotene Stadt in Flammen setzen – sie waren vollkommen außer Kontrolle. „Wenn sie nicht sofort und ohne vorherige Warnung hinausfliegen", erklärte Pu Yi seinem Vater, „werde ich nie mehr in die Verbotene Stadt zurückkehren." Prinz Chun war folglich, wie Johnston später schrieb, ‚der Hysterie nahe'.

Um sich sämtliche Eunuchen vom Hals zu schaffen, nahm Pu Yi die Hilfe der republikanischen Armee in Anspruch. Während alle Eunuchen die Aufforderung erhielten, sich auf dem Hauptplatz in der Verbotenen Stadt zu versammeln, marschierte ein republikanischer General mit einer Spezialeinheit Elitesoldaten in die Verbotene Stadt, unter deren Aufsicht die Eunuchen die Stadt verlassen sollten, und zwar unverzüglich. Nach Tagen waren immer noch verzweifelte Eunuchen mit ihren Zelten außerhalb der Verbotenen Stadt, die Einlaß suchten, um ihre Sachen zu holen.

Die Kaisergemahlinnen waren genauso überrascht wie die Eunuchen selbst: Plötzlich standen sie fast ohne Diener da. Sie tobten, heulten und baten Pu Yi schließlich, ihnen doch ihre Eunuchen zu lassen. Er gab nach. Eine Gruppe von fünfzig speziell ausgewählten Eunuchen durfte wieder in die Verbotene Stadt zurück.

Obwohl Johnston mit Pu Yi's Entscheidung nichts zu tun hatte, glaubten die Eunuchen, daß er dafür verantwortlich wäre. Eine Flut von Briefen erreichte ihn. Einige Eunuchen baten ihn um seine Vermittlung, andere drohten, sie würden ihn töten. Die chinesische Presse lobte die Entscheidung –

als Zeichen der wachsenden Reife des Ex-Kaisers. Johnston kam auf die Idee, dort, wo sich einst der Palast des Gestifteten Glücks befunden hatte, einen Tennisplatz anzulegen. Sowohl Pu Yi als auch die Kaiserin nahmen das Spiel mit Begeisterung auf, wie er schrieb, und man weihte den Court mit einem Doppel ein – Pu Yi und die Kaiserin spielten gegen Johnston und Rong-Qi, ihren jüngeren Bruder. Gewinner waren Johnston und Rong-Qi.

Als ich Rong-Qi 1986 traf, erinnerte er sich, daß auf dem Platz nicht nur Tennis gespielt wurde, sondern zu anderen Zeiten der Kaiser und die Kaiserin daraus ein Radstadion machten, um Radrennen zu veranstalten, und manchmal sogar Hockeyspiele mit dem Fahrrad. „Aber als die Eunuchen fort waren", so Rong-Qi, „und viele der Paläste in der Verbotenen Stadt geschlossen wurden, umgab den Platz eine einsame Atmosphäre."

Allmählich kam Pu Yi hinter das ganze Ausmaß der kriminellen Aktivitäten innerhalb der kaiserlichen Finanzverwaltung. Aus unerklärlichen Gründen, so bemerkte er, wurde der Etat für die jährlichen Aufwendungen der Verbotenen Stadt wie eine Spirale immer größer: inzwischen – 1923 – war er doppelt so aufwendig wie einst unter der verschwenderischen, extravaganten Tzu-hsi, dem ‚Alten Buddha'. Pu Yi war sich nun klar, daß sowohl sein eigener Vater als auch sein Schwiegervater zu denen gehörten, die sich nach Herzenslust bedienten, und daß einige der Mandschu-Fürsten in seiner Umgebung ebenfalls unter einer Decke mit der Finanzbehörde steckten. Wie seine Angehörigen Jahre später äußerten, reagierte er darauf mit Anfällen von Gewalttätigkeiten. Doch die Phase seiner Aufmerksamkeit dauerte nicht lange, und manche Aufwendungen waren eben nicht auf ein kleineres Maß reduzierbar, wenn man noch einigermaßen das Gesicht wahren wollte.

Ein typisches Beispiel war Pu Yi's Beisteuer zum ‚Katastrophenfonds', der nach dem Erdbeben in Tokio 1923 eingerichtet wurde, da fast die ganze Stadt zerstört worden war. Pu Yi, zu dieser Zeit bereits unter chronischem Geldmangel leidend, stiftete Antiquitäten im Wert von 200000 Dollar, die alle von der japanischen Regierung erworben und in einem speziellen Museum untergebracht wurden, um zu verhindern, daß die Kostbarkeiten überall verstreut wurden und verlorengingen.

Das Geschenk führte zu übertriebenem Dank von seiten der Japaner, und um Pu Yi persönlich zu danken, reiste eine offizielle japanische Delegation nach Peking. Die führenden politischen und militärischen Kreise in Japan hatten 1923 Pu Yi bereits als eine mögliche Figur in einem sorgsam vorbereiteten Plan gesehen, der dazu dienen sollte, Japans Einflußzonen im Nordosten Chinas auszudehnen. Pu Yi selbst war sich dieser Tatsache bis dahin nicht bewußt. Johnston, im Grunde projapanisch eingestellt, hatte zur japanischen Botschaft in Peking ausgezeichnete Verbindungen. Nachdem Pu Yi Johnston eine kleine, aber feine Villa als Arbeitsplatz in der Verbotenen Stadt überlassen hatte, kamen häufig japanische Diplomaten zu Besuch, und so traf man auf Johnstons Veranlassung hin nach und nach mit Pu Yi zusammen.

Denn Johnston war damals längst nicht mehr nur ein ehemaliger Privatlehrer, sondern hatte sich zu Pu Yi's inoffiziellem Berater in öffentlichen Dingen gemacht. Zu den privaten Mittagsgesellschaften in seiner Villa kamen nicht nur der Ex-Kaiser, seine erste Gattin und ausgesuchte Japaner, sondern es waren auch anerkannte ausländische Besucher zugegen – englische Admirale, der Gouverneur von Hongkong, ein paar Diplomaten anderer Länder und Gelehrte, die für ihre Gesinnungstreue gegenüber Pu Yi bekannt waren. Johnston schrieb später, daß er von Bittbriefen prominenter Chinesen überschwemmt wurde, die den Ex-Kaiser inoffiziell zu treffen wünschten, er die meisten davon aber an die kaiserliche Hofbehörde verwies. Seine Aktivität war auf Pu Yi's unmittelbare Zukunft gerichtet. Der Ex-Kaiser schien seine Enttäuschung über Johnstons negative Reaktion auf sein Ersuchen um Hilfe kurz vor seiner Hochzeit vergessen zu haben: Angesichts dessen, daß China im Aufruhr war und sich sowohl die monarchistischen als auch die linken Kräfte immer stärker über die schrumpfende Autorität einer diskreditierten republikanischen Regierung hinwegsetzten, war sich Johnston sehr wohl bewußt, daß Pu Yi's Aussichten, gelinde gesagt, prekär waren.

Vorgeblich an Pu Yi's finanzielles Interesse denkend, kam er auf den Plan zurück, den er der englischen Regierung gleich nach seinem ersten Zusammentreffen mit dem Königsschüler 1919 schon einmal umrissen hatte: Pu Yi, so sagte er nicht nur dem Ex-Kaiser selbst, sondern auch all den anderen Beratern, die er für vertrauenswürdig hielt, sollte auf der Stelle und ein für allemal seinen Auszug aus der Verbotenen Stadt ins Auge fassen und in den Sommerpalast ziehen, der ungefähr 40 Kilometer weiter entfernt lag, wo zum einen sein Leben weniger bedroht wäre und er zum anderen zugleich drastisch an Hofhaltungskosten einsparen könnte. Die Beamten der kaiserlichen Hofbehörde mußten natürlich wieder alles in Gang setzen, um zu verhindern, daß es dazu kam, und es überrascht kaum, daß sie bei Prinz Chun und Pu Yi's Schwiegervater offenes Gehör und Unterstützung fanden.

Johnstons Rat war vernünftig: In den ‚Artikeln zur Regelung der bevorzugten Behandlung' war das Besitzrecht Pu Yi's über die Verbotene Stadt nie garantiert worden. Theoretisch konnte die Republik Pu Yi zwingen, sie von einem Moment zum anderen zu räumen. Denn sein Daueraufenthaltsort war laut der Artikel immer der Sommerpalast gewesen, wo Pu Yi nur ein- oder zweimal zu Besuch gewesen war und den seine Hofbehörde bis zur Baufälligkeit ignoriert hatte. Johnston argumentierte, daß angesichts des Zuwachses der Linken in China es nur eine Frage der Zeit wäre, bis die schwache Republik gezwungen wäre, ihn dazu aufzufordern.

Die Hofbehörde hielt natürlich dagegen, daß der Sommerpalast viel zu klein war, um Pu Yi und seinen Hof in der Weise zu beherbergen, wie diese es gewohnt waren. Freilich meinten die Beamten in Wirklichkeit, daß bei einem solchen

Schritt zu fürchten war, daß Hunderte von Schmarotzern, die wie die Maden im Speck von der kaiserlichen Schatulle lebten, auf der Straße stünden – was genau Johnstons Absicht war.

Ihr anderes Argument, das für Pu Yi wesentlich mehr ins Gewicht fiel, war, daß dann die meisten Schätze der Verbotenen Stadt zurückgelassen werden müßten – und unvermeidlich der Republik in die Hände fielen.

Einige von Pu Yi's engsten chinesischen Beratern, seine ehemaligen Oberlehrer mit eingeschlossen, teilten Johnston hinter vorgehaltener Hand mit, daß Pu Yi alles, was er in Händen hielt, brauche, um eine ‚Kriegskasse' zu schaffen, mit der dann eine großangelegte Restaurationskampagne gestartet werden könnte. Pu Yi teilten sie mit (in einem vertraulichen Bericht, den Johnston vielleicht nicht zu sehen bekam), daß „es jetzt am wichtigsten ist, die Restauration zu planen. Viele Dinge sind zu tun, um diese großartige Änderung der Welt herbeizuführen. An erster Stelle ist die Basis zu konsolidieren, indem der Hof geschützt wird. Als nächste sehr wichtige Aufgabe folgt die Ordnung des kaiserlichen Besitzes, um so unsere Einkünfte sicherzustellen. Denn das nötige Geld muß dasein, um uns zu unterhalten und zu beschützen; erst dann können wir eine Restauration planen."

Johnston hätte das auf keinen Fall schockiert; seine Gegnerschaft zu den Republikanern war sehr wohl bekannt. Er war aber ein umsichtiger Mann und wollte nicht in irgendeine Intrige offenkundiger prorestaurativer Spielart hineingezogen werden. Er gab den ‚Anstiftern' nur zu verstehen, daß es besser wäre, einen Kompromiß mit den republikanischen Behörden auszuarbeiten, solange noch Zeit dazu war. Es sollte bestimmt werden, was Pu Yi behalten dürfte – und was rechtmäßig der Republik gehörte.

Pu Yi war auf seiten von Johnston und fällte zwei Personalentscheidungen, die seine Hofbehörde mit einiger Besorgnis zur Kenntnis nahm: Cheng Hsiao-hsu, der für seine Integrität als Beamter bekannt, aber kein Mandschu war, bekam die unmögliche Aufgabe zugeteilt, die Hofbehörde zu ‚reformieren', und Johnston wurde leitender Kommissar des Sommerpalastes, um dort die Vorkehrungen für Pu Yi's Daueraufenthalt zu treffen.

Johnston machte sich mit schottischem Geschick fürs Praktische ans Werk: Seine Absicht war, aus dem Sommerpalast ein Objekt zu machen, das sich selbst trug, in der Art wie später die englischen ‚Adelshäuser', indem ein Teil des Hauses der Öffentlichkeit zugänglich gemacht werden sollte, und nicht nur Eintrittsgelder hereinkamen, sondern auch Erlöse aus dem Verkauf von Fischen aus dem See, Lizenzen an Hotels und Geschäfte. Das Anwesen war in besserem Zustand, als er gedacht hatte. Er erlebte erneut ein Beispiel für die Korruptheit der Hofbehörde: Die von ihr angeheuerten Bauleute brachten so unverschämt hohe Kostenvoranschläge ein, daß er die Reparaturen in Peking öffentlich ausschrieb: Tatsächlich lagen diese Angebote ums Siebenfache unter denen, die von den ‚empfohlenen' Bauleuten stammten.

Aber während Johnston mit Erfolg vorankam, hatte der unglückselige ‚Reformer' Cheng Hsiao-hsu fast nur Pech: Zwar reduzierte er das Palastpersonal, indem er Posten, die gar keine waren, zu Hunderten eliminierte, doch die bedrohte Hofbehörde kämpfte dagegen mit totaler Kooperationsverweigerung an. Pu Yi schrieb: ‚Wenn er (Cheng) Geld wollte, war eben kein Geld da, und die Bücher bewiesen es schwarz auf weiß. Wenn er etwas suchte, wußte niemand, wo es zu finden war.' Nach drei Monaten gab Cheng auf, ‚aus Gründen der Gesundheit', tatsächlich jedoch total frustriert und entmutigt – nicht zuletzt durch die Intrigen, die Pu Yi's eigener Vater gegen ihn geschmiedet hatte.

Die Reformen waren zu spät gekommen; nach monatelangem Versuch, mit den verheerenden und verfilzten Verwaltungszuständen aufzuräumen, verließ Pu Yi endlich die Verbotene Stadt. Es war ein noch ruhmloserer Abgang als jener, den er geplant hatte und den Johnston abgelehnt hatte, kurz bevor er mit einer bezaubernden, aber unerwünschten Frau und mit einer gleichermaßen unerwünschten Konkubine, die bei ihm überhaupt keine Beachtung fand, verheiratet wurde.

Kapitel 10

Das ‚Grand Hotel des Wagons-lits' im Botschaftsviertel von Peking war ein fast ebenso herrliches Bauwerk der Rokoko-Architektur wie das berühmte Restaurant am Gare de Lyon in Paris. Mit seinen großzügig angelegten, hohen Räumlichkeiten und riesigen Badezimmern mit glänzenden Messingarmaturen war es ein Monument ganz nach französischen Fin-de-siecle-Vorstellungen und englischen Standards, was die sanitären Installationen betraf. Das Hotel und der nahe gelegene Peking-Klub, dem fast sämtliche Diplomaten und wohlhabende Ausländer, die in Peking lebten, angehörten, waren privilegierte Treffs in einer Zeit ohne Fernsehen und Radio, wo Neuigkeiten aller Art umgingen – über Politik, lokal beschränkte Bürgerkriege, die Liebesaffären prominenter chinesischer Staatsmänner und westlicher Diplomaten und das Neueste aus der Heimat.

Das ‚Grand Hotel des Wagons-lits' erfüllte noch einen anderen wichtigen Zweck. Es diente reichen chinesischen Familien als Unterschlupf, sobald in der Stadt Ärger drohte. Das Botschaftsviertel wurde nicht von chinesischen Polizisten kontrolliert, sondern von den verschiedenen Friedenstruppen – englischen Marinesoldaten, französischen ‚Fusiliers-Marins', japanischen Sicherheitskräften. In dem von chinesischen Politikern und Generälen so geliebten Gerangel um die Macht in all den Jahren, die Pu Yi im Innern der Verbotenen Stadt zubrachte, war das ‚Hotel des Wagons-lits' fast ebenso unversehrbar wie ein Botschaftsgebäude. Ein plötzlicher Buchungsanstieg von Hotelzimmern kündigte Unruhen an – wie die Ankunft von Horden von Korrespondenten im Beiruter Commodore-Hotel Anfang der achtziger Jahre. Es war wirklich oft so, daß die in Peking lebenden Diplomaten zum erstenmal von einer drohenden Katastrophe dadurch Wind bekamen, daß der französische Hoteldirektor meldete, es wäre unerklärlich, aber alle Zimmer wären plötzlich ausgebucht.

Am 23. Oktober 1924 hängte man wieder einmal das Schild ‚Besetzt' an die Tür. Zusammen mit der Unterbrechung seiner Telefonverbindung war das für Johnston das erste Anzeichen für eine nahende Krise. Zunächst dachte er, ein paar örtliche Truppen hatten mal wieder gemeutert, ‚ein nicht seltenes Ereignis', wie er sich ausdrückte. Er irrte sich.

China befand sich damals im Krieg – aber das war an sich nichts Neues: Im Nordosten waren zwei Kriegsherren aufeinander losgegangen. Eine normale Geschichte also. Nur war dieses Mal dem einen der beiden Kriegsherrn, dem sogenannten ‚Christlichen General' Feng Yu-hsiang (‚jener riesige gutherzige Wal', wie Isherwood ihn nannte), eine andere Idee gekommen. Seine Truppen hatten sich mit denen eines anderen Kriegsherrn, Wu Pei-fu, zusammengetan, um dem General der Mandschurei, Chang Tso-lin, das Fell über die Ohren zu ziehen. Völlig unerwartet zog er nun seine Truppen ab und ließ seinen ehemaligen Verbündeten allein im Kampfgebiet stehen; statt dessen marschierte er auf Peking los, mit der fixen Idee, dort militärisches und politisches Oberhaupt zu werden.

Nach Einzug seiner Truppen in der Stadt befreiten seine Anhänger politische Gefangene des linken Flügels und peitschten die radikalen Pekinger Studenten und Intellektuellen fast bis zum Wahnsinn auf. Da bekannt war, daß Feng Yu-hsiang eine drastische Revision der ‚Artikel zur Regelung der bevorzugten Behandlung' befürwortete und deren Außerkraftsetzung eine populäre Maßnahme wäre, die keinen Pfennig kostete, wußte Johnston, daß sein Schützling mit einemmal in einer heiklen Lage war.

Im Innern der Verbotenen Stadt waren alle, die vom Haus der Ching übriggeblieben waren, derweil emsig dabei, mit einer weiteren Krise fertig zu werden. Die zweite der Gemahlinnen des ehemaligen Kaisers war gestorben, und das erforderte eine ausgedehnte Reihe von Riten, Gebeten, Zeremonien und Nachtwachen. Es gab zwar keine Eunuchen mehr, die der alten Dame ihren Besitz weggenommen hätten, aber das ersparte Pu Yi als Haupt der Familie nicht, neben ihrem Bett im Totengemach seines Amtes zu walten.

Pu Yi, so berichtete Johnston, vermutete, daß etwas im Gange war, nachdem er bereits entdeckt hatte, daß auf der Aussichtshöhe jenseits der Verbotenen Stadt Truppen in Bewegung waren. Während er durchs Fernglas sah, wandte er sich zu Johnston und meinte ganz ruhig, daß ihre Uniformen ihm nicht vertraut waren. Sie saßen bei Tee und Kuchen zusammen, den der Leiter der kaiserlichen Hofhaltung beiden servierte (der infame Shao Ying, der Cheng Hsiaohsu auflaufen ließ, indem er den ganzen Palast dazu brachte, die Zusammenarbeit mit ihm zu verweigern). Sie verschlangen alles, sagte Pu Yi mit einem Grinsen, und verlangten höflich nach mehr.

Danach aß Johnston mit Pu Yi zu Mittag und ging mit dem Versprechen, in Verbindung zu bleiben.

Während Johnston auf der Suche nach Neuigkeiten war und nur noch vom Palast zum Peking-Klub und von dort aus weiter zu den Botschaften und zum ‚Hotel des Wagons-lits' und wieder zurück ging, demonstrierte der ‚christliche General' einen unerwarteten, ausgesprochen brutalen Streich im Sinne Cromwells: Wegen korrupten Verhaltens ließ er den Schatzmeister der Republik köpfen und holte sich dann von dem entsetzten Präsidenten Tsao Kun, einem sehr verrufenen Politiker, der für seine Wahl ein Vermögen hingelegt hatte, eine präsidentenamtliche Order zur Auflösung des Parlaments zusammen mit der Erklärung, sein Amt als Präsident niederzulegen. Daraufhin ging Tsao Kun nach alter Spielregel sofort nach Tientsin, wo er die Präsidentensiegel wieder auspacken wollte, die er mitgenommen hatte, um seine Anordnung, die er unter Zwang gegeben hatte, zu widerrufen.

Er war aber so unklug, den Zug zu nehmen, der natürlich

gestoppt wurde und erst nach einem absurd-komischen Zwischenspiel, bei dem man ihm seine Siegel wegnahm, weiterfahren durfte. Seine Minister, Berater und einstmaligen politischen Anhänger machten sich auf der Stelle dünn und verschwanden in ihren unantastbaren Unterschlupfen – die einen in befreundeten Botschaften, die anderen in den ans Ausland abgetretenen Gebieten. Am 5. November konnte der ‚christliche General' seinen Handstreich als vollen Erfolg ansehen.

Die Truppen des ‚christlichen Generals' bezogen rund um die Verbotene Stadt am 2. November Stellung. Johnston aber konnte immer noch ein und aus gehen. Als er an diesem Tag aus der Verbotenen Stadt kam, hatte er einige ‚Wertgegenstände' bei sich, die Pu Yi gehörten und die er in der Bank von Hongkong und Shanghai hinterlegte. Anschließend kehrte er wieder in den Palast zurück, wo Pu Yi die Juwelen zeigte, die die verstorbene Kaiserdame hinterlassen hatte. „In ihrem Palast wären sie nur gestohlen worden", meinte er und bat Johnston, sich einen „zum Gedenken an sie" zu nehmen. Johnston suchte ‚einen exquisiten Ring aus grüner Jade' aus. Wie die Ratten das sinkende Schiff verließen die Bediensteten die Verbotene Stadt, und es kehrte eine, wie Johnston schrieb, ‚gespenstische Atmosphäre' ein.

Am 4. November kam Johnston wieder in die Verbotene Stadt und traf sich mit Pu Yi und der Kaiserin. Er plante, das königliche Paar mit seinem Auto am nächsten Tag herauszuschmuggeln.

Die Gruppen des ‚christlichen Generals' waren früher zur Stelle: Früh am Morgen des 5. November klingelte bei Johnston das Telefon (die Leitungen funktionierten wieder). Es war einer der Onkels von Pu Yi, der ganz aufgeregt sprach. Der ‚christliche General' hatte nicht nur die Verbotene Stadt umringt, sondern es durfte auch niemand mehr herein oder hinaus – und alle Telefonleitungen zum Palast waren abgeschnitten. Johnston, seinen Passierschein schwingend, und der Fürstenonkel versuchten es an den Toren der Verbotenen Stadt – und wurden abgewiesen.

Johnston wußte nicht, daß Pu Yi bereits aus der Verbotenen Stadt herauseskortiert worden war und derzeit praktisch im ‚Nördlichen Herrschaftssitz' gefangensaß, wo Prinz Chun mit seiner Familie zu Hause war. An jenem Morgen war in aller Früh ein Gesandter des ‚christlichen Generals' in die Verbotene Stadt gekommen, mit der Forderung, Pu Yi solle das Dokument, das er in seiner Hand schwang, unterzeichnen. Es handelte sich um die seit langem erwartete Revision der Sonderregelungen für das kaiserliche Haus. Pu Yi wurde zur Privatperson erklärt und sein kaiserlicher Etat von 4,5 Millionen China-Dollars auf 500 000 gekürzt. Hinzu kam die Auflage, daß er die Verbotene Stadt zu verlassen habe – und die Garantie für ihn, sich frei bewegen zu können und den Schutz des Staates zu genießen. ‚Das Haus der Ching wird sein Privatvermögen behalten', hieß es weiter in dem Dokument, aber ‚aller öffentliche Besitz wird der Republik gehören.'

‚Offen gestanden', schrieb Pu Yi viele Jahre später, waren die revidierten Artikel ‚gar nicht so schlecht, wie ich erwartet hatte.' Unterdessen war auch sein Vater, Prinz Chun, angekommen und erlitt sogleich, standesgemäß oder nicht, seinen dramatischen, hysterischen Anfall.

Ärgerlicher als den Inhalt des Ultimatums fand Pu Yi die Insistenz, mit welcher der ‚christliche General' ihn aufforderte, die Verbotene Stadt innerhalb von drei Stunden zu räumen. Noch lag eine ehemalige kaiserliche Gemahlin tot in ihrem Palast, noch waren die Bestattungsriten nicht abgeschlossen, und die beiden übrigen alten Kaiserfrauen weigerten sich standhaft, den Palast aufzugeben, und drohten, sich mit Überdosen Opium zu vergiften, falls sie dazu gezwungen werden sollten. Verständlich, daß die Lage für Pu Yi verzwickt war. „Ruft Johnston", befahl er. Aber Johnston war nicht erreichbar. Die Telefonleitungen waren immer noch unterbrochen.

Bleich vor Angst trat der Oberbedienstete der kaiserlichen Hofbehörde vor Pu Yi und sagte, daß, würden sie nicht rechtzeitig die Verbotene Stadt verlassen, der ‚christliche

General' seine Artillerie anweisen würde, das Feuer auf die Paläste zu eröffnen. Prinz Chun bekam angesichts dieser Bedrohung noch mehr panische Angst, und Pu Yi's Schwiegervater hastete nach draußen, um ein Versteck zu finden.

In letzter Minute fand man zu einem Kompromiß mit dem Abgesandten des ‚christlichen Generals': Die beiden alten Damen konnten ‚zur Zeit noch' in der Verbotenen Stadt verbleiben, und die Bestattungsriten für die verstorbene Kaisergemahlin durften wie geplant zu Ende geführt werden. Pu Yi jedoch mußte die Verbotene Stadt sofort verlassen – und nach drei Stunden waren er und die Kaiserin in einem Konvoi aus fünf Fahrzeugen, von Soldaten eskortiert, unterwegs zu Prinz Chun's ‚Nördlichem Herrschaftssitz'. Als Pu Yi seinen Wagen besteigen wollte, trat der Abgesandte des Generals noch einmal an ihn heran.

„Herr Pu Yi, wollen Sie in Zukunft ein Kaiser sein oder ein gewöhnlicher Staatsbürger?"

„Von heute an will ich ein gewöhnlicher Staatsbürger sein."

„Gut", sagte der Abgesandte. „In diesem Fall werden wir Ihnen Schutz geben. Als Staatsbürger haben Sie das Recht zu wählen und selbst zur Wahl anzutreten. Wer weiß", lächelte er, „vielleicht werden Sie eines Tages sogar zum Präsidenten gewählt."

Sich an seinen mißlungenen Fluchtversuch vor zwei Jahren erinnernd, erwiderte Pu Yi: „Ich war seit langem der Meinung, daß ich die ‚Artikel zur Regelung der bevorzugten Behandlung' nicht brauche. Ich bin froh, daß sie aufgehoben wurden. Als Kaiser hatte ich keine Freiheit. Jetzt habe ich meine Freiheit."

Die Soldaten des ‚christlichen Generals' brachen in Beifall aus.

Pu Yi zog genauso rühmlich aus der Verbotenen Stadt, wie der ‚Alte Buddha' 1902 nach dem Boxeraufstand wieder eingezogen war. Allerdings hatte er bei seinem Auszug nicht die Zeit, die der ‚Alte Buddha' bei ihrem Einzug gehabt hatte. Als er dann eskortiert von bewaffneten Soldaten am

‚Nördlichen Herrschaftssitz' ankam, sah er nicht nur, daß er ein Gefangener des ‚christlichen Generals' und seiner Truppen war, sondern auch, daß seine führenden Hofvertreter und Berater miteinander rivalisierten und sich um ihn zankten. Pu Yi befand sich in einer ungemein unbequemen Lage: Seine Freunde bekämpften sich seinetwegen untereinander, als wäre er ihr ganz wertvolles, passives Eigentum.

Anders sahen der Schwiegervater und Pu Yi's Frau, Elizabeth, die Situation. Der zum einfachen Privatmann und Staatsbürger gewordene Ex-Kaiser war alles andere als eine Einkommensquelle und drohte jetzt eher zu einer finanziellen Belastung zu werden. Pu Yi, der zu seinen Schwiegerleuten noch nie eine herzliche Beziehung hatte, erlebte, wie die Spannung zwischen ihnen immer größer wurde. Die ‚Nebenfrau', Wen Hsiu, gerade fünfzehn und weniger gebildet als die oberste Braut, verstand überhaupt nichts mehr.

Für Pu Yi, der gewohnt war, daß er rundum bedient wurde, war der ‚Nördliche Herrschaftssitz' kaum mehr als ein Elendsquartier, das er so rasch wie möglich zu verlassen hoffte, insbesondere weil sein Vater, bis zum äußersten über die Vertreibung seines Sohnes aus der Verbotenen Stadt erschüttert, alle Anzeichen eines ernsthaften Nervenzusammenbruches zeigte.

Das Gebäude, heute der Hauptsitz des Pekinger Gesundheitsamtes, ist ein großes, nicht sonderlich attraktives Bauwerk mit spitz zulaufenden Dächern und großen Innenhöfen vorne und hinten. Es steht neben dem gewaltigen umwallten Anwesen, das später an Madame Sun Yat-sen überging, die Witwe des republikanischen Führers, der unter Mao Vizepräsident der chinesischen Volksrepublik werden sollte. Mittlerweile entstellt ein hoher Schornstein, schwarze Rauchwolken aus einer angrenzenden Fabrik ausspuckend, eine ansonsten anmutige Aussicht. Außerhalb des Gebäudes, am See ‚Hinteres Meer', sieht man manchmal Chinesen beim Angeln von kleinen Elritzen. Pu Yi, der an die herrliche Isolation der Verbotenen Stadt und die Vielzahl von Palästen gewöhnt war, fühlte sich dort ausgesprochen eingeengt – zumal das Haus bald Tag und Nacht mit Verwandten, Gefolgsleuten, Beratern und Mitläufern vollgestopft war, die scharenweise ankamen, um ihre verschiedenen und sich gegenseitig widersprechenden Pläne zu unterbreiten, was zu tun wäre.

Noch am ersten Nachmittag gelang es Johnston, in den Nördlichen Herrschaftssitz zu kommen, wo er Pu Yi fand, von allen anderen Anwesenden ‚am wenigsten beunruhigt‘, ‚voller Würde und Selbstbeherrschung‘ und sichtlich ‚amüsiert über die verächtliche Angst und Bestürzung bei den anderen‘ – besonders bei seinem inkonsequenten Vater. Johnston brachte gute Nachrichten mit: Die Botschafter Englands, der Niederlande und Japans hatten offiziell bei der neuen chinesischen Regierung (in aller Eile vom ‚christlichen General‘ zusammengestellt) Protest gegen die Art und Weise eingelegt, wie Pu Yi aus der Verbotenen Stadt geschickt worden war, und Garantien für seine weitere Sicherheit und Freiheit verlangt – und bekommen.

Die verängstigten Gefolgsleute Pu Yi's bekamen dadurch wieder neuen Mut, aber nicht für lange. Die nächsten zwanzig Tage waren voller gegensätzlicher Gerüchte und wachsender Konfusion, und jeder im Nördlichen Herrschaftssitz, einschließlich Pu Yi, fürchtete sich vor dem, was noch alles kommen konnte. Weit davon entfernt, Pu Yi's ‚persönliche Freiheit‘ zu garantieren, hielt ihn die neue, kurzlebige Regierung eigentlich im Nördlichen Herrschaftspalast gefangen. ‚Man konnte herein, aber nicht mehr hinaus‘, schrieb Pu Yi, abgesehen von den Ausländern, die von vorneherein abgewiesen wurden (dies hatte der ‚christliche General‘ verordnet, um Johnston von Pu Yi fernzuhalten). Bis zum 25. November blieb Johnston also zusammen mit allen anderen Ausländern der Zutritt zum Nördlichen Herrschaftssitz verwehrt. Trotz all seiner anderen Fehler ein nüchtern denkender, gutinformierter, schlauer Schotte, hätte er vielleicht manch ein wildes Gerücht, das in der Stadt umging, entschärfen können (einschließlich solcher Berichte, daß die Kommunisten Pu Yi vor Gericht stellen wollten oder daß der ‚christliche General' plante, ‚die Selbstherrschaft des Volkes' einzuführen und in das Botschaftsviertel einzumarschieren).

Wie Pu Yi viele Jahre später schrieb, ‚brachte mich der Sturm ... an einen Scheideweg. Ich konnte drei Wege einschlagen. Einer war, mich danach zu richten, was die revidierten Artikel sagten: den kaiserlichen Titel und meine alten Ambitionen fallenzulassen und ein ganz ‚gewöhnlicher Bürger' zu werden, mit enormem Vermögen und im Besitz von Ländereien. Ein anderer war, zu versuchen, Unterstützung von meinen Anhängern zu bekommen, um die alten Artikel wiederherzustellen, meinen Titel wiederzuerlangen und in den Palast zu meinem alten Leben zurückzukehren. Der dritte mögliche Weg war der verlogenste: zuerst ins Ausland zu gehen, um anschließend wieder in die Verbotene Stadt zurückzukehren, wo mittlerweile alles wieder beim alten wäre, also so wie vor 1911. Dieser Kurs hätte damals den Einsatz einer fremden Macht für den Plan einer Restauration bedeutet.'

Sowohl Pu Chieh, ein aufmerksamer und genauer Beobachter der Situation, als auch Rong-Qi, sein Schwager, erzählten mir Jahrzehnte später, daß Pu Yi seinerzeit ernsthaft noch eine vierte Möglichkeit erwog – einen würdigen Abgang, um Johnston's Zielvorstellung zu erfüllen und ein echter, in Oxford ausgebildeter anglo-chinesischer Aristokrat zu werden. Aber seine zerstrittenen Anhänger (Johnston war derweil aus dem Spiel, weil er gegenwärtig keinen Zutritt zum Nördlichen Herrschaftspalast hatte) konnten sich nur auf das eine verständigen: Der erste Weg wäre für alle ein Schuß in den Ofen gewesen und war keiner Überlegung wert. Über die anderen konnte man nachdenken. Aber sie dachten nicht darüber nach, was sie für Pu Yi tun konnten, sondern umgekehrt, was Pu Yi für sie tun konnte. Die Folgen sollten für alle verheerend werden.

Kapitel 11

Bis zu dem Moment, als Pu Yi von dem ‚christlichen General' mit Gewalt in das Herrschaftshaus seines Vaters geschleppt wurde, war sein Leben in einem Vakuum verlaufen. Die Verbotene Stadt war ein schützender Kokon gewesen: Keine der Intrigen und Komplotte, die vom kaiserlichen Hof, von seinen Privatlehrern und seinen wohlwollenden Freunden geschmiedet worden waren, hatte echte Wirkung gezeigt. Obwohl er im ‚Nördlichen Herrschaftspalast' eigentlich nur wieder eingesperrt war, wurde er sich plötzlich der Welt um sich herum bewußt, wie auch der Kräfte, die auf ihn einwirkten, von seiten derer, die ihn als ein Instrument ihrer ‚Realpolitik' benutzen wollten. Man kann Pu Yi's späteres Verhalten nicht entschuldigen, noch überhaupt verstehen, ohne einen kurzen Blick auf diese unterschiedlichen, gegensätzlichen und recht schrecklichen Gegebenheiten zu werfen.

China selbst, der ‚kranke Riese Asiens', steckte 1924 in einer nahezu permanenten Anarchie: Im Süden war immer noch die unbequeme Allianz der Kuomintang-Kommunisten am Werke, auch wenn Dr. Sun Yat-sen bereits auf dem Weg war, seinen Stützpunkt in Shanghai zu verlassen, um sich, unheilbar an Krebs erkrankt, in eine Pekinger Klinik zu begeben. (Dort sollte er ein Jahr später auch sterben.) Auf der Insel Whampoa nahe Kanton war der aufsteigende Stern am Himmel der Kuomintang-Partei, Tschiang Kai-schek, immer noch Kommandeur der dortigen revolutionären Militärakademie, eine Brutstätte für spätere Revolutionäre und Generäle der KMT, und auf bestem Wege, sich die Dienste eines kürzlich aus Frankreich zurückgekehrten jungen kommunistischen Aristokraten zu sichern. Es war Tschou En-lai, der als politischer Kommissar und Dozent arbeiten sollte. Die Kommunisten wurden in Kanton, der ‚Wiege der Revolution', immer stärker, während Michael Borodin, ein Mann Stalins, Komintern-Agent und ehemaliger Organisator der amerikanischen Gewerkschaftsbewegung, emsig die wachsende chinesische kommunistische Partei auf der Grundlage orthodoxer stalinistischer Richtlinien organisierte – und dabei fand, daß die Chinesen ganz, ganz anders waren als die Russen.

Im Nordosten Chinas koexistierten die Russen und Japaner auf bedrückende Weise, die Russen im Norden, die Japaner im Südteil der Mandschurei. Nach Rußlands Niederlage im russisch-japanischen Krieg von 1904 bis 1905 hatten die Japaner dort äußerst vorteilhafte Landstützpunkte erhalten, einschließlich eines enormen Anteils am mandschurischen Eisenbahnsystem, das zuvor im Besitz und unter Leitung der Russen gewesen war. Die Japaner bedeckten mit ihrem Netzwerk den Süden des Landes, die Russen den Norden. Die Japaner hatten auch das Recht erworben, Hotels zu eröffnen und, ganz nach russischem Vorbild, Truppen zur Bewachung ihrer Eisenbahnlinie aufzustellen. Unter japanischer Kontrolle weiteten sich auch Japans Enklaven aus, wie auch seine Konzessionsgebiete in Mukden, damals die Hauptstadt der Mandschurei, und in Port Arthur immer mehr wurden. Ihre Garnison in der Mandschurei, bekannt als ‚Kwangtung-Armee', wurde ebenfalls ausgebaut.

Aber weder die Japaner noch die Russen konnten in der Mandschurei ganz nach Belieben walten, denn die Mandschurei blieb ein fester Bestandteil Chinas: Beide, Japaner und Russen, waren auf der Hut vor General Chang Tsu-lin, dem mandschurischen Oberkommandanten, der sowohl mit den Japanern als auch mit Sun Yat-sen geflirtet hatte, aber ein hartgesottener Bursche war – und schlau genug, um sein eigenes Spiel zu spielen.

Die territorialen Abtretungen an fremde Mächte mit dem Recht auf Exterritorialität lagen entlang der ganzen chinesischen Küste verstreut, und zu keiner Zeit war ihr Einfluß größer, auch nicht die Überheblichkeit, mit der man sich auf Abstand von den chinesisch verwalteten Gebieten hielt. Insbesondere die Engländer, die in Hongkong und Weihawei sichere ‚koloniale' Stützpunkte hatten und in jeder der konzedierten Enklaven ein mächtiges Bankennetz unterhielten, betrachteten China fast wie ein englisches Protektorat. In den USA und Europa gab es offiziell Anträge, China als souveränes Land zu sehen, als vollwertiges Mitglied des Völkerbundes und Handelspartner mit einem riesigen potentiellen Markt für ihre Waren. Aber in den Hauptstädten der Welt hatte man für China nur dürftigen Respekt übrig, und seit der ‚Revolution' von 1911 hatten die republikanischen Politiker in Peking mit aller Macht fleißig dazu beigetragen, daß sich daran nichts änderte: Das Karussell der Regierungen und Präsidenten drehte sich mit einer ähnlichen Geschwindigkeit wie in der französischen IV. Republik oder wie in Italien mit dem ganzen Hin und Her der Christdemokraten während der Nachkriegszeit; Parlamentsmitglieder (wenn es überhaupt ein Parlament gab, was nicht oft der Fall war) kauften vor aller Augen ihre Sitze; und Politiker jeder Couleur eiferten den bis ins letzte korrupten Galgenvögeln in der ‚kaiserlichen Hofhaltung' unter Pu Yi emsig nach. Kriegsoberste spielten mit Vorliebe Krieg, aber nicht im vollen Umfang, sondern im kleinen und so, daß immer ein Profit für sie herausschaute, das Land aber in den Ruin stürzte. Ihre Treue als Untertanen war immer temporär und für den Höchstbietenden feil. Millionen von Drogenabhängigen hielten einen enormen Rauschgifthandel mit Morphium, Heroin und Opium in Schwung, der sich kaum verdecken ließ. Die politische Instabilität der Pekinger Zentralregierung in den zwei Jahren unmittelbar nach Pu Yi's Auszug aus der Verbotenen Stadt war dergestalt, daß James E. Sheridan, Professor und führender Experte in der politischen Geschichte der zwanziger Jahre in China, später dazu schrieb: ‚Kabinette hatten nicht mehr Substanz als ein König auf der Leinwand.'

Pu Yi, der rechtmäßige, wenn auch entthronte Abkömmling der Ching-Dynastie, wurde plötzlich zu einem neuen Joker in diesem vertrackten, kaum begreiflichen Spiel.

Unter den Großmächten wußte allein ein Land sehr genau, wie es diesen Joker nicht nur ausnutzen, sondern auch wie seine langfristige Politik hinsichtlich China aussehen sollte: Japan, das Pu Yi von klein auf als möglichen Aktivposten in seiner Hinterhand betrachtete, betrat nun die Szene. Von dem Moment an, als Pu Yi im ‚Nördlichen Herrschaftssitz' landete, entschlossen, sich so kurz wie möglich dort aufzuhalten, begannen die Japaner, ihn zu umwerben. Wie David Bergamini in seinem großartigen Lebenswerk ‚Japan's Imperial Conspiracy' (‚Die imperialistische Herausforderung Japans') erläuterte, war Pu Yi lediglich ein minderes Pfand in einem japanischen ‚Gesamtplan', zu dem die Eroberung Chinas und fast gesamt Südostasiens gehörte, und welcher von einer wohldurchdachten, äußerst rücksichtslosen, langfristigen politischen Zielsetzung, die gesamte Welt zu erobern, getragen wurde.

Während Pu Yi die Soldaten des ‚christlichen Generals' vor seinem Tor als Dorn im Auge empfand, war Hirohito 1924 zwar offiziell immer noch Kronprinz, aber in Wirklichkeit hatte er seit Jahren schon Japan mit Tüchtigkeit regiert, nachdem er für seinen Vater, als dieser nicht mehr imstande war zu regieren, im November 1921 die Regentschaft übernommen hatte. Und Hirohito war es auch, wie Bergamini später in seinem epochalen und leider vergessenen Buch aufdeckte, der – hinter der Nebelwand der führenden politischen und militärischen Kreise in Japan – sowohl sagte, wo es lang ging, als auch sich unbarmherzig jener japanischen Generäle und Beamten entledigte, die sich nicht an das Konzept seiner Politik hielten.

Das volle Ausmaß der Bedrohung, die Japan für China oder das übrige Asien damals darstellte, erkannten wenige: Japan wurde von den Protagonisten im Ringen um China als nützlicher, gleichgesinnter Stützpunkt betrachtet. Tschiang Kai-schek war dort sowohl zum Revolutionär als auch zum Soldaten ausgebildet worden. Er sollte dort auch heiraten und – bevor der Krieg zwischen beiden Ländern vollends ausbrach – häufig dorthin zurückkehren, dank bequemer Beziehungen zu Politikern und Bonzen der Hochfinanz und des bekannten Geheimbundes ‚Schwarzer Drache'. Sun Yatsen hatte ganz zu Anfang seiner revolutionären Laufbahn eine Weile in Kobe verbracht, wo er freundlich und mit Respekt behandelt worden war. Vor allem England sah in Japan einen potentiellen Verbündeten, besonders nachdem in Rußland die Sowjets 1917 die Macht übernommen hatten.

Johnstons projapanische Haltung war nicht etwa eine persönliche Schrulle, sondern eher typisch für die Gespräche nach dem Dinner in der behaglichen Atmosphäre der englischen Botschaft, nachdem die Damen vom Tisch aufgestanden waren und Portwein und Brandy die Runde gemacht hatten. Wie Edgar Snow in seinem Buch ‚Battle for Asia‘ (‚Der Kampf um Asien‘) später schrieb, ‚waren viele in den englischen und französischen Regierungskreisen allen Ernstes der Auffassung, daß Japan ein legitimes Recht hatte zu expandieren... Einige der einflußreichsten Adligen im Oberhaus waren überzeugt, daß Japans Kontrolle in der Mandschurei... wahrscheinlich keine nachteiligen Auswirkungen auf die Interessen des Empire hatte. Vielleicht waren sie sich des Widerspruchs in ihrer Stellungnahme bewußt, wenn sie den Japanern ein solches Empire glatt absprachen. Etwas Raum auf Kosten Chinas konnte keinem ernsthaft weh tun. Man würde damit zugleich eine notwendige Barriere gegen die Ausbreitung des Bolschewismus im Norden errichten...‘ Snow merkte weiter an, daß die meisten französischen und englischen Regierungsspitzen ‚doch wirklich der Ansicht waren, daß die Japaner, hatten sie erst die bolschewistische Bedrohung von ihren Grenzen zurückgewiesen, Frieden, Ordnung und Investitionssicherheit wiederherstellten: Eine Neuteilung des Territoriums würde sowohl aus China als auch aus Japan bessere Kapitalmärkte machen.‘

Lange bevor Hirohito als Regent in seinen jungen Jahren eine Rolle zu spielen begann, hatte Japan bereits auf mehrfache Weise gezeigt, daß sein Interesse an China – einschließlich und insbesondere an der Mandschurei – gewaltige Priorität hatte. Als Japan auf seiten Englands und Frankreichs im August 1914 Deutschland den Krieg erklärte, war es nicht das Ziel gewesen, den Alliierten zu helfen, sondern – wie

Außenminister Kanji Kato sich ausdrückte – „im Vorfeld bereits alle englischen Einwände gegen ein Vorgehen von seiten Japans gegen China abzufangen und zum Verstummen zu bringen". Ebenfalls 1914 hatte Baron Shimpel Goto, einer der führenden japanischen Administratoren und Ex-Gouverneur von Taiwan, sich an den Saiwai-Klub, ein Organ des japanischen Oberhauses, mit den Worten gewandt, daß ‚unsere Auswanderungspolitik' eine Form ‚friedlich verkleideter Kriegsbereitschaft' sein sollte. „Ein dauerhafter Sieg in der Mandschurei hängt weitgehend davon ab, daß die japanischen Siedlerfamilien in der Bevölkerung Zuwachs bekommen. Die in Elsaß-Lothringen ansässigen Deutschen spielten bei der Gewinnung dieser Gebiete für Deutschland im französisch-preußischen Krieg von 1870 keine unerhebliche Rolle. Wenn Japan eine halbe Million Immigranten (in der Mandschurei) hätte, wären sie im Falle eines Krieges von großem Nutzen ... und wenn die Aussichten für einen Krieg nicht so günstig sind, hat man immer noch etwas Festes in der Hand, wenn man den Frieden aushandelt."

Goto meinte, daß sämtliche in der Mandschurei errichteten japanischen Krankenhäuser ‚als Militärkrankenhäuser geplant werden sollten, also mit großen Veranden für verwundete Soldaten'. Die Eisenbahnangestellten in der Mandschurei ‚sollten Offiziere des Militärs sein, die die Eisenbahn für militärische Notsituationen ausrüsten'. Die Hafenbeamten (in dem japanischen Konzessionsgebiet von Port Arthur) ‚sollten der Marine angehören'.

Während Pu Yi noch ein Kind war, als der Erste Weltkrieg ausbrach, nannte Japan beim Namen, was es sich von einer lauwarmen Beteiligung am Ersten Weltkrieg am Ende erhoffte. Dazu gehörten Eisenbahnrechte sowie die Übernahme des an die Deutschen überlassenen Territoriums von Tsingtao, 99 Jahre währende Pachten über Teile der Mandschurei und die ‚erste Option' in der wirtschaftlichen Entwicklung dieser Gebiete. Die ‚Bewegung des 4. Mai' war das Resultat des von Japan in Versailles durchgeboxten Handels. Bei dem kurzlebigen Versuch der Alliierten, weißrussische Bewegungen, die gegen die sowjetische Rote Armee der Revolution von 1917 noch standhielten, zu unterstützen, wurden japanische Truppen, 30000 Mann stark, zur Verstärkung der ‚Weißen' durch die Mandschurei geschleust. In Sibirien waren japanische Truppen bis 1922 stationiert, und die Mandschurei wurde von Japan zu keiner Zeit als fester Bestandteil Chinas aufgefaßt.

Trotzdem schaffte es japanische Bescheidenheit, Diskretion und äußerste Zurückhaltung, bei den Engländern Illusionen über die Entwicklungsfähigkeit japanischer Partnerschaft zu erzeugen. Man stellte Kronprinz Hirohito, selbst in diesem frühen Lebensalter, als schüchternen, gelehrten jungen Mann hin, mit einem Hang für Kriegsgeschichte und Meeresbiologie, glücklich verheiratet, monogam, durch und durch Aristokrat, dessen Privatleben sich so vorteilhaft von dem der korrupten Fürstenfamilien in China abhob, mit ihren Eunuchen, Konkubinen und zweifelhaften Moralpraktiken.

Die Wahrheit war etwas anders. Zwar war in der Tat das Privatleben des Kronprinzen Hirohito eine einwandfreie Geschichte, aber seine Geistesblitze kamen ihm weniger zur Meeresbiologie, sondern zu der Sparte der Biologie, die die bakteriologische Kriegführung ermöglicht. Westliche Verfechter peinlichster Ordnung und Sauberkeit machten die japanische Armee schlecht; was sie aber nicht wußten, war, daß einige der militärischen Spitzentheoretiker mit reiflicher Überlegung angeordnet hatten, japanische Soldaten sollten verwahrlost und unrasiert aussehen, um die Fachwelt zu leimen, die daraus entnehmen sollte, die japanischen Soldaten seien Nieten. Doch das waren Kleinigkeiten, verglichen mit Japans militärischem Eroberungswillen, der über alles ging. Im Jahr, bevor Pu Yi seine fein arrangierte Hochzeitszeremonie über sich ergehen lassen mußte, ereignete sich etwas, von dem nie berichtet wurde, bis David Bergamini im Laufe seiner Nachforschungen darüber stolperte: 1921 traf sich eine Gruppe japanischer Militärattaches in Baden-Baden – und mit ihnen ein enger Verwandter von Hirohito, nämlich Prinz Higashikuni. Dort erarbeiteten die drei führenden Köpfe des ultrageheimen Treffens, später ‚die drei Krähen' genannt, einen ersten Plan, wie aus Japans Streitkräften die schlagkräftigsten, modernsten der Welt zu machen waren.

Um dieses Programm umzusetzen, wurde als erste Maßnahme ein Unterkomitee gebildet, eine weitere Gruppe tüchtiger Offiziere, die ‚elf Vertrauenswürdigen', und diese ‚elf Vertrauenswürdigen' sollten bald zu Schlüsselfiguren im großen japanischen Plan werden. 1948 kamen drei dieser ‚Vertrauenswürdigen' als Kriegsverbrecher an den Galgen. Alle drei waren zufällig auf Angelegenheiten in der Mandschurei spezialisiert und später dort aktiv, zwei von ihnen als Offiziere an der Spitze des militärischen Geheimdienstes und der dritte, Tojo, als Oberster der japanischen Staatspolizei.

Zu der Zeit, als Pu Yi verheiratet wurde, war in Europa bereits ein aktiver japanischer Geheimdienst am Werk. Noch bevor Pu Yi überhaupt begonnen hatte, seinen scheiternden Kampf gegen die Betrügereien in seiner Hofhaltung aufzunehmen, hatte Kronprinz Hirohito bereits 1921 sein ‚Forschungsinstitut für gesellschaftliche und soziale Probleme', ansonsten bekannt als das ‚Logierhaus der Universität', eingerichtet. Es stand im Schatten des kaiserlichen Palastes, wo sich einst ein meteorologisches Observatorium befunden hatte. Hier war laut Bergamini ‚ein sicher abgeschirmtes Indoktrinationszentrum für junge Männer etabliert, die in den Träumen, die er von Japan hatte, eine Rolle übernehmen wollten. Hier auf dem Gelände des Palastes entstanden die ersten groben Pläne für Japans Bestreben, die halbe Welt zu erobern.'

Viele der Studenten dieser ultrageheimen Denkfabrik, in die man nur kam, wenn man ‚eingeladen war', landeten später in der japanisch besetzten Mandschurei – denn ob nun die japanischen Strategen aus dem Lager derer kamen, die gegen die sowjetischen Eroberungen in Sibirien vorgehen wollten, die Befürworter eines ‚Nord-Schlags', oder aus der anderen Ecke der Vertreter eines ‚Süd-Schlags' (gegen China und Südostasien), in jedem Fall war die Mandschurei der Schlüssel; und die Mandschurei war die Wiege der Ching-Dynastie, Pu Yi's Heimat, auch wenn er seine Heimat nie gesehen hatte.

Der Leiter des ‚Logierhauses der Universität', ein Ultranationaler namens Dr. Shumei Okawa, der mit dem Geheimbund ‚Schwarzer Drache' enge Verbindungen hatte, war zehn Jahre lang als japanischer Spion in China gewesen. Sein Grundglaube war, daß Japan einen ‚göttlichen Auftrag' zur ‚Befreiung des Universums' hatte. Als es viele Jahre danach zu den Kriegsverbrecherprozessen des Asien-Kriegs kam, simulierte er mit Erfolg, geistesgestört zu sein, und wurde für verhandlungsunfähig erklärt; kurz darauf war er auf wunderbare Weise wieder geheilt und starb 1957 im Bett an einem Schlaganfall. Der Name ‚Schwarzer Drache' für den Geheimbund war etwas irreführend; es war keine Unterweltbande, wenigstens nicht am Anfang, sondern ein patriotischer ‚Klub' von Nationalisten, die entschlossen gegen eine Invasion Asiens durch fremde Mächte antraten. Der Name ‚Schwarzer Drache' war die Übersetzung von Amur, ein Fluß, der die Mandschurei von Sibirien trennt, und stand für die extreme feindliche Gesinnung, zuerst gegenüber Rußland, danach gegenüber der Sowjetunion. Sun Yat-sen's ‚Revolution' von 1911, die die Ching-Dynastie entmachtete, war teilweise von ihm finanziert worden.

Als Pu Yi die Verbotene Stadt verließ, dem Papier nach als privater Staatsbürger, war seine mandschurische Heimat, die er nie zu sehen bekommen hatte, eine japanische Kolonie. In der Südmandschurei war das an Japan überlassene Gebiet bzw. das ‚Kwangtung-Pachtterritorium' den Worten Albert Feuerwerkers nach ‚eine Insel mit japanischer Gesellschaft und Kultur auf dem chinesischen Festland'. Da die Japaner die südmandschurische Eisenbahngesellschaft leiteten, kontrollierten sie die Verkehrsverbindungen, obgleich sie mit wachsender Entfernung zu beiden Seiten der Strecke immer weniger zu sagen hatten. Bis 1931 ließen sich, vom japanischen Standpunkt aus, enttäuschend wenig Japaner in der Mandschurei nieder, ungeachtet der Tatsache, daß man finanzielle Anreize schuf.

So war die Lage der Dinge, während Pu Yi, im Innern des ‚Nördlichen Herrschaftssitzes' eingeschlossen, über seine Möglichkeiten nachdachte. Er war sich der ultrageheimen japanischen Pläne zur Eroberung Chinas – als Teil des großen Plans zur Eroberung der halben Welt – bestimmt nicht bewußt, aber das Ausmaß des japanischen Einflusses in seinem Heimatland und dem seiner Ahnen, der Mandschurei, konnte ihm nicht entgangen sein. Von Kindesbeinen an hatte er mitbekommen, wie seine ‚Bannerleute' von der Möglichkeit sprachen, daß die Mandschurei eines Tages von China abfallen und einmal mehr eine souveräne Monarchie werden könnte.

Johnston schrieb ausführlich und mit großer Sympathie für die Sache über diese monarchistischen Träumereien, die er ablehnte, nicht nur weil er der Meinung war, daß Pu Yi kein moralisches Recht hatte, seine Übereinkunft mit dem republikanischen China zu brechen, nachdem die ‚Artikel zur Regelung der bevorzugten Behandlung' einmal akzeptiert worden waren, sondern weil solch ein Schritt seiner Auffassung nach einfach nicht klappen konnte. Sich auf die Komplotte beziehend, die 1919 im Gange waren, meinte er, „es stimmte nicht mehr, wenn man sagte, daß der Kaiser bei einer Flucht in die Mandschurei seinen Thron friedlich wiedererlangen würde... Eine monarchistische Bewegung in der Mandschurei würde einen Bürgerkrieg auslösen."

„Das wurde von den meisten auf der monarchistischen Seite erkannt", fügte Johnston an. Er vermutete, daß nichts versucht werden sollte, „bis die Republik an ihrer eigenen inneren Fäule zugrunde ging... oder bis in der Mandschurei etwas passierte, das eine Intervention durch eine ausländische Macht nach sich zog. Was dieses ‚Etwas' sein konnte, wußte keiner; aber viele waren der Überzeugung, daß der Tag früher oder später käme, an dem Japan sich zu aktiven Schritten gezwungen sähe, um die enormen Interessen, die es in der Mandschurei als Folge seiner auf dem Boden der

Mandschurei ausgefochtenen Kriege erworben hatte, gegen die Verletzungen durch China zu beschützen. Ein Konflikt zwischen Japan und der chinesischen Republik ..., so dachten diese Monarchisten, würde ihnen die Gelegenheit geben, die sie sich wünschten."

Nach der Widerrufung der ‚Artikel zur Regelung der bevorzugten Behandlung' im Jahr 1924 fanden die ‚Ultras' um Pu Yi ein weiteres Argument: Die Mandschus, schrieb Johnston, waren offiziell immer noch ‚Fremde', ‚Ausländer', auch wenn die Mandschurei auf dem Papier ein Teil der chinesischen Republik war, und ‚ein fremdes Volk oder eine fremde Familie war China keine Treue schuldig'.

So hörten sich einige der Streitpunkte an, die man im ‚Nördlichen Herrschaftspalast' hitzig diskutierte, nachdem Pu Yi aus der Verbotenen Stadt vertrieben worden war. Verständlicherweise hatte Pu Yi in erster Linie seine eigene Sicherheit im Auge, da den Soldaten des ‚christlichen Generals' nicht zu trauen war, die linken Studenten und politischen Radikalen im Aufruhr waren und konstant Gerüchte herrschten, daß die Kuomintang ihren Stützpunkt im Süden verlassen und gen Peking marschieren könnten.

Dann änderte sich die Situation schlagartig durch eine dieser 180-Grad-Wendungen, mit denen die Chinesen zu leben gelernt hatten und die China zu einem schwer verstehbaren Land machten, über das sich folglich auch nur schwer berichten ließ.

Wenige Wochen nach Pu Yi's Auszug aus der Verbotenen Stadt kam Chang Tso-lin, der Oberkommandant der Mandschurei, nach Peking, und mit ihm lediglich eine kleine Truppe Leibwächter. Ohne daß ein Schuß fiel, verdrängte er seinen einstmaligen Verbündeten, den ‚christlichen General', von der Macht und setzte an dessen Stelle den ‚gemäßigten' Marschall Tuan Chi-jui als ‚provisorischen Leiter der Exekutive' ein. Die Wachen rund um den ‚Nördlichen Herrschaftspalast' wurden abgezogen, und Johnston durfte nicht nur wieder zu Pu Yi, sondern bekam auch von Chang Tso-lin ausgerichtet, daß er ihn sehen wollte.

Chang Tso-lin, der überaus mächtige Kriegsherr, dessen Wort in den meisten Teilen der Mandschurei (mit Ausnahme der japanischen Eisenbahn-Enklaven und überlassenen Territorien) und in den meisten Teilen der chinesischen Mongolei galt, gehörte zu den schillerndsten, erbarmungslosesten Abenteurern seiner Zeit. Seine Mutter war eine Näherin gewesen; die Familie war so arm gewesen, daß der junge Chang losgezogen war, um in der mandschurischen Wüste Hasen zu jagen, damit die Familie am Leben blieb. Eines Tages entdeckte er auf der Jagd einen herumstreifenden verwundeten Banditen zu Pferd, tötete ihn, nahm sein Pferd und wurde selbst Bandit, ganz nach Art des Wilden Westens. Bald hatte er eine eigene Privatarmee und etwas vom Ruf eines Robin Hood. Während des russisch-japanischen Krieges kämpfte er auf seiten Japans, wofür er eine schöne Stange Geld nahm, und terrorisierte die Russen mit seinen waghalsigen Kavallerieattacken. Danach akzeptierte er – wiederum für eine stattliche Summe Geld – die Eingliederung seiner Privatarmee in die regulären chinesischen Streitkräfte.

Von da an waren seine Beziehungen zur Republik, zur wachsenden KMT-Bewegung im Süden und zu den Japanern durch seine Entschlossenheit gekennzeichnet, die persönliche Kontrolle über seine Mandschu-Armee zu behalten und die Mandschurei vor ausländischer Bevormundung zu bewahren. Er hatte mit Dr. Sun Yat-sen kokettiert, aber nicht lange. 1916 versuchten die Japaner, ihn umzubringen; sie hatten einen Attentäter angeheuert, der eine Bombe in seine Pferdekutsche werfen sollte, während er einige japanische Würdenträger zu einer Dinnerparty in Mukden (heute Shenyang) eskortierte. Chang Tso-lin entkam dem Anschlag und verjagte die Japaner anschließend aus Mukden, mitsamt den Mongolen, die von den Japanern in der Hoffnung unterstützt wurden, daß sie ihnen helfen würden, die Stadt zu besetzen. Er war ein Mann von unerschöpflicher Findigkeit, der nicht lange fackelte, sondern Schnelljustiz praktizierte – sofortiges Köpfen war seine Spezialität –, und ein

Patriot, wenn ein solcher Begriff im China der 20er Jahre eine Bedeutung haben konnte, dessen provisorische Verwaltung in ganz China am wenigsten korrupt war und am meisten Effizienz hatte. Sein Name war häufig aufgetaucht, wenn es um die möglichen Streiter für eine neu ins Leben gerufene, mandschurische Dynastie ging. Manche dachten sogar, daß Chang Tso-lin ‚das Haus der Ching' hätte verdrängen und selbst Kaiser von China werden können, hätte er es wirklich gewollt. Doch dieser Glücksritter, der später ottergefütterte Wintermäntel trug, eine Vorliebe für schicke Konkubinen im Mädchenalter hatte und sich mit Napoleon verglich, war ein Abenteurer, zu aktiv und zu ruhelos, um sich an einem Ort niederzulassen.

Chang Tso-lin's Haltung zu Pu Yi war stets von respektvoller Herzlichkeit gewesen. Zu Pu Yi's Hochzeit schickte er ihm 10 000 chinesische Dollar in bar – ein bedeutendes Zeichen sowohl von Loyalität als auch von Hochachtung. Als er erfuhr, was der ‚christliche General' Pu Yi angetan hatte, geriet er in heftige Wut, nicht nur weil er vorher nicht in Kenntnis gesetzt worden war, sondern auch, wie Johnston meinte, weil ‚er wahrscheinlich der Ansicht war, daß, müßten die Schätze schon der kaiserlichen Obhut entzogen werden, er selbst genausogut wie jeder andere darauf aufpassen konnte'.

Dies also war der Mann, der nach seiner Ankunft in Peking am 23. November 1924 Johnston – um Pu Yi's willen – sofort zu sich rief. Johnston kam mit Geschenken von Pu Yi – ein signiertes Foto und einen Ring mit Topas und Diamanten. Chang nahm das Foto an, aber nicht den Ring, und unterrichtete Johnston kurz über die Situation, wie er sie sah.

Er bedauerte das ungeschickte Vorgehen des ‚christlichen Generals', meinte aber, daß er nicht offen intervenieren konnte, um Pu Yi wieder in die Verbotene Stadt zurückzuholen, ohne sich dem Vorwurf auszusetzen, die Sache der mandschurischen Separatisten auf Kosten der chinesischen Republik zu begünstigen. Er wollte der Republik treu bleiben, wenigstens auf dem Papier. Er wollte Johnston sprechen, um durch ihn die ausländischen Botschaften wissen zu lassen, daß Pu Yi nicht in Gefahr wäre und er selbst es vorzog, die ‚Artikel zur Regelung der bevorzugten Behandlung' wiedereinzuführen, ohne Tumult und ohne als Königsmacher zu erscheinen.

Mit diesen guten Nachrichten ging Johnston zu Pu Yi und zu den verschiedenen Botschaftern, wie Chang Tso-lin es gewollt hatte. Aber vollends ermutigt fühlte sich der Ex-Kaiser nicht. Einer der Charakterzüge von Chang Tso-lin war, wie Johnston notierte, sein grenzenloses Selbstvertrauen, welches erklärte, warum er in Peking lediglich mit seiner Leibgarde als symbolische Streitkraft erschienen war, während sein Heer zurückgeblieben war. Die Truppen des ‚christlichen Generals' waren immer noch in Peking, voll bewaffnet und in Unruhe. Johnston – inzwischen selbst ein gefundenes Fressen für Gerüchtejäger – befürchtete einen ‚Umsturz' und riet Pu Yi zu einem sichereren Aufenthaltsort, als es der ‚Nördliche Herrschaftssitz' war. Zum sicheren Botschaftsviertel waren es mindestens fünf Kilometer. Johnston sagte Pu Yi, er müsse weg – sofort und ohne jemanden in seinem Gefolge zu informieren, nicht einmal seine Frau (die später nachkäme), oder gar den erregbaren Prinzen Chun.

Es folgte eine wilde Autofahrt. Johnston, Pu Yi und sein vierzehnjähriger Diener Big Li fuhren kreuz und quer durch die Stadt in dem Bemühen, von keinem der chinesischen Geheimdienstleute entdeckt zu werden, die, hätten sie herausgefunden, wo die Reise hinging, ihn wohl scharf im Auge behalten hätten. Es sollten damit aber auch die Bediensteten von Prinz Chun an der Nase herumgeführt werden, die zweifellos ihrem Herrn von der Eskapade berichtet hätten.

Pu Yi, Big Li und Johnston bestiegen Pu Yi's Wagen, der von einem Chauffeur gelenkt wurde, während Johnston die Richtungen ansagte. Johnstons eigener Wagen kam hinterher, in dem lediglich sein Fahrer saß. Da beide Wagen sich in Richtung Botschaftsviertel aufmachten, hastete einer von

Prinz Chun's Adjutanten aus dem Haus und fragte sie nach dem Fahrtziel. „Wir machen nur einen kurzen Ausflug", sagte Pu Yi.

Der Adlatus hatte selbstverständlich die Anweisung von Pu Yi's Vater, ihn nie aus den Augen zu lassen. „Ich komme mit", sagte er und stieg zu Pu Yi ins Auto, und als der kleine Konvoi das Gelände des ‚Nördlichen Herrschaftssitzes' verließ, sprangen auch noch zwei Polizisten auf das Trittbrett. Sie waren nicht davon abzuhalten, und Johnston flüsterte Pu Yi's Chauffeur zu, sie durch ein Labyrinth von Straßen hin und her zu fahren – und schließlich ans Ziel, das deutsche Krankenhaus im Botschaftsviertel, wo Pu Yi wenigstens temporär, das wußte er, willkommen wäre. Ein heftiger Sandsturm fegte durch die Straßen; es war soviel Sand in der Luft, daß man nur wenige Meter Sicht hatte.

Um Pu Yi's Vorwand, man würde nur eine kleine Spazierfahrt machen, etwas glaubwürdiger erscheinen zu lassen, ließ Johnston vor einem bekannten Fotoladen, Hartungs, der einem Deutschen gehörte, im Botschaftsviertel anhalten. Im Laden taten Pu Yi und Johnston so, als ob sie ein paar Fotos anschauten. Als sie wieder herauskamen, hatte sich eine kleine Menschenmenge gebildet und Pu Yi erkannt. Die beiden Wagen durften jedoch weiterfahren, und jetzt dirigierte Johnston den Fahrer zum deutschen Krankenhaus. Dort angekommen, fragte er nach einem Freund, Doktor Dipper. Dann warteten Pu Yi und Johnston im Wartesaal des Krankenhauses, während Prinz Chens Aufpasser draußen im Auto hockte. Der deutsche Arzt war einverstanden, Pu Yi ein Zimmer zu geben. Johnston ging wieder hinaus, allein. Inzwischen war es Prinz Chens Adjutanten klargeworden, daß man ihn spazierengefahren und verschaukelt hatte. Wutentbrannt befahl er Pu Yi's Chauffeur, ihn zum ‚Nördlichen Herrschaftssitz' zurückzubringen. Johnston machte sich schnurstracks auf den Weg in die japanische Botschaft. Dort, so hatte er geplant, sollte Pu Yi bleiben, ‚bis sich die Situation geklärt hatte'.

Johnston war mit K. Yoshizawa verabredet, dem japanischen Gesandten und Leiter der Botschaft, mit dem Pu Yi verhandelt hatte, als er Teile der antiken Palastschätze dem Katastrophenfonds nach dem Erdbeben in Tokio zugute kommen ließ. Yoshizawa zögerte eine Weile, sagte dann aber zu Johnston, daß Pu Yi als Gast der japanischen Botschaft willkommen wäre. Johnston kehrte zum deutschen Krankenhaus zurück, wo er zu seinem größten Erstaunen – und für einen Moment höchst erschrocken – feststellte, daß Pu Yi verschwunden war.

Im Rennen um Pu Yi war der Oberst Takemoto, der Mann an der Spitze der japanischen Botschaftswache, seinem Vorgesetzten zuvorgekommen. Mit Hilfe eines Vertrauten in Pu Yi's Gefolge hatte der japanische Oberst Pu Yi's unverzüglichen Wechsel in die japanische Botschaft arrangiert. Pu Yi wurde vom Krankenhaus in einer Pferdekutsche abgeholt, noch während Johnston mit dem japanischen Botschaftsvertreter palaverte. Kurz kam die Kutsche in dem Sandsturm versehentlich von ihrem Weg ab und aus dem Botschaftsviertel heraus. Pu Yi hatte entsetzliche Angst, daß man ihn wiedererkennen und dann einsperren könnte. Der Kutscher fand seinen Weg wieder und brachte Pu Yi ungesehen ins japanische Botschaftsgelände.

Die beiden unglückseligen chinesischen Polizeibeamten, die zu Beginn der Eskapade aufs Trittbrett gesprungen und prompt mitgefahren waren, hatten Pu Yi die ganze Zeit nicht verlassen. Als sie merkten, daß es ein Fehler gewesen war, Pu Yi ins deutsche Krankenhaus zu lassen, und jetzt um ihr Leben bangten, wenn sie ohne Pu Yi zurückkamen, baten sie, in sein Gefolge aufgenommen zu werden. Pu Yi war einverstanden und bezahlte sie von dem Tag an aus seiner eigenen Tasche.

Die ganze Aktion war ein interessantes Exempel für eine militärische Entscheidung von seiten der Japaner, mit der zivile Skrupel über den Haufen geschmissen wurden: Offiziell war der Kommandant der Botschaftswache dem japanischen Gesandten untergeordnet, aber tatsächlich gaben die

Offizierkorps mit ihren privilegierten Verbindungen zum kaiserlichen Palast den Ton an.

Diese Eskapade durch die Straßen Pekings, die der Komik nicht ganz entbehrt und damit endet, daß Pu Yi schließlich bei den Japanern Zuflucht fand, war Johnstons letzter großer Dienst, den er seinem ehemaligen Schüler erwies. Jahre später, als er mit Pu Chieh, Pu Yi's jüngerem Bruder, die Ereignisse an diesem schicksalhaften Tag noch einmal durchsprach, fragte ich ihn auch, ob er sich damals der Konsequenzen dieser Entscheidung irgendwie bewußt war. „Es gab damals ein englisches Lager und es gab ein japanisches Lager", sagte er. „Die Japaner gewannen."

Johnston tat es jedoch aus eigener Initiative, denn auch die Engländer fürchteten damals um Pu Yi's Leben. Folglich hätte es auch keine Einwände gegeben, wenn Pu Yi in der englischen statt in der japanischen Botschaft gelandet wäre. Wäre er dahin gekommen, hätte sein Leben wohl einen ganz anderen Verlauf genommen. Johnston war sich der weitreichenden Auswirkungen seiner Entscheidung entweder nicht bewußt, oder er sah über sie irgendwie hinweg. Seine projapanische Haltung behielt er. In seinem Vorwort zu ‚Twilight in the Forbidden City' ist die Rede von ‚Morgendämmerung wie von Abenddämmerung', und daß „es gut sein kann, daß die Dämmerung, die auf diesen Seiten beschrieben wird, von der Nacht verschluckt wird, die, wenn die Zeit gekommen ist, in eine andere Dämmerung übergeht, die in einem neuen Tag voller Sonnenschein erstrahlen wird". Offensichtlich spielte er damit auf das ‚Land der aufgehenden Sonne' an, wie Pamela Atwell in ihrer Einführung zu einer Neuausgabe seines Buches 1985 bemerkte. Als Johnston 1938 starb, waren seine Illusionen über die Japaner immer noch intakt.

Kapitel 12

Die japanische Botschaft – fast direkt gegenüber dem englischen Botschaftsgelände, wo Johnston nun hinzog, um in Pu Yi's Nähe zu sein – bestand aus mehreren kleinen Gebäuden, von denen keins so groß war wie der ‚Nördliche Herrschaftspalast'. In den ersten Tagen bekam Pu Yi die Drei-Zimmer-Wohnung, die normalerweise von Botschafter Yoshiwara und seiner Frau bewohnt wurde. Sie stellte sich aber bald als viel zu klein heraus, und Pu Yi bezog eines der japanischen Botschaftsgebäude zusammen mit seinen beiden Frauen und seiner ganzen Dienerschaft. Aus dem Haus wurde ein improvisierter Hof.

Als Folge seiner Flucht wurden die Polizeiwachen rund um den ‚Nördlichen Herrschaftssitz' verstärkt: Als Kaiserin Elizabeth im Wagen eines japanischen Unterattachés wegzufahren versuchte, hielt man sie zurück. Yoshiwara mußte persönlich intervenieren, um sicherzustellen, daß sie wie auch Pu Yi's junge Konkubine, Wen Hsiu, hinausgelassen wurden.

Einer von Pu Yi's entfernten Verwandten beschrieb später die Szene im Innern des kleinen japanischen Botschaftshauses als ‚überhaupt nicht königlich'. Pu Yi saß inmitten von Koffern, Kisten, Papieren und von zwei Frauen umgeben, die sich darum zankten, wer von beiden den größeren Schlafraum bekam. Selbst die gastfreundlichen Yoshiwaras bekamen insgeheim einen Schrecken, als sie sahen, wie ihre bis dahin ruhige, im traditionellen japanischen Stil eingerichtete Botschaft von Pu Yi's lauter, sich laufend danebenbenehmender, streitsüchtiger Entourage übernommen wurde. Johnston, der hinsichtlich dieses kurzen Zwischenspiels in Pu Yi's Leben erstaunlich diskret ist, schien über die Art ihres Benehmens ebenso bestürzt gewesen zu sein.

Eine Fraktion innerhalb seines ‚Hofstaats' mit seinem eigenen Vater an der Spitze dränge ihn zur Rückkehr in den ‚Nördlichen Herrschaftssitz'. In dieser Gruppe befanden sich solche ‚Reformisten' wie Cheng Hsiao-hsu, der meinte, daß Pu Yi einen großen Fehler machte, wenn er sich den Japanern dermaßen verpflichtete. Cheng, dessen Loyalität zu Pu Yi von seinem Glauben an die Heiligkeit des Kaiserhauses herrührte (er stammte nicht einmal aus der Mandschurei), beobachtete das Ringen unter Pu Yi's Anhängern mit edelmütiger Objektivität. Er verachtete viele der ‚Ultras' unter den Monarchisten wegen ihres unverblümten, dreisten Schmarotzertums. Er hatte vergeblich versucht, die königlichen Finanzen zu reformieren, und wußte, wie korrupt einige von Pu Yi's lautesten Anhängern in Wirklichkeit waren. Prinz Chun hatte inzwischen alles Vertrauen bei Pu Yi verspielt: Im Laufe von Pu Yi's schweren Prüfungen hatte er sich hysterisch feige verhalten und schien immer nur einen Gedanken zu haben: Geld. Allein deswegen war Pu Yi nicht geneigt, diesem Mann oder allen anderen, die ihn wieder im ‚Nördlichen Herrschaftspalast' sehen wollten, Gehör zu schenken.

Unter den anderen Anhängern befanden sich solche, die die japanische Botschaft bereits als eine Art trojanisches Pferd betrachteten, mit dem Pu Yi eines Tages in die Mandschurei kommen und wieder Kaiser werden könnte. Sollte das passieren, glaubten sie, wären sie nicht mehr nur Fürsten auf dem Papier, sondern wieder die alten Feudalherren, die Steuern erheben konnten und reich und mächtig waren. Sie waren es, die mit ihren ungehobelten, lauten Reden und ihren schlechten Manieren die Japaner schockierten – und Pu Yi mit ihren unverschämten Geldansprüchen.

Diese Geldansprüche hätten zu keinem schlechteren Zeitpunkt kommen können, denn sowohl die chinesische als auch die ausländische Presse war nach Pu Yi's Vertreibung aus der Verbotenen Stadt voller Geschichten über das mysteriöse Verschwinden der ‚nationalen Schätze', die dort untergebracht waren. Wohl war daran die ‚kaiserliche Hofhaltungsbehörde' schuld, aber davon wußte die Öffentlichkeit nichts. Inzwischen hatte die wackelige chinesische Regierung, die vorübergehend an der Macht war, nicht nur kein Geld, um die an sich schon gekürzte Unterstützung von

Der achtjährige Pu Yi (Tijger Tsou) macht erste erotische Erfahrungen.

Dem Tutor Sir Reginald Johnston (Peter O'Toole) und einer Schar von Eunuchen gelingt es, Pu Yi aus einer gefährlichen Situation zu retten.

Der Brite Reginald Johnston (Peter O'Toole), Pu Yis Freund, Lehrer und Berater, hat großen Einfluß am Hof.

500 000 China-Dollar für Pu Yi's Hof aufzubringen, sondern war gar so knapp bei Kasse, daß sie kaum die Teile des Landes regieren konnte, die dem Papier nach unter ihrer Herrschaft standen.

Die Kontrolle der Zentralregierung über ihre Finanzen hatte sich ‚fast in Luft aufgelöst', wie Albert Feuerwerker, Professor an der Michigan-Universität, schrieb (in Band 12 der ‚Cambridge Modern History of China'). Professor Sheridan von der Northwestern University stellte (im gleichen Band) fest, daß ‚der Finanzminister ohne Geld dastand, der Verkehrsminister ohne Eisenbahnverbindungen, die in den Händen der militärischen Kommandeure waren ... und alle staatlichen Schulen geschlossen waren, da die Benutzungsgebühren nicht bezahlt waren und die Lehrer kein Gehalt sahen.' Es war kaum ein günstiger Moment für Pu Yi, nach seinen reduzierten Subsidien zu fragen, zumal er sich obendrein in die japanische Botschaft abgesetzt hatte, was ja implizierte, daß er die Autorität der chinesischen Republik ablehnte.

Nun begann ein weltgewandterer, düsterer Mann eine zunehmend wichtige Rolle in Pu Yi's Leben zu spielen: Lo Chen-yu hatte in der Zeit des ‚alten Regimes' zu den ‚Bannerleuten' gehört, die 1922 gegen Pu Yi Front gemacht hatten. Äußerlich gab er sich wie ein Gelehrter, während sein wahres Interesse Antiquitäten galt. Seit Pu Yi's Hochzeit war er eine vertraute Figur am Hof gewesen sowie der unerläßliche Mittelsmann, als für die kaiserliche Hofhaltungsbehörde die Zeit kam, die Schätze des Hauses Ching zu veräußern. Lo Chen-yu, inzwischen über fünfzig und ein äußerst korrupter Mann, zerstritt sich bald mit dem ‚Reformer' Cheng Hsiao-hsu, der ihn durchschaut hatte – als einen Betrüger und Schwindler mit ausgeprägtem Blick für den Wert von Antiquitäten jeglicher Art und als Fälscher ‚alter' Schriften. Angewidert packte Cheng Hsiao-hsu seine Siebensachen und zog sich nach Shanghai zurück.

Langsam zeigte Pu Yi in seinem Schein-Hofleben im Kleinformat vermehrte Anzeichen der Art von Schwäche, die seine Lehrer an ihm während seiner Kindheit wahrgenommen hatten: Mit immensem Enthusiasmus fing er etwas an, um sogleich wieder das Interesse zu verlieren und darauf zurückzukommen, was ihn wirklich interessierte – die Insektenkunde und da besonders das Studium der Ameisen, über die er eine Menge wußte. Es war wie bei seiner Vorgängerin, dem ‚Alten Buddha': Was heute gelegen kam, war morgen abgeschrieben. Lo Chen-yu erwarb während der drei Monate, die Pu Yi in der japanischen Botschaft zubrachte, so sehr dessen Vertrauen, daß es schon gefährliche Ausmaße annahm; Pu Yi's neuer Mentor wurde der erste einer Reihe von projapanischen Feuilletonisten innerhalb des stark geschmolzenen Hofes, entweder weil er dafür prädestiniert war, oder weil er für seine Dienste insgeheim von den Japanern bezahlt wurde. Lo Chen-yu war es dann, der tagein, tagaus Pu Yi bedrängte, China zu verlassen – nicht, wie Johnston es gerne gesehen hätte, um nach Oxford zu gehen, sondern nach Japan. Er schaffte es nicht, war dann aber für Pu Yi's nächsten Schritt verantwortlich – den Wechsel nach Tientsin.

Kurz vor seiner Abreise hielt Pu Yi seinen ersten Hofempfang seit seinem Auszug aus der Verbotenen Stadt ab. Anlaß war sein 19. Geburtstag (nach chinesischer Berechnung war es sein 20., denn in China ist ein Baby am Tag seiner Geburt ein Jahr alt), und zu dem Zweck wurde die Empfangshalle der japanischen Botschaft für diesen Tag in einen provisorischen Thronsaal verwandelt. Japanische Bedienstete brachten herrliche Teppiche an, einen gelben Armsessel, der einen Thron symbolisieren sollte, und eine Menge gelber Kissen und papierner Ornamente. Die Monarchisten kamen aufgeputzt – in Ching-Kappen mit roten Quasten, mit Mandarinabzeichen, in Zobelroben. Auch Diplomaten waren zugegen, in ihren Fracks. Insgesamt waren an die 500 Gäste erschienen.

Die Rede, die Pu Yi hielt – und welche später in der Presse abgedruckt wurde –, war sowohl von Würde als auch von Melancholie gekennzeichnet. Er erinnerte daran, daß er als ein Gast sprach, „unter dem Dach eines Fremden'", und „da ich erst ein junger Mann von zwanzig bin, ist es nicht richtig, wenn ich ein ‚langes Leben' zelebriere". Seine Jugend innerhalb der Verbotenen Stadt (das ‚Große Innere', wie er es nannte), sagte er, „war eine Jugend in Gefangenschaft gewesen", und er bedauerte ihr Ende nicht. Es war schmerzvoll gewesen. Er wäre über eine Abschaffung der ‚Artikel zur Regelung der bevorzugten Behandlung' glücklich gewesen, aber „die Entsendung von Soldaten zum kaiserlichen Palast war ein gewaltsamer Akt . . . Ich hatte schon seit langem den ernsten Wunsch gehabt, jenen leeren Titel nicht mehr zu gebrauchen, aber durch Waffengewalt gezwungen zu werden, ihn abzulegen, hat mich sehr unglücklich gemacht." Demütigend war auch die Unmittelbarkeit all dessen. „Selbst wenn er (der christliche General) berechtigt gewesen wäre, mich zu verjagen, was gab ihm dann das Recht, alle Kleider, Gefäße, Kalligraphien und Bücher, Hinterlassenschaften meiner Vorfahren, zu beschlagnahmen? Warum durften wir nicht unsere Reisschalen, Teetassen und Küchengeräte mitnehmen? Wollte er damit ‚antike Stücke bewahren'? Ich denke, er wäre nicht einmal mit Banditen so streng umgegangen."

Pu Yi machte keine Andeutung über das Bevorstehende, abgesehen von der Zusicherung, sich aus der Politik herauszuhalten: „Ich werde niemals einem Vorschlag zustimmen, daß ich in meiner Sache um ausländische Intervention ersuchen sollte: Ich könnte nie eine ausländische Macht einsetzen, damit sie sich in die chinesische Innenpolitik einmischt."

Die Gäste bedachten ihn mit Ovationen.

In der gleichen Woche verließen Pu Yi und sein junger Diener Big Li mit ihren Fahrrädern das japanische Botschaftsgelände, um eine Spritztour zur Verbotenen Stadt zu machen. Die Melancholie hatte ihn dazu getrieben.

Die japanischen Diplomaten waren über diese Eskapade erbost. Als er es wenige Tage später erneut versuchte, machte die Botschaftswache das Tor nicht mehr auf. Der japanische Botschaftsleiter sagte, es handele sich um Sicherheitsmaßnahmen für Pu Yi's eigenes Wohl: Er fürchte um sein Leben in dem hitzigen Klima, das die Herrschaft des ‚christlichen Generals' geschaffen hatte. Das Gefühl, erneut Gefangener zu sein, machte ihn jetzt für Lo Chen-yu's Pläne empfänglicher, daß er Peking ganz verlassen sollte, um nach Tientsin zu gehen, wo es sicherer und weniger kostspielig war. Es gibt ein Sprichwort, das sowohl tschechisch als auch chinesisch ist: ‚Ein Fisch und ein Gast fangen nach dem dritten Tag zu stinken an.' Pu Yi war seit drei Monaten Gast der japanischen Botschaft.

Die Yoshiwaras äußerten ihr formelles, über die Maßen höfliches Bedauern und meinten, daß es ihm frei stand, so lange zu bleiben, wie er wollte. Insgeheim aber waren sie erleichtert, als er ging; man könnte vermuten, daß sie sogar auf Lo Chen-yu eingeredet hatten, diesen Vorschlag vorzubringen und zu überwachen. Auf der Strecke Peking–Tientsin wurde ein Sonderzug bereitgestellt, und am 23. Februar 1925 machte Pu Yi einen schnellen, heimlichen Abstecher zum Pekinger Bahnhof. Er hatte sich zu diesem Zweck wie ein typischer Chinese angezogen – ein schwarzes Gewand und Käppchen und seine geliebte Harold-Lloyd-Brille.

Johnston begleitete ihn auf seinem Abstecher, und es sollte eine seiner letzten, ruhigen Unterhaltungen mit Pu Yi sein, denn sein Zwischenspiel im Haus der Ching, das sein Leben unauslöschlich geprägt hatte, war vorüber: Er stand kurz vor dem Beginn seiner Karriere im englischen Kolonialdienst als Bevollmächtigter von Weihawei. Die Zugfahrt war ein verlängertes Abschiednehmen. Pu Yi war in diesem Stadium jedenfalls nicht mehr von größerem Belang für die englische Regierung (Tschiang Kai-schek wurde nun der Mann, auf den man das Augenmerk richten mußte), und ihm selbst fehlten die Mittel, um Johnston weiterhin aus eigener Tasche bezahlen zu können.

Tientsin (bzw. Tianjin, wie es heute heißt) war damals nach Shanghai die kosmopolitischste Stadt in China, ein Prototyp der ‚Internationalen Konzessionen', die China unter dem wachsenden Druck der ausländischen Mächte einräumen und anerkennen mußte. In Tientsin war eine große englische, französische, deutsche und japanische Gemeinde zu Hause; und jede dieser ausländischen Enklaven war eine Mini-Kolonie. Es gab drei ‚englische' Stadtverwaltungen, fünf ausländische Kirchen, acht Tennisklubs, fünf Freimaurerlogen, sieben Gesellschaftsklubs (Chinesen waren überall ausgeschlossen), Hockeyklubs, Cricketklubs und Golfklubs, Schwimmbäder (für Ausländer) und eine große Rennbahn; letztere brannte während des Boxeraufstands ab und wurde danach mit einer imposanten Haupttribüne wiederaufgebaut. Tientsin konnte sich rühmen, vier Tageszeitungen zu haben – die ‚Peking and Tientsin Times', ‚L'Echo de Tientsin', ein japanisches Blatt namens ‚Tenshin Nichi-Nichi Shimbun' und das ‚Tientsin Tagblatt'. Es gab auch kleine belgische und italienische Gemeinden und Tausende von nun staatenlos gewordenen Weißrussen. Laut Isherwood (in ‚Journey to a War')

„sieht man zwei oder drei von ihnen hinter jeder Bar – ein fettes, geschlagenes Volk. Eingesperrt in ihren vier Wänden führen sie ein melancholisches Leben voller Klatschgeschichten, trinken, sie spielen Mah-Jongg und Bridge. Irgendwie sind sie alle hierher verschlagen worden ... und hier ist für sie Schluß; kein anderer will sie aufnehmen. Sie haben sich ein unsicheres Existenzrecht aufgebaut – auf Nansen-Pässen, chinesischen Nationalitätspapieren zweifelhafter Gültigkeit, veralteten Identitätsausweisen aus der Zarenzeit, so groß wie Tischtücher, oder schlicht darauf, daß sie mit ihrer Armut einfach da sind. Aus großen, blassen Gesichtern schauen sie in die Zukunft, ohne Erbarmen oder Hoffnung, hinweg über unzählige Zigaretten und Teegläser. ‚Ihre Uhren', sagte Auden, ‚sind 1917 stehngeblieben. Seither war für sie ununterbrochen Teestunde.'"

‚Gordon Hall' (benannt nach Gordon, ‚dem Chinesen', dem englischen General, der bei Khartoum fiel) war das englische Zentrum, das Zentrum der kommunalen Aktivitäten der englischen Heimatvertriebenen. Das Leben aber spielte sich in seinen zahlreichen ausländischen Restaurants, Kaffeehäusern und Nachtklubs ab, daneben in den Hotels und Kinos, die im Besitz von Ausländern waren, und in der Dublin Road im großen, blühenden Freudenhaus mit Opiumhöhle.

Die Atmosphäre war die einer unbedeutenden, prüden Kolonie, die durch die Nähe einer großen, aber weitgehend ignorierten chinesischen Stadt gemildert wurde. Es gab einen ‚Victoria Park' im englischen Stil, deutsche Kaffeehäuser mit Um-ta-ta-Orchestern, schäbige russische Kneipen und schicke englische Geschäfte. Whiteway und Laidlaw, die Harrods von Tientsin, hatten einen internationalen Ruf für gutgeschnittene Tweeds und ‚feine Schuhe' für die europäischen Frauen. Wie in allen solchen kleinen, Klaustrophobien fördernden Kolonien weit weg von der Heimat bekamen solche Dinge wie die Moral der Mittelklasse, unwichtige Eifersuchtsgeschichten und Klubhaus-Klatsch eine absurde Bedeutung; und Pu Yi's Ankunft war ein gesellschaftliches Ereignis ersten Ranges.

Die koloniale Atmosphäre war dennoch besonders: Sie war nicht nur kosmopolitischer als in ähnlichen Gemeinschaften in Britisch-Indien oder Afrika, sondern auch weniger sicher. Die europäischen Kaufleute, Bankiers und Beamten im öffentlichen Dienst und ihre Familien waren sich sehr wohl klar darüber, daß ihr Hort von Gesetz und Ordnung, den man da in einem riesigen, anarchischen Land eingerichtet hatte, eine äußerst künstliche Oase war. Nationale Unterschiede hatten deshalb geringere Bedeutung als der vereinende Faktor, von einer Rasse zu sein. Selbst während des Ersten Weltkriegs hatten sich die englischen, französischen und deutschen Gemeinden in Tientsin – als Mitglieder einer höheren, ‚fortgeschritteneren' Zivilisation – eher verbunden als durch den Krieg getrennt gefühlt.

Henry Woodhead, Herausgeber der ‚Tientsin and Peking Times', schrieb in seinem Buch ‚Adventures in Far Eastern Journalism' über diese äußerst künstliche, koloniale Enklave. Er hatte das Privileg, gelegentlich mit Pu Yi zusammenzukommen, und sein Blatt erschien täglich mit einer Chronik vom Hof, dem ‚Court Circular', in der von Pu Yi's Ausflügen tagein, tagaus zu lesen war; und da Pu Yi zeitweise ‚Nachrichtenwert' besaß, war Woodhead als ‚Aufhänger' für andere Publikationen sehr gesucht. „Ich hatte sehr enge Beziehungen zum Kaiser", rühmte er sich. Woodhead war ein etwas engstirniger, konventioneller Engländer, der am Empire mitbauen wollte, einer, der das Brighton College nicht geschafft hatte und weit hinter Johnstons Intellekt zurückstand. Er war ein typischer Vertreter jener Mittelklasse-Engländer, die in den entlegenen Teilen des Empires nach Abenteuern suchten, nicht um Gewinn zu machen, nein, sondern um den Einengungen durch die englischen Klassenunterschiede jener Zeit zu entkommen. Er stellte den Engländer im Ausland dar – die Art von Mensch, über die Somerset Maugham in einer Mischung aus Abscheu und Faszination schrieb.

Als Pu Yi in seinem Sonderzug im Bahnhof von Tientsin ankam und mit Johnston und einer großen Zahl japanischer Geheimpolizisten an der Seite ausstieg, war Woodhead in seiner Eigenschaft als Reporter zur Stelle. Die Ehrengarde der japanischen Gemeinde in Tientsin präsentierte ihre Waffen, und Pu Yi wurde im Handumdrehen in das japanische Hoheitsgebiet gebracht.

Lo Chen-yu hatte für ihn den ‚Chang-Garten' als Aufenthaltsort ausgesucht, ein großes Anwesen mit einer Mauer rundum, das einem treuergebenen ‚Bannermann' gehörte, der Pu Yi versprochen hatte, daß er dort so lange, wie er es wünschte, umsonst wohnen konnte. Vom Blickpunkt der Japaner aus betrachtet, hatte es eine ausgezeichnete Lage – nicht nur, weil mitten im japanischen Hoheitsgebiet an der Asahi-Straße, sondern auch, weil direkt gegenüber das Kasuga-Haus stand, das Hauptquartier des japanischen Geheimdienstes in Tientsin. Da Pu Yi's neuer Wohnsitz aber noch nicht ganz fertig war, mußte er die erste Nacht in einem Hotel, das den Japanern gehörte, verbringen.

Woodhead zufolge besaß Pu Yi bereits ein eigenes großes Haus im englischen Hoheitsgebiet. Wie er später herausfand, war Pu Yi dort nicht eingezogen, weil die englische Stadtverwaltung den Polizeischutz ablehnte, um den er ersucht hatte.

Sobald der ‚Chang-Garten' entsprechend eingerichtet war, kamen seine beiden Frauen aus Peking nach, und wieder einmal gab es Streitereien um die Räume und den Vorrang. In seinen Erinnerungen an den Alltag in Tientsin beschreibt Woodhead das Ambiente an Pu Yi's neuem Hof vorwiegend als ein Hundeparadies. Kaiserin Wan Jung hatte ein ganzes Rudel Pekinesen, die nie richtig stubenrein waren und ständig am Kläffen, und Pu Yi zwei englische Doggen, ‚Mr. und Mrs. Ponto', die nachts durchs Gelände streiften. Pu Yi versprach Woodhead ein Exemplar aus der Nachkommenschaft, sollte es zur Paarung kommen, aber Woodhead lehnte das Angebot ab; er wußte nicht, wie lange er in Tientsin blieb, und fürchtete, daß ihn der Hund nur arm fressen würde. Bei Gartenfesten tolerierte man die Hunde wegen der gesellschaftlichen Stellung von Frauchen und Herrchen. Den Umgang mit den Hunden überließ Pu Yi jedoch seinen Dienern, und die – wie auch die Kaiserin – verzogen die Pekinesen ungemein. Da Elizabeth, die Kaiserin, Pekinesen hatte, wollte Wen Hsiao auch welche, und bald lieferten sich beider Hunde erbitterte Kämpfe, quasi als Vorspiel zu dem Gekreisch und Gezänk, das später zwischen der Kaiserin und der Konkubine ausbrechen sollte. In diesen Anfangstagen in Tientsin schienen Kaiserin Elizabeth (‚ein wunderbares Mädchen, das einem Stück feinsten Porzellans gleicht') und Wen Hsiao gut miteinander auszukommen, „wie Schwestern', wie Woodhead bemerkte.

Pu Yi genoß die relative Freiheit jener ersten Monate in Tientsin. Er konnte sich freier als je zuvor bewegen. Obgleich ihm japanische Leibwachen auf Schritt und Tritt folgten – wieder nur zu seiner Sicherheit –, fing er an, das Stadtleben zu mögen. Zusammen mit seiner Kaiserin besuchte er den Jahresball der schottischen Saint-Andrew's-Gesellschaft, was seine Leute vor ein kleineres organisatorisches Problem stellte, als man entdeckte, daß der ‚junge Oberst', der Sohn Chang Tzu-lin's und bei weitem kein Freund von Pu Yi, ebenfalls eingeladen war. (Beide kamen dann zu verschiedenen Zeiten.) Laut Woodhead war Pu Yi immer stilvoll gekleidet – Johnston's Vermächtnis hatte gefruchtet. Pu Yi kaufte zwei Motorräder, mit denen er nur innerhalb seines Anwesens herumfuhr. Woodhead erinnert sich an einen Nachmittag voller Heiterkeit, als Johnston zu Besuch war und Pu Yi darauf bestand, er solle es mal mit einem Motorrad versuchen, und Johnston daraufhin nervös startete, in Schlangenlinien im Hof herumfuhr, während Pu Yi heftig lachte.

Einige der englisch verfaßten Leitartikel, die Johnston in seinem Englischunterricht für den kaiserlichen Schüler in der Verbotenen Stadt verwendet hatte, waren von Woodhead geschrieben worden, und eines Tages sagte Pu Yi dem englischen Journalisten, daß er gerne die ‚Peking and Tientsin Times' besuchen wollte. Er bemerkte zusätzlich, daß er unter seinem üblichen falschen Namen erscheinen würde, als ‚Mr. Wang'.

Eines Nachmittags kam ein chinesischer Schreiber in Woodheads Büro gestürmt und rief: „Der Kaiser ist hier."

„Nein, nein", sagte Woodhead, „das ist Mr. Wang." Pu Yi hielt sich lange in den Büros auf und freute sich zu erfahren, wie alles aufs Papier kam. Als Pu Yi wieder fort war, sagte ein chinesischer Setzer zu Woodhead, daß der Armsessel, in dem ‚Mr. Wang' gesessen hatte, in eine Glasvitrine kommen sollte. „Der Kaiser hat darauf gesessen!" Wenigstens einer in der chinesischen Belegschaft des Blattes, der ein überzeugter Monarchist war.

Woodhead führte Pu Yi auch in einen kleinen inoffiziellen Bridgeklub ein, den ‚Treibhundeverein', in dem Engländer und Deutsche Mitglieder waren. Niemand wußte, wie der Klub zu seinem Namen kam. Mit allem zeremoniellen Drum und Dran trat Pu Yi seine Mitgliedschaft an.

Während Pu Yi mit den führenden Mitgliedern der unbedeutenden diplomatischen Korps und Wirtschaftselite in Tientsin Umgang pflegte, in Herr Bader's Kaffeehaus heiße Schokolade trank, der königlich-schottischen Kapelle nach ihrer Kirchenparade am Sonntag zuhörte, bei Whiteway und Laidlaws einen Anzug nach dem anderen orderte und laut Woodcock seinen sportlichen Lieblingsaktivitäten frönte, wie Tennis, Rollschuhlaufen und Autofahren, ging China mal wieder durch eine seiner periodischen Krisen. Pu Yi's Zwischenspiel in Tientsin machte in vielfacher Hinsicht Sinn, denn Peking war während der ersten achtzehn Monate seines Aufenthalts fast ohne jede Regierung – und voller Studenten und undisziplinierter Soldaten, die, wenn immer es ihnen einfiel, durch die Stadt zogen. In Tientsin war Pu Yi wenigstens physisch sicher und aus der Schußlinie der täglichen politischen Auseinandersetzungen.

Die Regierungen, machtlos und ständig in der Hand rivalisierender Oberkommandeure, die ihre Kabinette weitgehend selbst ernannten, wechselten mit atemberaubendem Tempo. 1925 schlugen sich der ‚christliche General' und Chang Tso-lin erneut – als Preis lockte Peking. Pu Yi verfolgte mit Interesse das Auf und Ab der ergebnislosen Kämpfe. Seine Berater hatten ihn überzeugt, daß der Schlüssel für seine Zukunft in den Händen der Oberkommandeure der chinesischen Armee lag: Wer immer gewann, würde – davon waren sie überzeugt – die ‚Artikel zur Regelung der bevorzugten Behandlung' wieder einführen wie auch wieder Geld in ihre Kassen fließen lassen, was inzwischen dringend nötig war.

Auf Oberst Chang Tso-lin war wohl von allen, die sich um die Macht balgten, am ehesten zu setzen. Eines Tages im Juni 1925 kam Pu Yi's Schwiegervater, der trotz seiner offenkundigen Verfehlungen immer noch das Geld der Ching-Familie verwaltete, mit großartigen Nachrichten zu Pu Yi: Chang Tsio-lin hatte 100 000 chinesische Dollar im ‚Kriegsfonds' der ‚Kaiserlichen Hofhaltung', oder was davon noch übriggeblieben war, hinterlegt. Dafür verlangte der ‚Generalissimo Chang', wie er sich inzwischen nannte, ein inoffizielles Gespräch mit Pu Yi – unter vier Augen und in keinem ausländischen Hoheitsgebiet. Ohne die Japaner zu unterrichten, schlich sich Pu Yi eines Nachts davon – ein japanischer Geheimdienstler folgte ihm dennoch – und traf sich mit Chang Tso-lin in einem abgelegenen Haus im chinesischen Teil der Stadt. Es war von Chang's Leibwächtern umstellt, einsachtzig großen Männern in grauen Uniformen, die der ‚Generalissimo‘ selbst entworfen hatte.

Der Mann, der dann im Haus vor Pu Yi den Kotau machte, sah überhaupt nicht so aus, wie sich Pu Yi einen Oberkommandeur und Kriegsherrn vorgestellt hatte: Auf den Fotos seiner Zeit sah Chang Tso-lin – schmächtig, in Zivilkleidung, mit einem leichten Oberlippenbart – ein bißchen wie ein chinesischer Clark Gable aus und hatte wie dieser ein leuchtendes Lächeln und immensen Charme. Woodhead, der ihn gut kannte, beschrieb ihn als „einen dünnen, zerbrechlich aussehenden Mann mit außergewöhnlich kleinen Händen" und als Kettenraucher.

Die beiden Männer saßen nebeneinander und tauschten Komplimente aus: Pu Yi war seinen eigenen Worten nach „in sehr guter Stimmung", da sich „mein unwohles Gefühl, daß es unter meiner Würde gewesen war, zu ihm zu kommen", durch seinen offiziellen Kotau verlor. Pu Yi bedankte sich bei Chang Tso-lin für die tadellose Erhaltung der Ching-Paläste in der Mandschurei und anderen Gebieten, die unter seiner Kontrolle standen. Chang meinte zustimmend, daß es keine Plündereien gegeben hatte, und verfluchte den ‚christlichen General‘ für sein barbarisches Verhalten im Jahr zuvor. Pu Yi legte dar, daß er in erster Linie wegen des ‚christlichen Generals‘ und seiner plündernden Truppen nach Tientsin gegangen war. Er verzerrte gegenüber Chang sein leeres, nichtiges Leben in Tientsin und seinen gesellschaftlichen Umgang mit zweitklassigen Europäern. Chang gefiel das. „Wenn Ihr etwas braucht", sagte er, „laßt es mich nur wissen."

Ein Adjutant kam in den Vorraum und richtete dem ‚Generalissimo‘ aus: „Der Stabschef möchte Sie sprechen, Herr."

„Das eilt nicht", sagte Chang Tso-lin. „Er soll einen Moment warten." Pu Yi stand auf. Seiner Meinung nach war das Gespräch zu Ende. Beim Aufstehen entdeckte er ein entzükkend hübsches junges chinesisches Mädchen – offensichtlich die Konkubine des ‚Generalissimo', die ungeduldig darauf wartete, seine Beachtung zu finden.

Chang Tso-lin begleitete Pu Yi zum Auto. Als er den postenschiebenden japanischen Geheimdienstmann sah, sagte er laut, so daß es nicht überhört werden konnte: „Wenn diese Japaner euch ein Haar krümmen, laßt es mich wissen, und ich werde sie mir vorknöpfen."

Am nächsten Tag bekam Pu Yi für seine Eskapade die Schelte des japanischen Generalkonsuls zu hören: Falls es nochmals vorkäme, meinte er mit überaus höflichen Worten und wiederholten Verbeugungen, wird Japan „nicht mehr in der Lage sein, die Sicherheit Seiner Majestät zu garantieren".

Pu Yi's Berater frohlockten, besonders da kurz danach Chang Tso-lin zur Tat schritt und die Streitkräfte des ‚christlichen Generals' in die Flucht schlug. Als Chang Tso-lin im Juni 1927 offiziell die Kontrolle über Peking innehatte, proklamierte er eine Militärregierung. Der ‚christliche General' suchte sein Heil unterdessen in der Sowjetunion, doch sein fünfmonatiger Aufenthalt als ‚Ehrengast' der Sowjets machte auf ihn keinen sonderlichen Eindruck: Als er die Sowjetunion verließ, war seine Sympathie für den Kommunismus weit geringer als bei seiner Ankunft.

Hätte Pu Yi – nach seinem Treffen mit Chang Tso-lin, der, wenngleich auf umständliche Weise, versucht hatte, ihn vor einer Verstrickung mit Japan zu warnen – diese Freundschaft ausgenutzt und mit etwas Mut gehandelt, hätte er womöglich nach Peking zurückkehren und vielleicht auf eine dauerhafte Revision seines Status drängen können. Das Problem war, daß Pu Yi sich in dem Gewühl der rivalisierenden Heerführer wie ein Dilettant benahm, was entweder daran lag, daß man sich in Tientsin nicht zum Handeln entschließen konnte und nur nach Intrigen dürstete, oder an den widersprüchlichen Ratschlägen von seiten seines sich einmischenden ‚Hofes'. Einer dieser Kriegsherrn, Chang Tsung-chang, verschiedentlich ‚der Hundsgeneral' genannt (wegen seiner anstößigen Herkunft), oder ‚der langbeinige General' (wegen seiner Angewohnheit, jedes persönliche Risiko in einer Schlacht zu vermeiden), war einst mit Chang Tso-lin zusammen gewesen. Mittlerweile konnte er eine kleine Lehnsherrschaft sein eigen nennen. Außerdem hatte er das tüchtige Mundwerk eines Betrügers: Pu Yi bekam ihn oft im ‚Chang-Garten' zu sehen und zeigte sich von seinen tollkühnen Geschichten fasziniert, vermutlich weil er sich sonst langweilte. Ein anderer, gar noch dubioserer Oberkommandeur und Kriegsherr, der vorübergehend in Pu Yi's Sold stand, war ein ehemaliger Kosakengeneral, Semenov, mit dem er 1925 ein kurzes Treffen hatte. Semenov lag alles daran, mit Hilfe der Weißrussen in Tientsin eine ‚antibolschewistische Liga' aufzuziehen – aber sein lautes Geschrei nach einer Schutzliga machte ihn zu einer gefürchteten und verhaßten Figur, jedenfalls in den Augen der meisten in Tientsin ansässigen Weißrussen. Das Geld, das er aufbrachte, gab er für sich selbst und seine Kosaken aus, allesamt Radaubrüder.

Pu Yi zeigte Interesse, denn Peking war immer noch in der Hand des ‚christlichen Generals', der seinerzeit starke Sympathien für den Kommunismus hatte. Semenov, ein gar noch überzeugenderer Lügner als der ‚Hundsgeneral', bediente sich eines abgegriffenen Gaunertricks: Er brauchte das Geld nicht wirklich, seine Anhänger hätten bereits 300 Millionen Rubel hinterlegt, und bei den amerikanischen, englischen und japanischen Banken stünden ihm riesige Fonds zur Verfügung: allein in der Hongkong- und Shanghai-Bank lägen 80 Millionen Dollar, die der englische Geheimdienst für ihn angewiesen habe, wie er behauptete – als Teil eines langfristigen Plans der Engländer, die Sowjets zu stürzen. Nur ein kurzzeitiges Bargeldproblem ließ ihn zu Pu Yi kommen. Sobald seine finanziell gutgepolsterten, höchst motivierten und von Kosaken ausgebildeten Streitkräfte in Aktion träten, wäre Pu Yi's Rückkehr auf den Mandschu-

Thron praktisch eine ‚fait accompli'. Es wäre doch schade, wenn man es versäumte. Pu Yi gab ihm 50000 Dollar.

Ein anderer Spezialist von eigenen Gnaden war Liu Feng-chih, der von sich behauptete, ganz besonders geeignet zu sein, um die Männer in Chang Tso-lin's Umgebung zu bestechen, damit Pu Yi's Rückkehr in die Verbotene Stadt als Kaiser gesichert war. Dieser besondere Schwindler erklärte, daß er dafür Perlen brauchte, die ihm im angemessenen Umfang übergeben wurden. Dann kam von Liu in Peking die Nachricht, daß man mehr brauchte – vorzugsweise Bargeld. Pu Yi fing an, mißtrauisch zu werden. ‚Ich bemerkte, daß etwas faul war', schrieb Pu Yi später, ‚als er mit Tränen im Gesicht zu mir kam und mir erzählte, wie arm er war; dieses Mal bat er nur um zehn Dollar.'

Pu Yi's ‚Kriegsfonds' war beträchtlich angezapft worden – ohne daß bei den konfusen Intrigen etwas herausgekommen war. Wäre irgendeine erfolgreich verlaufen, wäre sie dennoch nur von kurzer Dauer gewesen. Denn im Jahr 1928 folgten die Ereignisse plötzlich schnell aufeinander. Tschiang Kai-schek begann seinen ‚großen Plan' umzusetzen und seine Herrschaft über ganz China auszubauen. Als er anfing, alle rivalisierenden Kriegsherren herauszufordern, verkümmerte ihr Interesse an Pu Yi's Wiedereinsetzung als Kaiser, und bald zerbröckelten dessen eigene Hoffnungen. ‚Da ihre Fronten auseinanderfielen', schrieb Pu Yi später, ‚waren die Generäle im Norden nicht geneigt, sich Sorgen um Artikel und Sonderregelungen für (meine) bevorzugte Behandlung zu machen.'

Kapitel 13

Chang Tso-lin, das forsche Clark-Gable-Ebenbild, hatte sich bei den Japanern als Anführer einer dreisten Truppe von ‚Irregulären', die ehemals Banditen gewesen waren, einen Namen gemacht und ihnen geholfen, die Russen in der Mandschurei während des russisch-japanischen Krieges 1904-05 zu schlagen.

Seither hatte er die Japaner sowohl als Freunde wie auch als Feinde erlebt: 1916 hatten sie einen Mordanschlag auf ihn versucht, 1924 hingegen überhäuften sie ihn mit Geld. Da sowohl Chang Tso-lin als auch die Japaner glaubten, daß die kommunistische Bedrohung von Südchina her für die Stabilität in Asien die Hauptgefahr darstellte, vertraute Chang darauf, daß zwischen ihnen ein ‚objektives' Bündnis bestand. Der japanische Premierminister Tanaka wünschte ihm den nötigen Erfolg.

Jedoch war Tanakas Regierung in Wirklichkeit nicht die ‚echte' Regierung in Japan; denn die japanischen Angelegenheiten wurden auf zwei unterschiedlichen und bisweilen gegensätzlichen Ebenen behandelt. Zwar gab es auf der einen Seite eine offizielle Zivilregierung. Auf der anderen Seite aber wurde die wirkliche Politik und die langfristige Strategie allein von Kaiser Hirohito bestimmt. Hierzu dienten ihm geheimdienstliche und militärische Nachrichtennetze, die absolut geheim operierten und praktisch unbegrenzte Mittel zur Verfügung hatten.

1927, während Pu Yi nervös in Tientsin saß und mit Chang Tso-lin kokettierte, plante Kaiser Hirohito bereits die Isolierung von Chang Tso-lin und die Übernahme der Mandschurei. Sein neu ernannter Premierminister Gi-ichi Tanaka wußte davon nichts. Obgleich er ein Exangehöriger des Militärs war, gehörte er nicht zum inneren Kreis der Verschwörer um den Kaiser – den ‚drei Krähen' und den ‚elf Vertrauenswürdigen', die bereits 1921 in Baden-Baden mit der Planung der militärischen Eroberungen durch Japan begonnen hatten.

Alles, was Tanaka den verstümmelten, unvollständigen Geheimdienstberichten entnehmen konnte, war, daß ein paar militärische Hitzköpfe in der japanischen ‚Kwangtung-Armee', die in den japanisch kontrollierten Enklaven in der Mandschurei stationiert war, darauf aus sein mochten, Chang Tso-lin's Position zu ‚destabilisieren'. Tanaka sprach sich dafür aus, sowohl Chang Tso-lin als auch seinen KMT-Rivalen, Tschiang Kai-schek, zu unterstützen: „Wir verhandeln mit Chang Tso-lin so lange, wie er die Vorherrschaft im Norden hat, und mit Tschiang Kai-schek, solange er den Süden kontrolliert."

Tanaka riet Chang Tso-lin, sich auf die Mandschurei zu beschränken – und seine Streitkräfte bis nördlich der Großen Mauer zurückzuziehen. Chang Tso-lin aber weigerte sich. „Ich bin nach Peking vormarschiert, und ich führe gegen kommunistische Einflüsse Krieg", erklärte er Tanaka. Er marschierte nach Süden, verwickelte Tschiang Kai-schek's Streitkräfte in eine Reihe unentschiedener Schlachten und traf wieder in Peking ein.

Seine japanischen Berater kamen alsbald mit einer außergewöhnlichen Information an: In der sowjetischen Botschaft in Peking, berichteten sie ihm, waren einige faszinierende Dokumente aufbewahrt, die, kämen sie zur Veröffentlichung, das Kräftegleichgewicht in China radikal verändern würden. Sich über alle diplomatischen Konventionen hinwegsetzend, ließ Chang Tso-lin seine Leute in die Botschaft einbrechen und sämtliche Dokumente herausholen, derer sie habhaft werden konnten. Dazu gehörten Direktiven von Stalins Komintern-Organisation, die über die langfristigen Pläne der Sowjetunion Aufschluß gaben, wie die Durchsetzung der KMT und der Einsatz der kommunistischen Partei Chinas zur Herbeiführung einer marxistischen Revolution, die Durchdringung der KMT mit Komintern-Agenten und die allmähliche Übernahme durch chinesische Kommunisten genau vor sich zu gehen hatten.

Chang Tso-lin, der unerschütterliche Antikommunist, der immer überzeugt war, daß Tschiang Kai-schek ein Gefangener seiner kommunistischen Verbündeten war, freute sich, als er seine Theorien bestätigt sah und die Sowjetunion entlarven konnte – als eine unheimliche Macht, darauf aus, die Weltrevolution zu exportieren.

Aber der sensationelle Einbruch (er stand auf allen Titelseiten) kam auch Tschiang Kai-schek sehr gelegen. Er hatte somit den Vorwand, den er brauchte, um Japans Zustimmung zu bekommen und mit den Kommunisten dramatisch zu brechen, was er sowieso getan hätte, wie er Japan schon versprochen hatte: Am 17. April 1927, in den Annalen der kommunistischen Partei Chinas der ‚Schwarze Dienstag', drehte Tschiang plötzlich den Spieß um – gegen seine kommunistischen Verbündeten; sie wurden ohne Warnung niedergemetzelt. Fünftausend wurden geköpft. Tschou En-lai, der gerade kommunistischer Bürgermeister in Shanghai geworden war, floh, und bald waren die Kommunisten ganz von der politischen Karte Chinas verschwunden. Borodin kehrte in die Sowjetunion zurück, und manch ein kommunistischer Sympathisant von einst, wie der ‚christliche General', ging auf Gedeih und Verderb zur KMT.

Danach zerstritt sich Tschiang Kai-schek mit seinen eigenen Verbündeten in der KMT und kündigte seinen ‚Rücktritt' an. Wochen später war er in Japan, vorgeblich um Mei-ling Soong, der Tochter des millionenschweren Bankiers in Shanghai, den Hof zu machen, dessen andere Tochter Sun Yat-sen geheiratet hatte, Kommunistin geworden war und schließlich seine Witwe, die überall geachtet wurde – und die knapp dem Tod entkam, als sie von Chang Tso-lin's Leuten erdrosselt werden sollte, indem sie sich für 200 000 Dollar Lösegeld freikaufte.

Während seines drei Monate langen, schicksalsschweren Aufenthalts in Japan machte Tschiang Kai-schek nicht nur Mei-ling den Hof, sondern schloß auch einen Vertrag mit den Japanern: Über das dichtmaschige, inoffizielle Nachrichtennetz und durch vertrauensvolle Mittelsmänner Hirohitos gab er dem Kaiser einen kurzen Überblick über seine zukünftige Strategie: Was von seinen kommunistischen Verbündeten noch übrig war, würde er restlos eliminieren und dann mit Unterstützung aller außer der hartnäckigen ‚Nördlichen Generalität', die mit ihm nichts zu tun hätte (natürlich dachte er dabei an Chang Tso-lin), Herrscher über ganz China sein, bis zur ‚Großen Mauer' im Norden.

Tschiang Kai-schek ließ noch anfügen, daß er sich bewußt

war, daß eine ‚Befriedung' ein langes und kostspieliges Unternehmen wäre. Die Kommunisten waren zwar auf der Flucht, aber bestimmt organisierten sie sich wieder neu. Als Gegenleistung für eine japanische Unterstützung – d. h. keine militärische Einmischung von seiten Japans – war Tschiang Kai-schek bereit, sowohl die Mongolei als auch die Mandschurei in japanische Hände fallen zu lassen. Er wußte, daß er auch ohne diese traditionell ‚schwierigen' Territorien genug in der Hand hielt.

Hirohito sandte einen engen Vertrauten, Prinz Higashikuni, als Beobachter nach China, der die Situation scharf im Auge behalten und direkt berichten sollte, ohne die offiziellen diplomatischen Kanäle der Japaner zu benutzen. Prinz Higashikuni war bereits 1921 in Baden-Baden bei dem Treffen der ‚drei Krähen' als führender Kopf mit von der Partie gewesen wie auch bei der nachträglichen Wahl der ‚elf Vertrauenswürdigen', die alle darauf eingeschworen waren, den Eroberungstraum von Kaiser Hirohito zu erfüllen.

Wieder in China, startete Tschiang Kai-schek seine militärische Expedition in den Norden, um die Herrschaft über China bis zur Großen Mauer nördlich von Peking wiederzuerlangen. Pu Yi, der in Tientsin in Sicherheit war, erlebte den ganzen konfusen Bürgerkrieg aus der Ferne als eine Auseinandersetzung zwischen den rivalisierenden Oberkommandeuren mit und bereitete sich auf seine Verhandlungen mit dem Sieger vor, wer immer es auch sein mochte, der die Oberhand gewann. Doch passierte etwas, das ihn sein ganzes Leben lang zu Tschiang's Feind machen sollte – und ihn dazu bewegen sollte, als dann die Zeit für eine endgültige Kraftprobe zwischen Japan und der KMT kam, sich auf die Seite Japans gegen Tschiang Kai-schek zu stellen.

Bei ihrem Vorrücken in die Provinz Hupei entweihten Tschiang's Truppen die heiligen Ching-Gräber mit den sterblichen Überresten des Kaisers Chieng Lung, des berühmtesten aller Ching-Kaiser, und auch die des ‚Alten Buddha' verschonten sie nicht. Sie brachen in die Mausoleen ein, holten die Skelette nach draußen und entfernten die wertvollen Juwelen, die mit den Toten begraben worden waren.

Pu Yi konnte diesen Affront weder verzeihen noch vergessen, der auf all sein späteres Handeln einen starken Einfluß haben sollte. Die Plünderer wurden nie bestraft, und es gab Berichte, die zwar unbewiesen blieben, aber immer wieder auftauchten, daß ein paar der Juwelen aus den Mausoleen nun die Schuhspangen von Mei-ling Soong zierten, die neue Braut von Tschiang Kai-schek.

Da sich Tschiang Kai-schek 1927 mit seinen Truppen nach Norden bewegte, begann Japan, seinen Teil der Abmachung mit ihm zu erfüllen. Wie üblich wurde nichts dem Zufall überlassen.

Im Dezember 1927 (im selben Monat heiratete Tschiang Kai-schek endlich Mei-ling Soong in Nagasaki) flog eine kleine Brücke an der Eisenbahnstrecke, die durch die Mandschurei führte, in die Luft – das Werk von ‚Banditen', wie alle Zeitungen berichteten. Tatsächlich war die Sprengung von einem japanischen Oberst, Komoto Daisaku, ausgeführt worden, der in der japanischen Enklave in Port Arthur auf Dauer stationiert war. Es ist kaum ein Zufall, daß Daisaku zu den ‚elf Vertrauenswürdigen' gehörte.

Es war, wie Bergamini schrieb, ‚ein stures Vorgehen' ... In den folgenden Monaten wiederholte er das Experiment mehrere Male an verschiedenen Brücken. Die Reaktion war immer dieselbe: ‚Banditen'. Für Chang Tso-lin's Ermordung war alles vorbereitet.

Inzwischen wurde Tschiang Kai-schek in den ersten sechs Monaten des Jahres 1928 immer stärker. Sein ‚Feldzug nach Norden' wurde für Chang Tso-lin zu einem Desaster, der sich mit seinen Truppen geschlagen geben und einen schmerzvollen Rückzug nach Norden antreten mußte. Chang entschied, daß sich das Glück vorübergehend von ihm abgewendet hatte und er nicht weiterhin in Peking bleiben konnte. Obgleich er Gerüchte gehört hatte, daß die Japaner einen Anschlag gegen ihn planten, betrachtete er die japanischen Garnisonen in den mandschurischen Enklaven als potentielle Verbündete und reiste in alter Gewohnheit mit drei japanischen Militärberatern, zu denen er nach außen hin überaus freundlich war.

Daisaku lauerte in der Nähe von Mukden an der Eisenbahnstrecke Peking–Mukden, wo er an einer Stelle zwischen Darien und Mukden, ein Streckenteil, der den Japanern gehörte, seine Sprengsätze angebracht hatte. Er hielt sich in der Nähe des Gleises versteckt. Drei mandschurische Soldaten, die Chang Tso-lin feind waren, bewachten diesen lebenswichtigen Eisenbahnübergang.

Zur Vorsicht ließ Chang Tso-lin einen Zug als ‚Köder' vorausfahren. In einem der sieben Wagons saß seine Geliebte, die ‚Nummer fünf' unter seinen Konkubinen. Es war die hübsche junge Frau, die Pu Yi in Tientsin kurz zu Gesicht bekommen hatte.

Sieben Stunden später, am Abend des 2. Juni 1928, dampfte sein eigener gepanzerter Zug aus dem Pekinger Bahnhof ab. Gerade noch rechtzeitg erfuhr Daisaku von dem vorausfahrenden Köder-Zug – und wartete.

Unterwegs saß Chang Tso-lin fast die ganze Nacht mit einem seiner Berater zusammen, einem Major Giga. Solange Giga im Abteil war, fühlte er sich sicher. Sie spielten zusammen Mah-Jongg und tranken Bier. Wenige Meilen von Mukden entfernt, sagte Giga, daß er nach seinem Gepäck sehen mußte. Er eilte zur hinteren Plattform des letzten Wagons, verkroch sich unter einer Decke – und hoffte das Beste. Minuten später wurde das Gleis von einer heftigen Explosion zerstört, die Waggons keilten sich ineinander, und Chang Tso-lin und sechzehn andere Passagiere waren tot.

Major Giga überlebte. Er war etwas hin und her geworfen worden, aber unverletzt geblieben. Da Tote auf alle Fälle schweigsam sind, wurden zwei der mandschurischen Wachtposten von Daisakus Männern prompt mit Bayonetten niedergestochen, der dritte, nur leicht verletzt, konnte fliehen.

Die Japaner hatten die ganze Zeit gehofft, daß sie mit Chang Tso-lin's Sohn, Chang Hsueh-liang, eine gefügige Marionette in der Mandschurei bekämen. Er war opiumsüchtig und ohne das Charisma seines Vaters. Doch das Söhnchen entpuppte sich als unerwartet entschlossen: Er überwand seine Sucht und wurde der ‚junge Marschall', Tschiang Kai-schek's Gewissen, Gefolgsmann – und schließlich Gefangener.

Natürlich versuchten die Japaner, die Version in Umlauf zu bringen, daß ‚Banditen' Chang Tso-lin's Zug in die Luft gejagt hatten. Der Sohn erfuhr aber bald von dem überlebenden Wachtposten, wie die Japaner seinen Vater ermordet hatten. Seine Reaktion machte alle geplanten japanischen Kalkulationen zunichte: In seiner Wut war er jetzt überzeugt, daß Japan – und nicht der chinesische Kommunismus – Chinas wahrer Feind war. Beizeiten sollte er dann die restlichen, geschlagenen Streitkräfte seines Vaters in den Kampf gegen Japan werfen, nachdem er sich zeitweise auf einen militärischen Pakt mit den KMT-Kommunisten eingelassen hatte. Viele Jahre später rächte er dann seinen Vater: Major Giga wurde 1938 in Japan ermordet, wahrscheinlich von einem Mandschu-Mordkommando, das im Auftrag des ‚jungen Marschalls' gehandelt hatte.

Der ‚junge Marschall' zeigte auch, daß er nicht gewillt war, mit den Japanern zu kollaborieren, noch die Kollaboration anderer mit ihnen zu tolerieren: Als er kurz nach dem Tod seines Vaters erfuhr, daß ein mandschurischer General, Yung Yu-tang, und der Vorsteher der mandschurischen Eisenbahn insgeheim mit den Japanern ein Komplott vorbereiteten, um in der Mandschurei einen japanischen Marionettenstaat zu errichten, lud er sie in sein Haus ein, um mit ihnen Mah-Jongg zu spielen, und schoß sie kurzerhand nieder. Kurze Zeit danach schloß er sich mit Tschiang Kai-schek's Streitkräften südlich der Großen Mauer zusammen. Allmählich erkannte Hirohito, daß die Mandschurei schwieriger in die Hand zu bekommen war als erwartet.

Chang Tso-lin's Ermordung war für Pu Yi ein Schock, der damals nicht wußte, inwieweit die Japaner darin verwickelt waren. Chang Tso-lin war nur einer von vielen potentiell nützlichen Kriegsherren gewesen. Sein Tod war ein Schlag, aber kein vernichtender.

Pu Yi war damals von den Japanern immer noch sehr beeindruckt. Er war in Tientsin eine kleine Berühmtheit. Bei offiziellen Dinners redeten ihn die Konsuln mit „Ihre kaiserliche Majestät" an, und er war häufig zu Gast bei Empfängen, Paraden, nationalen Feiertagsveranstaltungen. Wenn er jedoch in den Victoria-Park ging, um den englischen Militärkapellen beim Spielen zuzuhören, dann war er ein gewöhnlicher Staatsbürger, ein Mann von der Straße – und zunehmend von Langeweile geplagt.

Die Japaner waren die einzigen, die ihn ernst nahmen: Er wurde an Bord ihrer Kriegsschiffe am Pai-Fluß empfangen, in japanische Schulen eingeladen und an Hirohito's Geburtstag als Ehrengast bei der Parade der Besatzungstruppen begrüßt, wobei er den Salut wie ein Staatsoberhaupt abnahm; und japanische Offiziere unterrichteten ihn über die militärische Lage in China. Erst später fand Pu Yi heraus, daß sie ihre eigenen Spione in seinem Haus hatten und genau über die Vorgänge im ‚Stillen Garten' Bescheid wußten.

Er war sich halbwegs bewußt, daß nicht alle Japaner von ihm gleichermaßen beeindruckt waren. Die japanischen Offiziere der Garnison in Tientsin bedrängten ihn ein ums andere Mal, Japan zu besuchen oder wenigstens die von Japan besetzten Gebiete in der Mandschurei, während der japanische Generalkonsul ihm ans Herz legte, an Ort und Stelle zu bleiben.

Um Pu Yi's Denken in entsprechende Bahnen zu lenken, benutzte man jetzt Fehlinformationen. Fast jeden Tag kam Lo Chen-yu, der finstere Antiquitätenhändler, zu Pu Yi mit neuen ‚Beweisen' für ‚republikanische Komplotte', einschließlich solcher, die seine Ermordung zum Ziel hatten. Eines Nachts brach in Pu Yi's Residenz ein Feuer aus, das ein Brandstifter gelegt hatte. Pu Yi's Wachen schnappten den Schurken – und waren ziemlich überrascht, als er sich als japanischer ‚Agent provocateur' herausstellte. Bald darauf begann Lo Chen-yu's Stern zu erlöschen, und er verließ Pu Yi's Hof, um anderswo eine einträglichere Karriere als Antiquitätenhändler zu verfolgen.

Trotz dieses offenkundigen Schurkenstücks der Japaner hatte Pu Yi immer noch genügend Vertrauen in sie, um seinen jüngeren Bruder Pu Chieh zu bedrängen, nicht nur Japanisch zu lernen, sondern auch nach Japan zu gehen und dort seine Ausbildung zu vollenden. Im März 1929 ging Pu Chieh dann nach Japan an die Schule der hohen Adligen in Tokio, die auch Hirohito besucht hatte. Nach dem Abschluß sollte er die Militärakademie für Kadetten besuchen, was für die Japaner ein wesentlicher Propagandaerfolg war. Mittlerweile wußten die engsten Vertrauten um Hirohito längst, daß ein neuer ränkevoller Plan bevorstand, der weitaus durchdachter und effektiver war als Chang Tso-lin's Ermordung.

Wenig später, nachdem Pu Chieh 1929 nach Japan aufgebrochen war, reiste eine Gruppe japanischer ,Touristen' im Zug kreuz und quer durch die Mandschurei, ausgestattet mit Notizblöcken und Ferngläsern, um sich die ,Sehenswürdigkeiten anzusehen'. Sie waren die Vorläufer der persönlichen ,Fünften Kolonne' des Kaisers in der Mandschurei. An ihrer Spitze befand sich einer der brillantesten und ehrgeizigsten Offiziere in der japanischen Armee, Oberstleutnant Kanji Ishiwara. Er war seit 1928 in der Mandschurei und hatte die Aufgabe, für den Kaiser einen Plan zur Eroberung der Mandschurei zu entwerfen.

Ishiwara gehörte nicht zu den ,elf Vertrauenswürdigen'. Er war aber Mitte der 20er Jahre ein äußerst erfolgreicher Spion in Europa gewesen und jetzt einer der Spitzenagenten im Geheimdienst. Mit 40 gehörte er zu der Handvoll Offiziere, die für eine Generalslaufbahn in Frage kamen. Außerdem war er maßgeblich an der Gründung einer geheimen Beobachtungsgruppe beteiligt gewesen, die ein Jahr zuvor für die mandschurische Operation extra ausgewählt worden war. Sein Vater war ein bedeutender Führer einer buddhistischen Sekte, der Nichiren, die in ganz Japan eine große Anhängerschaft hatte. Ishiwara war auch ein Ideologe und als solcher für die langfristige Verschmelzung Japans, Chinas und der Mandschurei zu einer morgenländischen Supermacht als notwendige Voraussetzung für einen totalen Krieg zwischen den ‚gelben' und ‚weißen' Völkern. Daß es zu einem solchen Krieg während seiner Lebzeiten käme, davon war Ishiwara felsenfest überzeugt, wie auch davon, daß die Sowjetunion als erstes der ‚weißen Völker' die überwältigende orientalische Macht zu spüren bekommen sollte. Die westlichen kapitalistischen Nationen, argumentierte er, würden sich aufgrund ihres Hasses gegen den Kommunismus während dieser ersten, einleitenden Kriegsphase neutral verhalten.

Während seiner Zeit, als er in die Mandschurei abgestellt war, schrieb Ishiwara ein Buch über all das: Er wußte, daß viele japanische Stabsoffiziere und einige von Hirohito's persönlichen Beratern ihn als eine Art einzelgängerischen Visionär sahen. Doch sein Plan war von einer Brillanz, die zeigte, daß er ein höchst intelligenter Offizier war, erfinderisch und fantasiereich.

Der Bericht, der schließlich auf Kaiser Hirohito's Schreibtisch landete, war ein klassisches Rezept für die Eroberung eines fremden Landes von innen heraus, mit Täuschungsmanövern, Fehlinformationen, Terror und einem Minimum an Gewalt. Diese Methode war so wirksam, daß man sagen könnte, der 2. Weltkrieg habe nicht mit Hitlers Überfall auf Polen 1939 begonnen oder mit der Besetzung Österreichs oder des Sudetenlandes, sondern mit Ishiwara's Plan zur Eroberung der Mandschurei.

Kapitel 14

Als der ‚junge Marschall', Chang Tso-lin's Sohn, der sich entschloß, mit seinem alten Feind Tschiang Kai-schek Frieden zu schließen, und mit seiner geschlagenen, aber immer noch beeindruckenden mandschurischen Armee zu ihm stieß, sahen sich nicht nur die Japaner gefoppt: Auch Pu Yi fühlte sich plötzlich umgangen. In seiner Residenz ‚Chang-Garten' innerhalb des von Polizeikräften gut bewachten japanischen Hoheitsgebiets in Tientsin war er relativ sicher. Angesichts der englischen, französischen und japanischen Truppen, zum Schutz der jeweiligen Staatsangehörigen in Tientsin stationiert, war es unwahrscheinlich, daß irgendwelche marodierenden chinesischen KMT-Truppen in diese privilegierte ausländische Zone eindringen würden. Es stimmte ihn traurig, daß die meisten seiner monarchistischen Mandschu-Anhänger verschwanden, desgleichen die blutsaugenden Oberkommandeure und Kriegsherren, die in seinem Sold standen.

Mit der Unterstützung des ‚jungen Marschalls' war Tschiang Kai-schek nicht, wie er erwartet hatte, auf das ‚klassische' China südlich der Großen Mauer beschränkt, sondern in der Lage, seine Truppen nach Norden zu bewegen, in die chinesische Mongolei und Mandschurei. Die japanischen Truppen in ihren Enklaven in Port Arthur und Mukden hatten in diesem Stadium keine Order für einen umfänglichen Krieg, und Tschiang Kai-schek hatte immer noch den privilegierten Zugang zu Hirohito's Sondergesandten, Prinz Higashikuni. Außerdem war es keineswegs gewiß, daß die sechzehn japanischen Bataillone in der Mandschurei die Oberhand gewinnen würden.

Pu Yi's Moral war am Tiefpunkt, sank aber infolge des sich verschlechternden finanziellen wie emotionalen Klimas im eigenen Hause noch tiefer. Der Vater der Kaiserin, Jung Yuan (auch als Prinz Su bekannt), leitete immer noch Pu Yi's Geldgeschäfte. Obgleich es mittlerweile für ihn weniger Gelegenheiten gab, etwas gegen seine private ‚Geldknappheit' zu tun, übertrafen die Ausgaben bei weitem die Einnahmen. Anscheinend war er obendrein gemein und nicht nur korrupt, denn in Tientsin erhielt Pu Yi einen verzweifelten Brief von der Mutter der Kaiserin, in dem sie um Geld bettelte, um etwas ‚Reis zu essen zu haben'. Das Ehepaar hatte sich offiziell getrennt, und Pu Yi's Schwiegervater hatte einfach die Zahlungen an seine Frau eingestellt. Sie sollte 1934 in Peking wieder auftauchen. Pu Yi bezahlte ihr von dem Tag an, als er ihren Brief erhielt, regelmäßig eine Art Rente.

Die Liste der Ansprüche auf Pu Yi's Vermögen war endlos: sein kleines, aber teures Verbindungsbüro in Peking mußte unterhalten werden, ebenso jedes Mausoleum der Ching-Dynastie in ganz China, dann die ‚Kaiserliche Sippschaftsbehörde' (für verarmte Angehörige der Ching-Familie) und die täglichen Bittsteller – Eunuchen aus der Verbotenen Stadt, die das Glück verlassen hatte, skrupellose Journalisten, die für ein angemessenes Geld bereit waren, monarchistische Artikel in ihre Zeitungen zu setzen, ‚Bannermänner', die für ihren Kotau mit kleinen Geldgeschenken bedacht und wieder weggeschickt wurden. Pu Yi hatte immer einen weichen Zug gehabt und war von Armut echt bewegt. Seine Besucher wußten das und nutzten es voll aus.

Infolge des chinesischen Familiensystems war Pu Yi gezwungen, einen Haufen junger Verwandter durchzufüttern und für sie zu sorgen, die in Tientsin wirklich nichts zu suchen hatten. Als Geste ihrer Loyalität schickten verarmte Kusinen ihre jungen Söhne zu ihm, um ihnen eine Ausbildung geben und sie zu loyalen Untertanen der Ching-Dynastie erziehen zu lassen. Pu Yi konnte nicht nein sagen, ohne sein Gesicht zu verlieren. Aus diesem Grund war das Haus ‚Chang-Garten' voll von – wie die meisten Ausländer vermuteten – Dienern. Pu Yi's ‚Hof' bezeichnete sie pompös als ‚Pagen'.

Tatsächlich gab es im Haus weniger echte Diener, als die meisten Besucher glaubten, und langsam wurde es ein Problem, sie zu entlohnen. In seinen späteren Memoiren schrieb Pu Yi, der sich wie üblich im schlechtestmöglichen Licht darstellt, daß er nie müde wurde, ‚Klaviere, Armbanduhren, Zimmeruhren, Radios, westliche Kleider, Lederschuhe und Brillen zu kaufen'.

Die sich tatsächlich noch an jene Tage in Tientsin erinnern – sein Stiefbruder Pu Ren, der ihn gelegentlich besuchte, und sein Schwager Rong-Qi –, erzählten mir 1986 in Peking, daß sie das Gefühl hatten, Pu Yi hätte übertrieben: Es gab ein Klavier, Pu Yi hatte mehrere Brillen (schon damals verlor er sie immer) und er hatte getrennte chinesische und europäische Garderoben. Aber das Essen, fügten sie an, war einfach, und jeder – einschließlich Pu Yi – wurde allmählich sparsam.

Schlimmer als die schwindenden Finanzen war die bedauernswerte Entfremdung seiner beiden Frauen. Pu Yi's Erinnerung nach gelang es weder Kaiserin Elizabeth noch seiner ‚Konkubine' Wen Hsiu, sich an ihre neuen, eingeschränkten Lebensumstände anzupassen.

‚Wan Jung (Schönes Antlitz) war eine junge Dame aus Tientsin gewesen, so daß sie gar noch mehr Möglichkeiten kannte, Geld für nutzloses Zeug zu verschwenden, als ich', schrieb er. ‚Sie konnte sich kaufen, was sie wollte, immer mochte Wen Hsiu es dann auch haben.' Pu Yi beklagte sich, daß die Kaiserin immer ganz bewußt auf ihren ‚kaiserlichen' Status schaute und vom Wert des Geldes keine Ahnung hatte. Da seine Frauen miteinander um immer mehr Besitz eiferten, schnellten die Haushaltskosten weiter in die Höhe.

Der Lokale ‚tout-Tientsin' war natürlich neugierig: In offizieller Funktion erschien Pu Yi gewöhnlich mit Elizabeth. Seine Konkubine Wen Hsiu nahm er mit in die Kaffeehäuser, Teestuben – und ins Kino. Natürlich hatte sie auch, um Kaiserin Elizabeth in nichts nachzustehen, ihre eigenen verzogenen Pekinesen. Ausländer fanden es bemerkenswert, wie spektakulär schön sie war, aber auch, wie gelangweilt und in sich gekehrt sie aussah.

Opium war in China immer eine Medizin wie auch eine Geißel. In der Verbotenen Stadt ließen sich die ‚Kaisergemahlinnen' von ihren Eunuchen regelmäßig ein Pfeifchen präparieren.

Wie jeder weiß, der einmal Opium geraucht hat, ist es, verglichen mit anderen Drogen, ein einzigartig kultiviertes, erfüllendes Erlebnis. Die Zahl der gesunden, munteren, zusammengeschrumpelten alten Männer mit pergamentener

Haut in Hongkong beweist, daß es, in Maßen genommen, selten tödlich ist. Selbst heute noch empfehlen altmodische chinesische Hausmütter in Hongkong es für eine ganze Palette von Frauenbeschwerden. Ganz besonders wirkungsvoll, sagen sie, ist es in Fällen von Schwermütigkeit in der Nachschwangerschaftsphase.

Elizabeth fing mit dem Opiumrauchen in Tientsin an. Da sie ein willensstarkes, für sich selbst denkendes Mädchen war, konnte Pu Yi trotz ihrer neunzehn Jahre wenig dagegen ausrichten. Es war fast umsonst zu haben, und sie war dann weniger schlecht gelaunt. Anfangs war es nicht einmal eine Gewohnheit, sondern einfach ein Zeitvertreib, denn im ‚provinziellen' Tientsin fand sie es ausgesprochen langweilig – den ganzen Tag eingepfercht, außerstande, ihr Leben frei zu gestalten, und von Pu Yi gelangweilt, den sie allmählich verachtete.

Pu Yi war ein Ehrenmitglied des Tientsin-Klubs (er war ein ‚besonderer Chinese', denn ansonsten waren alle Mitglieder Europäer), und am Anfang spielte Elizabeth dort Tennis. Aber die sorglosen Tage zu Anfang der Ehe in der Verbotenen Stadt waren endgültig vorüber, und sie sah sich den Vorwürfen der konservativeren Angehörigen von Pu Yi's winzigem ‚Hof' ausgesetzt, die verlangten, sie sollte sich mit der für eine Kaiserin geziemenden Zurückhaltung benehmen.

Pu Yi's und Elizabeths Leben entwickelten sich immer mehr auseinander, erklärte mir ihr Bruder Rong-Qi. Sie sahen sich gewöhnlich zu den Mahlzeiten, und wenn sie gemeinsam irgendwo eingeladen waren, hielt man den Schein aufrecht. Aber die Ehe war am Ende. Sie gab Pu Yi die Schuld an allem – an ihrem eingeengten Leben, an den Geldsorgen, daran, daß sie sich in Tientsin nicht so frei bewegen konnte wie in ihren Mädchentagen, daß sie den Twostep nicht in der Öffentlichkeit tanzen durfte, weil Pu Yi es ihr untersagt hatte, und sie sich nicht am Leben freuen konnte, wie es einem jungen Mädchen zustand. Sie hatte die ganzen Bürden einer ‚Kaiserin', ohne die Vorteile einer solchen

Stellung zu haben. Ein solches Leben hatte sie sich kaum vorgestellt.

Die Szenen zwischen Elizabeth, die sich inzwischen selbst gern so nannte, und Pu Yi mitzuerleben, war eine Qual, und es gab mindestens eine Person, deren Pflicht es war, sie mitzuerleben: Die Japaner hatten einen Spion in Pu Yi's Residenz ‚Chang-Garten' geschleust, der ihnen fast täglich Bericht erstattete. Er war ein japanischer Butler und sollte jahrelang bei Pu Yi bleiben. Einmal berichtete er, wie die beiden sich eines Nachmittags im Garten anschrien. Neben anderen Beleidigungen, die Elizabeth Pu Yi an den Kopf schmiß, benutzte sie auch den Ausdruck ‚du Eunuch'. Es läßt sich nicht sagen, ob sie ihn wegen seiner sexuellen oder politischen Unzulänglichkeit beschimpfte. Elizabeth hatte die Japaner noch nie gemocht. Wenigstens darin hatten Wen Hsiu und sie etwas gemeinsam.

Aber während Elizabeth vor Verachtung für Pu Yi und Haß auf ihr Leben im Opium und in der Passivität Zuflucht suchte, tat Wen Hsiu etwas gegen die Trübsal: Eines Tages spazierte sie einfach aus dem Haus, um nie wieder zurückzukehren. In mancher Hinsicht war China 1928 ein erstaunlich liberales Land. War man mit der Trennung einverstanden, konnte man sich ohne Gerichtsverfahren scheiden lassen. Pu Yi aber scheute unter dem Druck seiner Berater davor zurück: Für eine Konkubine eines Kaisers der Ching-Dynastie, selbst wenn er entthront war, war es unerhört, etwas Derartiges zu tun. Das ganze Haus am ‚Chang-Garten' ereiferte sich. Erst als Pu Yi's Höflinge hörten, daß sie nahe daran war, die Scheidung bei einem örtlichen Gericht in Tientsin einzureichen, willigte Pu Yi auf eine Konsensscheidung ein. Sein Zahlmeister griff in die Tasche: Man hatte sich auf eine Unterhaltszahlung von 50 000 Dollar geeinigt. Aber keine Seite fühlte sich richtig wohl dabei. Einige der Angehörigen von Wen Hsiu nahmen ihr den Weggang übel: Sie hatten durch sie einen bestimmten Status erworben, auch wenn Pu Yi's Vermögen auf dem tiefsten Stand war. Einer ihrer Brüder sprach kein Wort mehr mit ihr und beschuldigte sie in einem offenen Brief an eine lokale Zeitung, ‚den Familiennamen verunglimpft zu haben'. Ihr selbst blieb von dem Geld, wie Pu Yi mitleidsvoll bemerkte, sehr wenig, nachdem sich erst einmal die Anwälte und Familienangehörigen ihre Anteile genommen hatten.

Natürlich gab es Klatsch in Tientsin, und man munkelte, daß Elizabeth ihre Rivalin vertrieben hatte. Das stimmte nicht ganz, denn Wen Hsiu war kaum eine Rivalin für sie, wenn es um Pu Yi's Zuneigung ging: Er selbst gibt zu, daß er damals eigentlich keine Frau hatte, auch wenn er noch mit einer verheiratet war.

Die Wende der Ereignisse, die Gleichgültigkeit der übrigen Welt gegenüber seiner Misere und die Tatsache, daß es keinen Ausweg aus seinem Schlamassel zu geben schien, nahmen ihn vollauf in Anspruch. Es war inzwischen zu spät, auf ein angenehmes Leben in Oxford zu hoffen. Johnston hatte ihm zwar zugesichert, daß ‚das Tor nach London immer offensteht', aber Pu Yi ahnte, daß es zu spät war, um ein Studium in Oxford zu beginnen. Er war immer noch ein junger Mann, aber das Leben ging an ihm vorbei. Die unwesentlichen Eifersüchteleien und Rivalitäten innerhalb der Tientsin-Konzession reflektierten auf seine eigene häusliche Unzufriedenheit. Was ihn am meisten mit Unruhe erfüllte, war, wie sich ein enger Verwandter über fünfzig Jahre später in Peking wieder erinnerte, daß „er keinen Ort hatte, an den er gehen konnte".

Als er sich tatsächlich einmal bewegte, wurde er nur noch stärker an seine sich verschlimmernde Lage erinnert: Der treu ergebene, wohlhabende ‚Bannermann', der ihm die Residenz im ‚Chang-Garten' für seinen Aufenthalt in Tientsin überlassen hatte, starb, und der Sohn verlangte sogleich die Miete. Um Geld zu sparen, zog Pu Yi mit seinem ‚Hof' in ein kleineres Haus innerhalb des japanischen Hoheitsgebietes, das sich ‚Stiller Garten' nannte und fast an die japanischen Kasernen angrenzte. Unter den Ausländern wußte man, daß sich Pu Yi dort schwertun würde. Die ‚kolonialen Einwohner' reagierten unterschiedlich: Die Ladenbesitzer sparten jetzt mit Schmeicheleien, während anderen, insbesondere den Engländern, ‚der alte Junge leid tat'.

Mit der verarmten Adelsfamilien eigenen Würde versuchten Pu Yi's ältere Höflinge den Schein zu wahren und flüchteten sich ins inhaltslose höfische Ritual, um so die harten Zeiten zu überstehen. Einer seiner treuen Adjutanten war in diesen düsteren Tagen der ‚Reformer' Cheng Hsiao-hsu, der zwar kein Mandschu war, aber dennoch gelehrt, und seinerzeit vergebens versucht hatte, die Palastfinanzen zu reformieren. Cheng hatte sein Zuhause in Shanghai wieder verlassen und war nach Tientsin zurückgekehrt, nachdem Lo Chen-yu weggegangen war. Trotz seiner siebzig Jahre war er noch ein flinker Bursche, der Inbegriff des konfuzianischen Moralisten, für den allein spiritueller Reichtum zählte. Seine Loyalität war ergreifend, seine Integrität legendär. Trotzdem hellte er die Atmosphäre nicht auf. Je schlimmer die Umstände, erklärte er, um so nötiger war es für Pu Yi, mit Würde und wie ein König zu erscheinen.

Um ihn zufriedenzustellen, stellte Pu Yi seine Besuche in Kaffeehäusern und Nachtklubs ein und ging weniger oft ins Kino. Pu Yi hatte Elizabeth zu ihrem neunzehnten Geburtstag (der chinesischen Berechnung nach war es ihr zwanzigster) versprochen, eine Party zu geben, mit einer Jazzkapelle und ausländischen Gästen, mit einem Büfett westlichen Stils und einem Bankett chinesischer Tradition. Cheng Hsiao-hsu blieb beharrlich. Die Gesellschaft wurde abgesagt.

In dieser trostlosen Periode war Yasunori Yoshioka der einzige, der Johnston, dem Pu Yi nachtrauerte, einigermaßen nahe kam. Er war ein weltoffener japanischer Major, hatte Charme, sprach fließend Chinesisch und wurde sein inoffizieller Mittelsmann, Adjutant und militärischer Mentor. Yoshioka, ein Karriereoffizier, sollte praktisch für den Rest seines Lebens bei Pu Yi bleiben. Er wurde regelmäßig befördert, trotz seiner ‚Abkommandierung', bis er schließlich den Rang eines Generalmajors bekleidete. Er gehörte, wie Pu Yi später herausfand, voll und ganz zu dem japanischen Plan zur Unterwerfung Chinas. Seine mondäne, lässige Art war nur Fassade: Er war, wie alle japanischen Offiziere, die für die Operation zur Übernahme der Mandschurei äußerst sorgfältig ausgesucht worden waren, bis ins Mark erbarmungslos und auf fanatische Weise dem militärischen Ehrenkodex der Japaner gehorsam.

Yoshioka war es dann auch, der Pu Yi geschickt zu überzeugen begann, daß es nicht mehr lang hin wäre, bis er wieder eine aktive Rolle spielen würde – zunächst als Herrscher der Mandschurei, danach als Kaiser von Gesamtchina. Ferner überzeugte Yoshioka ihn anhand seiner sorgsam vorbereiteten, knappen Berichterstattungen über den Zustand der Streitkräfte bei den Japanern, Kuomintang und Kommunisten, daß Tschiang Kai-schek keine Chance hatte. Die Japaner hatten nicht die geringste Absicht, es so weit kommen zu lassen, daß Tschiang Kai-schek China den Frieden brachte und es von den kommunistischen ‚Banditen' befreite, während sie sich an ihr Versprechen hielten, sich militärisch zurückzuhalten. Im Gegenteil, der japanische Plan hatte ja die Eroberung Chinas zum Inhalt bzw. wenigstens die Reduzierung Chinas auf den Status einer Kolonie wie Korea. Natürlich war das immer noch das große Geheimnis von Kaiser Hirohito und seines kleinen eingeweihten Klüngels.

Für Tschiang Kai-schek lief es damals wirklich gut: Seine Truppen waren in der Offensive gegen die Kommunisten (‚Banditen', wie sie die KMT nannte), und der ‚junge Marschall' unterstützte ihn tatkräftig mit seiner Armee. Selbst in der Mandschurei sah die Situation für Tschiang Kai-schek vielversprechender aus, als er zu hoffen gewagt hatte: Ein antijapanischer Widerstandskämpfer, General Ma, störte unentwegt die japanischen Verbindungslinien, und manche echten mandschurischen Räuberbanden, unter ihnen sogar weißrussische Abenteurer, hielten die japanischen Besatzungstruppen auf Trab.

Zwei weitere, ungewöhnlich begabte japanische Offiziere betraten jetzt die Szene: Beide gehörten zum japanischen Plan und taten, was sie gelernt hatten, mit immensem Eifer. Durch ihren gemeinsamen Einsatz sollte aus den Erkenntnissen, die Ishiwara vorgelegt hatte, eine der erfolgreichsten Taten Japans in dieser Vorkriegsperiode werden. Einer der beiden – Kenji Doihara – gehörte zu den ‚elf Vertrauenswürdigen', die 1921 auserkoren worden waren, um den Traum des Kaisers zu erfüllen. Er war ein alter China-Experte mit exzellenten Kontakten zu Chinesen in der Mandschurei und war durch eine persönliche Entscheidung des Kaisers zum Leiter des ‚Organs für Sonderdienste' (sprich: Geheimdienstabteilung) des japanischen Heereskontingentes ernannt worden. Er hatte Chang Tso-lin gekannt und gründliche Erfahrung mit subversiven Techniken. Er wußte, welche korrupten chinesischen Politiker mit Geld bestochen werden konnten und welche lieber Frauen oder Opium nahmen. Die Japaner verglichen ihn mit Lawrence von Arabien, was falsch war, denn er war mehr Geheimagent als kämpfender Soldat.

Der andere Offizier, Major Tanaka Takayoshi, war ein operativ erfahrener Mann im japanischen Geheimdienst mit fast so vielen Verbrechen auf dem Kerbholz wie Doihara. Aber er sollte ein ganz anderes Schicksal haben – als großer Zeuge für das internationale Kriegsverbrecher-Tribunal nach Kriegsende, das Doihara zum Tode verurteilt hatte. Für den amerikanischen Strafverfolger Joseph Keenan war er ein wertvoller Gehilfe und ein munterer Trinkbruder.

Schließlich, am 31. Mai 1931, war der von Ishiwara entworfene Plan größtenteils komplett. Wichtig für die erfolgreiche Umsetzung war der Bau eines Schwimmbeckens für einen japanischen Offiziersklub in Mukden. Tatsächlich handelte es sich dabei um eine Einbettung aus Zement für zwei gewaltige 9,2-Zoll-Artilleriegeschütze der Japaner, die unter höchsten Sicherheitsvorkehrungen auf Lastzügen nach Mukden transportiert wurden. Im verborgenen und von den Blicken Neugieriger durch Zäune, Zeltbahnen und eine Holzbaracke geschützt, wurde der Gefechtsstand im ‚Schwimmbecken' aufgebaut.

Die beiden Kanonen wurden von einer Eliteabteilung japanischer Artilleriesoldaten, die strengste Geheimhaltung schwören mußten, in Schuß gehalten. Eine der beiden Kanonen zielte auf das Kasernengelände der chinesischen Polizeikräfte, die andere auf den kleinen Luftwaffenstützpunkt des ‚jungen Marschalls' am Flughafen von Mukden. Selbst in der japanischen Garnison in Mukden wußten nur wenige Japaner von dieser tödlichen Geheimwaffe. Von den Chinesen wußte keiner etwas davon. Die Streitkräfte des ‚jungen Marschalls' waren größtenteils sowieso ‚Banditen' (d. h. Kommunisten), die in Tschiang Kai-schek's Auftrag im Süden kämpften, und er selbst stand kurz davor, sich wegen einer neuerlichen Opium-Entziehungskur ins Rockefeller-Krankenhaus in Peking zu begeben.

Eine andere List, die sich Ishiwara für den Plan ausgedacht hatte, war, ein paar koreanische Arbeiter unter japanischer Aufsicht aus dem nahe gelegenen koreanischen Grenzbereich herüberzuholen und sie Bewässerungräben ausheben zu lassen, die sich dann durch chinesisches Ackerland im Südwesten der Mandschurei zogen, was kaum ein Zufall war. Die Bauern protestierten natürlich, wie Ishiwara gewußt hatte, und gingen auf die Koreaner los. Plötzlich erfüllt von humanitärem Eifer (denn koreanische Arbeiter wurden gewöhnlich wie Untermenschen behandelt) rückten die japanischen Truppen aus ihren Garnisonen aus und eilten ihnen ‚zu Hilfe'.

Ishiwara täuschte auch noch die Entgleisung eines Zugs der im japanischen Besitz befindlichen Südmandschurischen Eisenbahn nördlich von Mukden vor. Agenten des ‚Organs für Sonderdienste' legten die Sprengsätze so, daß die beeindruckenden Löcher, die in den Erdboden gerissen wurden, nahe genug am Gleis waren, aber auch weit genug entfernt davon, um keinen wirklichen Schaden anzurichten.

Die Idee war, die Chinesen zu beschuldigen, sie hätten versucht, einen japanischen Zug zum Entgleisen zu bringen – und zur Abriegelung des Gebietes japanische Truppen einzusetzen. Ein zusätzlicher, nicht eingeplanter Zwischenfall erleichterte Ishiwara die Aufgabe: In der Südmandschurei wurde ein japanischer Spion entlarvt und von den Chinesen erschossen. Die Japaner hatten also eine weitere Ausrede für eine Intervention in der Mandschurei.

Die allerletzte Irreführung war, wie Bergamini in seiner Stunde um Stunde beschreibenden Chronologie der Ereignisse aufzeigte, daß der ganze japanische Überfall, den man beschönigend den ‚Zwischenfall von Mukden' nannte, ohne die offizielle Zustimmung der japanischen Regierung zur Ausführung kam. Man erfand die Geschichte, daß einige ultranationale Hitzköpfe in der japanischen Armee ihre Verantwortung überschritten hatten, die Regierung und der Kaiser aber aufgrund des Verlaufs der Ereignisse gezwungen waren, die Aktionen zu unterschreiben und zu verantworten. Die ganze Affäre erinnert etwas an den berühmten Coup der Gaullisten in Algerien am 13. Mai 1958 – außer daß, im Gegensatz zu de Gaulle, Kaiser Hirohito mit dem ganzen Plan bis ins kleinste Detail einverstanden war.

In der Nacht vom 18. zum 19. September 1931 lief alles wie geplant ab. Oberst Doihara, der über sämtliche Vorkehrungen vollständig im Bilde war, war mit seinen Freunden in der Stadt unterwegs, wo er sich überall sehen ließ. So baute er zum einen sein Alibi auf und stellte sich zum anderen darauf ein, dank der Unterstützung seiner korrupten politischen Freunde unter den Chinesen ‚Bürgermeister von Mukden' zu werden.

Am Morgen des 19. September eröffneten die beiden gewaltigen Artilleriegeschütze das Feuer auf die chinesische Garnison in Mukden. Die Geschützrohre waren auf den Flughafen von Mukden und auf die Kasernen der Polizeikräfte gerichtet. In wenigen Minuten war die kleine Luftwaffe des ‚jungen Marschalls' von den Granaten zerstört, und die chinesischen Polizeikräfte flohen aus ihren brennenden Kasernen. Sporadische Kämpfe gegen japanische Einheiten flammten auf, die überall in der Südmandschurei aus ihren Löchern auftauchten. Aber die chinesischen Truppen in der Mandschurei waren entweder Irreguläre oder unerfahrene Rekruten, also kein ebenbürtiger Gegner für die japanischen Elitetruppen. Die routinierten Einheiten befanden sich alle im Süden zusammen mit dem Großteil von Tschiang Kai-schek's Streitkräften.

Am Abend des 19. September 1931 war alles vorüber, auf Kosten von 500 Toten auf chinesischer und nur zwei Toten auf japanischer Seite. Die gesamte Südmandschurei war in japanischen Händen. Das Ausland reagierte empört, und der Völkerbund trat in Alarmbereitschaft. Die japanische Propaganda reagierte natürlich mit Dementis, wie zu erwarten war, und beklagte schmerzvoll das Mißverständnis. Die kleinen japanischen Streitkräfte (20 000 gegen 200 000 Chinesen) hatten einfach auf die ‚Provokationen' reagiert.

Major Yoshiwara machte sich den ‚Zwischenfall von Mukden' zunutze, um seine eigene Kampagne zur Verbreitung der Falschinformationen zu verstärken. Die Tatsache, daß sich die chinesischen Truppen und Polizeikräfte so dürftig geschlagen hatten, bewies klar, wie er Pu Yi erklärte, daß sie in ihren Herzen ‚Seiner kaiserlichen Majestät' treu ergeben seien. Seit Chang Tso-lin's Ermordung hatten sämtliche japanischen Geheimdienstabteilungen laufend Kampagnen organisiert, um sowohl Chang Tso-lin als auch seinen Sohn zu verunglimpfen, die Mandschurei ‚falsch regiert' zu haben. Es war eine glatte Lüge: Denn trotz all seiner säbelrasselnden, brutalen Methoden (und trotz der Opiumsucht seines Sohnes, die nach einer Operation in einem Pekinger Krankenhaus ihren Anfang nahm), war Chang Tso-lin's Mandschurei das einzige Gebiet in China gewesen, wo Drogenhandel und gröbere Formen von Korruption zeitweise unterdrückt waren. Pu Yi war sich dessen in seiner Enklave in Tientsin nicht bewußt. Zuerst glaubte er sogar an die japanische Version der Ereignisse, wie viele andere in der Welt. Die Japaner waren Meister in der Beherrschung der ‚großen Lüge'.

Der Antiquitätenhändler und Schriftrollenfälscher Lo Chen-yu trat jetzt unerwartet wieder auf – bei einem Treffen, das der Kommandeur der japanischen Besatzungstruppen in Tientsin einberufen hatte. Lo Chen-yu, der nun nicht mehr hinter dem Berg hielt, daß er im Sold der Japaner stand, holte ‚Dokumente' von angesehenen Mandschus in der jetzt von Japan besetzten Mandschurei hervor, die ‚bewiesen', daß das Volk einmütig für Pu Yi's Rückkehr dorthin war. ‚Er bat mich inständig', schrieb Pu Yi, ‚diese Gelegenheit nicht zu versäumen und mich unverzüglich in das ‚Land, wo unsere Ahnen sich erhoben' (gegen die wankende Ming-Dynastie), zu begeben.'

Sobald er wieder in Mukden war, meinte Lo Chen-yu, Pu Yi würde ‚unter dem Jubel des Volkes' zum Kaiser proklamiert werden. Dann meldete sich auch noch der japanische General zu Wort und suggerierte achtungsvoll ‚Seiner kaiserlichen Majestät', daß man angesichts der Unordnung bei den Truppen der KMT davon ausgehen sollte, daß sie versucht sein könnten, etwas Unbesonnenes zu tun, etwa Pu Yi zu ermorden. Außerdem holte er Artikel aus inzwischen unter japanischer Aufsicht erscheinenden mandschurischen Zeitungen hervor, die sowohl seine als auch Lo Chen-yu's Worte belegten.

Wieder zu Hause im ‚Stillen Garten' war Pu Yi völlig verwirrt und unentschlossen. Er rief seine Berater zu sich. Unter ihnen war auch der aufrichtige, nüchterne Gelehrte Chen Hsiao-hu, der die Geburtstagsfeier der Kaiserin hatte platzen lassen. Cheng riet zur Vorsicht. Da er Lo Chen-yu nicht mochte, mißtraute er jedem Plan, an dem dieser beteiligt war. Er bat Pu Yi zu bleiben, wo er war.

Aber die Belastungen, unter denen Pu Yi stand, waren immens und unterschiedlicher Natur: Die persönlichen Initiativen zweier Leute bestärkten Pu Yi in seinem Denken, daß auch England offiziell hinter ihm stand und ihn als neuen ‚Kaiser' der Mandschurei unterstützte: Der örtliche Kommandeur der englischen Besatzungstruppen in Tientsin, Brigadegeneral F. H. Burnell-Nugent, rief an, um seine ‚persönlichen Glückwünsche' zu übermitteln und zu den ‚Gelegenheiten' zu gratulieren, die Pu Yi nun nach dem ‚Zwischenfall von Mukden' offenstünden. Er gab lediglich die privaten Vorurteile vieler englischer Exilanten wieder, die der Meinung waren, daß – während das übrige China in Aufruhr war – Pu Yi unbedingt das Recht hatte, sein eigenes Königreich in der Mandschurei zu errichten, durchaus mit japanischer Unterstützung, damit dieses Gebiet Chinas nicht auch von dem Aufruhr erfaßt würde. Und dann kam auch noch Johnston vorbei, auf einen privaten Besuch, und Pu Yi konstruierte daraus gleich eine ‚Angelegenheit des Außenministeriums'.

Johnston war ebenfalls ganz aufgeregt von den Implikationen des ‚Zwischenfalls von Mukden'. Er war soeben mit seinem Buch ‚Twilight in the Forbidden City' fertig geworden, sagte aber zu Pu Yi, er würde die Veröffentlichung noch hinausschieben, um ein Kapitel anzufügen, mit dem Titel ‚The Dragon Goes Home' („Die Heimkehr des Drachen") – ein deutliches Anzeichen, daß der von den Japanern inspirierte Plan Johnstons rückhaltlose Zustimmung hatte. Johnston – wie Burnett-Nugent – befürwortete eine Rückkehr Pu Yi's in das Land seiner Vorfahren, damit er dort sein Königreich aufbaute. (Jahre später sollte er die Flagge von ‚Mandschukuo' an einem Fahnenmast im Garten seines Ruhesitzes auf einer schottischen Insel wehen lassen.)

Der wahre Grund für Johnston's Besuch in Tientsin war, daß er Pu Yi bitten wollte, ein kurzes Vorwort zu seinem Buch beizusteuern. Pu Yi folgte seiner Bitte, wobei er Johnston's Schlüsselrolle bestätigte. ‚1924, nachdem ich Prinz Chun's Residenz verlassen hatte, suchte ich in der japanischen Botschaft Zuflucht. In der Hauptsache war Johnston, mein Lehrer, dabei behilflich, mich vor der Gefahr zu retten.'

In seinem üblichen Bemühen um Genauigkeit gab Johnston an, daß das Vorwort „eigentlich von dem ergebenen Diener des Kaisers umgeschrieben worden war, dem berühmten Dichter, Staatsmann und Kalligraphen Chen Hsiao-hus, und zwar ungefähr eine Woche bevor sie beide in die Mandschurei aufbrachen, damit der eine als Oberhaupt an die Spitze des neuen Staates trat, und der andere an die Stelle des Premierministers". (Das Vorwort – wie auch das Buch selbst – sollte im Zentrum beträchtlicher Debatten während des internationalen Kriegsverbrecher-Tribunals in den Jahren 1946–47 stehen.) Zum Abschied schenkte Pu Yi Johnston einen wertvollen bemalten Fächer mit einer Widmung als Zeichen seiner Achtung.

Die Japaner steigerten jetzt ihren Druck auf Pu Yi, indem sie Oberst Doihara, ‚den japanischen Lawrence', hinzuzogen. Pu Yi war etwas enttäuscht über dessen Chinesisch. „Nichts Außergewöhnliches", erinnerte er sich. Was ihn aber einnehmend beeindruckte, war Doihara's scheinbare Aufrichtigkeit. Seine Begabung, schrieb Pu Yi, lag darin, jedem das Gefühl zu geben, ‚daß man sich auf jedes Wort, das er sagte, verlassen konnte'. Doihara erklärte Pu Yi, daß die japanische Armee es nicht wirklich auf die Mandschurei abgesehen hatte, sondern „ernsthaft dem mandschurischen Volk helfen will, seinen eigenen unabhängigen Staat zu errichten". Die Souveränität dieses neuen Staates wäre von Japan garantiert. Doch, wie Pu Yi schrieb, „als Oberhaupt dieses Staates wäre ich in der Lage, für alles zu sorgen".

Wäre es eine Republik oder eine Monarchie? Pu Yi war neugierig, dies zu erfahren, und Oberst Doihara war auf diese Frage sichtlich unvorbereitet. „Er wird unabhängig und autonom sein und ganz unter der Kontrolle Eurer Majestät stehen", sagte er. „Danach habe ich nicht gefragt", sagte Pu Yi mit ungewohnter Direktheit.

„Dieses Problem wird sich klären, wenn Ihr nach Shenyang (Mukden) kommt", sagte Doihara. Das genüge nicht, erwiderte Pu Yi.

„Natürlich wird es eine Monarchie sein; das ist außer Frage", meinte Doihara mit einem gewinnenden Lächeln.

„Sehr gut. Wenn es eine Monarchie ist, werde ich gehen."

Der Presse in Tientsin entging es nicht, daß die Besuche prominenter Japaner in Pu Yids Residenz ‚Stiller Garten' stark zunahmen. Gerüchte, daß Pu Yi dabei war, den mandschurischen Thron zurückzufordern, erreichten Tschiang Kai-schek, und bald tauchte ein Vertrauensmann von Tschiang Kai-schek auf, mit der Offerte, die „Artikel zur Regelung der bevorzugten Behandlung" wieder aufleben zu las-

sen oder Pu Yi ein jährliches Einkommen zu garantieren –
„oder alles andere, das ich mir erbitten könnte, dafür daß ich
überall außer in Japan oder im Nordosten leben würde".

‚Ich erinnerte mich wieder an die Entweihungen der Grabstätten', schrieb Pu Yi; und er argwöhnte, daß Tschiang Kai-schek ‚nur versuchte, mich nach Süden zu locken ... Einmal in seiner Macht, wäre ich hilflos.' Pu Yi gab dem Emissär ‚eine unverbindliche Antwort'.

Tschiang Kai-schek sollte einen letzten Versuch machen, damit Pu Yi sich es noch einmal anders überlegte: Am 10. November kam Johnston auf seinem Weg zurück nach England durch Shanghai. T. V. Soong, der Bruder sowohl von Sun Yat-sen's Witwe als auch von Madame Tschiang Kai-schek, war damals Tschiang Kai-schek's Finanzminister und zwischenzeitlicher Außenminister. Soong lud Johnston zu sich ein und erzählte ihm, daß Pu Yi „in Gefahr ist und Hilfe braucht". Johnston schrieb dazu verächtlich: ‚Anscheinend hoffte man, daß ich mir die Mühe machen würde, nach Tientsin zurückzufahren und ihm abzuraten, sich auf das mandschurische Abenteuer einzulassen.' Johnston erklärte T. V. Soong höflich, aber unmißverständlich, daß er solches nicht zu tun gedachte.

Eine letzte Hürde mußte noch genommen werden: Da Pu Yi ein mandschurischer Monarch sein sollte, konnte man seine ‚Kaiserin' schlechterdings zurücklassen. Oberst Doihara stattete nun seinem Gefolgsmann, Major Tanaka Takayoshi, und dessen übler Partnerin einen Besuch ab. Sie war eine Mandschu-Prinzessin, die zu einer japanischen Agentin geworden war, ein verlockend hübscher, amoralischer Wildfang, die, sieht man es recht, eigentlich berühmter sein sollte als Mata Hari. Sie hieß ‚Juwel des Ostens', war zufällig mit Pu Yi's Kaiserin bekannt und eine entfernte Verwandte von ihr.

Sie hatten eine doppelte Aufgabe: Pu Yi und die ‚Kaiserin' mußten mit allen Mitteln, redlichen oder unredlichen, ‚überredet' werden, Tientsin zu verlassen. Und anschließend sollten sie dafür sorgen, daß die Medien den Brennpunkt ihrer Aufmerksamkeit von der Mandschurei weg verlagerten – auf etwas, das anderswo dramatische Schlagzeilen machen würde.

Kapitel 15

Mit vierundzwanzig hatte ‚Juwel des Ostens' bereits eine schillernde Vergangenheit. Wie Pu Yi war sie ein direkter Nachkomme von Prinz Nurhachi, dem berühmten Mandschu und Abenteurer, der im 17. Jahrhundert mit seinen wilden Reiterhorden die dekadenten Ming-Kaiser aus dem Süden verjagte und seine Herrschaft über den größten Teil Chinas begann. Ihre Vorfahren waren ‚Fürsten des Eisernen Helms', die engsten Gefolgsmänner der Mandschu-Kaiser. Ihr Vater war Prinz Su, selbst ein Abenteurer, der irgendwie den Glanz verloren hatte und sich auf Gedeih und Verderb den Japanern in der Mongolei verschrieb, die er als japanische Marionette kurzzeitig regierte. Er war von Chang Tsolin vertrieben worden, den er 1916 mit japanischer Unterstützung zu ermorden versucht hatte.

‚Juwel des Ostens' war ungewöhnlich stolz auf ihr blaues Blut und verehrte ihren Vater über alle Maßen, dessen privates Leben genauso ungestüm verlief wie sein politisches: Er unterhielt einen ganzen Stall von Konkubinen aus der Mandschurei und Mongolei, die er auf abscheuliche Weise behandelte, doch sein ordinärer, großspuriger Charme wirkte auf sie so, daß sie ihn auch noch anhimmelten. ‚Juwel des Ostens' war sein dreizehntes Kind.

Da Prinz Su ständig unterwegs – und nach 1916 die meiste Zeit pleite – war, hatte er keine Gewissensbisse, manch eine seiner vielen Töchter (gegen Bezahlung) seinen Freunden zur Verfügung zu stellen. Mit acht schickte er ‚Juwel' nach Japan, wo sie von einem seiner ehemaligen japanischen Berater aus einer prominenten japanischen Familie ‚adoptiert' werden sollte. Von da an wurde ‚Juwel des

Ostens' eine loyale japanische Staatsbürgerin. Sie nahm den Familiennamen ihres ‚Schutzherrn' an (in Tokio kannte man sie später unter dem Namen Yoshiko Kawashima) und schockierte bald ganz Tokio durch ihre äußere Verachtung für gesellschaftliche Konventionen aller Art. Ihr späterer Mentor und Mitverschwörer, Major Tanaka, erinnerte sich in seinen Zeitungsartikeln und Interviews, wie sie sich brüstete, daß sie mit fünfzehn mit Kawashima, dem Familienältesten (ihrem eigenen Ziehvater und dem Busenfreund ihres Vaters), und ein Jahr später mit seinem Sohn geschlafen hatte. Nach einer kurzen Ehe mit einem Mongolenfürsten (die Heirat war arrangiert worden, und ‚Juwel des Ostens' behauptete, daß der Eheakt nie vollzogen wurde) ging sie nach Tokio, um wie ein Bohemien und Student zu leben und danach eine ganze Serie von Liebhabern durchzumachen, an deren Seite sie ausgedehnte Reisen unternahm.

Ihr Leben hatte seine Höhen und Tiefen. In geschwätzigen Briefen an Freundinnen beschrieb sie, kaum über zwanzig, mit viel Humor ihre leichtlebigen Tage in Peking, als sie im YWCA und in fragwürdigen Absteigen neben Prostituierten und Gangstern wohnte. 1928 hatte sie sich während einer ihrer mittellosen Phasen ihres königlichen Mandschu-Blutes besonnen und auf diese Weise eine Einladung nach Tientsin herausgeholt, als persönlicher Gast von Pu Yi und der Kaiserin. Elizabeth war sofort von ihr eingenommen. Die beiden jungen Frauen hatten den gleichen, aristokratischen Hintergrund. Beide waren sie die Töchter liederlicher, skrupelloser Väter. Elizabeth hatte als sprödes Schulmädchen eines Klosters eine Menge Klatsch über ‚Juwel des Ostens' gehört: Wie sie mit jedem Mann ins Bett ging, den sie sich einbildete, wie sie lebte, nur um sich selbst zu gefallen, wie sie locker mit Aristokraten und ‚Sinsang'-Mädchen, angesehenen Geschäftsleuten und Mitgliedern der Tokioter und Shanghaier Unterwelt verkehrte. Für Elizabeth war ‚Juwel des Ostens' das perfekte Beispiel einer ‚befreiten' modernen Frau, die sie einst selbst hatte werden wollen, ehe sie der Verlockung einer blendenden Hochzeit erlag, die nie ihre Erwartungen erfüllte.

Mehrere Wochen lang war ‚Juwel des Ostens' 1928 Elizabeths persönlicher Gast in Tientsin. Ihr beabsichtigter Aufenthalt von wenigen Tagen hatte sich erheblich verlängert. Pu Yi und seine Kaiserin hatten sie zu Gesellschaftsfeiern mitgenommen und ihr etwas vom Nachtleben in Tientsin gezeigt – schal im Vergleich zu dem, was Shanghai und Tokio ihr zu bieten hatten, worüber sie so unterhaltend sprach. Ihr ungehemmter Lebensstil und ihre ungewöhnliche Vitalität und Lebensfreude hatten auf Elizabeth einen tiefen Eindruck gemacht, und beide Frauen waren seitdem immer in Kontakt miteinander geblieben.

Kurz nach ihrer Rückkehr aus Tientsin traf ‚Juwel des Ostens' auf einer Party mit Major Tanaka zusammen, ein Bulle von einem Mann, den sie auf der Stelle zu verführen versuchte. Er arbeitete bereits als japanischer Spion und griff gewaltig in seinen Geheimfonds, um ihr den gewohnten Lebensstil zu finanzieren. Anfangs mag sie ja verliebt gewesen sein, aber ihre Sexualität war maskulin geprägt: Sie liebte es, starke, mächtige Männer zu verführen und sie dann stehenzulassen – am liebsten mit leeren Bankkonten. Major Tanaka fand sie unwiderstehlich. Er gehörte nicht zu den eifersüchtigen Typen, und während sie zusammen waren, war er ganz glücklich darüber, wenn sie ihre Reize bei anderen anwandte – Männern wie Frauen, es machte für ihn keinen Unterschied. Ihn erfreute nicht nur ihre Sexualität, ihre amoralische Lebenseinstellung, sondern er achtete sie auch, weil sie Köpfchen besaß, an alles mit Mut und Schneid heranging – nach dem Motto: ‚Ich probiere alles auf der Stelle aus' (was sie von den meisten japanischen Mädchen so kraß unterschied) – und die Gewohnheit hatte, sich wie ein Mann zu kleiden. Es freute ihn auch, als er entdeckte, wie weit ihre aristokratischen Beziehungen reichten – für einen Spion unschätzbar wertvoll. Bergamini schrieb: ‚Als chinesische Prinzessin konnte sie sich in chinesischen Kreisen bewegen, die jedem anderen (Spion) verwehrt waren ... als Mandschu-Prinzessin blickte sie auf die chinesischen Massen mit fanatischer, für einen Chinesen unverständlichen Verachtung herab.' Tanaka bezahlte ihre Englischstunden und machte sie zu seiner Partnerin. Ihm wurde klar, daß ihre Freundschaft mit Pu Yi und Elizabeth schon bald zu einem wertvollen Aktivposten werden mußte.

Als Major Tanaka und ‚Juwel des Ostens' 1931 längst ein routiniertes Spion-Gespann waren, hatte Pu Yi endlich sein früheres Zögern überwunden und war nun entschlossen, Kaiser der Mandschurei zu werden, sollten es die Umstände erlauben und die Japaner ihm ein offizielles Angebot machen. Aber es lief nicht ganz nach ihrer Vorstellung. Im Norden trafen sie auf unerwarteten Widerstand seitens des heroischen Generals Ma.

Also wurde ein weiterer Teil von Ishiwara's Plänen in Szene gesetzt: Speziell bezahlte chinesische ‚Agitatoren', die die japanische Geheimpolizei ausgesucht hatte, überfielen japanische Ladenbesitzer in Harbin, was den japanischen Truppen einen Vorwand gab, die Kontrolle über die Stadt zu übernehmen.

Mitte November schließlich war der Norden des Landes dann unter japanischer Kontrolle, aber Pu Yi zeigte Anzeichen von Nervenstärke bis zur letzten Minute. Kaiserin Elizabeth weigerte sich, Tientsin zu verlassen, und einige seiner Berater machten sich ihre unerwartete Halsstarrigkeit zunutze, um ihn dahinzubringen, alle japanischen Offerten zurückzuweisen. Oberst Doihara schickte eine dringende Nachricht an ‚Juwel des Ostens'. Sie sollte von Shanghai nach Tientsin kommen und sich sofort bei ihm melden.

Sie schlüpfte in eine ihrer vielen Verkleidungen (dieses Mal ein traditionelles chinesisches Männergewand), befahl einem ihrer Gelegenheitsfreunde, einem japanischen Piloten, sie nach Tientsin zu fliegen, und meldete sich in Doihara's Büro.

In ihrer Eigenart spielte sie wie gewohnt Theater und weigerte sich, immer noch in ihrer Männerkleidung, dem Sekretär in Doihara's Büro ihren Namen zu nennen. Doihara vermutete einen Anschlag und legte seinen Revolver auf den Schreibtisch. „Sie reden wie ein Eunuch", sagte er. „Sind Sie einer von Pu Yi's Leuten?" – ‚Juwel des Ostens' lachte. Wie Doihara später Freunden mitteilte (die wiederum erzählten es Bergamini weiter), griff er nach seinem Schwert. „Nun gut, wenn Sie mir nicht sagen wollen, wer Sie sind, dann lassen Sie uns mal sehen, was Sie sind." Er zückte sein Samurai-Schwert, scharf wie eine Rasierklinge, und schnitt ihr Gewand oben auf. Sie rührte sich überhaupt nicht und lächelte provokativ. Mit einem weiteren Hieb war das chinesische Männergewand ganz aufgeschlitzt, und ‚mit einem Samurai-Schrei aus tiefster Kehle' zerschnitt er die Seidenbinde, die sie sich umgebunden hatte, um ihre Brüste zu verdecken. „Ich sah, sie war eine Frau, also wandte ich mich einer gründlichen Untersuchung zu und fand, daß jede Stelle auf ihrer weißen Haut unversehrt war und ich ihr nicht den leisesten Kratzer zugefügt hatte."

Am nächsten Tag machte sie einen Besuch bei Elizabeth in ihrer Residenz ‚Stiller Garten'. Danach berichtete sie Doihara, daß die Kaiserin hocherfreut war, sie zu sehen, und man stundenlang geratscht hatte. Erfreut zeigte sich die Kaiserin auch, als sie den neuesten Klatsch aus Peking und Shanghai hörte – und die neuesten Geschichten aus ihrem Liebesleben als ‚Juwel des Ostens', wobei diese natürlich vorsichtig genug war, ihre japanischen Verbindungen nicht zu verraten. Sie wußte, Elizabeth haßte und verachtete die Japaner und hatte ihren Mann ständig vor ihnen gewarnt. ‚Juwel des Ostens' meinte zu Oberst Doihara, daß die Kaiserin freiwillig Tientsin nicht verlassen würde. Man müßte schon mit Gewalt vorgehen. Doihara, geschickt von ‚Juwel des Ostens' unterstützt, fing an, Pu Yi Todesängste einzujagen.

Innerhalb weniger Tage hatten sie Erfolg: Ein Kaffeehauskellner wurde bestochen, der Pu Yi ‚gestehen' sollte, daß man ein Attentat auf sein Leben plante, und der ‚junge Marschall' als Geldgeber dahintersteckte. ‚Juwel des Ostens' legte heimlich ein paar mörderisch giftig aussehende

Schlangen in sein Bett. Von einem unbekannten Verehrer erhielt er einen mysteriösen Korb mit Früchten und zwei Zeitbomben darin, die sofort den japanischen Sicherheitskräften übergeben wurden. Nach einer flüchtigen Untersuchung teilten sie Pu Yi dann mit, daß sie aus dem Arsenal des ‚jungen Marschalls' stammten.

Am nächsten Tag (dem 8. November 1931) entschied sich Doihara zu noch härteren Maßnahmen: Im großen Maßstab organisierte er in Tientsin wilde Kundgebungen gegen Pu Yi.

Wie ein späterer Bericht der Stadtverwaltung von Tientsin im März 1932 zeigen sollte, waren die gewalttätigen Ausschreitungen sorgsam von der japanischen Geheimpolizei geplant worden, unterstützt durch Elemente der örtlichen japanischen Besatzungstruppen und unter Einsatz von 500 professionellen chinesischen Agitatoren, die für ihre Dienste gut entlohnt wurden. Bei den Unruhen, allem Anschein nach dem linken Flügel zuzurechnen, ging chinesisches Eigentum im Wert von 5 Millionen Dollar zu Bruch. Mehrere chinesische Polizeibeamte wurden getötet, viele verwundet – und wie der Bericht noch aufdeckte, waren sämtliche sichergestellten Waffen, Munition und verschossenen Patronenhülsen japanischer Herkunft. Die Verhafteten gaben zu, von japanischen Agenten bewaffnet und bezahlt worden zu sein, um das Chaos zu veranstalten.

Der ursprüngliche Zug von Demonstranten fand sich zunächst in den Polizeikasernen der Japaner ein, wo sie von den japanischen Rädelsführern kurz in ihre Aufgabe eingewiesen wurden. So auf Gewalt eingestellt, waren ihre ersten Ziele die chinesischen Polizeistationen im chinesischen Teil von Tientsin, während in den ausländischen Konzessionsgebieten der Stadt nur geringer Schaden entstand und kaum Blut floß.

Die Unruhen dauerten drei Tage. Japanische Panzerwagen feuerten wahllos in den chinesischen Teil der Stadt, lancierte Geschichten machten den ‚jungen Marschall' verantwortlich, und Pu Yi glaubte wirklich, daß der Mob es auf ihn abgesehen hatte. Spätestens jetzt war er wirklich ein Gefangener der Japaner innerhalb seiner Residenz. Natürlich glaubte man außerhalb Tientsin die japanische Version der Vorgänge. Woodhead hatte zu der Zeit Tientsin bereits verlassen und war nach Shanghai gegangen. Es gab also unmittelbar keine Möglichkeit, die Wahrheit von einem unabhängigen Beobachter zu hören. Außerdem waren die japanischen Taktiken zur Fehlinformierung erstklassig: Viele Ausländer schenkten der japanischen Darstellung der Ereignisse wirklich Glauben.

Die Japaner nahmen die von ihnen provozierten Ausfälle zum Vorwand, innerhalb des japanischen Hoheitsbereiches das Kriegsrecht auszurufen. Doihara teilte Pu Yi mit, daß sein Leben in ernster Gefahr war. ‚Juwel des Ostens', die längst ein Dauerbesucher in der kaiserlichen Residenz war, stellte nun ihr Geschick unter Beweis. Sie bekniete Pu Yi wegzugehen, seine Haut zu retten, selbst wenn er deshalb seine Kaiserin augenblicklich zurücklassen müßte. Inzwischen gründlich demoralisiert, willigte Pu Yi ein.

Es war ein demütigender Exitus. Wie Pu Yi erzählt, versuchte sein Kammerdiener Big Li, der junge Mandschu, der ihn vor Jahren, 1924, ins deutsche Krankenhaus in Peking begleitet hatte und inzwischen 21 war, die Tür der zu ‚Stiller Garten' gehörenden Garage zu öffnen. Es war nicht mehr möglich, wie sich herausstellte. Sie war schon lange nicht mehr benützt worden, wie Pu Yi anmerkte, daß sie „von Plakaten völlig zugeklebt war".

Um nicht gesehen zu werden, wartete Pu Yi bis tief in die Nacht. Dann wurde ein Wagen zum Vordereingang gebracht. Big Li öffnete den Kofferraum. Pu Yi sprang hinein, rollte sich wie ein Embryo zusammen, und ab ging's mit seinem Chauffeur am Steuer und seinem japanischen Dolmetscher, der von dem Vorhaben genaue Kenntnis hatte, neben ihm auf dem Beifahrersitz. Der Fahrer hatte so viel Angst, daß er rückwärts gegen einen Telegrafenmasten knallte, den Wagen verbeulte – und Pu Yi im Kofferraum sich arg wunderte.

Im Innenhof eines japanischen Restaurants half man dem benommenen Kaiser aus dem Kofferraum, reichte ihm einen Wintermantel und brachte ihn in einem Wagen des japanischen Oberkommandos zu einer bereits wartenden Barkasse. Cheng Hsiao-hsu erwartete ihn schon, zusammen mit noch zwei anderen Angehörigen seins ‚Hofes'. Trotz seiner früheren Bedenken hatte sich Cheng entschlossen, seinem ‚Kaiser' zu folgen.

Die Barkasse fuhr den Fluß Pai hinab. Unterwegs wurden sie von einem Patrouillenboot der chinesischen Marine zum Halten aufgefordert. Die japanische Bootsbesatzung tat so, als gehorchte sie der Aufforderung, ehe sie mit voller Kraft voraus in die dunkle Nacht davonschoß. Das Patrouillenboot jagte hinterher, doch die japanische Barkasse war schneller. Pu Yi erfuhr später, daß man in den Fluchtplan eine tödliche ‚Sicherung' eingebaut hatte: Einer aus seiner japanischen Begleitmannschaft enthüllte Jahre nach dem Ende des Zweiten Weltkriegs in einem Artikel für ein japanisches Magazin, Bungei Shunju, daß – gleich neben Pu Yi – ein großes Faß Benzin mit an Bord war. Er hatte die Order, falls sie gestoppt würden, das ganze Boot mitsamt den Handlangern in die Luft zu jagen.

Danach wurde Pu Yi an Bord des japanischen Frachters Awaji Maru genommen, wo er die ganze Nacht in einer kleinen Kajüte blieb. Das Wetter war schlecht, und Pu Yi wurde entsetzlich seekrank. Am nächsten Morgen legte man in Yingkow an, wo der Kaiser und seine kleine Gefolgschaft an Land gesetzt wurden.

Wie sich Pu Yi erinnerte, gab es „keine Menschenaufläufe, keine Fahnen. Die wenigen Leute, die dort auf mich warteten, waren alle Japaner." Tatsächlich war die Delegation zu seinem Empfang von dermaßen niedrigem Rang, daß es eine offene Demütigung war. Mit dabei war ein Geheimpolizist namens Masahiko Amakasu. Er war einigermaßen berüchtigt wegen seines Vorgehens in Tokio 1923, als er einen linken Aktivisten, dessen Frau und ihr kleines Kind mit bloßen Händen erdrosselt hatte. Bergamini meinte, daß „es ein Vor-

Pu Yi (Wu Tao) im Alter von 15 Jahren; links Reginald Johnston (Peter O'Toole).

Pu Yi (John Lone) als Erwachsener.

geschmack auf die Art von Umgebung war, in der sich sein Marionettenthron in den kommenden Jahren befinden würde".

Die Japaner brachten Pu Yi zu einem Zug, und Stunden später fand er sich in Tangkangtzu, einem Badeort, wieder, in einer luxuriösen Suite des Tiutsuike-Hotels. Es war japanischen VIP's vorbehalten und ehemals im Besitz der von den Japanern kontrollierten Südmandschurischen Eisenbahn gewesen, ehe die Japaner im Zuge der Übernahme der Mandschurei auch die Eisenbahn vollends beschlagnahmten. Dort erwartete ihn der finstere Antiquitätenexperte Lo Cheng-yu, der die Geheimhaltung und das Ausbleiben der Menschenmenge zu seiner Begrüßung damit begründete, daß die Japaner selbst in der letzten Minute noch über das Vorgehen diskutiert hatten, zudem über die Art und Weise, wie die Nachricht seines Eintreffens behandelt werden sollte. Pu Yi aß etwas Japanisches und legte sich völlig erschöpft schlafen.

Am nächsten Tag wollte Pu Yi in aller Frühe einen Spaziergang machen. Ein besorgter Adjutant sagte ihm, das wäre nicht möglich.

„Warum nicht?" fragte ich. „Wer hat das angeordnet? Gehen wir hinunter und fragen."

„Man läßt uns nicht einmal nach unten."

Pu Yi war völlig aufgebracht und rief nach Lo Chen-yu, aber der war verschwunden. Ein japanischer Geheimpolizist teilte ihnen mit vielen Verbeugungen mit, daß die gesamte Gesellschaft keine Verbindung zur Außenwelt haben durfte, bis man von Oberst Itagaki neue Order bekam.

Itagaki gehörte ebenfalls dem 1921 ins Leben gerufenen Kreis der ‚elf Vertrauenswürdigen' an. Als einer der führenden Köpfe in der ‚Mukden-Affäre' hatte er mit Ishiwara zusammengearbeitet. Aufgrund seiner Leutseligkeit, plumpen Vertraulichkeit und guten Verbindungen sollte er in den nächsten paar Jahren eine führende Rolle in der japanisch besetzten Mandschurei und in China spielen. Danach sollte er als ein enger Vertrauter von Kaiser Hirohito Kriegsminister werden, ehe er schließlich das gleiche Schicksal nahm wie Doihara und als einer der acht japanischen Kriegsverbrecher 1948 an den Galgen kam.

Pu Yi bemerkte zu spät, daß er wieder einmal ein Gefangener war und jetzt noch weniger in der Hand hatte als in Tientsin. Die Japaner behandelten ihn mit weit weniger Respekt, als er erwartet hatte. Itagaki hielt es nicht einmal für nötig, ihn zu besuchen: Er rief Pu Yi an, wenn er ihm etwas zu sagen hatte. Es war alles ganz anders als das rosarote Bild, das Oberst Doihara gemalt hatte, und Pu Yi merkte nach und nach, daß man ihm nicht einmal mehr eine ‚triumphale Rückkehr' nach Shenyang (Mukden), der Hauptstadt der Mandschurei, gewähren würde. Statt dessen würde man ihn, wie Itagaki knapp am Telefon mitteilte, nachdem er ihn im Eisenbahnhotel eine Woche lang hatte ungeduldig zappeln lassen, nach Lushun bringen.

In Lushun (ehemals Port Arthur) befand sich seit langem das Hauptquartier der Militärs in dem von China seit den Tagen des chinesisch-japanischen Kriegs 1904-05 an die Japaner verpachteten Territoriums. Obwohl Pu Yi damals nichts davon mitbekam, diskutierte man innerhalb der herrschenden japanischen Militärkreise heftig über seinen Status: Die ‚Kwangtung-Armee' wollte keine Monarchie, nicht einmal eine mit einer Marionette an der Spitze, was Doihara in der Eile des Gefechts noch eingeräumt hatte. In japanischen Fachkreisen, die in mandschurischen Angelegenheiten Erfahrungen gesammelt und harte Arbeit geleistet hatten, um prominente Leute aus der mandschurischen Zivilbevölkerung als ‚Kollaborateure' zu gewinnen, war man der Meinung, daß ein ‚eingeflogener' Außenstehender wie Pu Yi jahrelange wertvolle Arbeit zerstören und ihre Kontakte zu den örtlichen ‚Eliten' ernsthaft beeinträchtigen würde. Nicht daß die Japaner sich irgendwie Gedanken um Menschenrechte machten oder die Absicht hatten, den Menschen in der Mandschurei eine echte, politische Autonomie einzuräumen. Sie waren sich einfach bewußt, daß Tschiang Kai-schek's KMT-Regierung eine offizielle Protestnote vorbereitete, mit der man die ganze Angelegenheit, die räuberische Landnahme der Mandschurei, vor den in Genf ansässigen Völkerbund bringen wollte. Auf japanischer Seite wollte man daher in einer möglichst starken Position sein, um den Vorwürfen zu begegnen, indem versucht wurde zu zeigen, daß man die Mandschurei nicht weggenommen hatte, sondern daß diese von sich aus fiel, als Folge einer von unten nach oben wirkenden Basisbewegung, die im ganzen Volk Unterstützung fand.

Pu Yi, in Unkenntnis all dessen, betrachtete den Wechsel nach Lushun als einen Schritt in die richtige Richtung. Aber wieder war er nur ein Gefangener, dieses Mal im Hotel Yamato, das den Japanern in Lushun gehörte. Er durfte aus seiner VIP-Suite nicht nach unten, und Besuche unterlagen immer noch strengen Einschränkungen. Offiziell hieß es bei den Japanern weiterhin, daß man seine Ankunft gegenwärtig noch geheimhalten wollte.

In der Zwischenzeit bekam die Kaiserin in Tientsin immer noch regelmäßig Besuch von ‚Juwel des Ostens', die ihr beruhigende Nachrichten brachte: Die Familie von ‚Juwel des Ostens' besaß ein Haus in Lushun, und dort, so sagte sie Elizabeth, wäre sie bald wieder mit Pu Yi vereint. Es sei von den Japanern angemietet worden, erzählte sie, die es als Zwischenstation für ihn einrichteten, bevor man eine seiner erlauchten Stellung angemessene offizielle Feier für seine Rückkehr vorbereitete. ‚Juwel des Ostens' sah sich immer noch mit Elizabeths Weigerung konfrontiert, die sich von ihrer Überzeugung nicht abbringen ließ, daß Pu Yi's Entscheidung ein Riesenfehler gewesen war, daß die Japaner ihn die ganze Zeit zum Narren gehalten hatten und ihre Versprechungen nichts bedeuteten.

Vielleicht hätte sie, wäre sie in ihrem Denken so unabhängig gewesen wie Wen-hsui oder so frei wie ‚Juwel des Ostens', an dieser Stelle die Entscheidung getroffen, mit Pu Yi zu brechen. Eine ‚Kaiserin' allerdings reichte nicht eine Scheidung ein, und ihr Vater – in der Hoffnung, wieder Pu Yi's Geldverwalter zu werden, wenn dieser Kaiser des Marionettenstaats der Mandschurei wurde – hatte beträchtlichen Einfluß auf sie. Aber es scheint, als ob sie ihn damals wirklich noch mochte, obwohl sie sich in Tientsin mehr und mehr auseinandergelebt hatten. Wahrscheinlich hatte sie auch Angst, da ihr der Elan und Lebensmut fehlten, mit dem ‚Juwel des Ostens' ausgestattet war, möglicherweise einfach als unerwünschte Ehefrau zum alten Eisen geworfen zu werden, wie es ihrer Mutter widerfahren war, und völlig mittellos dazustehen. Als Elizabeth dann verstümmelte Berichte hörte, daß Pu Yi in Lushun unter Arrest stand, änderte sich plötzlich ihre Einstellung, und sie begann zu toben und zu krakeelen; unter hysterischen Tränen verlangte sie, mit ihm wieder vereint zu werden.

Ungefähr sechs Wochen nach der glanzlosen Flucht im Kofferraum eines Autos fanden Wan Jung und Pu Yi im Haus, das der Familie von ‚Juwel des Ostens' gehörte und am Wasser lag, wieder zusammen. ‚Juwel' selbst war wieder nach Shanghai zurückgekehrt, keinen Moment zu früh, denn Major Tanaka hatte mehrere andere Aufgaben für sie in der Schublade: Sie sollte in dem lokalen, begrenzt gehaltenen Krieg, der in Shanghai zwischen China und Japan im nächsten Monat ausbrechen würde, eine führende Rolle als ‚Agent provocateur' übernehmen, um von der Situation in der Mandschurei abzulenken. Zudem gewann sie zwei weitere Liebhaber, die beide außergewöhnlich wertvolle Informationsquellen für Major Tanaka abgaben: Aus dem Bettgeflüster mit einem englischen Militärattaché in Shanghai entnahm sie, daß – trotz der ganzen verbalen Verurteilung des aggressiven Vorgehens Japans gegen die Mandschurei – keine harten Sanktionen gegen Japan zu erwarten wären, was sie sogleich an Tanaka weiterleitete. Der zweite Geliebte war kein anderer als Sun Fo, der Sohn von Sun Yat-sen: Während der gesamten Dauer des chinesisch-japanischen Konflikts in Shanghai, der dazu führte, daß zum erstenmal Bomben auf eine Zivilbevölkerung von Flugzeugen (japanischen) aus abgeworfen wurden und Tausende ihr Leben lassen mußten, war ‚Juwel des Ostens' in der Lage, die wertvollsten Informationen direkt aus der sicheren Zentrale des KMT-Lagers an Tanaka zu übermitteln.

Als Spionin landete ‚Juwel' einen Erfolg nach dem anderen. Als die Japaner dann 1937 endlich in Nordchina eingefallen waren und in Peking eine chinesische Marionettenregierung eingesetzt hatten, kehrte sie dorthin zurück, ohne weiterhin die Tatsache zu verschleiern, daß sie eine japanische ‚Spitzenkollaborateurin' war. Sie benutzte ihren Einfluß in den höchsten Kreisen des japanischen Establishments, um wohlhabende Chinesen zu erpressen, indem sie drohte, sie bei der japanischen Geheimpolizei wegen antinationaler Aktivitäten anzuzeigen, wenn sie ihr nicht Unsummen von Geld bezahlten. Sie bezog ein palastartiges, von den Japanern beschlagnahmtes Gebäude, und da sie langsam ihr gutes Aussehen verlor (sie bekam Falten, wurde dick und sah immer mehr wie ein Mann aus), mußte sie auf verschiedene Kniffe bauen, um junge Männer ins Bett zu bekommen. Ein bekannter Pekinger Schauspieler, der das Liebesabenteuer mit ihr verweigerte, fand sich im Gefängnis wieder mit der Anklage, ihre Geldbörse gestohlen zu haben. Sie wurde zunehmend bisexuell und schlief mit den ‚Singsang'-Mädchen, die sie weiterhin an Tanaka weiterempfahl, der ihr Freund blieb. Aber selbst er erzählte Bergamini später, daß ihr Verhalten „weit ab vom normalen Menschenverstand" war. Nach dem Zusammenbruch Japans wollte sie nicht dorthin zurück. Drei weitere Jahre vergingen, bis sie von Tschiang Kai-schek gefaßt und geköpft wurde. Bergamini berichtete, „ihr Richter ... verurteilte sie vor allem, weil sie in japanischen Flugzeugen mitgeflogen war und – sie, eine Frau – voller Verachtung auf die gute Erde Chinas hinabgeschaut hatte".

Während ‚Juwel des Ostens', damals immer noch jung und hübsch, mit ihren beiden Liebhabern das Bett teilte und Japan sich auf eine bewaffnete Auseinandersetzung mit China in Shanghai vorbereitete, flog Oberst Itagaki von der Mandschurei aus nach Tokio, um den Kaiser über die dortige Situation zu unterrichten. Bei der Audienz machte man sich wegen Pu Yi weniger Sorgen als um die umfangreicheren Aspekte, wie die japanische Politik in der Mandschurei auszusehen hatte, und die Notwendigkeit, dort einen unter japanischer Kontrolle stehenden Marionettenstaat aufzubauen. Zugleich wollte man nicht vorgeworfen bekommen, das chinesische Territorium glattweg annektiert zu haben, so daß man versuchte, die internationale öffentliche Meinung zu überzeugen, daß die Mandschurei ein ganz und gar unabhängiger, souveräner Staat wäre.

Jahre später bekam Bergamini einen Bericht über diese Unterredung in die Hände. Itagaki teilte demnach Hirohito mit, daß ‚der neue Marionettenstaat eine Fassade von Unabhängigkeit und Selbstverwaltung behalten würde', in Wirklichkeit aber die japanischen ‚Berater' die ganze Kontrolle hätten. Zur Täuschung der ausländischen Mächte würden diese Berater allerdings als Mandschus erscheinen, Mandschu-Namen annehmen und vorübergehend auch die mandschurische Staatsbürgerschaft. Der Kaiser erkundigte sich, ob es bereits Präzedenzfälle für eine solche doppelte Nationalität gab. Itagaki meinte, daß das eine ganz allgemeine Praxis wäre.

Die Provokationen in Shanghai, die zu einem Krieg im vollen Ausmaß führen sollten, begannen eine Woche danach, und noch während der Krieg tobte – wobei etwa 20 000 japanische Soldaten in Shanghai den unerwarteten heroischen Widerstand der 19. Infanteriarmee brechen sollten –, war Itagaki wieder zurück in der Mandschurei, um mit Pu Yi sein erstes wichtiges Gespräch unter vier Augen zu führen und ihm das Bevorstehende darzulegen.

Itagaki sprach nicht mit der Glätte und dem gepflegten Charme des Oberst Doihara, sondern mit der Autorität eines Mannes, der vom Kaiser selbst unterwiesen worden war. Er war unverblümt und kam sofort auf den Punkt: Es gäbe kein ‚Reich', wenigstens nicht in der absehbaren Zukunft; der neue Staat würde ‚Die Republik von Mandschukuo' heißen, und Pu Yi wäre ausführendes Staatsoberhaupt. Die Hauptstadt wäre nicht Shenyang (Mukden), sondern

Changchun in der nördlichen Mandschurei, eine unfreundliche Industriestadt 800 Kilometer nördlich von Lushun. Dann holte er aus seiner Aktentasche die ‚Unabhängigkeitserklärung des mandschurischen und mongolischen Volkes' hervor sowie ein Faksimile der neuen Flagge, mit Weiß als Grundfarbe und fünf Farbstreifen in einem kleinen Rechteck, die die ‚fünf Völker' der Mandschurei symbolisierten – Mandschus, Chinesen, Mongolen, Japaner und Koreaner.

Verärgert stieß Pu Yi die Flagge und die Unabhängigkeitserklärung zur Seite. „Was für ein Staat ist das? Bestimmt nicht das große Reich der Ching", sagte er mit Empörung.

Natürlich nicht, meinte Itagaki in aller Ruhe, als ob er ein Kind zur Vernunft bringen wollte. Dies war ein neuer Staat, der von dem ‚Komitee zur Verwaltung des Nordostens' gebilligt war, der Kollaborationsbehörde, auf die die Spezialisten für mandschurische Angelegenheiten so wirksam hingearbeitet hatten. „Das Komitee hat einstimmig einer Resolution stattgegeben, die es begrüßt, wenn Eure Exzellenz das Amt des Staatsoberhaupts annehmen."

Pu Yi bemerkte sehr rasch, daß er nicht mehr mit „Eure kaiserliche Majestät" angeredet wurde. ‚Ich war so aufgebracht', schrieb er später, ‚daß ich kaum still sitzen konnte.'

„Ich kann ein solches Regierungssystem nicht akzeptieren", erklärte Pu Yi ihm. „Der Kaisertitel ist an mich von meinen Ahnen weitergereicht worden, und sollte ich ihn aufgeben, wäre es mangelnde Loyalität und mangelnde Liebe des Kindes seiner Familie gegenüber."

Es wäre doch nur eine vorübergehende Abmachung, entgegnete Itagaki. Die neue Nationalversammlung würde in Bälde bestimmt das kaiserliche System wiederaufleben lassen.

Zum erstenmal bekam Pu Yi jetzt von einem mandschurischen ‚Parlament' zu hören, und er war außer sich vor Wut. Man kam in der Unterredung nicht mehr weiter. Itagaki nahm seine Aktentasche und meinte zu Pu Yi: „Eure Exzellenz sollten darüber gut nachdenken. Morgen werden wir weiter darüber diskutieren."

Am nächsten Tag gab Itagaki Pu Yi noch deutlicher zu verstehen, daß es zu den japanischen Vorschlägen keine Alternativen gab und daß man ihm auch auf seiten seiner eigenen ‚kaiserlichen' Entourage riet, die japanischen Vorschläge zu akzeptieren. Selbst Cheng Hsiao-hsu, der sein Äußerstes getan hatte, um Pu Yi davon abzuhalten, Tientsin zu verlassen, schien sich inzwischen der Situation ergeben zu haben. Außerdem sollte er, wenn Pu Yi Staatsoberhaupt sein sollte, als Premierminister fungieren, und er war eitel genug, bei diesem Gedanken in helle Freude zu geraten.

Vom Standpunkt der ‚Kwangtung-Armee' ganz abgesehen, daß die örtlichen Kollaborateure ihr eigenes Marionetten-Parlament bekommen und für ihre Kollaboration mit den Japanern materiell belohnt werden sollten, gab es noch einen weiteren, ungemein wichtigen Grund, weshalb Itagaki, vom kaiserlichen Palast fest angewiesen, diesen besonderen Vorschlag aus der Tasche geholt hatte: Obgleich der Völkerbund es unterlassen hatte, wirkungsvolle Sanktionen gegen Japan wegen der Annektierung der Mandschurei zu verhängen, hatte man eine Untersuchungskommission ernannt, die die Situation in der Mandschurei aus erster Hand bewerten sollte. Es war also dringlicher als je zuvor, der Welt weiszumachen, daß ‚Mandschukuo' wenigstens die Fassade eines unabhängigen, normalen Staates hatte.

Eine Woche nach Itagaki's Gespräch mit Pu Yi – am 29. Februar 1932 – kam die vom Völkerbund eingesetzte Lytton-Kommission in Tokio an, dem ersten Etappenziel auf ihrer Tatsachen sammelnden Mission, zu der die Weiterreise nach China und eine Vor-Ort-Beurteilung des neuen Staates von ‚Mandschukuo' gehörten.

Kapitel 16

Für Amerikaner wie Europäer liegt die Mandschurei am anderen Ende der Welt, an den Tatarengrenzen des östlichsten Sibiriens und nördlichsten Chinas, so weit weg wie die Galapagos- oder Osterinseln.

Für die Russen, Japaner und Chinesen war und bleibt die Mandschurei ein höchst wichtiges Land mit Industrie und Landwirtschaft in einem strategisch bedeutenden Teil der Welt. Heute noch halten chinesische und sowjetische Truppen mit ihren Raketen ihre kostspielige Wacht am Fluß Amur (Schwarzer Drache), der die Mandschurei von der UdSSR trennt.

Japans Entschlossenheit in den zwanziger Jahren, die Mandschurei an sich zu reißen und eine japanisch gelenkte Marionettenregierung zu installieren, ist nur in einem gesamten-strategischen und ökonomischen Zusammenhang verständlich, der in den dreißiger Jahren noch bedeutender war als heutzutage. In den aufgewühlten, anarchischen zwanziger Jahren war die Mandschurei, mit nur 9% der gesamten chinesischen Bevölkerung – und trotz ihres extremen Klimas mit heißen Sommern und eiskalten Wintern –, potentiell der reichste Teil Chinas. Die Mandschurei hatte – und hat heute noch – riesige Mineralvorkommen und Kohlenschätze. Der Boden ist für den Anbau von Sojabohnen und Gerste ideal. Die mandschurischen Bauern, wie eh und je beritten, gehören zu den abgehärtetsten und fleißigsten in der Welt (aus ihren Reihen kamen die zähen Krieger der Mandschu-Kavallerie, die im 17. Jahrhundert China für die Ching-Dynastie eroberten). Die wirtschaftliche Entwicklung der Mandschurei war längst vor dem ‚Zwischenfall von Mukden' dem übrigen China um Längen voraus – teilweise dank der tüchtigen Verwaltung, für die der ermordete ‚Generalissimo' Chang Tso-lin zu seinen Lebzeiten gesorgt hatte. Die Mandschurei war China in jeder Hinsicht voraus, was die Nahrungsmittelproduktion, Einkommenssituation und Eisenbahn-Infrastruktur betraf. 1933, als die japanische

Besetzung der Mandschurei noch nicht voll im Gange war, bestritt die Mandschurei 14,3 % der gesamten industriellen Produktion in China, stellte 12 % der gesamten Arbeiterschaft in der Industrie und erhöhte zwischen 1913 und 1930 seine landwirtschaftliche Produktion um 70 %.

Einer der Gründe, warum Marschall Chang Tso-lin eine solch ungeheuerliche Figur wurde, lag darin, daß er von Anfang an, selbst schon als kleiner Kriegsherr, die Bedeutung von Eisenbahnverbindungen für China voll erkannte. Trotz der Tatsache, daß die Japaner als Folge des russisch-japanischen Kriegs von 1904-05 streckenweise die von den Russen gebauten und betriebenen Eisenbahnen in dem Gebiet übernommen hatten und zudem ihre eigene, mächtige ‚Südmandschurische Eisenbahngesellschaft' ins Leben riefen, war Chang Tso-lin weitblickend genug gewesen, seine eigene Eisenbahngesellschaft zu gründen – was erklärte, warum er seinen eigenen, gepanzerten Eisenbahnwaggon hatte, als er unterwegs getötet wurde. Vor seinem Tod hatte er obendrein als Mittelsmann im Interessenstreit zwischen Japan und der Sowjetunion agiert, denn die Sowjets waren, besonders im ersten Jahrzehnt nach der Oktober-Revolution von 1917, nie ganz frei von dem Argwohn, daß Engländer und Japaner sich zusammenschließen könnten, um Rußland an seinen Grenzen zur Mandschurei anzugreifen und das zugegebenermaßen wackelige und ökonomisch bankrotte Regime zu ‚destabilisieren'.

Selbst nach Chang Tso-lin's Tod fuhren weiterhin sowohl von den Sowjets betriebene Züge als auch solche, die die Japaner unterhielten, in der Mandschurei, und jede Seite hatte ihre eigenen ‚Eisenbahntruppen'. Die Mandschurei besaß mehr als 30 % des gesamten chinesischen Eisenbahnnetzes. Zwischen 1928 und 1937 wuchs es um weitere 4 500 Kilometer, was ein doppelt so großer Zuwachs war wie im übrigen China.

Die Mandschurei war in den zwanziger Jahren in jeder Hinsicht ein ungemein einträgliches Land, das nur darauf wartete, entwickelt zu werden: Besonders für das Japan zur

Zeit vor dem Zweiten Weltkrieg war die Mandschurei eine wesentliche Rohstoffquelle und Fabrikationsstätte. Ohne die Ressourcen der Mandschurei hätte Japan wahrscheinlich nicht seine Politik zur Eroberung des übrigen Südostasiens (angefangen mit China) einschlagen, noch 1941 die Bombardierung von Pearl Harbor riskieren können. Die Mandschurei wurde das Ruhrgebiet Japans und versorgte seine Rüstungswirtschaft. Da die Mandschurei, verglichen mit dem übrigen, vom Krieg zerrütteten China, einen solchen wirtschaftlichen Aufschwung erlebte, wuchs die Bevölkerung in den Jahren zwischen 1910 und 1940 von 18 auf 38 Millionen; nach dem ‚Zwischenfall von Mukden' nahm sie ganz besonders zu. Aus diesem Land sollte nun ‚Mandschukuo' werden, mit Pu Yi als ‚Staatsoberhaupt' an der Spitze.

Außerdem sollte es nach 1931 zu einem der am autoritärsten geführten Länder in der Welt werden – ein lehrbuchwürdiges Exempel des Kolonialismus, wenngleich dieser orientalischer Prägung war. Da die Brutalität in den ersten Jahren der ‚Republik von Mandschukuo' vorwiegend auf die Bevölkerungsgruppen der Mandschus, Chinesen und Weißrussen beschränkt blieb, fiel der Aufschrei wesentlich gedämpfter aus als im Fall der späteren Besetzung Europas durch die Nazis nach dem Ausbruch des Zweiten Weltkriegs. Damals verschaffte ein amerikanischer, englischer, französischer oder italienischer Paß seinem Inhaber noch wirklichen Schutz. Zudem war der angeborene und oft unbewußte Rassismus ausländischer Beobachter dergestalt, daß diese die Unrechtmäßigkeiten, die ein Orientale dem anderen antat – oder anderen ‚verachteten' menschlichen Wesen wie den staatenlosen Russen, die damals mehrere Hunderttausend in der Mandschurei zählten –, für die natürlichste Sache der Welt hielten.

Der englische Reisejournalist Peter Fleming schilderte, wie seine Freundin Kini unterwegs in einem mandschurischen Eisenbahnzug von den Japanern für eine Weißrussin gehalten und, weil es üblich war, prompt geschlagen wurde, bis sie herausfanden, daß sie Schweizerin war und sich vielmals entschuldigten. Wie Fleming es in seinem Buch ‚News from Tartary' ausdrückte, ‚kann man Weißrussen so lange schlagen, wie man lustig ist, da sie keinen Status in der Welt haben, Bürger von nirgendwo sind'.

Solche alltäglich vorkommende Brutalität war für ihn und andere westliche Beobachter absolut nichts Überraschendes. Tatsächlich gehorchten die japanischen Truppen nur den Anordnungen, denn die offene brutale Willkür war nur ein Teil einer systematischen Schreckensherrschaft, die von höchster Stelle in Tokio verordnet worden war und sowohl faschistische als auch kolonialistische Züge hatte. Es war nicht nur geplant, die ansässige Bevölkerung zu terrorisieren, sondern auch die nur mühsam verschleierte japanische ‚Besetzung' in eine gewinnträchtige Operation zu verwandeln.

Unter der inoffiziellen Kolonialherrschaft sollte die Einwanderung von Japanern in die Mandschurei bei weitem die kühnsten Erwartungen übertreffen, die Baron Goto gehabt hatte. 1931 waren 240 000 Japaner in der Mandschurei. Bis 1939 stieg diese Zahl auf 837 000. Ein Viertel der Bevölkerung in der neuen Hauptstadt von „Mandschukuo", Changchun, waren Japaner. Der ‚Zwischenfall von Mukden' setzte sämtlichen Einwanderungsbeschränkungen oder Eigentumsvorbehalten ein Ende. Von da an wurde den Japanern vollkommen freie Hand gewährt, das Gebiet ‚zu entwikkeln'.

Zweifellos hatte Japan die Absicht, ‚Mandschukuo' beizeiten in eine offizielle japanische Kolonie zu verwandeln: Im August 1935 verkündete die japanische Regierung offiziell ihren Einwanderungsplan für die Mandschurei. Es war geplant, zwischen 1936 und 1956 fünf Millionen Menschen anzusiedeln. Dahinter stand nicht nur ein strategischer Zweck, sondern auch das damals beträchtliche Problem der japanischen Überbevölkerung auf dem Land, welchem man auf diese Weise beikommen wollte. Zwischen 1938 und 1942 meldeten sich 200 000 junge Landarbeiter freiwillig für die Mandschurei. Dort wurden sie in Bauernhöfen angesiedelt – die meisten waren den rechtmäßigen Besitzern, Mandschus, weggenommen worden –, aus denen sie dann ‚strategische Weiler' machten.

Neben unverheirateten Freiwilligen gab es pro Jahr 20 000 Familien, die von 1936 an in die Mandschurei zogen, bis Japan – um die Mitte des Zweiten Weltkriegs – langsam die Seeherrschaft einbüßte und nicht mehr in der Lage war, derartige Menschenmassen überzusetzen.

Die japanischen Regierungen sahen von 1931 an in der Mandschurei ein riesiges Potential, um Japan zu ernähren. Der offiziellen japanischen Propaganda nach sollten diese freiwilligen Gruppen sowie die ehemaligen Angehörigen der Streitkräfte in vormals unbebaute, öde Landstriche der Mandschurei geschickt werden.

In Wirklichkeit aber war es ganz anders. Trotz all der Weite des Landes (mehr als zweimal so groß wie die Fläche Frankreichs und Deutschlands vor dem Krieg zusammen) stimmte es einfach nicht, daß ausgedehnte Landstriche brachlagen und auf die fleißigen Japaner warteten. Die neuen japanischen Landwirtschaftsniederlassungen wurden vehement angefeindet und viele konstant attackiert. Hunderttausende von Mandschu-Bauern waren enteignet – oder schlimmer noch – getötet worden. Es gibt einen schrecklichen Augenzeugenbericht von einem ehemaligen japanischen Freiwilligen, der schilderte, wie mandschurische Bauern zusammengetrieben und japanischen Rekruten übergeben wurden, die die Instruktion erhielten, daß es sich um gerade gefangengenommene ‚Banditen' handelte, an denen sie den Umgang mit dem Bajonett üben sollten. Verständlich, daß viele der jetzt besitzlosen Bauern die Reihen der antijapanischen Guerilla auffüllten und zu wirklichen ‚Banditen' wurden. Andere strömten scharenweise in die Städte, wo ihnen Arbeit zugesichert worden war.

Denn die Mandschurei wurde von 1931 an eine industrielle Kraft. In Japan war Bauxit knapp, und so wurden im großen Stil mandschurische Schiefervorkommen erschlossen. Von 1932 an investierten die Japaner gewaltig in die Industrien in der Mandschurei – in die Eisen-, Stahl-, Düngemittel-, Sprengstoff-, Chemie-, Werkzeug-, Maschinen-, elektrotechnische und Dampfkessel-Industrie. Gleichermaßen aufsehenerregend war der bauwirtschaftliche Aufschwung. 1934 errichteten die Japaner mit amerikanischer Unterstützung eine erste Automobilindustrie (die Dowa-Werke) und sogar eine kleine Flugzeugindustrie (die Mandschurische Flugzeuggesellschaft), die zunächst leichte Antriebswerke baute, später ganze Flugzeuge. Edgar Snow, für einen Sonderbericht für die ‚Saturday Evening Post' unterwegs, schrieb, daß ‚der Wandel ins Auge springt, wenn man die Grenze überquert, selbst bevor man in die großen Städte kommt, wo ein phänomenaler Bauboom das Gesicht der Mandschurei rapide verändert'. Er wies auf den Kontrast zwischen den schmutzigen chinesischen Zügen und den japanischen hin: ‚Ordentlich sauber und mit ordentlicher Bedienung.' Ein amerikanischer Geschäftsmann, zu Besuch in der Mandschurei, meinte: „Mandschukuo sollte in Wirklichkeit Japanschukuo heißen."

Professor F. C. Jones, ein Experte in Sachen Mandschurei, dessen Buch ‚Manchuria after 1931' weiterhin das maßgeblichste Werk auf diesem Gebiet ist, schrieb darin, daß ‚die Japaner in der Mandschurei ein industrielles Potential aufbauten, das alles übertraf, was anderswo in Ostasien mit Ausnahme Japans und der UdSSR existierte', sie jedoch in jedem Fall ‚die mandschurische Wirtschaft für ihre eigenen Zwecke einspannten'.

Alles wurde auf Japans ureigenes Interesse abgestimmt. Dem klassischen kolonialen Stil nach produzierte die Mandschurei entweder Rohstoffe oder halbfertige Produkte, während die Endverarbeitung in Japan erfolgte. ‚Es war eine typische koloniale Struktur', schrieb Jones. ‚Die leitenden Stellungen und technischen Berufe wurden ausschließlich von Japanern bekleidet.'

Typisch kolonialistisch war auch Japans Bildungspolitik. Nach dem ‚Zwischenfall von Mukden' schlossen sämtliche chinesischen Universitäten in der Mandschurei ihren Lehrbetrieb. Die Japaner legten der herrschenden Klasse ans Herz, neue Hochschulen zu eröffnen, strichen aber die Geisteswissenschaften vom Lehrplan, da, wie Jones meinte, der Unterricht in diesen Fächern „die Tendenz zu unerwünschten politischen Konsequenzen in sich barg". Ein Reporter der ‚London Times', der im Dezember 1932 die neu errichtete Republik ‚Mandschukuo' besuchte, zitierte einen japanischen Offizier, der meinte, daß „die Mandschurei Arbeiter braucht, keine akademischen Jugendlichen mit halbbackenen Vorstellungen, wie sie in Japan scharenweise herumlaufen".

Dies fand in den Veröffentlichungen Anerkennung, die von der Regierung in ‚Mandschukuo' herausgegeben wurden, die zeigen sollten, daß es ein ganz und gar unabhängiges Land war: In Band 3 der ‚Contemporary-Manchuria'-Serie (Januar 1939) brüstete sich der Autor des Bereichs ‚Bildung', daß ‚kein unangemessener Nachdruck auf die geistige Ausbildung' gelegt wurde. Die Japaner brauchten gefügige Industriearbeiter und Vorarbeiter und legten das Bildungssystem in ‚Mandschukuo' folglich so an, daß der entsprechende Nachwuchs gewährleistet war.

In den meisten Ländern ist das industrielle Proletariat gegenüber dem der Landwirtschaft in punkto Löhne, Kaufkraft und Wohnmöglichkeiten im Vorteil. In ‚Mandschukuo' jedoch bedeutete die strenge japanische Kontrolle über die örtlichen Wirtschaftszweige, daß die Arbeiter Kapitalgüter, nicht Konsumgüter schufen – und eine strenge Importpolitik bedeutete, daß selbst so wesentliche Konsumgüter wie Kleidung und sogar Nahrungsmittel knapp waren – und immer knapper wurden. Man bemühte sich, dem Zustrom dringend benötigter Industriearbeiter eine Behausung zu geben, und die von den Japanern gebauten Unterkünfte stehen heute noch, in denen laut Jones „Leute wohnten, deren Gesundheit infolge der schlechten Ernährung und allzu vieler Stunden in den Fabriken großenteils schwer angeschlagen war".

Die japanische Besetzung der Mandschurei hatte noch

eine andere Seite, und diese ist in einem beachtenswerten, längst vergessenen Buch von einem italienischen Abenteurer mit dem Namen Amleto Vespa dokumentiert.

Vespa, der 1888 geboren wurde, ließ sich in Harbin während des Ersten Weltkriegs nieder, nach einer abenteuerlichen Jugend im Dienste der mexikanischen Revolution. Er sprach fließend Chinesisch und Japanisch und arbeitete während des Ersten Weltkriegs in China als freier Mitarbeiter im Geheimdienst auf seiten der Alliierten. Während dieser Jahre entwickelte er freundschaftliche Beziehungen zu Chang Tso-lin, dem Kriegsherrn der Mandschurei, der ihn in seinen Dienst stellte, auf einem Vorgesetztenposten in seiner persönlichen Geheimpolizei. Von da an bis zu Chang Tso-lin's Tod wurde Vespa, ein kleiner, untersetzter Mann, vom Körperbau her Mussolini sehr ähnlich (den er sehr bewunderte), ein äußerst tüchtiger Agent mit einer bemerkenswerten Erfolgsbilanz darin, Waffenschmuggler, Zuhälter und Drogenhändler aus dem Verkehr zu ziehen. Da die Italiener seine Aktivitäten nicht billigten, erwarb er die chinesische Staatsbürgerschaft – ein Akt, den er später bereuen sollte, denn das stellte ihn, soweit es die Japaner betraf, nach dem ‚Mukden-Zwischenfall' auf eine Stufe mit den verachteten Chinesen und Mandschus.

Auf japanischer Seite war man rasch bei der Hand, daraus einen Vorteil zu ziehen: Oberst Doihara drohte ihm 1931, seine italienische Frau und sein Kind umzubringen, falls er nicht in den japanischen Geheimdienst eintrat. Vespa blieb nichts anderes übrig, als für ihn zu arbeiten. Gleichzeitig tat er sein Bestes, den Japanern einen Strich durch die Rechnung zu machen, indem er als erfolgreicher Doppelagent arbeitete. Bis er 1936 aus der Mandschurei fliehen konnte, beobachtete er das Werk der Japaner in Harbin und anderswo aus nächster Nähe, und sein Buch ‚Secret Agent of Japan' ist ein außergewöhnlicher Bericht über diese Periode, aus der wenig bekannt ist.

Es war ein so sensationelles Buch, daß manche Kritiker nach seinem ersten Erscheinen im Jahre 1938 meinten, Vespa hätte sich das meiste darin zusammengereimt. Aber sowohl Edgar Snow als auch H. J. Timperly, der damalige China-Korrespondent des ‚Manchester Guardian', die beide gute Kenner der Mandschurei waren, bürgten für die Echtheit der Berichte. Diese wurden später auch von vielen anderen Experten bestätigt, die Vespas Schilderung seines Lebens in Mandschukuo in den dreißiger Jahren prüfend nachgingen und herausfanden, daß sie sich mit dem deckte, was in den japanischen Dokumenten stand.

Wie Vespa erzählt, wurde er zu Oberst Doihara vorgeladen, um mit dem Leiter des japanischen Geheimdienstes in der Mandschurei zusammenzutreffen – einem immens weltgewandten Mann, der perfekt Englisch sprach und dessen Namen Vespa nie herausbekam.

Möglicherweise war er ein japanischer Fürst aus dem Königshaus, denn niemand außer ein enger Verwandter des Kaisers hätte es Bergaminis Worten nach gewagt, mit einer solch zynischen Verachtung gegenüber seinen Untergebenen und gegenüber Ausländern im allgemeinen zu sprechen, noch so offen und kenntnisreich den japanischen Welteroberungsplan im Munde zu führen.

Der geheimnisvolle Leiter des japanischen Geheimdienstes erläuterte Vespa nun, um welche Pflichten es ging: Die ‚Besetzung' mußte so angelegt werden, daß sie sich selbst trug. Schließlich war das von allen Kolonialmächten in der Vergangenheit so gehandhabt worden, und „wir Japaner sind ein sehr armes Volk ... Deshalb müssen die Chinesen der Mandschurei auf die eine oder andere Weise für die gesamte Kosten geradestehen."

Möglichkeiten hierzu gab es genug, wie der oberste Geheimdienst erklärte: Monopole, Lösegelder, Entführungen und Sabotageakte gegen die sowjetisch betriebene ‚Östliche Eisenbahngesellschaft' zugunsten der im japanischen Besitz befindlichen ‚Südmandschurischen Eisenbahn'. Bei den zu errichtenden Monopolen war der Herstellung und dem Verkauf von Opium besondere Aufmerksamkeit zu schenken, ebenso dem Glücksspiel und der Prostitution. „Wer eine

Monopolerlaubnis zugesichert bekommt, hat sehr hohe Summen aufzubringen", erklärte der mysteriöse Geheimdienstchef. „Sie haben einen Anspruch auf unsere Protektion." Die im japanischen Besitz befindlichen Monopole, die unter dem Schutz der japanischen Staatspolizei arbeiteten, sollten beizeiten fast jede Seite des täglichen Wirtschaftslebens der Mandschurei abdecken – es gab sogar ein Monopol für eine Schornsteinfegerfirma, die einem japanischen Geschäftsmann gehörte und von zehn Beamten der japanischen Staatspolizei ‚beschützt' wurde.

Außerdem sollte Vespa für den japanischen Geheimdienst ein ‚Mordkommando' leiten und sowohl als Vollstrecker wie auch als Mittelsmann agieren.

Die Terrortruppe, wurde Vespa erklärt, sollte in vielfacher Hinsicht eingesetzt werden. Vorrangig war für die Japaner unter anderem zu erzwingen, daß der gesamte Güterverkehr nicht auf der von den Sowjets kontrollierten Eisenbahnstrecke abgewickelt wurde, sondern auf der ihnen gehörenden südmandschurischen. Eine der Aufgaben für Vespa bestand darin, „den Betrieb auf der Strecke Harbin–Wladiwostock zu unterbrechen und ganz zum Erliegen zu bringen ... Es werden viele Züge, einer nach dem anderen, liegenbleiben, bis die Russen sich gezwungen sehen, ihre Waren auf unserer Strecke nach Dairen (Dalian) zu verfrachten. Auch auf den anderen, unter sowjetischer Kontrolle befindlichen Strecken werden die Züge häufig liegenbleiben, auf den japanischen Abschnitten zum Teil auch, um den Schein zu wahren."

Der hohe japanische Beamte legte auch die Entführungspläne dar, die er im großen Umfang verwirklicht sehen wollte, mit riesigen Lösegeldern von Leuten, die genug Geld hatten, wobei besonders die 7000 russischen Juden, die immer noch in der Mandschurei lebten, in Frage kamen.

Viele von ihnen, bekam Vespa gesagt, „konnten sich von anderen Ländern einbürgern lassen ... die meisten ausländischen Firmen werden von ihnen repräsentiert. Wir können sie zwar nicht offen und direkt attackieren, insbesonre nicht, wenn sie einer Nationalität angehören, die Rechte auf Exterritorialität besitzt. Aber indirekt können wir ihnen sehr wohl die Hölle heiß machen ... wir können uns all diejenigen vornehmen, die mit ihnen ins Geschäft kommen wollen."

Von Zeit zu Zeit sollten Scheinüberfälle auf chinesische Dörfer passieren, Vespa und sein ‚Überfallkommando' sollten beim Heranrücken der japanischen Trupps verschwinden, um ‚auf diese Weise die Dankbarkeit der Chinesen zu gewinnen'. Daneben sollten auch japanische Soldaten zum Schein überfallen werden, um „uns Vorwände für Strafexpeditionen in die Hände zu spielen und die Bewohner dieser Gegenden aussiedeln zu können, damit wir das Land dann japanischen Kolonisten überlassen". Zu all diesen Machenschaften könnte man sehr gut weißrussische Emigranten mit Söldnerseele, zusammen mit den mandschurischen und chinesischen ‚Banditen' mit heranziehen, die Vespa rekrutieren sollte. Jede Organisation und Gruppe, Ausländer gleichermaßen wie Mandschus, ‚die keine wahren Freunde der Japaner sind', war nach den Worten des Beamten zu eliminieren.

Ein Problem, dem sich Vespa bei der Ausführung japanischer Befehle (er tat es seiner Aussage nach auf solche Weise, daß er den Spieß oft umdrehte) gegenübersah, war der Umstand, daß die verhaßte japanische Staatspolizei selbst an der Erpressung von Protektionsgeldern beteiligt war, oft von Betreibern ‚nicht autorisierter' Spielhöllen, Opiumhöhlen oder Bordelle, die ihrer Abgabenpflicht an die japanischen Behörden nicht nachkamen. In Harbin, wo Vespa lebte, hatte sich eine Politik des Leben-und-leben-Lassens institutionalisiert: Die Staatspolizei durfte fünf Bordelle, fünf Opiumhöhlen, einen Spielsalon und ein Geschäft für harte Drogen und Narkotika unterhalten. „Eine kleine Zahl", bemerkte Vespa, „wenn man bedenkt, daß allein in Harbin 172 Bordelle, 56 Opiumhöhlen und 194 Rauschgiftläden existierten." Letztere waren in Wirklichkeit gar keine Läden, fügt er hinzu. „Der Morphiumsüchtige oder Heroinabhängige klopft einfach an die Tür, ein kleines Guckloch öffnet sich, durch das er dann seinen nackten Arm und die Hand mit zwanzig Cents darin hineinstreckt. Man nimmt das Geld und gibt ihm einen Schuß in den Arm."

Von 1932 an, berichtet Vespa, vermehrten die Japaner im großen Maß die Anbaugebiete für Schlafmohn. Nach 1937 kamen seinen Worten nach „täglich Opiumlieferungen nach China, unter dem Deckmantel japanischen Militärnachschubs. Wo es kein japanisches Militärkommando gibt, wird die Opiumfracht zum japanischen Konsulat transportiert. Japanische Kriegsschiffe fahren mit dem Opium die chinesische Küste entlang, und den gleichen Dienst tun japanische Kanonenboote auf allen großen Flüssen in China."
Für die Japaner selbst waren Drogen jedoch strikt verboten. Vespa zitierte eine Stelle aus einem Büchlein, das die japanische Militärleitung an alle japanischen Soldaten verteilen ließ: ‚Der Gebrauch von Narkotika ist einer höheren Rasse wie der japanischen unwürdig. Nur niedere Rassen, solche, die dekadent sind wie die Chinesen, Europäer und die Ostinder, sind davon abhängig. Aus diesem Grund sind sie auch bestimmt, uns zu dienen und sich letztlich selbst auszulöschen. Ein japanischer Soldat, der sich des Genusses von Rauschmitteln schuldig macht, ist nicht mehr würdig, die Uniform der kaiserlichen japanischen Armee zu tragen und unseren göttlichen Kaiser zu ehren.'

Vespas Bericht über sein Zusammenwirken mit der japanischen Geheimpolizei und seinen Banden chinesischer und weißrussischer Desperados – und wie er es schaffte, tatsächlich ein Doppelagent zu werden und seine Opfer, wenn immer es ihm möglich war, über die gerade bevorstehende Gefahr zu informieren – liest sich nicht nur sensationell, sondern zeigt auch, daß Entführungen, entweder für Lösegelderpressungen oder aus Gründen politischer Einschüchterung, in der Mandschurei von 1932 an gang und gäbe waren, wie auch Jahrzehnte später im Libanon. Vespa veröffentlichte in seinem Buch lange Namenslisten von Chinesen und staatenlosen Ausländern, die verschleppt und häufig getötet wurden.

Von einem Fall, der den populären Besitzer des ‚Hotel Moderne' in Harbin, der russisch-jüdischer Abstammung war, betraf, wurde international berichtet: Josephe Kaspe hatte in der Mandschurei ein beträchtliches Vermögen gemacht. Er besaß nicht nur das führende Hotel in der Stadt, sondern auch ein Juwelengeschäft und eine Kinokette. Er war ein naturalisierter französischer Staatsbürger geworden, und einer seiner Söhne, Simeon, war ein begabter Klavierspieler, der am Konservatorium in Paris studierte und sich langsam als angesehener Konzertpianist hervortat. 1933 besuchte Simeon Asien für eine Reihe von Konzerten und bei dieser Gelegenheit auch kurz seinen Vater. Er wurde am 23. August 1933 von einer Bande Weißrussen entführt, wobei diese mit der japanischen Staatspolizei zusammenarbeiteten. Die Entführer verlangten ein riesiges Lösegeld. Der Vater wollte erst zahlen, wenn sein Sohn zuvor freigelassen wurde. Er bekam die beiden abgeschnittenen Ohren seines Sohnes zugeschickt.

In den folgenden Wochen kamen sowohl Vespa als auch der französische Konsul in Harbin immer mehr zu der Überzeugung, daß die japanische Staatspolizei die weißrussischen Kidnapper deckte, und erhielten diesbezüglich Beweise. Aber obwohl die Japaner wegen der internationalen Beachtung, die der Vorfall auf sich zog, schließlich gezwungen waren, gegen die weißrussischen Entführer vorzugehen, die daraufhin erschossen wurden, wurde die Rolle der Staatspolizei, welche dominant mitgewirkt hatte, nie unter die Lupe genommen. Anfang Dezember 1933 wurde Simeon Kaspes Leichnam, scheußlich gepeinigt und gefoltert, halbvergraben außerhalb von Harbin gefunden.

Da alle Geschäfte, die nicht Japanern gehörten, selbst die, die von Ausländern mit westeuropäischen oder amerikanischen Pässen betrieben wurden, laufend gegen Gangster zu kämpfen hatten, wurden viele an japanische Geschäftsleute verkauft, für einen Spottpreis. Vespa selbst wurde größtenteils enteignet und floh 1936 nach Shanghai. Ein chinesischer ‚Bandit' und Freund von ihm entführte mehrere Japaner, und Vespas Frau und Kind wurden im Austausch freigelassen.

Zu einem solchen Land sollte ‚Mandschukuo' also werden, und obgleich Pu Yi nicht hatte wissen können, was die Japaner vorhatten, mußte er doch schon von seinen ersten Gesprächen her auf mandschurischem Boden mit Oberst Doihara und Itagaki gewußt haben, daß sie erbarmungslose Männer waren und man gar kein anderes Regime von solchen Leuten erwarten konnte. Aber es war, wie Pu Yi vor dem Internationalen Kriegsverbrecher-Tribunal erklären sollte, so, daß „ich meinen Kopf in das Maul eines Tigers gesteckt hatte". Es gab kein Zurück mehr, auch wenn Kaiserin Elizabeth einen letzten verzweifelten Anlauf machte, um wieder frei zu kommen.

Kapitel 17

Einen Tag nach dem Eintreffen der Lytton-Kommission in Japan kam eine Delegation der ‚Gesamt-Mandschurischen Nationalversammlung', eine von Oberst Doihara geschaffene Institution, der Japaner angehörten, die sich als Mandschus ausgaben, sowie ein paar echte Mandschus, die Opportunisten waren, in Lushun (Port Arthur) an, um Pu Yi zu ‚ersuchen', Staatsoberhaupt des neuen Staatsgebildes zu werden. Zunächst ‚lehnte er bescheiden ab', wie es die traditionelle chinesische Art war, um dann ein paar Tage später zu akzeptieren.

Am Abend des gleichen Tages (am 24. Februar 1932) gab Oberst Itagaki ein privates Festbankett zu Ehren Pu Yi's. Es war eine japanische Veranstaltung, bei der auch Geishas aus der Stadt zugegen waren. Sämtliche anwesenden Japaner waren betrunken, wie Pu Yi später in seinen Erinnerungen schrieb. Itagaki herzte und küßte die Geishas zur Linken und Rechten, machte unaufhörlich seine Späße und trieb seine japanischen Gäste von einem Lachanfall zum anderen. Eine der Geishas, die offensichtlich unzulänglich unterwiesen worden war, machte sich an Pu Yi heran und fragte: „Sind Sie ein Geschäftsmann?"

Während Pu Yi seine Vorbereitungen für den Umzug nach Changchun, die neue Hauptstadt von ‚Mandschukuo', traf, wurde die Lytton-Kommission in Tokio mit allen Ehren behandelt. Doch alle traditionellen japanischen Festlichkeiten zu Ehren hoher Gäste konnten nicht vergessen machen, daß es einen schockierenden Vorfall gegeben hatte: die Ermordung von Takumo Dan in Tokio in jener Woche (am 5. März 1932) – des Mannes, der zum japanischen Beisitzer der Lytton-Kommission ernannt worden war.

Dan war Freiherr mit amerikanischer Schulausbildung und Leiter der Mitsiu-Bank, ein Mann von beträchtlichem Einfluß und hoher Integrität. Im Gegensatz zu den meisten anderen Mitgliedern des japanischen Establishments hatte er eine echte Vorliebe für Amerika und den Westen im allgemeinen. Er war in Bankkreisen international bekannt und hatte seine eigenen Vorstellungen. Sein Meuchelmörder war ein ultranationaler Anhänger der ‚Blutsbrüderschaft', was aber nichts daran änderte, daß die Ermordung von Takumo Dan als eine Warnung an alle Japaner aufgefaßt wurde, wie herausragend ihre Stellung auch immer sein mochte, sich in bezug auf die Mandschurei an die offizielle japanische Politik zu halten und sich nicht mit dem Völkerbund und seinen Vertretern einzulassen.

Obwohl dem kaiserlichen Palast keine direkte Schuld am Tod des Freiherrn Dan in die Schuhe geschoben werden konnte, gab es doch enge Verbindungen zwischen den Anstiftern zu diesem Verbrechen und solchen Leuten, die privilegierte Kontakte zum Palast hatten, einschließlich des obskuren Doktor Okawa. Die Ermordung hatte bei der Lytton-Kommission einen üblen Eindruck hinterlassen, insbesondere weil Dan am Abend zuvor an einem Bankett zu ihren Ehren teilgenommen und eine maßvolle Rede gehalten hatte.

Am 8. März zog Pu Yi feierlich in Changchun ein, begleitet von Elizabeth, seinem neuen Premierminister Heng Hsiaohsu und seinem Hofstaat, einschließlich des japanischen Geheimpolizisten Amakasu. Der Empfang am Bahnhof war sorgfältig geprobt worden. Pu Yi schilderte die Situation später so:

„Ich sah japanische Staatspolizei und reihenweise Leute, die auf alle möglichen Arten gekleidet waren; manche trugen chinesische Jacken und Gewänder, andere Anzüge westlichen Stils, einige traditionelle japanische Kleidung, und alle hielten kleine Fähnchen in ihren Händen. Ich war hingerissen und überlegte mir, daß ich jetzt die Szene zu sehen bekam, die ich bei meiner Ankunft im Hafen vermißt hatte. Während ich an ihnen vorbeischritt, deutete Hsi Hsia (einer seiner neuen Minister) auf eine Reihe mit Drachenfähnchen zwischen den japanischen und sagte, daß die Männer, die diese Fähnchen in der Hand hielten, alle mandschurische ‚Bannermänner' waren, die zwanzig Jahre lang auf mein Kommen gewartet hatten. Bei diesen Worten kamen mir die Tränen, und ich war mehr denn je überzeugt, daß vor mir eine äußerst vielversprechende Zukunft lag."

„Ich war mit meinen Hoffnungen und Haßgefühlen zu sehr beschäftigt", meinte Pu Yi, um das „kalte Willkommen" wahrzunehmen, „das mir die Bürger von Changchun, vom Terror und Haß zum Schweigen gebracht, bereiteten."

Der Zug begleitete das neue Staatsoberhaupt und sein Gefolge zu einer in aller Eile herausgeputzten Herrschaftsvilla, die Pu Yi einen Monat lang als Amtssitz diente. Danach verschaffte man ihm eine von den Russen erbaute Villa, die wirklich scheußlich aussah und vormals Sitz der örtlichen Salzsteuer-Behörde gewesen war. In diesem riesigen Ziegelbau mit Spitzdächern in einem von hohen Mauer umschlossenen großen Anwesen sollte er die nächsten vierzehn Jahre verbringen, nachdem er sich geweigert hatte, in einen größeren ‚Palast' zu ziehen, den man extra für ihn neu erbaut hatte.

Changchun selbst ist nach wie vor eine ungemein häß

liche Industriestadt. Man könnte sie nicht einmal das Manchester der Mandschurei nennen, eher schon das mandschurische Crewe oder Limoges. Woodhead, der Changchun zum erstenmal in der Zeit von Oktober bis November 1932 als Sonderberichterstatter der ‚Shanghai Evening Post and Mercury' besuchte, beschrieb es als ‚einen deprimierenden Ort ... wirklich ein Knotenpunkt'. Changchun war die nördliche Endstation der im japanischen Besitz befindlichen Südmandschurischen Eisenbahn, außerdem der südliche Endbahnhof der im sowjetischen Besitz befindlichen Ost-Eisenbahn und obendrein der Westbahnhof für die Mandschurische Eisenbahn, die im lokalen Besitz war. Eine ‚große wuchernde Stadt', schrieb Woodhead, deren einziger attraktiver Teil das Hoheitsgebiet der Japaner war, ‚mit breit angelegten Straßen, einem wunderschönen Park und imposanten Bauwerken'. Der chinesische Stadtteil stand ‚im traurigen Kontrast' dazu, wo die Straßen zu einem einzigen Sumpfgebiet wurden, wenn es regnete, was häufig passierte. Es gab zwar einen Golfplatz, aber wegen der schlechten Wetterlage war er nur für sieben Monate im Jahr benutzbar. Autos gab es kaum. Das häufigste Fortbewegungsmittel war die russische Pferdedroschke.

‚Es schien merkwürdig, daß Changchun mit seinen Unzulänglichkeiten, insbesondere was die Wohnsituation betraf, als Hauptstadt vor Mukden den Vorzug bekommen haben sollte', schrieb Woodhead. Einer der angegebenen Gründe lief darauf hinaus, daß ‚Mukden eine der drei mandschurischen Provinzhauptstädte war, und man meinte, daß die anderen beiden sich zurückgesetzt gefühlt hätten, wäre die Wahl auf Mukden gefallen'. Ein weiterer Grund war, daß Chang Tso-lin und nach ihm sein Sohn, der ‚junge Marschall', Lehnsherren von Mukden gewesen waren, und Pu Yi in keinem Palast wohnen wollte, der ehemals von ihnen benutzt worden war. ‚Vermutlich aber', schrieb Woodhead weiter, ‚war einer der Gründe ... daß die feindselige Haltung der Bevölkerung dort wahrscheinlich weniger offen zutage trat.'

Ungeachtet seiner persönlichen freundschaftlichen Beziehung zu Pu Yi erwähnt Woodhead, daß ‚ich außerhalb der offiziellen Kreise keinen Chinesen traf, der für das neue Regime einen Funken Enthusiasmus verspürte'. Insbesondere Harbin mit seinen Banden weißrussischer und chinesischer Gangster, die Vespas Aufträge erledigten, war eine Stadt ‚ohne Gesetz... (und) sogar seine Hauptstraße war nach Einbruch der Dunkelheit unsicher.' Woodhead war schokkiert, daß der Harbin-Klub Tag und Nacht unter der Bewachung von vier Weißrussen stehen mußte. Die neue Mandschurei, schrieb er, war ‚sehr weit davon entfernt, das Paradies zu sein, von dem die Japaner reden, und welches ihr eingeschworenes, öffentlich bekanntgegebenes Ziel ist.'

Pu Yi's erste offizielle Pflichtübung fand am Tag nach seiner Ankunft in Changchun statt. Der Amtseid war zu leisten, was er in der Empfangshalle seines vorübergehenden Amtssitzes erfüllte. Er trug einen, wie er es beschrieb, ‚westlichen Abendanzug', was in Wirklichkeit eine weiße Krawatte und ein Frack waren, zusammen mit seiner geliebten Harold-Lloyd-Brille. An den Feierlichkeiten nahm sein ‚Hof' teil, also jene Mandschu-Würdenträger, deren persönliche Loyalität zum ‚Haus der Ching' sie zu willigen Verbündeten der Japaner gemacht hatte, und neben ihnen ein Dutzend hochrangiger japanischer Offiziere, unter ihnen Itagaki. Pu Yi bekam sein ‚Staatsoberhaupt-Siegel', in gelbe Seide eingewickelt. Ein Foto, welches an jenem Tag geschossen wurde, zeigt ihn feierlich und schmollend mit starrem Blick in die Kamera; und seltsamerweise sieht er darauf selbst wie ein Japaner aus.

Es gibt keine offiziellen Bilder von Pu Yi mit seiner ‚First Lady' an der Seite. Elizabeth demonstrierte ihre Mißbilligung dadurch, daß sie überhaupt jede Teilnahme an irgendwelchen Staatsfunktionen verweigerte, nachdem sie in Changchun gelandet war, ein Ort, den sie mehr haßte als jeder andere an Pu Yi's Hof. Andererseits waren die japanischen Adjutanten in seiner Umgebung keineswegs erpicht darauf, sie in irgendeiner Form die Rolle der ‚First Lady' spielen zu lassen. Sie wußten von ihrer antijapanischen Einstellung – und daß sie zunehmend dem Opium verfiel. Sie hielten sie sowohl von der lokalen Presse als auch von jedem Reporter fern, der zu Besuch erschien und einfach zu hören bekam, daß Pu Yi's hübsche, scheue Frau im Hintergrund bleiben wollte, ihre ganze Zeit dem Haushalt opferte und andere, nicht näher spezifizierte ‚gute Werke' tat.

Die Wirklichkeit sah etwas anders aus: Bis zu den Tränen gelangweilt verbrachte Elizabeth ihre wachen Stunden mit Kettenrauchen, Lesen und chinesischen Mode- und Filmmagazinen, die ihre Diener ergattern konnten (die Postverbindungen zwischen China und ‚Mandschukuo' blieben jahrelang unterbrochen), und Geplauder mit den Dienern, denen sie ihres Wissens nach vertrauen konnte. Denn die meisten der zum Haushalt gehörenden Gehilfen, die für Pu Yi und Elizabeth in Changchun abgestellt worden waren, waren neu und, wie Elizabeth mutmaßte, von den Japanern bezahlt. Sie entwickelte eine Routine, bei der sich Pu Yi bisweilen fragte, ob er sie nicht in eine diskrete Klinik stecken lassen sollte, wo sie ihn nicht mehr stören würde: Sie blieb die meiste Zeit im Bett, rauchte am Nachmittag ihr Opium, in dessen Dunst sie den Rest des Tages verbrachte, und ging Pu Yi so oft wie möglich aus dem Weg. Ihre Streitereien in Tientsin waren äußerst peinlich gewesen. Inzwischen war es ihr ganz egal, ob sie ihm in die Quere kam oder nicht, und manchmal machte sie sich hinter seinem Rücken über ihn in Gegenwart zuverlässiger Diener lustig. Dann setzte sie eine dunkle Brille auf – er hatte angefangen, sie zu allen Zeiten zu tragen – und begann, ihn nachzuahmen, seinen krampfhaften, irgendwie gezierten Gang, seine Manieriertheit und wie er sein Haar mit seinen Fingern kämmte. Elizabeths Verhalten hatte nichts Liebevolles an sich: Sie wußte sehr gut, daß dunkle Brillen – wenigstens war es in Tientsin so – das äußerliche Zeichen der winzigen ‚schwulen' Minderheit war. Auch Pu Yi mußte das gewußt haben, wenngleich der eine oder andere ehemalige Angehörige seines Hofes heute sagt, daß das grelle Sonnenlicht wirklich seine Augen strapazierte und Kopfschmerzen bei ihm auslöste.

Elizabeths Versagen, mit dem Leben in Changchun fertig zu werden, bedrückte ihn. Allerdings war ihm noch nicht das ganze Ausmaß seiner eigenen Misere bewußt geworden: ‚Ich war wie benommen', schrieb er später. ‚Ich dachte: Wenn ich mit den Japanern auskäme, könnten sie mir vielleicht sogar helfen, meinen Kaisertitel wiederzubekommen. Von der sonnigen Seite her betrachtet, schien es keine Demütigung, ‚Staatsoberhaupt' zu sein, sondern ein Schritt näher zum kaiserlichen Thron.'

Ein Reporter des ‚Corriere della Sera' fand, daß Pu Yi immer auswich. ‚Ich war unfähig, diesen blassen, müden Prinzen zu interviewen, der keine Lust hat zu sprechen, immerzu in seine Meditationen vertieft ist und vielleicht mit seinem Leben als ein einfacher, arbeitsamer Staatsbürger hadert', schrieb er. ‚Man kann nicht hinter seine elfenbeinerne Fassade blicken. Seine Augen bewegen sich nicht hinter seiner schwarzgerahmten Brille. Als wir miteinander bekannt gemacht wurden, reagierte er mit einem freundlichen Nikken. Aber sein Lächeln war nach einer Sekunde vorbei. Wir konnten nur auf das Wort des Zeremonienmeisters warten, welches uns erlaubte, uns mit einer Verbeugung wieder hinauszukomplimentieren. Ein japanischer Oberst, der uns führte, zeigte uns dann die Triumphbogen, elektrischen Lichtdekorationen und Fahnen am laufenden Band. Doch all das, sagen die Ladenbesitzer, kommt aus Osaka.'

Es stimmte, was sie sagten: Die in Peking etablierte chinesische Geschäftsstelle des Völkerbunds publizierte in ihrem Aprilheft von 1932 den Wortlaut eines am 20. Februar 1932 von der japanischen Import-Genossenschaft in Mukden an die Export-Genossenschaft in Osaka abgeschickten Telegramms, worin ‚300 000 Staatsfahnen (für Mandschukuo), die in vier Tagen fertig sein müssen', geordert wurden.

Itagaki und Doihara hatten gute Arbeit geleistet: Ein

Grundgesetz, welches im März 1932 verkündet wurde, stattete Pu Yi als Staatsoberhaupt formell nicht nur mit höchsten Gewalten in der Exekutive, Legislative und Jurisdiktion aus, sondern auch mit der Macht, Krieg zu erklären, auch wenn in gewissen Angelegenheiten die Unterschrift des Premierministers nötig war. Es gab so etwas wie ein ‚Parlament', freilich kein frei gewähltes, sondern eine Versammlung von ‚Notabeln' aus allen Ecken der Mandschurei, die entweder genötigt oder bestochen waren und theoretisch von lokalen ‚Komitees zur Erhaltung von Frieden und Ordnung' ernannt wurden, einer ‚Unabhängigkeitsbewegung' in Mandschukuo, die erst nach dem ‚Zwischenfall von Mukden' entstanden und ein ausschließlich japanisches Machwerk war.

Wie Pu Yi sehr bald herausfinden sollte, lief der wirkliche Regierungsprozeß an ihm völlig vorbei. Ausgeführt wurde er vom ‚Staatsratsausschuß für allgemeine Angelegenheiten' mit sechs Abteilungen – Planung, Gesetzgebung, Personal, Rechenschaftsberichte, Statistik, Informationsdienst. Sämtliche Posten von unten bis oben waren mit Japanern besetzt. ‚Von hier aus wird die Politik in Wirklichkeit gelenkt und jede Aktivität der Regierung (von Mandschukuo) kontrolliert', schrieb ein Reporter der ‚London Times' in einem Beitrag über Changchun im Dezember 1932. ‚Er (der Staatsratsausschuß) beruft die Beamten auf ihre Posten, enthebt sie derer und gestaltet den Etat.' Die ‚Times' zitierte einen japanischen Offizier, der meinte, es war ‚der Stahlrahmen, von dem das Regime insgesamt zusammengehalten wurde'.

Für die japanisch geführte Informationsabteilung des Staatsratsausschusses für allgemeine Angelegenheiten wurde der neue Staat ‚am 1. März 1932 von den dreißig Millionen Einwohnern von Mandschukuo gegründet... die durch ihre unermüdlichen Anstrengungen und die unerschöpfliche Kooperationsbereitschaft ihres freundlichen Nachbars, Japan, am Ende alle inneren und äußeren Hindernisse überwanden und sich selbst von dem militaristischen

Regime befreiten, unter dem sie jahrelang gelitten hatten.' Von ‚sublimer Ambition' fühlten sich seine Gründer angetrieben, ‚einen Staat zu erschaffen, der ‚dem Weg wohlwollender Herrschaft' verschrieben ist.' Das ‚glorreiche Erscheinen' des Staates unter den ‚Augen der Welt' bildete ein ‚epochales Ereignis von weitreichender Konsequenz in der Weltgeschichte, indem es die Geburtsstunde einer neuen Ära des Regierungswesens, der Beziehungen zwischen den Völkern und anderer Angelegenheiten, die von generellem Interesse sind, markierte. Zu keiner Zeit in der Chronik der menschlichen Rasse', ging es mit wachsendem Pathos weiter, ‚wurde je ein Staat mit so hohen Idealen geboren, und nie zuvor hat je ein Staat so viel in so kurzer Zeit hervorgebracht wie Mandschukuo.'

Die Lytton-Kommission kam in Mandschukuo erst am 20. April an. Nach ihrem Aufenthalt in Japan hielten sich ihre Mitglieder sechs Wochen in China auf. Wellington Koo, der einstmalige und zukünftige Außenminister Chinas, war der chinesische Beisitzer der Kommission und bekam als solcher von den Japanern keine Erlaubnis, mit den anderen Mitgliedern der Lytton-Kommission nach Mandschukuo auf dem Landweg einzureisen. Er stieß später hinzu, nachdem er nach Mukden geflogen war.

Die japanischen Vorkehrungen zum Empfang der Lytton-Kommission in ‚Mandschukuo' schossen weit übers Ziel hinaus. Japan schob ein weiteres Mitglied aus dem engen Kreis der ‚elf Vertrauenswürdigen', Oberst Hisao Watari, vor. Watari, ein ehemaliger Attaché an der japanischen Botschaft in Washington und als anglophil bekannt, sollte sich Lord Lyttons annehmen, Sohn eines Vizekönigs von Indien und Enkel des Historikers Bulwer-Lytton.

Einen Monat vor dem Eintreffen der Kommission wurden von japanischen Spezialisten vor Ort Petitionen abgefaßt und an gut tausend mandschurische Vereinigungen und Wirtschaftsverbände ausgegeben, mit der Bitte, sie zu unterzeichnen und der Lytton-Kommission vorzulegen. Man wußte, daß eine Weigerung die ganze Gewalt japanischer

Rache nach sich zog – und einige waren bereit, das Risiko auf sich zu nehmen. Wer gebeten worden war, vor der Lytton-Kommission zu erscheinen, wurde genau unterwiesen, wie er sich zu verhalten und was er zu sagen hatte. Seltsamerweise hatten sämtliche Petitionen, die der vom Völkerbund eingesetzten Kommission unterbreitet wurden, den gleichen Wortlaut und gelangten daneben zu identischen Feststellungen: So war die Existenz Mandschukuos das Resultat des Volkswillens; die ‚militärische Mißwirtschaft der Vergangenheit' war ein Hauptgrund für diese unvermutete Unabhängigkeitsbewegung gewesen, und dem neuen Regime gehörte eine ‚glorreiche Zukunft'. Kein Wort, welches sich auf die dominante Rolle bezog, die Japan beim Aufbau von Mandschukuo und bei der Lenkung der Staatsgeschäfte spielte. Oberst Watari hatte alle, die in Frage kamen, sorgfältig auf ihren Kontakt mit den Mitgliedern der Lytton-Kommission vorbereitet. Zu ihnen gehörten auch ein deutscher ehemaliger Kolonialstatthalter, Dr. Heinrich Schnee, ein italienischer Diplomat, Graf Aldrovani, ein amerikanischer Generalmajor der Armee, Frank Ross McCoy, und der französische General Henri Claudel. Alle unangenehmen Fragen von seiten der Kommission wurden aus ‚Gründen der Sicherheit' zurückgewiesen.

Weder Lord Lytton noch seine Kollegen ließen sich von solchen Taktiken beeindrucken, die sie bereits vorausgesehen hatten. Bis sie schließlich mit Pu Yi zusammentreffen sollten, waren sie wie erschlagen von der gewaltigen, japanisch durchtränkten Propaganda und wußten bestimmt schon, daß sie von ihm nichts anderes zu hören bekämen als die offizielle japanische Version. Ihre Unterredung mit ihm dauerte lediglich eine Viertelstunde.

Sie hatten nur zwei Fragen, wie sich Pu Yi erinnerte: „Wie war ich in den Nordosten gekommen? Und: Wie war das Staatswesen der Mandschurei errichtet worden?"

„Wagte ich es, Lord Lytton zu bitten, mich zu retten und mit nach London zu nehmen? Ich erinnerte mich daran, wie mein Lehrer gesagt hatte, daß das Tor nach

London immer offen wäre. Würde er einwilligen oder nicht?
Aber sobald mir diese Idee in den Kopf schoß, tat ich sie beiseite. Mir fiel wieder ein, daß gleich neben mir Itagaki und der Stabschef der Kwangtung-Armee saßen.
Ich sah in Itagakis bläulich-weißes Gesicht und merkte, wie ich gezwungen war nachzusagen, was er mir ans Herz gelegt hatte, der Kommission zu erzählen, daß ‚die Volksmassen mich gebeten hatten zu kommen, daß mein Aufenthalt hier absolut freiwillig war und keinen Einschränkungen unterlag'.
Die Kommissionsmitglieder lächelten alle und nickten. Sie fragten mich nicht weiter. Danach ließen wir uns fotografieren, tranken Champagner und stießen auf unser gegenseitiges Wohl an."
Als alles ausgestanden war, gratulierte Itagaki Pu Yi. „Eure Exzellenz hat sich perfekt verhalten; wunderbar, wie Ihr gesprochen habt", meinte er.
Amleto Vespa, der italienische ‚Doppelagent', erlebte die japanischen Vorkehrungen zum Empfang der Kommission als Eingeweihter. ‚Einen Monat vor ihrer Ankunft', schrieb er, ‚wurden alle, die im Verdacht standen, Lord Lytton die Wahrheit erzählen zu wollen, bis nach dessen Abreise hinter Gitter gesperrt.' Alle lokalen Empfangskomitees mußten ihre Ansprachen, wie von den Japanern vorgeschrieben, auswendig lernen. Man warnte sie, daß sie, sollten sie auch nur ein Jota von den vorbereiteten Texten abweichen, zur Verantwortung gezogen würden und damit rechnen mußten, ‚mit ihrem Leben zu bezahlen', sobald die Kommission wieder weg war.
Die japanischen Offiziellen wußten, daß die Lytton-Kommission mit der Bitte an sie herantreten könnte, Gefängnisse und Krankenhäuser zu besuchen, und so wurden 1361 ‚unzuverlässige' chinesische, koreanische und russische Strafgefangene (darunter neun Japaner), die vermutlich versucht hätten, an die Lytton-Kommission heranzukommen, in ein

neues Gefängnis verlegt, wo sie aus dem Weg waren und wohin auch alle gewöhnlichen Gefängnisinsassen kamen, die Englisch oder Französisch sprechen konnten. Die Städte wurden in jeder Hinsicht ‚gesäubert': Bettler wurden von den Straßen entfernt, Opiumhöhlen wurden zu ‚Gesellschaftsklubs' oder ‚Kulturzentren', und entlang der ganzen Reiseroute der Kommission mußten Mandschukuo-Fahnen wehen und Fotos von Pu Yi zu sehen sein, die von der japanischen Militärpolizei für teures Geld an die Einheimischen verkauft wurden.

In Harbin war das ‚Hotel Moderne', wo die Kommissionsmitglieder untergebracht waren (zwei Jahre später sollte der Sohn des Hotelbesitzers entführt und umgebracht werden), Vespas Schilderung nach

> „... in einen regelrechten Belagerungszustand versetzt worden. Bestimmte Räume in der Nähe derer, die von den Kommissionsmitgliedern bezogen werden sollten, wurden japanischen oder russischen Agenten der Staatspolizei zugewiesen, die sich als gewöhnliche Hotelgäste ausgaben. Drei Polizeibeamte wurden als Sekretäre eingesetzt, andere als chinesische Hotelpagen, Ober, Zimmerburschen, Etagengehilfen usw. Drei japanische Mädchen, von der Polizei eingestellt, agierten als Zimmermädchen, Dutzende Agenten hatten ihre Posten im Speisesaal, Leseraum, Empfangsfoyer und rund um das ganze Hotel zu beziehen ... In allen Läden, Restaurants und Theatern, die nach Meinung der Japaner von den Kommissionsmitgliedern besucht werden könnten, postierten sie Polizeispitzel ..."

Trotz der überzogenen Sicherheitsvorkehrungen gab es einheimische Bürger, die couragiert genug waren, ihre Ansichten an die Lytton-Kommission unter Umgehung der ‚offiziellen Kanäle' heranzutragen. In seinem Bericht, den Lord Lytton später vom Krankenbett aus im deutschen Krankenhaus in Peking verfaßte, gab er die japanischen Sicherheitsmaßnahmen verzerrt als Vorkehrung ‚aus Angst vor Banditen' wieder, um anschließend hinzuzufügen, daß ‚als Effekt der polizeilichen Maßnahmen Zeugen ferngehalten wurden ... Wir hatten allen Grund zu glauben, daß die delegierten Repräsentanten öffentlicher Körperschaften und Verbände, die uns Verlautbarungen hinterließen, dies im vorherigen Einvernehmen mit den Japanern getan hatten. Tatsächlich hörten wir danach in vielen Fällen von diesen Leuten, die uns besucht hatten, daß ihre schriftlichen Verlautbarungen von den Japanern abgefaßt oder inhaltlich revidiert worden waren und nicht als Ausdruck ihrer wahren Empfindungen aufzufassen waren.

Viele Chinesen hatten ausgesprochen Angst davor, mit Mitgliedern unseres Stabs zusammenzutreffen. Deshalb wurden unter beträchtlichen Schwierigkeiten und im geheimen Unterredungen arrangiert, und von vielen hörten wir, daß es für sie zu gefährlich war, sich mit uns, selbst in der Weise, zu treffen. Trotzdem konnten wir private Unterredungen mit Geschäftsleuten, Bankiers, Lehrern, Ärzten, Mitgliedern der Polizei, Kaufleuten und anderen führen.'

In all diesen Fällen wie in den 1000 ‚privaten' Briefen, die der Kommission zugeschmuggelt wurden, fiel Lytton die ‚tiefe Feindseligkeit' in allen Gesellschaftsschichten gegen die japanische ‚Besetzung' auf. Ihr Leitmotiv war: ‚Wir wollen nicht, daß es uns so ergeht wie den Koreanern.'

Aus dem Bericht ging auch genau hervor, wie die japanischen ‚Berater' und Offiziellen Mandschukuo polypenartig im Griff hielten. Die ‚Unabhängigkeitsbewegung', so war da ferner zu lesen, ‚war nur durch die Präsenz der japanischen Truppen möglich'. Pu Yi wurde darin kaum erwähnt. Die Schlußfolgerung der Kommission, den stufenweisen Abzug der japanischen Truppen und eine bestimmte Form von ‚Internationalisierung' der Mandschurei zu verlangen, war sowohl für China als auch für Japan unannehmbar.

Ein Durchschlag des Berichts, der am 25. September 1932 in Genf freigegeben werden sollte, wurde von einem der Sekretäre von Lord Lytton an einen japanischen Agenten in Peking verkauft, und am 1. September ließ man in Tokio Auszüge daraus öffentlich ‚durchsickern'. Natürlich attakkierte die japanische Regierung und Presse den Wortlaut aufs schärfste, und da Japan nicht beabsichtigte, seine Truppen oder politischen Verwalter aus der Mandschurei abzuziehen, lag es auf der Hand, daß es über kurz oder lang aus dem Völkerbund austreten mußte, was es dann auch nach sieben Monaten, im April 1933, tat.

Pu Yi's eigene Regierung gab eine heftige Protestnote zu den ‚irreführenden Behauptungen' ab. ‚Die Stimme des Volkes von Mandschukuo', eine Publikation der Regierung von Mandschukuo, meinte, daß nach Freigabe des Untersuchungsberichts ‚das ganze Volk von Mandschukuo tief entrüstet war'. Der Lytton-Bericht, hieß es, hatte kläglich ‚versagt, Mittel und Wege zu finden, um die wahreren Bedürfnisse oder Lebensumstände der Menschen zu erkennen, und sich statt dessen auf irgendwelche 1000 unverantwortliche, seltsame Briefe privaten und zweifelhaften Ursprungs berufen'. Zur Gegendarstellung wurden, wie man behauptete, ‚103 005 Unterschriften von Organisationen' veröffentlicht, ‚darunter 3300 Briefe an Regierungsabteilungen', die den neuen ‚wohlwollenden' Regierungsapparat in den Himmel hoben.

Doch den schlagendsten Beweis enthielt nicht der Untersuchungsbericht der Lytton-Kommission, auch nicht Amleto Vespas Bericht über die Vorgänge vor und während ihres Aufenthalts in der Mandschurei. Er findet sich in Wellington Koos weitschweifigen, unveröffentlichten Memoiren, die nur auf Mikrofilm als Teil der ‚New York Times Oral History'-Serie existieren. Koo – wie alle anderen Kommissionsmitglieder – erkannte sehr bald den verhüllenden Charakter der Sicherheitsvorkehrungen, die ihn von der Bevölkerung isolierten. Zwei Chinesen, die sich ihm in einem Restaurant zu nähern versuchten, wurden prompt verhaftet und mit dem Kopf nach unten von japanischen Geheimpolizisten, die ‚zufällig' da waren, abgeschleppt. Sofort nach diesem Zwischenfall bezogen drei Männer – ein Chinese, ein Russe und ein Koreaner – Posten vor seinem Zimmer und folgten ihm von da an auf Schritt und Tritt.

„Einer meiner Begleiter war früher bei der Pekinger Polizei gewesen", erinnerte sich Koo. „Er sagte, ein Vertreter des kaiserlichen Hofes in Changchun wünschte mich zu sprechen und hätte eine vertrauliche Mitteilung für mich. Um vorgelassen zu werden, sollte er sich als Kuriositätenhändler ausgeben."

Da Koo, wie er sagte, dem Expolizeioffizier vertraute, traf er sich mit dem ‚Antiquitätenhändler'. „Wir gingen in die Vorhalle und blieben an einer Ecke stehen. Er sagte mir, die Kaiserin hatte ihn geschickt: Sie wollte, daß ich ihr helfe, aus Changchun zu fliehen. Er sagte, daß sie das Leben dort elendig fand, da sie in ihrem eigenen Haus von japanischen Dienstmädchen umgeben war. In jedem Moment beobachtete man sie und erstattete sofort Bericht.

Sie wußte, daß der Kaiser nicht entkommen konnte, aber wenn es für sie möglich war zu fliehen, könnte sie etwas für seine Flucht tun."

Koo gab zu, daß er von ihrer Geschichte ‚gerührt' war, aber ‚effektiv nichts tun konnte, um ihr zu helfen'. Die Japaner kamen nie dahinter, daß einer ihrer zuverlässigen Diener diese Mission auf sich genommen hatte. Wußte Pu Yi davon? „Nicht zu dem Zeitpunkt, aber später, ja", meinte Li Wenda, sein Ghostwriter. „Jahre später, in Peking, erzählte er mir davon."

Für die Kaiserin, sagt Rong-Qi, ihr Bruder, war Koos Absage, ihr zu helfen, das ‚endgültige Unglück'. Bald danach wurde sie in massiver, selbstzerstörerischer Weise vom Opium abhängig.

Kapitel 18

Fünf Monate nach Abreise der Lytton-Kommission aus Mandschukuo gab Pu Yi sein erstes Interview an einen ausländischen Journalisten – an seinen alten Freund Woodhead, inzwischen Mitherausgeber der ‚Shanghai Evening

Post and Mercury'. Was immer er sich bei dieser Gelegenheit im Innersten gedacht haben mag, sein Auftritt jedenfalls war von kecker Zuversicht bestimmt.

Woodhead erinnerte Pu Yi an ihr letztes gemeinsames Zusammentreffen – im Jahr 1931, einen Tag bevor er von Tientsin weggegangen war, um seine neue, lukrativere Stellung in Shanghai aufzunehmen. Pu Yi hatte ihn zum Tee geladen, und sie hatten stundenlang geredet. Woodhead hatte danach geschrieben, daß Pu Yi den Anschein erweckt hatte, daß er ‚mich nur ungern gehen ließ'. Beim Abschied hatte Woodhead Pu Yi seiner Hoffnung Ausdruck gegeben, daß, wenn sie sich das nächste Mal wiedertrafen, es dann vielleicht in einer ‚offizielleren' Umgebung wäre. Es war ein Wink mit dem Zaunpfahl, daß Woodhead wußte, Pu Yi könnte sich auf den Weg in die Mandschurei machen, und daß er, wie Johnston und andere führende Mitglieder der englischen Gemeinde in Tientsin auch, seinen Schritt guthieße und im voraus ahnte. Dieses Mal sagte Woodhead, daß sich seine Hoffnungen realisiert zu haben schienen. Pu Yi strahlte übers ganze Gesicht.

Es gab mehrfache Gründe, daß er sich entschlossen hatte, ‚auf die Wünsche des Volkes einzugehen' und Staatsoberhaupt zu werden, sagte er. Zum einen war in der Vergangenheit ‚das Wohl des Volkes mißachtet worden', zum anderen ‚hatten sich Chinas Beziehungen zu ausländischen Mächten verschlechtert' und drittens war ‚das Versprechen, daß zwischen den (chinesischen) Völkern Gleichheit herrsche, verletzt worden'.

War er glücklich? fragte Woodhead.

Ja, natürlich, antwortete Pu Yi.

Hatte er viel zu tun? Nicht so viel wie am Anfang, sagte Pu Yi, „aber ich widme immer noch einen beträchtlichen Teil des Tages den Staatsgeschäften".

Konnte er frei handeln? Es gab Gerüchte, daß er Tientsin unter Druck verlassen hatte, daß man ihn entführt hatte.

„Entführt! Entführt! Nein! Nein!" Pu Yi ‚dementierte emphatisch' solche Behauptungen. Als er Tientsin verließ, hatte er ein Schreiben beim japanischen Generalkonsul hinterlassen, mit der Bitte, ›nach der Kaiserin zu sehen‹, bis für sie ein sicherer Zeitpunkt gekommen war, ihm zu folgen. Sie war rechtzeitig gekommen, mit einem gewöhnlichen Passagierschiff.

›Zu keiner Zeit‹, schrieb Woodhead, ›war Pu Yi je irgendwie eingeschränkt oder unter Zwang.‹ Pu Yi sah sich um. Waren etwa irgendwelche Japaner zugegen? Woodhead konnte keinen sehen. ›Konnte mir wirklich der Gedanke kommen‹, schrieb er, ›daß er unter solchen Bedingungen eigentlich ein Staatsgefangener war?‹

Pu Yi erzählte Woodhead, daß er die Absicht hatte, Mandschukuo ›im konfuzianischen Geist‹ zu regieren. Es gäbe keine politischen Parteien. (Bald jedoch sollte es einen ›Concordia-Bund‹ geben, der in der Tat die einzige zulässige Partei in der Mandschurei wurde.) Er stellte Woodhead ›nostalgische Fragen‹ über gemeinsame ausländische Freunde in Tientsin. ›Eine seiner letzten Bemerkungen war‹, schrieb Woodhead, ›daß ich mich inzwischen vielleicht hatte selbst überzeugen können, daß er in seinem gegenwärtigen Amt vollkommen glücklich war.‹

Wahrscheinlich war er es. Trotz seiner Zweifel glaubte Pu Yi damals immer noch, daß die Japaner ihm helfen würden, seinen kaiserlichen Thron in der Verbotenen Stadt wiedereinnehmen zu können. Die offizielle japanische Politik in bezug auf die Mandschurei war geprägt von ›Angstmache, gemischt mit Güte und Wohlwollen‹, und bislang hatte man sich vorwiegend von der gütigen Seite gezeigt, wenigstens gegenüber Pu Yi. Außerdem hatte Pu Yi, während es langsam ans Licht kam, daß die Japaner sämtliche Regierungsentscheidungen fällten, immer noch eine Menge Vorlagen zum Abstempeln, was ihn beschäftigt hielt, wie er Woodhead sagte: Er setzte sein Siegel auf Ernennungsurkunden, die von japanischer Seite gebilligt waren, besprach sich mit seinen Ministern und führenden Beamten, erhielt Reporte von seiner ›Mini-Botschaft‹ in Japan. Im September hatten die Japaner Mandschukuo offiziell als unabhängigen Staat anerkannt. (Costa Rica, San Salvador, das japanisch besetzte Burma, Thailand, die ‚freie' Exilregierung des indischen nationalistischen Subhas Chandra Bhose, Italien, Deutschland und der Vatikan sollten dem Beispiel schließlich folgen.)

Einige seiner optimistischeren und naiveren Berater interpretierten die Anerkennung durch Japan als Zeichen, daß Japan sich bald zurückziehen und der Regierung von Mandschukuo mehr Freiraum geben würde. Pu Yi hatte seinen ersten größeren Schicksalsschlag hinter sich: Der heldenhafte General Ma, dessen Guerillas der japanischen ‚Kwangtung-Armee' schwere Zeiten bereitet hatten, hatte sich mit seinen Mannen überraschenderweise nach komplizierten Verhandlungen mit Oberst Doihara auf die Seite der Republik Mandschukuo geschlagen. Ma hatte sogar das Portefeuille des Verteidigungsministers angenommen – und zwei Millionen Dollar in bar. Aber es war eine reine List. Sechs Monate später machte sich Ma wieder aus dem Staub, um mitsamt dem Geld, seinen Soldaten und einer Menge Waffen in die Sowjetunion zu ziehen. Von Sibirien, als sicherem Stützpunkt aus, sollte er dann in den kommenden Jahren seine Störoperationen gegen die Japaner und die ‚Mandschukuo'-Armee durchführen.

Inzwischen hatten die Japaner ihre Offensive gegen China im Norden verstärkt, indem sie die Provinz Jehol und die Mongolei besetzten, und jedesmal, wenn sie einen größeren Sieg davontrugen, übermittelte Pu Yi pflichtgetreu seine Glückwünsche. Um Pu Yi bei gefügiger und hoffnungsvoller Laune zu halten, gab es immer wieder Andeutungen von japanischer Seite, daß mit seiner Ernennung zum ‚Kaiser von Mandschukuo' bald zu rechnen wäre. Im Oktober 1933 wurden die Gerüchte offiziell: Am 1. März 1934 sollte Pu Yi zum Kaiser ausgerufen werden. ‚Ich geriet außer mir vor Freude', schrieb Pu Yi. Die japanische Entscheidung kam wirklich nicht überraschend: Die ganze Zeit hatte Oberst Doihara ihm gesagt, er solle Geduld haben. Kaiser Hirohito hatte mit seiner üblichen Vorsicht Pu Yi's Bereitschaft, sich einzufügen, und seine Zuverlässigkeit prüfen wollen, und er hatte den Test bestanden. Die Entscheidung bewies, welches Vertrauen der japanische Kaiser in ihn hatte: Zugleich band sie ‚Mandschukuo' enger an Japan, und Bande zwischen Kaisern zu trennen, war kein Kinderspiel, besonders da die offizielle japanische ‚Linie', die nun in Mandschukuo in aller Munde war und bald von Yoshioka und anderen japanischen Adjutanten ‚bis zum Erbrechen' Pu Yi vorgekaut wurde, lautete, daß „Der Kaiser Euer Vater ist und sein Repräsentant in Mandschukuo die ‚Kwangtung-Armee' ist, der wie einem Vater Gehorsam entgegenzubringen ist."

Pu Yi sah die Dinge zumindest am Anfang anders. Er glaubte aufrichtig, daß seine Thronerhebung ihn ein gutes Stück seiner Wiedereinsetzung als Kaiser von China näherbrachte, und ließ umgehend seine Roben mit dem ‚kaiserlichen Drachen', die zuletzt von Kuang-hsu, dem einst in Haft gehaltenen Kaiser, getragen worden waren, aus Peking, wo Angehörige sie heimlich versteckt gehalten hatten, nach Changchun schmuggeln. Die Japaner schritten sofort ein. Er sollte als ‚Kaiser von Mandschukuo' gekrönt werden, nicht als ‚Großer Ching-Kaiser'. Zum Tragen der Roben war er nicht berechtigt. Statt dessen würde er in der Uniform des Oberbefehlshabers der Streitkräfte von Mandschukuo erscheinen, ein Gilbert-und-Sullivan-Komplet mit Orchideen-Motiv und Goldpaspel auf jedem Ärmel und einem Federhut wie aus einer Opera buffa.

Premierminister Cheng Hsiao-hsu lief sich die Hacken ab bei dem Versuch, die Japaner davon abzubringen, und handelte schließlich einen Kompromiß aus: Es würde am frühen Vormittag eine ‚religiöse' Zeremonie geben – und bei dieser Gelegenheit könnte Pu Yi Drachengewänder tragen, aber nicht die, die dem letzten, dem ‚Häftlingskaiser', gehört hatten. Die zweite Inthronisationsfeier würde dann am Nachmittag stattfinden, und Pu Yi sollte hierzu in eine militärische Uniform gekleidet sein.

Woodhead reiste ein weiteres Mal nach Changchun, wo er dieses Mal aber auf Distanz gehalten wurde. Man gewährte ihm ein Interview, welches einen wesentlich offiziellen Charakter hatte (Pu Yi bestand auf einem Dolmetscher, während er 1932 teilweise englisch gesprochen hatte). Pu Yi wollte durch Woodhead eine drahtlose ‚Botschaft an das englische Volk' protokollieren lassen, doch das ließ sich nicht machen. Weder Woodhead noch ein anderer Reporter durfte an den Feierlichkeiten zur Thronerhebung teilnehmen, am Morgen nicht, als mit Sonnenaufgang die religiösen Feiern begannen, an einem speziell errichteten ‚Altar des Himmels' mit symbolischen Opfergaben an die Himmlischen, darunter Jade, Seide, Getreide, Wein und ein toter Ochse; ebensowenig am Nachmittag, als die ‚militärische' Zeremonie ablief. Nach Reuters waren 70% der zugelassenen Teilnehmer Japaner, und sämtliche Passierscheine waren vom Hauptquartier der japanischen Armee ausgegeben worden.

Viele japanische Geschäftsleute in Mukden hatten gehofft, daß Pu Yi, sobald er zum Kaiser ausgerufen war, nach Mukden zurückkehren würde, in die traditionelle Hauptstadt der Mandschurei. Eine japanische Zeitung, Nippon Dempo, ließ verlauten, daß man an Changchun als neuer Hauptstadt festhielt, weil es Japans ‚fundamentale staatspolitische Linie' war.

Während der Krönungsfeierlichkeiten und des darauffolgenden Besuchs des jüngeren Bruders von Kaiser Hirohito, Prinz Chichibu, der dessen Glückwünsche überbringen und Pu Yi mit dem Großen Band des Chrysanthemenordens auszeichnen sollte, blieb Elizabeth, die Kaiserin, auffallend im Hintergrund. Die japanischen Spione im Palast, der inzwischen in ‚Palast des Kaisers' umbenannt worden war (‚kaiserlich' durfte er nicht genannt werden, denn das war Hirohitos Privileg), sagten, daß Pu Yi ernsthaft erwogen hatte, sie unter Begleitschutz nach Dalian bringen zu lassen und dort unter Aufsicht zu stellen: Sie wurde für ihn immer mehr zu einer Plage, nicht nur wegen ihrer antijapanischen Einstellung, sondern auch wegen ihrer zunehmenden Gewöhnung an das Opium und ihres zunehmend unvorhersehbaren Verhaltens. Aber sie zeigte sich pflichtgemäß an Pu Yi's Seite, als sein Vater, Prinz Chun, mit dem Zug aus Peking zu Besuch ankam. Es war das einzige Mal, daß sie einwilligte, sich in der Öffentlichkeit wie eine ‚First Lady' zu verhalten, was sie nur tat, weil keine Japaner beteiligt waren.

Pu Yi wollte unbedingt Eindruck schinden: Palastbedienstete und eine Abteilung Pu Yi's eigener ‚kaiserlicher Garde' standen bei seiner Ankunft im Bahnhof stramm; der Art der Aufwartung nach hätte man meinen können, ein Staatsoberhaupt war eingetroffen. Das Paar empfing ihn am Eingang zum Palast, dem Gebäude der ehemaligen Salzsteuer-Behörde. Pu Yi trug seine festliche Oberkommandeursuniform mit japanischen Abzeichen, solchen der Republik Mandschukuo und chinesischen Abzeichen, die er, als er noch Kaiser in der Verbotenen Stadt gewesen war, in Empfang genommen hatte. Elizabeth trug ein traditionelles chinesisches Kleid und kniete vor Prinz Chun nieder, wie es sich für eine folgsame Schwiegertochter gehörte. Am Abend ließ Pu Yi eine riesige Festtafel für seinen Vater auffahren, mitsamt einer Blaskapelle, die im Freien spielte.

Pu Yi's Halbbruder Pu Ren (ein Sohn von Prinz Chun und einer seiner Konkubinen), der, damals sechzehnjährig, mit Prinz Chun nach Changchun gekommen war, kann sich noch gut an die Reise erinnern. Eine ganze Reihe von Vater-Sohn-Streitereien brach offen aus, und manche verliefen ziemlich hitzig. „Pu Yi war nach außen hin sehr zuvorkommend, aber er hatte nicht viel Respekt für die Ansichten seines Vaters", sagte Pu Ren. Pu Yi „wollte unbedingt, daß die ganze Familie nach Changchun kam und dort blieb und daß ich in Japan meine Ausbildung bekam. Aber Vater war streng dagegen, und ich wollte wieder nach Peking. Er war immer noch guter Dinge. Er hatte den Traum nicht ganz aufgegeben, daß die Japaner ihn wieder auf den Thron Chinas setzen würden." Prinz Chun, wenngleich ein großer Versager, wußte es diesmal besser.

Am nächsten Tag erinnerte der japanische Botschafter Pu Yi daran, daß der Bahnhof in Changchun eine Militärzone war, unter japanischer Kontrolle, und daß dort nur japanische Soldaten Paraden abhalten konnten. Mit eisiger Höflichkeit bestand er darauf, daß er sich nicht noch einmal einen derartigen Schnitzer erlauben sollte.

Trotz dieser spitzen Bemerkungen und der Tatsache, daß er das Gelände seines Palastes nicht für inoffizielle Spaziergänge verlassen durfte – als er es einmal mit Elizabeth machte, wurden sie sofort ins Haus zurückeskortiert und ermahnt, nie wieder ohne Eskorte wegzugehen –, war Pu Yi immer noch vom Pomp angetan: Unter schwerem Schutz bereiste er seine drei Provinzen; am Geburtstag von Kaiser Hirohito überbrachte er seine Glückwünsche an das Hauptquartier der japanischen Armee; am Gedenktag der Japaner zollte er den Seelen japanischer Soldaten, die in der Mandschurei durch ‚Banditen' gefallen waren, Tribut. Das Ritual war in allen Fällen japanisch.

Japanischen Ursprungs war auch die eingeführte Praxis, Schulkinder und Soldaten der Republik Mandschukuo jeden Morgen Verbeugungen machen zu lassen, zunächst in Richtung Tokio, danach vor einem Porträt des ‚Kaisers von Mandschukuo' in seiner Uniform als Oberkommandeur. Pu Yi fand alles ‚berauschend'. Er besuchte eine Kohlenzeche, sprach ein paar freundliche Worte mit einem japanischen Vorarbeiter, der, völlig vom Gefühl übermannt, auf der Stelle in Tränen ausbrach. ‚Die Behandlung, die man mir zuteil werden ließ', schrieb er, ‚stieg mir wirklich in den Kopf.'

Der äußerliche Pomp glich die grimmige Atmosphäre in der Residenz aus, wo die Kaiserin im ersten Stockwerk ihre eigenen Räumlichkeiten hatte, die sie selten verließ, nur zu den Mahlzeiten. Aber auch die brachte man ihr nach einiger Zeit auf dem Tablett. Als es Zeit wurde, Pu Yi für sein braves Verhalten zu belohnen und er im April 1935 einen Staatsbesuch nach Japan machen durfte, blieb sie in Changchun. Pu Yi reiste allein, mit einem Gefolge Japaner und besonders sorgfältig ausgesuchter Minister von ‚Mandschukuo'.

Zurück blieb auch ‚Premier' Cheng Hsiao-hsu. Lange bevor Pu Yi selbst ernsthafte Bedenken wegen der Japaner bekam, machte der ‚Reformer' Cheng die Erfahrung, daß der Umgang mit ihnen zunehmend schwerer wurde, während er gleichzeitig ein bißchen Selbstachtung bewahren wollte. Er war ein Mann beträchtlicher, unaufweichbarer Integrität, und als solcher in Pu Yi's Entourage nahezu allein.

Pu Yi's Staatsbesuch in Japan wurde in einem hübsch gebundenen Buch mit dem Titel ‚Epochal Journey to Nippon' (‚Die epochemachende Reise nach Nippon') verewigt. Herausgeber war der Staatsrat für generelle Angelegenheiten in Mandschukuo. Verteilt wurde das schmucke Buch später an alle Diplomaten in Tokio, sehr zu ihrer Erheiterung. Um sich im wesentlichen einen Eindruck davon machen zu können, muß man sich ein hagiographisches Hofzirkulär im Buchformat vorstellen, im Prosastil nordkoreanischer Propagandisten zur Verherrlichung Kim Il Sung's. Jede Platitüde, die zwischen Pu Yi und seinen rücksichtsvollen japanischen Gastgebern ausgetauscht wurde, wurde protokolliert, als ob sie eine göttliche Inspiration war.

Die ‚epochemachende Reise' begann mit einem Zug durch den Hafen von Dalian unter dem sorgsam geprobten Beifall von 20 000 jubelnden Menschen und einem 21 schüssigen Salut vom japanischen Kriegsschiff Hiei Maru, welches ihn nach Yokohama brachte. Es war eines der ältesten der japanischen Marine. Der Autor des Buchs ‚Epochal Journey to Nippon', Kenjiro Hajashide, ein zweiter Sekretär der japanischen Botschaft in Changchun, der während der Reise als Pu Yi's Dolmetscher fungieren sollte, begleitete Pu Yi auf einem Schiffsrundgang. „Der Herrscher sah sich alles an Bord des Schiffes genau an ... Chefadjutant Tschang und andere stießen oft mit ihren Köpfen an den Eisenträgern über ihnen an, weil die Gänge so niedrig waren. Auf das Wohlergehen Seiner Majestät bedacht, schlug ich vor: ‚Eure Majestät, gebt acht, daß Ihr Euch nicht den Kopf anschlagt.' Seine Majestät erwiderte lächelnd: ‚Am besten läßt sich ein Kriegsschiff besichtigen, wenn man von kleiner Statur ist."

Der Spaß dauerte nicht lange. Kurz nach Verlassen des

Hafens „wurde die See sehr rauh. Als ich die Quartiere Seiner Majestät besuchte, um mich nach dem Wohlbefinden Seiner Majestät zu erkundigen, sah Seine Majestät etwas unwohl aus und meinte, daß er wohl ein bißchen seekrank sei." Zwei Tage lang war ihm kotzübel, aber getreu seinem Ruf als Dichter und Kalligraph produzierte er jeden Tag tapfer ein Gedicht. Das erste lautete:

,Spiegelglatt ist der Ozean, als der Reisende an Bord geht,
auf die lange Reise zum Land der Aufgehenden Sonne!
Dauerhaft reichen sich Japan und Mandschukuo die Hände!
Möge der ewige Friede im Fernen Osten garantiert sein.'

Ein Vorbeiflug von einhundert japanischen Flugzeugen wurde wegen des schlechten Wettes abgesagt. Er sollte vier Tage später genau zu Pu Yi's Ankunft in Yokohama stattfinden, mit einer Ehrenformation von 55 Schiffen der japanischen Marine. Prinz Chichibu kam an Bord. Pu Yi hatte sich inzwischen etwas erholt. Im Buch ,Epochal Journey to Nippon' kann man nachlesen, wie ,die große Freude des Herrschers, Ihre Majestäten den Kaiser und die Kaiserin von Japan zu sehen ... sämtliche Gedanken an Müdigkeit von der Reise verfliegen ließ.' Taktvoll vermied man Fragen, die sich auf die Gesundheit und Abwesenheit der mandschurischen Kaiserin bezogen.

Kaiser Hirohito selbst war am Tokioter Bahnhof, um Pu Yi zu begrüßen. Es existiert noch eine Wochenschauaufnahme des Moments, der einer gewissen Chaplin-Komik nicht entbehrte, als Pu Yi, im Begriff, ihm die Hände zu reichen, plötzlich merkte, daß er immer noch seine weißen Handschuhe anhatte, die zu seiner absurden Uniform des Oberbefehlshabers von Mandschukuo gehörten. Während Hirohito wartete, versuchte er verzweifelt, den Handschuh von seiner rechten Hand zu ziehen, was sich ohne peinliche Verrenkungen nicht bewerkstelligen ließ.

Dem Chronisten nach, der Pu Yi's Staatsbesuch aufzeichnete, richteten selbst die Pfaue ihr Schwanzgefieder auf und kreischten zu seiner Ehre. Die Würde, so schrieb er, mit der Pu Yi seine ‚bedeutungsschwere Mission' erfüllte, ‚rührte mich zu Tränen'. Die rituellen Pflichten des Staatsbesuchs – Festbankette, Paraden, Empfänge, Besuche von Kabuki-Theateraufführungen und Museen, Teezeremonien bei engen Angehörigen der kaiserlichen Familie, Besichtigungen von Kriegsdenkmälern, Armeehospitälern, Schulen und Shinto-Tempeln – liefen mit der Genauigkeit eines Uhrwerks ab, und japanische Beamte huschten in ihren offiziellen Vormittagsanzügen wie ehrergiebige Automaten um ihn herum.

Kaiser Hirohito, der zu einem Staatsbankett, welches Pu Yi im Gästepalast veranstaltete, erschienen war, es aber versäumte, ein ähnliches zu geben (es wurde von der japanischen Regierung als Gastgeber veranlaßt), war über diesen tölpelhaften Geck, der kein Wort Japanisch konnte, recht verdutzt. Um der lokalen Presse etwas in die Hand zu geben, hatten japanische Diplomaten in Changchun ein Porträt von Pu Yi in Form eines kleinen Buchs vorbereitet, mit dem Titel ‚Ein respektvolles Zeugnis der Tugenden Seiner Majestät'. Demnach war die Liebe zur Literatur eine seiner wesentlichen Eigenschaften (‚man sieht ihn kaum ohne Buch in der Hand'), und auch als Maler, Dichter und Kalligraph war er hochbegabt. Er ‚badet regelmäßig einmal am Tag', hieß es ferner. Außerdem war er ein Frühaufsteher, ein großer Pferdekenner und begeisterter Reiter, ‚um den kaiserlichen Körper zu entspannen'. Der Sport der Tataren, das Bogenschießen zu Pferde, war für ihn eine Leichtigkeit. Allerdings machte Hirohitos Stab den Fehler, diese Phrasendrescherei zu glauben – und eines der Geschenke des Kaisers, welches Pu Yi nach seiner Krönung bekam, waren zwei Vollblüter aus dem kaiserlichen Stall.

Natürlich nahm man an, daß ein so geschickter Reiter seine Künste vor aller Augen demonstrieren und zu Pferde die große Heeresparade zu seinen Ehren abnehmen wollte. In Wirklichkeit hatte Pu Yi einen pathologischen Horror vor

Pferden und lehnte einen derartigen Auftritt resolut ab. Die Protokollbeamten arbeiteten die ganze Nacht, um die Paradeordnung zu ändern. Beide Kaiser erschienen dann in einer Kutsche. Die Tatsache, daß dieser Abkömmling der Tatarenkrieger nicht einmal auf einem Pferd reiten konnte, ließ Hirohito – mehr als alles andere – Verachtung für diesen Mann empfinden. Natürlich war er auch vollends über Pu Yi's opiumrauchende Kaiserin im Bilde und wußte zudem von Pu Yi's persönlicher Vorliebe, sein Personal, Diener wie Dienerinnen, körperlich züchtigen zu lassen und dabei zuzuschauen.

Der offizielle Teil von Pu Yi's Staatsbesuch ging am 15. April zu Ende, aber er blieb noch zehn Tage als privater Gast. Er besuchte die Meiji-Gräber, die historische Nijo-Burg, Kyoto, Osaka und Kobe, wo er wieder an Bord der Hiei Maru ging, unter den lebhaften ‚Banzai'-Rufen der 620 Matrosen.

Es war noch nicht ganz zu Ende. Pu Yi, der seine Seekrankheit überwand, fuhr mit einer Barkasse hinaus, um beim ‚Tai'-Fischen vor der Küste von Awashima zuzuschauen. Man zeigte ihm etwas von dem Fang dieser eindrucksvollen Tiefseebrassen, die lebendig in einen großen Behälter kamen, wo er sie ansehen konnte. „Wenn man sie so lebendig sieht, bringt man es nicht fertig, ihr Fleisch zu essen", hörte der Chronist ihn sagen, und bemerkte zusätzlich: „Es ist weithin bekannt, daß Seine Majestät gnädig ist, aber als ich diese Worte hörte, war ich von neuem von den Tugenden dieses Herrschers beeindruckt."

Pu Yi's feierliche Erklärung zum Abschied war so ekstatisch, daß sie schon Karikatur war: Er war von der ‚unübertreffbaren Herzlichkeit' der Japaner völlig überwältigt, die demonstriert hatten, wie ‚unzertrennlich die Beziehungen' waren. Die ‚kolossale Dankesschuld', in der Mandschukuo stand, war eine Garantie für die ‚immerwährende Grundlage ewiger Freundschaft' zwischen den beiden Ländern.

Ganz leer waren die Worte nicht. In seinen Gesprächen mit dem Kaiser und seinem Hof war Pu Yi nicht in der Lage gewesen auszuloten, wie es wirklich weitergehen sollte. Die Zeremonien waren ganz offiziell, wie die Japaner es beabsichtigt hatten. Aber mit keinem Wort wurde über die Wiedereinführung der Monarchie gesprochen, keine Silbe darüber verloren, ihn wieder zum Großen Ching-Kaiser zu machen. Trotzdem hatte er die Hoffnung nicht aufgegeben. Er dachte, die Japaner hätten sich niemals solche Umstände gemacht, wenn sie nicht die Absicht hatten, ihn irgendwann einzusetzen. Außerdem war er 1935 immer noch nicht über das Ausmaß der japanischen Herrschaft über die Mandschurei erschrocken. Verglichen mit dem übrigen China war die Mandschurei eine ordentliche, disziplinierte Bastion der Stabilität.

Derselben Ansicht war eine Minderheit unentwegter englischer und französischer Konservativer, die den Kontrast zwischen dem stabilen Regime in Mandschukuo mit seiner rasanten wirtschaftlichen Entwicklung und der Korruptheit, Ineffizienz und wirtschaftlichen Stagnation im übrigen China sahen.

Pu Yi hatte in den Vereinigten Staaten seinen eigenen Experten in Sachen Öffentlichkeitsarbeit: George Bronson Rea, ein ehemaliger Lokomotivführer und China-Experte, der 1935 das Buch ‚The Case for Mandschukuo' veröffentlichte und darin im blumigen Jahrhundertwendestil reichlich schwache Gründe für Mandschukuo ins Feld führte.

‚Ich bin der Repräsentant von Mandschukuo in den Vereinigten Staaten', schrieb er. ‚Ich bin sein Anwalt. Ich bin Partisan zu seiner Verteidigung. Ich glaube, es wurde der eine Schritt konstituiert, den das Volk des Ostens unternommen hat, um dem Elend und der Mißwirtschaft zu entgehen, in die es geraten war. Japans Schutz ist seine einzige Hoffnung auf ein glückliches Leben.'

Rea war ein alter China-Experte, der behauptete, mit dem verstorbenen Dr. Sun Yat-sen eng befreundet gewesen zu sein und seine Schlußfolgerungen erst gezogen zu haben, nachdem er mit eigenen Augen die weitverbreitete Korruption in China unter Tschiang Kai-schek gesehen hatte. Japan war ohne angemessene Anhörung verurteilt worden, behauptete er. „Es ist ganz und gar verfrüht, seine guten Absichten in Frage zu stellen."

Das Argument ließ sich nicht lange verwenden. Wie vorherzusehen war, fingen die Japaner fast unmittelbar nach Pu Yi's Abreise aus Japan an, den Druck zu verstärken.

‚Reformer' Cheng Hsiao-hsu sah das Menetekel und dankte ab. Die Japaner ‚rieten' Pu Yi, ihn durch Chang Ching-hui zu ersetzen, einen ungemein korrupten servilen Politiker mit einem anstößigen Hintergrund als Rauschgifthändler.

Danach kam es zur Ling-Sheng-Affäre. Ling Sheng gehörte zu den Mandschu-Aristokraten, die der Ansicht waren, daß Pu Yi's Rückkehr die Mandschurei vor dem Chaos bewahren würde, welches das übrige China verschlang. Er war ein ehemaliger Berater von Chang Tso-lin gewesen und war – als Folge seiner lobbyistischen Aktivitäten zugunsten Mandschukuos einer der ‚Gründer der Nation' – zum Gouverneur der Provinz Hsingan ernannt worden. Eines Tages – im Jahr 1936 – teilte Oberst Yoshioka, die japanische ‚graue Eminenz' am Hofe von Mandschukuo, Pu Yi mit, daß der Statthalter in Schwierigkeiten wäre, da er sich auf einer Gouverneurskonferenz über die ‚unerträgliche' japanische Einmischung in seine Arbeit beklagt hatte.

Was für Schwierigkeiten? wollte Pu Yi wissen.

Weil er unter Arrest stand, wie Yoshioka sagte.

Das waren äußerst schlechte Nachrichten für Pu Yi, denn einer von Ling Sheng's Söhnen war mit einer von Pu Yi's jüngeren Schwestern verlobt. Konnte man nichts dagegen tun?

Yoshioka meinte, es wäre ‚schwierig'.

Pu Yi fragte sich, ob er den Fall dem Kommandeur der japanischen Armee in Mandschukuo – der das Land in Wirklichkeit regierte – vortragen sollte, als dieser selbst zu Pu Yi kam.

Es hatte sich ein unglücklicher Fall von verräterischer Subversion ereignet, sagte er. „Der Verbrecher war ein Bekannter Eurer Majestät." Er hatte „ein Komplott zur Rebellion und zum Widerstand gegen Japan in geheimer Abmachung mit ausländischen Mächten geschmiedet". Glücklicherweise war der Fall erledigt.

Erledigt? fragte Pu Yi. Wie?

„Ein Militärgericht hat ihn seiner verbrecherischen Machenschaften für schuldig befunden und zum Tod verurteilt."

Ling Sheng, und mit ihm einige seiner Untergebenen, waren wenige Tage vor Yoshiokas Erscheinen bei Pu Yi geköpft worden. Es war, wie der Kommandeur der japanischen Armee sagte, eine „notwendige Warnung an andere" gewesen. Pu Yi verstand.

Auf Yoshiokas Anraten hin ließ er die Verlobung zwischen seiner Schwester und Ling Sheng's Sohn auf der Stelle auflösen.

Das gleiche Schicksal ereilte kurze Zeit später auch Pu Yi's englischen Dolmetscher. Er wurde von der japanischen Staatspolizei festgenommen und heimlich ‚hingerichtet', angeblich, weil auch er ‚unter einer Decke mit ausländischen Mächten' gesteckt hatte.

Dann löste die Hochzeit seines jüngeren Bruders eine Krise aus.

Pu Chieh, der nach seinen Jahren in Japan als Student und Kadett mittlerweile vollkommen assimiliert war, war beträchtlichem Druck ausgesetzt gewesen, weil er ein japanisches Mädchen heiraten sollte. Man legte ihm Fotografien vor, arrangierte in Tokio diskrete Dinnerpartys, nur damit er sich passende Mädchen anschauen konnte. Pu Chieh's Wahl fiel auf Hiro Saga, Tochter des Grafen Saga und Kaiser Hirohitos Kusine zweiten Grades. Die Hochzeit fand am 3. April 1937 in Tokio statt. Unmittelbar danach wurde vom Staatsrat in Mandschukuo ein die Nachfolge regelndes Gesetz verabschiedet, demzufolge Pu Chieh und sein Sohn Thronerben waren, falls Pu Yi ohne männlichen Nachwuchs verschied. Inzwischen wußten die Japaner, daß es höchst unwahrscheinlich war, daß Pu Yi und seine Kaiserin ein Kind bekämen.

Verständlicherweise sah Pu Yi darin ein Komplott gegen sich und schwor, nie wieder etwas zu essen, was seine japanische Schwägerin zubereitete. Schließlich könnte sie ihn vergiften. Nachdem er nach seinem Staatsbesuch in Japan völlig naiv Feuer und Flamme für die Japaner gewesen war, sah er jetzt überall japanische Spitzel. Er kam zu der Überzeugung, daß seine Residenz abgehört wurde. Big Li, sein Diener, der 1935-1936 in den Rang eines Majordomus erhoben worden war, war anderer Ansicht. Wie er mir sagte, hatten es die Japaner „nicht nötig, den Ort abzuhören, um zu wissen, was darin vorging".

Zwei Monate nach Pu Chieh's Hochzeit gerieten einige Männer aus Pu Yi's persönlicher, 200 Mann starker Palastwache – ein kleines Elitekorps von Mandschus mit Offizierstatus, die einzige Einheit in Mandschukuo, die nicht der direkten Kontrolle der Japaner unterstand – in eine von den Japanern sorgfältig vorbereitete Falle. Eine Gruppe, die dienstfrei hatte, geriet in eine Keilerei mit japanischen Zivilisten, die sich vorgedrängelt hatten, während man auf die Ruderboote wartete, die draußen auf dem See des japanischen Parks von Changchun dümpelten.

Im selben Moment war auch schon japanische Polizei mit Hunden zur Stelle. Die Angehörigen der Palastwache wurden umzingelt, geschlagen, bis auf die Haut ausgezogen und gezwungen, vor den spottenden Geheimdienstleuten zu tanzen, die sie dann ins Gefängnis steckten. Danach warf man ihnen ‚antijapanische und gegen Mandschukuo gerichtete Aktivitäten' vor. Die Verhafteten wurden des Landes verwiesen. Der Hauptmann der Palastwache, einer der wenigen von den Japanern ernannten Beamten, zu dem Pu Yi seinem Gefühl nach Vertrauen haben konnte, wurde abgesetzt. Die übrigen Wachen mußten ihre Waffen abgeben und durften fortan nurmehr kleine, zeremonielle Pistolen tragen. Pu Yi war währenddessen völlig machtlos gewesen und konnte seine Leute weder beschützen noch diese Reihe von Demütigungen verhindern. Er hatte davon erst Kenntnis bekommen, als seine Männer bereits hinter Gitter saßen.

Langsam ging ihm schließlich ein Licht auf über das Ausmaß seiner mißlichen Situation. Sein neuer Premierminister, Chang Ching-hui, ein korrupter, kriecherischer japanischer Lakai, wurde fortwährend als Vorbild hingestellt. Pu Yi glaubte jetzt, darin den Beweis für die Verachtung der Japaner gegenüber ihm selbst und Mandschukuo zu erkennen. Er verstand jetzt auch, daß seine Reise nach Japan ein grausamer, kaltblütig berechneter Scherz gewesen war. Die Japaner hatten mit Mandschukuo nichts anderes vor, als es in kurzer Zeit auszubeuten.

Das traf den Nagel genau auf den Kopf, mehr als Pu Yi bewußt war: In den Jahren 1935–36 erreichte die Debatte unter Kaiser Hirohitos Beratern in Tokio über die weitere Strategie ihren Höhepunkt. Unter den Verfechtern eines ‚Schlags gegen den Norden' waren Leute wie Oberst Ishiwara (der geistige Drahtzieher des ‚Mukden-Zwischenfalls' von 1931), der die Auffassung vertrat, daß Japan aus Mandschukuo einen echten Modellstaat machen sollte – ein Vorbild für die übrige Welt, besonders in Asien –, was er für eine Grundvoraussetzung für die Eroberung jener Teile Sibiriens einschließlich Wladiwostok hielt, die vormals unter der Herrschaft der Mandschus waren. Die Anhänger eines ‚Schlags gegen den Süden' glaubten dagegen, daß sich Japan kein Kopfzerbrechen um die Wohlfahrt oder Prosperität eines Mandschukuo-Staates machen wußte. Es ginge lediglich darum, seine industriellen Ressourcen restlos, erbarmungslos und so billig wie möglich zu melken, im Rahmen eines allgemeinen Feldzugs, der das übrige China in Schrekken und Angst versetzen mußte.

Der Kaiser selbst traf die Wahl: Ishiwara, trotz all seines hingebungsvollen Dienstes an Japan, und inzwischen zum Generalmajor avanciert, sollte seine vielversprechende Karriere mit einem Mal beendet sehen. Am 8. Juli 1937 begann dann der Krieg zwischen China und Japan auszubrechen, nachdem man sich zwei Jahre lang lediglich Scharmützel geliefert hatte.

Kapitel 19

Wie schon der ‚Zwischenfall von Mukden', der die Mandschurei unter japanische Herrschaft brachte, war auch der Krieg gegen China im vollen Umfang sorgfältig geplant gewesen.

Am 9. Juli 1939 waren Teile der im japanischen Sektor von Tientsin stationierten Besatzungsarmee außerhalb von Peking in der Nähe der Marco-Polo-Brücke an Manövern beteiligt. Einer der Soldaten ging zum Urinieren und wurde daraufhin als vermißt gemeldet. Der Hauptmann seiner Kompanie glaubte, er war von chinesischen Truppen, die in der Nähe ihr Quartier hatten, gefangengenommen worden. Er verlangte von ihnen die Erlaubnis zur Durchsuchung ihrer Quartiere, was ihm auf der Stelle verweigert wurde. Der dienstälteste japanische Offizier am Platz befahl sogleich die Beschießung der chinesischen Einheit – und der Krieg begann. Mit einzigartigem Mangel an Fantasie sollten die Japaner die Ereignisse, die da in der Nähe der Marco-Polo-Brücke passierten, den ‚Zwischenfall von China' nennen.

Der ‚Vermißte' war längst wieder bei seinem Zug, als die Granaten aus den Geschützen schossen. Der ganze Ablauf war in der Tat ein Jahr zuvor ausgeheckt worden. Es war der letzte Teil eines großangelegten Plans, der mit dem ‚Mukden-Zwischenfall' 1931 begonnen hatte, dem die Inbesitznahme von Jehol 1933 und die der Inneren Mongolei 1935 gefolgt waren.

Mit der Mandschurei, Jehol und der Inneren Mongolei unter ihrer Herrschaft hätten sich die Japaner vielleicht von einem ‚offiziellen' großen Krieg zurückgehalten, wäre es nicht zu einem unvorhergesehenen Ereignis gekommen: Unzufrieden über Tschiang Kai-schek's Führungsrolle, dem er vorwarf, daß er die japanische Bedrohung unterschätzte, indem er sich lieber auf seinen privaten Krieg gegen die ‚Banditen' (d. h. Kommunisten) konzentrierte, ließ der ‚junge Marschall' ihn im Dezember 1935 entführen und hielt ihn wochenlang gefangen, bis er einwilligte, mit ihnen Frieden zu schließen und eine Koalition aus KMT und Kommunisten gegen die Japaner einzugehen. Das hatte dann paradoxerweise zur Folge, daß Japan seinen eigenen Angriffsplan verstärkt in die Tat umsetzte.

Der ‚Zwischenfall von China' war der Anfang einer koordinierten japanischen Invasion in Ostchina. Im Juli 1937 fiel Peking an die Japaner, im August Shanghai nach erbitterten Kämpfen. Japanische Elitetruppen schoben sich entlang des Yangtse nach Westen voran und belagerten Nanking, wo Tschiang Kai-schek persönlich das Kommando führte und den japanischen Vormarsch zum Stehen brachte.

Was danach folgte, geriet durch die Schrecken des Zweiten Weltkriegs – Hiroshima, Dresden, die ‚Endlösung' – irgendwie in den Hintergrund. Zu einer Zeit, als die Verbreitung von Nachrichten längst nicht so unverzüglich vonstatten ging wie heute und es kein Fernsehen gab, dauerte es eine Weile, bis die Einzelheiten über die Vorgänge in Nanking in den Westen kamen. Der vollständigste Bericht über die ‚Plünderung Nankings' stammt von einem Deutschen, General Albert Ernst von Falkenhausen, ein preußischer ‚Junker', der später wegen seiner Teilnahme an einer der Verschwörungen von Heeresoffizieren gegen Hitler berühmt wurde. Auden und Isherwood beschrieben ihn in ihrem Bericht über ihre Reisen in China im Jahr 1937 (‚Journey to a War') als jemanden, der ‚eher wie ein Universitätsprofessor aussieht als wie ein preußischer Offizier. Er trägt einen Kneifer, ist hager und ergraut.'

Falkenhausen war in Nanking, als die Japaner am 10. Dezember 1937 in die Stadt einmarschierten. Er war als deutscher Militärattache bei Tschiang Kai-schek akkreditiert – in der Tat einer seiner dienstältesten Militärberater. Als Tschiang Kai-schek merkte, daß die Situation in Nanking hoffnungslos war und seine Truppen von den Japanern wie in einer Falle eingeschlossen waren, floh er am 7. Dezember 1937 aus der Stadt. Falkenhausen blieb zurück. Er war einer von vielen, die die Ereignisse protokollierten, doch tat er es genauer, detaillierter und belastender als alle anderen, weil es ein kalter soldatischer Tatsachenbericht war, der eine Reihe von Greueltaten schilderte, so haarsträubend, wie Falkenhausen notierte, daß es ‚nahezu unbeschreiblich für reguläre Truppen' war.

Der offizielle Befehlshaber bei den Operationen gegen Nanking war General Iwane Matsui, ein ergebener Buddhist und ehemals ein persönlicher Freund des verstorbenen Dr. Sun Yat-sen. Er sollte aber die Ereignisse kaum kontrollieren können, die nach dem Fall von Nanking passierten. Seine Anweisungen waren beispielhaft. Zur ‚Besetzung' von Nanking waren nur ein paar japanische Bataillone erforderlich. ‚Keine Einheit soll (in Nanking) in unordentlicher Weise einmarschieren', schrieb er. Die Besetzung der Stadt sollte ‚vor den Augen der Chinesen glanzvoll ablaufen und sie zu der Überzeugung kommen lassen, daß sie zu Japan Vertrauen haben (konnten)'. Die Soldaten sollten sich von jeder Form der Plünderung zurückhalten.

In den Endstadien der Schlacht um Nanking schickte Kaiser Hirohito seinen Onkel, Prinz Asaka, einen Berufssoldaten, nach Nanking, um die Operationen zu überwachen. Prinz Asakas Anweisungen an die Truppen lauteten ganz anders. Sie sollten ‚alle Gefangenen töten'.

Ab dem 15. Dezember 1937 wüteten die japanischen Truppen dann fast drei Monate lang in Nanking, besonders die 6. und die 16. Division, letztere unter dem Kommando von Generalleutnant Kesago Nagajima, ein ehemaliger führender Kopf der japanischen Geheimpolizei, der gefürchteten ‚kempei'.

Viele chinesische Soldaten hatten ihre Uniformen weggeworfen und waren ins ‚Europäische Viertel' von Nanking geflüchtet. Die japanischen Offiziere drängten die Europäer zur Herausgabe der Flüchtlinge. Sie versprachen, sie anständig zu behandeln. Leiter der europäischen und amerikanischen Gemeinde fingen an, die Übergabe der Flüchtlinge zu organisieren, die sofort von den Japanern abgeholt wurden. Danach wurden sie entweder mit dem

Bajonett erstochen, lebendig begraben oder als Zielscheibe verwendet, um Maschinengewehre auszuprobieren.

Japanische Soldaten, ermuntert von ihren Offizieren, vergingen sich an sämtlichen Frauen, die sie finden konnten. Weder Großmütter noch Schwangere, noch junge Mädchen blieben verschont. Hunderte wurden an Betten gebunden und so lange vergewaltigt, bis sie am Ende waren und entweder starben oder ermordet wurden.

Die Zeughäuser waren bis obenhin voll mit Beute, die mit militärischer Genauigkeit aufgelistet wurde. In einer letzten, sorgfältig koordinierten Operation steckten japanische Truppen die Stadtbezirke in Brand, die ihrer Plünderung anheimgefallen waren, wodurch ein Drittel der Stadt in Schutt und Asche gelegt wurde.

Auf dem Internationalen Militärtribunal 1946-47 in Tokio, dem asiatischen Gegenstück zu den Nürnberger Prozessen, wurde festgestellt, daß zwischen dem 15. Dezember 1937 und dem 12. Februar 1938, als der letzte Fall einer Vergewaltigung von dem unermüdlichen General von Falkenhausen aufgezeichnet worden war, in Nanking 200 000 Chinesen umgebracht und 20 000 Frauen, die meisten mehrfach, vergewaltigt worden waren. Während der Kämpfe selbst hatten dreihundert Zivilisten ihr Leben lassen müssen.

Kurz nach Beginn der ‚Plünderung von Nanking' wurde General Matsui nach Shanghai versetzt. Die Ironie des Schicksals wollte es, daß er gerade für die Vorkommnisse seinen Kopf hinhalten sollte, die er zu verhindern versucht hatte und unsäglich bedauerte. Kurz bevor er als Kriegsverbrecher 1948 an den Galgen kam, sagte er zu seinem buddhistischen Pater: „Ich weinte vor Wut. Ich sagte (meinen dienstältesten Offizieren), daß durch die Brutalität der Soldaten alles verloren worden ist, von einem Moment zum anderen. Die Soldaten lachten mich nur aus. Können Sie sich das vorstellen?"

Die Verurteilung Matsuis zum Tode durch den Strang sollte sich als das ganz große Fehlurteil des Internationalen

Militärtribunals herausstellen. Allerdings waren die Erinnerungen an Nanking derartig schrecklich, daß für Matsui selbst das Urteil wie eine Art Erlösung von der Schande kam. Bereits halb senil, brabbelte er auf der Anklagebank etwas über chinesisch-japanische Freundschaft, womit er als japanischer Offizier seinem göttlichen Herrscher den allerletzten Tribut zollte.

Die wirklichen Übeltäter kamen ungeschoren davon: General Nakajima ging 1939 in den Ruhestand als reicher Mann dank seiner Nanking-Beute. Prinz Asaka wurde während des Tribunals nie in den Zeugenstand gerufen und starb, wie Nakajima, in seinem Bett. Auf dem Kriegsverbrechertribunal mußte Matsui tatsächlich alles ganz allein ausbaden.

Bergamini fand es fast unmöglich, aus überlebenden Augenzeugen etwas über die Greuel in Nanking herauszubekommen. Offiziell zeigten die japanischen Heeresberichte, daß es nur geringfügige Ausschreitungen gegeben hatte. Demnach waren ein namentlich nicht genannter Offizier und ein Unteroffizier bestraft worden (wer und wie wurde nie enthüllt), ,weil sie einer chinesischen Frau einen Schlüpfer gestohlen hatten'. Nach Prinz Asakas Rückkehr nach Tokio spielte Kaiser Hirohito mit ihm Golf, lobte ihn für seine Dienste in Nanking und zeigte nie seine Mißbilligung in irgendeiner Weise.

Jahrelang blieb der Grund für die organisierte ,Plünderung von Nanking' ein Rätsel. Der wahre Zweck scheint gewesen zu sein, China das Fürchten zu lehren, damit es sich aus Angst selbst unterwarf, Tschiang Kai-schek vertrieb und einen fügsamen Führer ernannte, mit dem die Japaner dann über die ,friedliche' Besetzung Chinas verhandeln könnten. Der Plan ging daneben: Der Widerstand gegen die Japaner wurde stärker, obleich der größte Teil Chinas bis Ende des Zweiten Weltkriegs von den Japanern besetzt blieb. Aber das ,freie' China – im Osten und Südosten – fühlte sich durch die schrecklichen Ereignisse in Nanking zu größeren und wirksameren antijapanischen Aktivitäten angespornt.

Ich fragte Pu Chieh, den jüngeren Bruder von Pu Yi, wie dieser die Nachricht von der Plünderung Nankings aufgenommen hatte, und wie seine Haltung gegenüber Japanern war. „Wir hörten davon erst viel später", sagte er. „Es hatte zu der Zeit keine Wirkung mehr." Denn inzwischen war man am pathetischen Hof von Mandschukuo wirklich eingemauert. Es waren neue Vorschriften erlassen worden, die den Informationsaustausch dermaßen einschränkten, daß Pu Yi und seine Entourage in einer Art Vakuum lebten. Die Pressegesetze, die in Mandschukuo in Kraft waren (identisch mit denen in anderen japanisch besetzten Gebieten Chinas, wo ähnliche Marionettenregime eingesetzt waren), verbannten ‚jede Erwähnung chinesischer Siege'. Ein offizielles Handbuch mit Richtlinien verlangte von allen, die mit Medien zu tun hatten, sich an den Tenor zu halten, daß ‚japanische Soldaten wohlerzogene Leute mit guten Manieren sind', daß die ‚Verhältnisse in Mandschukuo immer besser werden und daß die Leute dort sehr glücklich sind'. Weder in Mandschukuo noch in anderen Gebieten, die unter japanischer Herrschaft standen, durften schlechte oder auch nur ganz leise kontroverse Nachrichten jeglicher Art veröffentlicht werden.

In anderen Teilen des japanisch besetzten Chinas waren die Chinesen dank chinesisch-sprachiger Radiosendungen aus San Francisco und anderer weitstrahlender Radiostationen in der Lage, sich auf dem laufenden zu halten. Pu Yi aber traute sich daheim in seinem Palast, der ehemaligen Salzsteuer-Behörde, nicht, solche Sendungen zu hören, denn er wußte, daß man ihn bespitzelte, und fürchtete um sein Leben. Erst gegen Ende des Zweiten Weltkriegs begann er, amerikanische Sender einzustellen, wie seine Neffen sagten. Er mußte jedoch chinesisch-sprachige Sendungen, die von San Francisco ausgestrahlt wurden, hören, da er sein Englisch größtenteils vergessen hatte.

Pu Yi war über elf Jahre lang Kaiser von Mandschukuo. Während dieser Zeit reiste er dreimal nach Japan (seine beiden Folgebesuche 1940 und 1943 waren weit unter dem Niveau seines allerersten Staatsbesuchs), aber im Grunde machte er nach 1938 kaum mehr einen Schritt vor die Tür seines häßlichen Baus. Die anfängliche Euphorie war verflogen und mit ihr auch jegliche Hoffnung, wieder Ching-Kaiser zu werden: Nach der Besetzung Pekings im August 1937 errichteten die Japaner dort eine Marionettenrepublik mit einer Handvoll Überläufer aus dem Lager Tschiang Kaischeks, die auf einen japanischen Sieg im Zweiten Weltkrieg setzten – und von Tschiang Kai-schek 1945 hingerichtet wurden.

Als aus den Monaten Jahre wurden, in denen sich zwar die Schränke mit absurd geschmückten Uniformen, Cutaways und Zylinderhüten füllten, die die Japaner bei offiziellen Empfängen liebend gern sahen, sich aber sonst nichts bewegte, geriet Pu Yi in einen lethargischen Zustand, der sich von dem der Opiumsucht seiner Kaiserin so sehr nicht unterschied. In seiner Autobiographie wird die ganze Mandschukuo-Erfahrung auf 62 Seiten (von 496) abgehandelt; das meiste wurde einfach ausgelassen.

Es fällt schwer, wenn man heutzutage mit Leuten spricht, die Pu Yi's Leben in Changchun während der kurzen Existenz des ‚Reiches von Mandschukuo' miterlebt haben, die ‚Atmosphäre' dieser elf Jahre zu spüren. Die Jahre fanden jedenfalls kein Ende, und es war, wie sein Ghostwriter Li Wenda schrieb, als ob man ‚lebendig begraben' war. Auch er hatte Schwierigkeiten, aus Pu Yi zusammenhängende Berichte über diese besondere Periode herauszubekommen, wohingegen die Worte nicht aufhörten zu sprudeln, wenn es um seine Erfahrungen in der Verbotenen Stadt und später im Gefängnis ging – als ob jene Jahre so schändlich gewesen wären, daß er sie ganz aus dem Gedächtnis gelöscht hatte.

Nach 1938 nahm Pu Yi seine Pflichten immer weniger ernst: Er verließ kaum mehr das Gelände seines Palastes, außer zu pflichtgemäßen Routinen – Besuche in Krankenhäusern, Fabriken, neuen Wohnsiedlungen. Der erste Kitzel bei der Erfüllung ‚königlicher' Pflichten hatte rasch nachgelassen. Wenn seine japanischen ‚Berater' ihn brauchten, weil er sein Siegel auf ein Dokument setzen mußte, legten sie es ihm einfach hin und holten es ein paar Tage später ab. Pu Yi gab so sein offizielles Einverständnis zur Enteignung von Mandschu-Bauern und zur Einführung verschiedener Sicherheitsgesetze, die den Japanern bei der Aufrechterhaltung von Gesetz und Ordnung freie Hand gaben. Als ‚Ranghöchster Kommandeur' trug er also theoretisch die volle Verantwortung für die japanischen Greueltaten, die gegen antijapanische ‚Banditen' und patriotische chinesische Staatsbürger in seinem Namen begangen wurden.

Von Zeit zu Zeit gab er Kommuniqués heraus, in denen er die japanischen Kriegsanstrengungen zunächst gegen China, später – nach Pearl Harbor – gegen Japans englische und amerikanische Feinde pries. Alle waren in jener grotesken, lächerlichen Prosa verfaßt, die die Japaner so liebten. Pu Yi hatte immer noch keine Ahnung vom Ausmaß der ‚Plünderung' in Mandschukuo: Alles, was er von seinem Land sah, war das, was die Japaner ihn sehen lassen wollten. Yoshioka, sein japanischer Militärberater, unterrichtete ihn, wie die Dinge im Krieg zwischen Japan und China standen, und später, wie es in der pazifischen Region aussah, aber er teilte ihm nie mehr mit – wenigstens am Anfang –, als die offiziellen japanischen Kommuniqués sagten.

Die Situation in der Mandschurei selbst hielt Zehntausende von japanischen und unter japanischer Führung stehenden Mandschukuo-Truppen gebunden. Peter Fleming beschreibt (in seinem Buch ‚One's Company'), wie er japanische Truppen bei ihren Operationen in der Mandschurei gegen ‚Banditen' begleitete – d. h. gegen kommunistische Guerillas, ‚ein leiser Strom kleiner graugekleideter Männer'. Man marschierte und marschierte, stieß aber nie auf sie. Und so war es immer, wie Fleming schrieb: Die ‚Banditen' lösten sich einfach in Luft auf – dank der Unterstützung durch die einheimische Bevölkerung. Er hatte viele Beweise für das brutale Vorgehen der japanischen und japanisch geführten Mandschukuo-Truppen; einmal kam er in ein Dorf, wie er berichtet, und fand ‚zwei Banditen an Pfähle gebunden, wo sie den ganzen Tag für jeden sichtbar waren, und ich wußte, sie würden am Abend vor der versammelten Einwohnerschaft hingerichtet werden.' Es war ein alltägliches Mittel, um die Menschen zu terrorisieren, und Fleming beschrieb die Szene mit der hartgesottenen Sachlichkeit eines Reporters.

Der ‚Hof' in Mandschukuo war eine in sich geschlossene, privilegierte kleine Welt, in der Hinsicht, daß seine Angehörigen von den Entbehrungen verschont blieben, die das Los der gewöhnlichen Mandschu-Bevölkerung waren. Aber von Dienern und Lehrern (die täglich zur Unterrichtung von Pu Yi's Pagen und heranwachsender Verwandtschaft kamen) die Vorgänge außerhalb der Palastmauern gänzlich fernzuhalten, war unmöglich. Was Pu Yi an den Rand des Wahnsinns trieb, war das Wissen, daß er ein Ziel für Haß und Spott war.

Sein Verhalten war immer unvorhersehbar und heftigen Gefühlsschwankungen ausgesetzt gewesen. Jetzt wurde er ausgesprochen bösartig und gemein. Wieder in Tientsin, hatte er sich eine Reihe von ‚Hausvorschriften' ausgedacht, um seinen ‚Hof' in Ordnung zu halten. Wer ‚unverantwortliche Unterhaltungen' führte, Geld veruntreute, Geschäftemacherei praktizierte, wer den anderen deckte, wurde streng bestraft. Pu Yi verabreichte die Schläge in der Regel nicht selbst. Er ließ ‚Ältere' die ‚Jüngeren' schlagen, und wenn er entdeckte, daß ein ‚Älterer' nicht richtig zuschlug, bekam auch dieser auf der Stelle seine Prügelstrafe. „Bringt ihn nach unten" – wo die Züchtigung stattfand –, waren die gefürchteten Worte, die von 1938 an fast jeden Tag zu hören waren. Pu Yi schrieb, daß jeder geschlagen wurde, außer die ‚Kaiserin' und seine unmittelbaren Familienmitglieder. Big Li, der ebenfalls seinen Teil der Prügelstrafe bezogen hatte, sagte, daß vielfach die Strafe mit Holzschaufeln erfolgte. „Es kam soweit, daß man Pu Yi die ganze Zeit insgeheim im Auge behielt, um herauszufinden, in welcher Laune er gerade war", sagte er mir. „Pu Yi war komplett paranoid: Wenn er merkte, daß ihn jemand beobachtete, brüllte er gewöhnlich: Was ist los? Warum siehst du mich so an? Wenn man aber nicht hinschaute, dann pflegte er zu sagen: Warum meidest du mich? Was hast du zu verbergen?"

Mit der Zeit wurde Pu Yi's tagtägliche Routine die eines ‚königlichen Faulenzers': Er stand erst nachmittags auf. Um zwei aß er zu Mittag und ging zum Mittagsschlaf wieder zurück ins Bett. Im Sommer spielte er am späteren Nachmittag Tennis oder im Winter im Palast Tischtennis, oder er radelte zur körperlichen Ertüchtigung innerhalb des kleinen Geländes, das zum Palast gehörte, herum.

Manchmal setzte er sich auch ans Steuer seiner Staatskarosse, ein Buick, mit dem er dann, ebenfalls innerhalb des Geländes, ein paar Runden um den Palast drehte. Er war ein echter Liebhaber chinesischer Musik und hatte eine große Sammlung chinesischer Opernaufnahmen, die er sich stundenlang anhörte. Gelegentlich arrangierten die Japaner für ihn eine offizielle Unterhaltungsdarbietung: Zu diesem Zweck wurde dann der Empfangsraum im Palast in ein kleines Theater verwandelt und vor dem ganzen Hof ein Ballett aufgeführt, Kabuki gezeigt oder Judo demonstriert. Die Schauspieler waren durchweg Japaner.

Ganz nach der Gewohnheit des ‚Alten Buddha' gab es immer noch keine feste Essenszeiten. „Er aß, wenn ihm danach war", erinnert sich Big Li. Das Abendessen war die einzige richtige Mahlzeit des ganzen Tages: Pu Yi's Neffe, Jui Lon, damals ein ‚Page', erzählte mir, daß man untertags in der Palastküche einen ‚Imbiß' bekam, am Abend aber jedesmal mit dabeisein mußte, wenn Pu Yi sein Abendessen nahm. Er brauchte damals Gesellschaft und strengte sich gewöhnlich an, gesellig und ‚entspannt' zu wirken.

Pu Yi, der immer mehr seinen Gemütsschwankungen unterlag und eine zunehmende Tendenz zum Mystizismus entwickelte, wurde schließlich Vegetarier und bestand darauf, daß sich alle anderen ebenfalls vegetarisch ernährten. Er hatte sogar Skrupel, Eier zu essen. Bevor er ein Ei aß, machte er in der Regel eine tiefe Verbeugung und betete es an, sagte sein Neffe. „Überall standen Buddha-Statuen, vor denen er stundenlang meditierte. Währenddessen mußte überall im Haus vollkommene Ruhe herrschen. Im Garten waren zwei japanische Kraniche, und wenn sie laut wurden, während er meditierte, bekamen die Aufpasser eine Geldstrafe aufgebrummt. Es kam soweit, daß sie die Kraniche einfingen und auf sie einschlugen, wenn die Tiere Krach machten."

Sein Dienstpersonal durfte weder Fliegen noch Mäuse, noch irgendein anderes Lebewesen umbringen. Die Sauberkeit im Palast ließ viel zu wünschen übrig, wie ein ehemaliger Page meinte. Fand Pu Yi aber ein Insekt oder eine Fliege in seinem Essen, mußte der Koch eine Geldstrafe bezahlen. Da er nichts anderes zu tun hatte, begann er mit zwanghafter Genauigkeit die Abrechnungen für die Palastausgaben zu überprüfen. „Er kam zu der Überzeugung, daß jeder ihn zu betrügen versuchte", sagte sein Neffe, Jui Lon. Aber selbst dessen wurde er bald überdrüssig. „Sein enthusiastischer Eifer, mit dem er mal hier und da zu Werke ging, glich einer fünf Minuten währenden Hitzewelle", erklärt Jui Lon. „Er fing Badminton an, Tennis, Volleyball, Kalligraphie, Sonnenbaden, Bodybuilding, und verlor alsbald jegliches Interesse."

Jui Lon, der 1937 im Alter von vierzehn Jahren nach Changchun kam, gehörte zu den vielen Verwandten, die im jugendlichen Alter von ihren Familien an den Mandschu-Hof geschickt wurden, um dort halb als Bedienstete, halb als Gesellschafter zu dienen. Sozial standen sie über den ‚Pagen', waren aber wie alle anderen Bediensteten seinen brutalen Launen ausgesetzt. Jui Lon erinnert sich, daß Pu Yi sogar einige Eunuchen aus der Verbotenen Stadt an seinen kaiserlichen ‚Hof' kommen ließ, und, als einer zurück nach Peking floh, alles in Bewegung zu setzen versuchte, um diesen einen Eunuchen festnehmen und nach Changchun zurückbringen zu lassen.

Pu Yi's Hof konnte bisweilen zu einem Ort wirklichen Terrors werden: Ein Page, der geflohen war, wurde in den Palast zurückgeschleift und dermaßen geschlagen, daß er starb. Pu Yi betete unaufhörlich für die Seele des toten Jungen und ließ alle, die den Jungen zu Tode geprügelt hatten, schwerstens bestrafen.

Die Zahl der Diener, Eunuchen und Pagen im Palast belief sich auf fast einhundert. Ständig war alles knapp rationiert, denn Pu Yi wurde immer knauseriger und stutzte die Haushaltsausgaben drastisch. Es war, meinte Big Li, als ob er, da es ihm selbst miserabel ging, alle anderen ebenfalls im beklagenswerten Zustand sehen wollte. Die einzigen, die der Unterernährung entkamen, waren die Verwandten, die regelmäßig mit Pu Yi aßen. Zu gegebenen Zeiten aber – am chinesischen Neujahrstag, zu Pu Yi's Geburtstag am 16. Februar, der inzwischen ein nationaler Feiertag in Mandschukuo war – gab es üppige Festmahle, und Pu Yi bestand in aller Regel darauf, daß jeder erscheinen und es sich gutgehen lassen sollte.

Jui Lon bekam Elizabeth gelegentlich zu Gesicht: Nach 1937 ließ sie sich weder bei den Feiern zu Pu Yi's Geburtstag noch zu Neujahr blicken. Sie war „immer noch schön, aber spindeldürr und knallrot geschminkt", wie sich Jui Lon erinnert. Der widerlich süße Geruch nach Opium in ihrer Etage im Palast war überwältigend: „Man konnte die Luft mit einem Messer schneiden", sagte ihr Bruder, Rong-Qi, der damals als japanisch ausgebildeter Leutnant in der kaiserlichen Mandschukuo-Garde diente.

Von dem japanischen Spitzel im Palast, der als Butler eingestellt war, wußten die Japaner genau über den Grad ihrer Sucht Bescheid. Zwischen dem 10. Juli 1938 und dem 10. Juli 1939 kaufte sie seinem Bericht nach 740 Unzen ‚Salben zur Erhöhung der Langlebigkeit', wie man das Opium euphemistisch nannte, und die billigsten Pfeifen, die auf dem Markt waren. Das machte ungefähr zwei Unzen am Tag aus, eine phänomenale, fast letale Dosis. Außerdem rauchte sie täglich zwei Schachteln Zigaretten, wenn auch nicht die teuren ‚555er' wie Pu Yi, sondern die billigste einheimische Sorte. Da sie nicht einmal mehr miteinander redeten, ließ Pu Yi ihr ein monatliches Taschengeld zukommen. Er unternahm nie etwas, um auf sie einzuwirken, damit sie die Finger vom

Wan Jung (Joan Chen), Pu Yis erste Frau.

Pu Yi (John Lone) und Wan Jung (Joan Chen) in der Hochzeitsnacht.

Pu Yi (John Lone) mit seiner zweiten Frau Wen Hsiu (Wu Chun Mei).

Pu Yi (John Lone) wird aus dem Palast vertrieben. Im Hintergrund Wen Hsiu (Wu Chun Mei), seine zweite Frau.

Opium ließ, sagte sein Neffe. „Er meinte, er konnte nichts dagegen tun." Als Elizabeths Zustand sich verschlechterte, stellte ihr eigener Vater seine Besuche bei ihr in Changchun ein. Rong-Qi's Worten nach „liebte er sie sehr, aber es war ihm unerträglich, zu sehen, was aus ihr geworden war."

Pu Chieh's Rückkehr nach Changchun, zusammen mit seiner japanischen Braut, hatte auf Pu Yi vorübergehend einen stabilisierenden Effekt. Hiro war eine vernünftige, hochintelligente junge Frau, die rasch das Ausmaß der Krise in Pu Yi's Leben einzuschätzen wußte. Obgleich sie aus einer japanischen Aristokratenfamilie stammte, tat sie ihr Bestes, um Pu Yi etwas von seinen Ängsten zu nehmen. Sie kleidete sich in traditionelle chinesische Gewänder, um ihm zu verdeutlichen, daß zumindest sie nicht für die Japaner spionierte. Pu Chieh und Hiro lebten nicht innerhalb des Palastgeländes. Sie bewohnten ein kleines Haus, eigentlich eine Bruchbude, die im Winter erbärmlich kalt war und kein Telefon hatte. Mit der Zeit verbesserte sich das Verhältnis zwischen Pu Yi und seiner Schwägerin. Er schenkte ihr zur Hochzeit eine mit Rubinen und Diamanten besetzte Armbanduhr, lud beide zum Essen ein und gab sogar eine Party für sie, bei der Elizabeth unvorhergesehen auftauchte: groß und graziös, das Haar mit Blumen und Juwelen meisterlich geschmückt, wie sich Hiro erinnerte. Später sagte Pu Yi, daß sie sich seit drei Jahren zum erstenmal zu ihm an den Tisch gesetzt und mit ihm gegessen hatte. Pu Yi hatte noch nicht seine vegetarische Phase begonnen, und die Küche hatte ein westliches Gericht zubereitet; es gab gebratenen Truthahn. Das einzige Anzeichen an jenem Abend, daß mit Elizabeth etwas nicht stimmte, war, daß sie gierig mit ihren Fingern aß. Ihre Tischmanieren, schrieb Hiro später, waren entsetzlich, doch ihr Gatte versuchte, alles in einen riesigen Spaß zu verkehren, indem er selbst mit den Fingern aß und jeden drängte, tüchtig zuzulangen, wie die Wilden.

Ein Jahr später bekam Hiro ein Kind. Pu Yi war erleichtert, daß es ein Mädchen war, denn wäre es ein Junge gewesen, hätten die Japaner seiner Befürchtung nach versucht sein können, ihn zugunsten seines weltoffeneren, japanisch sprechenden Bruders ganz auszuschalten. Langsam entwickelte er sogar das Verhalten eines lieben Onkels. Er spielte mit seiner Nichte und überhäufte sie mit Spielzeug, welches extra aus Japan bestellt wurde.

Pu Yi's Liebesleben war irgendwie ein Rätsel, wie Hiro in ihren willkürlichen Tagebuchaufzeichnungen feststellte, die schließlich, 1957, unter dem Titel ‚Wandering Princess' erschienen. Drei Wochen vor ihrer eigenen Vermählung mit Pu Chieh im April 1937 zog ein sechzehnjähriges Mädchen, Tan Yu-ling (Jade-Jahre) in den Palast, als Pu Yi's ‚zweite Gemahlin', bzw. Konkubine. Sie war eine Mandschu und gehörte zum Stamm der Tatala. Pu Yi hielt sie streng unter Verschluß. Hiro bemerkte, daß sie dem feierlichen Essen nicht beiwohnte, bei dem Elizabeth aufgekreuzt war. Sie besuchte ‚Jade-Jade' nach dem Essen in ihrer Hütte auf dem Palastgelände. Dort fiel ihr auf, daß ‚Jade-Jade' eine Kette mit Mikomoto-Perlen trug, die Pu Yi bei seinem Staatsbesuch in Japan 1934 als Geschenk für Elizabeth von der japanischen Perlenindustrie überreicht bekommen hatte.

Pu Yi scheint echt vernarrt in sie gewesen zu sein, wie sich die noch lebenden Angehörigen seines damaligen ‚Hofes' erinnern. Ob sie eine richtige Liebesbeziehung hatten, ist nicht gewiß. In seinen Memoiren gesteht Pu Yi ein, daß bis dahin keine der Frauen in seinem Leben ‚echte Ehefrauen' gewesen waren, ‚sie waren nur Schau'. Andererseits vermittelte Pu Yi den Eindruck, daß er sich unbedingt einen männlichen Erben wünschte, denn mehrmals beklagte er sich in Gegenwart seiner Neffen, daß die Japaner sein Essen vergifteten, um ihn steril zu machen. Big Li meint, daß es nur wieder Teil der Paranoia war, die Pu Yi zusetzte.

Während dieser endlosen Jahre im Gebäude der ehemaligen Salzsteuer-Behörde entstanden die sich immer mehr verbreitenden Gerüchte, daß Pu Yi bisexuell war, die nicht nur auf Changchun begrenzt blieben, sondern auch Japan erreichten, wo man die Berichte von den Spionen in Pu

Yi's Palast mit beträchtlichem Interesse unter die Lupe nahm. Da war die Rede, daß sich Pu Yi immer mehr für Jugendliche seines eigenen Geschlechts interessierte, von denen es im Palastbereich eine ganze Menge gab – die für ihn halb Diener, halb Liebhaber waren. Seine Schwägerin Hiro war schockiert, als ihr Berichte aus dem Palast zu Ohren kamen, daß Pu Yi sich von einem Pagen lieben ließ.

‚Natürlich hatte ich gehört, daß derartig große Männer in unserer Geschichte von solchen Gerüchten betroffen waren', schrieb sie später in ihren Memoiren, ‚aber ich wußte nie, daß es so etwas wirklich in der Welt gab. Jetzt allerdings erfuhr ich, daß der Kaiser eine unnatürliche Liebe für einen Pagen empfand. Es war von ihm als ‚die männliche Konkubine' die Rede. Ich fragte mich, ob diese perverse Lebensweise seine Frau zum Opiumrauchen getrieben hatte.' Da ihr Buch im übrigen alles sehr akkurat wiedergibt, ist es unwahrscheinlich, daß dieser Abschnitt allein auf Gerüchten beruhte.

Dennoch ist es der einzige Hinweis in ihrem Buch auf Pu Yi's Homosexualität, ein Thema, worüber seine noch lebenden Verwandten strikt nicht sprechen wollen, obwohl Pu Chieh's Eingeständnis an mich, daß „später festgestellt wurde, daß er biologisch zur Zeugung nicht fähig war", eine versteckte Andeutung war, die typisch chinesische Art eben, die Behauptungen seiner Frau zu untermauern. Der Schlüssel zu Pu Yi's Sexualität liegt in den ‚Mandschukuo'-Archiven, die von Japan immer noch als Geheimdokumente eingestuft werden und verschlossen bleiben.

1940 machte Pu Yi seine zweite Japan-Reise. Anlaß war der 2600. Jahrestag der Gründung der japanischen Monarchie. Er war dieses Mal nur einer von vielen wohlwollenden Gratulanten, die Kaiser Hirohito ihren Tribut zollten. Yoshioka, der Verbindungsoffizier, hatte sein Bestes getan, um Pu Yi auf die bevorstehende Reise und seinen Aufenthalt in Japan vorzubereiten, indem er andeutete, daß es Zeit war, daß das ‚Kind-Vater-Verhältnis' zwischen Mandschukuo und Kaiser Hirohito in ein weiteres Stadium trat. Die Japaner planten, Pu Yi zu zwingen, die chinesischen Bräuche, was die Verehrung der Ahnen anbelangte, und den Konfuzianismus aufzugeben und statt dessen den Shintoismus – die offizielle japanische Religion – in Mandschukuo zu übernehmen.

Pu Yi las also in einer speziellen Audienz bei Kaiser Hirohito die Rede vor, die Yoshioka für ihn vorbereitet hatte, worin er darum bat, der Shinto-Gottheit in Mandschukuo huldigen zu dürfen. „Ich muß Euren Wünschen nachkommen", meinte der japanische Kaiser und überreichte ihm drei kleine Symbole der Shinto-Religion als heiliges Geschenk: ein gebogenes Stück Jade, ein Schwert und einen Bronzespiegel.

‚Ich dachte, daß die Pekinger Antiquitätenläden voll von solchen Objekten wären', schrieb Pu Yi. ‚Waren diese eine große Gottheit? Waren es meine Ahnen? Beim Wegfahren brach ich in Tränen aus.'

Nachdem Pu Yi wieder in Changchun war, folgte die Einführung des Shintoismus als offizielle Religion in Mandschukuo – gegen den Rat mehrerer japanischer Offiziere, die mit der Mandschurei vertraut waren und wußten, daß es ein sicherer Weg war, um die Bevölkerung noch mehr zu entfremden.

Nun wurden im ganzen Land Shinto-Schreine aufgestellt, und die Mandschuren mußten sich jedesmal, wenn sie an einem solchen vorbeikamen, hinwenden und sich verbeugen. Pu Yi selbst nahm zweimal im Monat an Shinto-Zeremonien am Shinto-Schrein in Changchun teil, flankiert von seinen eigenen Beamten und japanischen Begleitern, darunter der Shinto-Hohepriester für Mandschukuo (selbst ein ehemaliger Chef der japanischen Militärpolizei). ‚Bevor ich zu dem Schrein ging, machte ich daheim immer den Kotau vor meinen eigenen Ahnen', schrieb Pu Yi, ‚und wenn ich mich vor dem Altar der japanischen Sonnengöttin Amaterasu-o-mi-Kami verbeugte, sagte ich zu mir jedesmal: In Wirklichkeit verbeuge ich mich vor dem Palast des Irdischen Friedens in Peking.'

Einen Shinto-Altar anzubeten, schrieb Pu Yi, war eine noch schmachvollere, widerwärtigere Erfahrung für ihn, als es die Nachricht von der Entweihung der Grabstätten seiner Ching-Ahnen gewesen war.

Kapitel 20

Als sich das Blatt im Zweiten Weltkrieg allmählich gegen die Japaner wendete, so wie einige einsichtige Berater von Kaiser Hirohito vorausgesagt hatten, war für Pu Yi der mehr oder weniger einzig beruhigende Aspekt der sich verschlechternden Situation die Tatsache, daß die UdSSR ein Neutralitätsabkommen mit Japan unterzeichnet hatte und darin ebenso die territoriale Integrität des ‚Reiches von Mandschukuo' anerkannte.

Infolgedessen glaubte Pu Yi, daß, auch wenn die Mandschurei so nahe an der Sowjetunion lag, die Russen ‚ihn nicht schnappen' würden. Ansonsten hatte er vom Verlauf des Kriegs kein realistisches Bild. Bis zum Ende wurde er mit dem gleichen Propaganda-Unsinn gefüttert, den die japanischen Zensurstellen für nötig befanden, um die Moral aufrechtzuerhalten. Es waren Kleinigkeiten – die zunehmenden Verknappungen bei fast allen Waren und eindringlichen Appelle, Altmetalle jeglicher Art zu sammeln (Pu Yi verschenkte teilweise seine Orden, die ihm als Kaiser verliehen worden waren) – , anhand derer er sich klarmachte, daß die Japaner am Ende waren.

Ein Fingerzeig war das plötzliche Anwachsen der ‚Concordia'-Mitgliedschaft. Der ‚Concordia-Bund', die von den Japanern eingerichtete ‚Partei' faschistischen Stils, um die mandschurische Bevölkerung mittels eines dichten Maschenwerks von Straßen- und Fabrikkomitees zu kontrollieren, die dann nach oben an die japanischen Sicherheits- und Geheimdienststellen berichten mußten, bekam plötzlich immer mehr Mitglieder. Der Grund war kein ideologischer, sondern einfach der, daß man mit der Aufnahme in den ‚Concordia-Bund' eine Uniform umsonst bekam, und die Mandschuren in Lumpen herumliefen.

Pu Yi, der so früh in seinem Leben aufs falsche Pferd gesetzt hatte, hoffte nun auf einen Sieg der Alliierten, auch wenn es zu spät war. „Er wollte unbedingt, daß Amerika den Krieg gewann", sagte sein Neffe Jui Lon, und sein einstiger Majordomus Big Li erzählte: „Wenn er glaubte, daß die Luft rein war, setzte er sich ans Klavier und spielte mit einem Finger die amerikanische ‚Stars and Stripes'-Hymne."

Eine Frage taucht oft auf. Warum versuchte Pu Yi nie zu fliehen? Hätte er nicht sein persönliches Vermögen (er wurde als Kaiser jährlich dem heutigen Wert nach mit 200 000 Dollar unterstützt) hernehmen können, um sich einen Fluchtweg zu erkaufen und das Land zu verlassen? Li Wenda, sein Ghostwriter, stellte genau diese Frage an ihn. Die Antwort war, daß selbst das Stellen dieser Frage zeigte, daß man sein Mißgeschick nicht verstand. Erstens waren die Japaner überall: Unter dem Vorwand der Sicherheitsmaßnahme gegen das Banditentum waren mehrere Abteilungen der japanischen Staatspolizei in ihren dunkelgrünen Uniformen auf dem Palastgelände erschienen. Sie durchsuchten sämtliche ein- und ausfahrenden Autos und behielten den ganzen Umkreis genau im Auge. Vielleicht waren sie auf die eine oder andere Weise bestechlich, aber ihre SS-ähnliche Organisation war sehr gefürchtet und machte den Palast im Bau der ehemaligen Salzsteuer-Behörde nicht besser als ein Gefängnis. Außerdem hatte Pu Yi nach seiner Rückkehr von seinem Staatsbesuch in Japan 1934 nur beschränkte Möglichkeiten, um selbst japanische Besucher zu empfangen. Yoshioka paßte darauf auf, daß er nur mit Leuten in Kontakt kam, die man brauchte, um seine Rolle als Marionettenkaiser zu unterstützen. „Ich konnte nicht einmal meine eigenen Minister sprechen", sollte Pu Yi später vor dem Internationalen Kriegsverbrechertribunal in Tokio sagen.

Der andere Grund, warum Pu Yi die Möglichkeit einer Flucht als ‚absurd und vergeblich' abtat, war, daß es buchstäblich keinen Ort gab, wohin er hätte gehen können. Zwischen Mandschukuo und Peking verkehrten zwar immer noch Züge, aber nach 1937 war auch Peking Teil des japanischen besetzten Territoriums, unter der von den Japanern kontrollierten Marionettenregierung eines Wang Ching-wei. Selbst wenn Pu Yi also Peking glücklich erreicht hätte, hätte er immer noch in Gefahr geschwebt. Der ‚Nördliche Herrschaftssitz' von Prinz Chun wurde von den Japanern streng überwacht. Außerdem hatte, wie sein Halbbruder Pu Ren sich ausdrückte, „Pu Yi's Vater ihn nach 1941 ganz abgeschrieben, nachdem er ihn ab 1934 nicht mehr besucht hatte. Sie korrespondierten kaum. Sämtliche Neuigkeiten wurden an ihn durch Mittelsmänner herangetragen, oder er erfuhr davon aus gelegentlichen Berichten von seinen jüngeren Schwestern, von denen die eine und andere zu ihm durfte." Pu Yi schickte seinem Vater ein kleines monatliches Unterhaltsgeld, doch Prinz Chun hatte seinen eigenen Sohn mehr oder weniger verleugnet, während er freilich die Zahlungen annahm. Jedenfalls war es so, daß sämtliche loyalen Anhänger Pu Yi's, die aktiv für eine Restauration eintraten, ihm nach Changchun gefolgt waren und in Peking niemand mehr war, dem er wirklich vertrauen konnte. Sein ältester Berater, der ‚Reformer' Cheng Hsiao-hsu, war gestorben.

Pu Yi wußte ferner, daß, selbst wenn er den Japanern entkommen konnte, es im Lager der Alliierten niemanden gab, der ihn wollte: Er hatte einfach zu viele projapanische Erklärungen während des Kriegs in sklavischer Weise abgegeben, um noch irgendwie glaubwürdig zu erscheinen. Das ‚Tor nach London', das Johnston versprochen hatte, war für immer zu. Für Tschiang Kai-schek wäre er ein Klotz am Bein gewesen, auch wenn es ihm gelungen wäre, den Anklagen wegen Verrats zu entgehen. Und was den Anschluß an die (meist kommunistischen) antijapanischen Guerilla in Mandschukuo selbst betraf, so kam das überhaupt nicht in Frage. Pu Yi glaubte, sie hätten ihn auf der Stelle hingerichtet. Yoshioka hatte Pu Yi eine solche Angst vor dem Kommunismus eingeimpft, daß ihm der Gedanke gar nicht kam.

Gab es am Hof selbst niemanden, der Pu Yi hätte anspornen können, passiven Widerstand zu leisten, wie die Weigerung, sein Siegel auf Gesetzesentwürfe zu setzen, die von den Japanern gemacht worden waren? Wahrscheinlich existierte im Palast eine antijapanische ‚Zelle', denn eines Tages entdeckte Pu Yi im Palast eine mit Kreide an die Innenwände geschmierte Aufschrift: ‚Haben die Japaner Euch noch nicht genug gedemütigt?' Pu Yi beklagte in seinen Memoiren, daß während jener dunklen Jahre seine einzigen engen Vertrauten Pagen, junge, unerfahrene Verwandte, eine hoffnungslos opiumsüchtige Frau und eine blutjunge Konkubine waren. Es gab niemanden, den Pu Yi intellektuell respektierte und an den er sich vielleicht hätte wenden können. Seit Johnston weg war, hatte es keine Vaterfigur mehr für ihn gegeben. „Jade-Jahre", die 1937 sechzehn Jahre alt war, war, wie Pu Yi später dem Internationalen Kriegstribunal erzählte, eine „patriotische junge chinesische Frau", jedoch ohne Format und ohne Einfluß am Hof. „Man muß sich in Erinnerung rufen", sagte mir sein Halbbruder Rong-Qi, „daß trotz der ganzen Absurditäten und Gefängnisverhältnisse, die im Palast herrschten, es in seinem unmittelbaren Familienkreis und unter seinen Gefolgsleuten immer noch ein Gefühl blinder Treue zum Kaiser gab. Als sich der Krieg zuungunsten Japans entwickelte, griff eine fatalistische Stimmung um sich. Der Kaiser war am Untergehen und wir mit ihm."

Vom Temperament her war Pu Yi kaum ein säbelrasselnder Abenteurer und willens, verwegene Risiken auf sich zu nehmen. Er wurde nach 1938 immer mehr ein frommer Buddhist. Außerdem wurde er Hypochonder, der nachts seine Vitamin- und Hormonspritzen brauchte (gegen die Sterilität), und zudem gewaltige Mengen Tabletten aller Art schluckte. (In seinem ziellosen Dasein, schrieb er später, verbrachte er ‚mehrere Stunden täglich' damit, Arzneien verabreicht zu bekommen.) Er litt an Asthmaanfällen, an Hämorrhoiden und konnte manchmal kaum gehen.

Da sein Marionettenstatus unerträglich wurde, zog er

sich in die Vergangenheit zurück. Sein Neffe Jui Lon erinnert sich, daß Pu Yi starkes Interesse für die privaten Unterrichtsstunden zeigte, die die jungen Verwandten, die bei ihm lebten, bekamen. „Zwei- oder dreimal in der Woche hielt er uns einen Vortrag über die Geschichte der glorreichen Ching-Dynastie." Es sah so aus, als ob Pu Yi das gewaltige Format mancher seiner Ching-Vorfahren mit masochistischer Lust seiner eigenen verachtenswerten Existenz gegenüberstellen wollte. Wie die Prügelstrafen, die er seinen Dienern und Pagen auferlegte, manifestierten diese Unterrichtsstunden seinen Selbsthaß.

Trotz seiner ‚Affäre' mit seinem Pagen scheint er wenigstens etwas echte Zuneigung und sogar Liebe für ‚Jade-Jahre' gehabt zu haben. Er wollte sie zur Kaiserin erheben: Während seiner Japan-Reise 1940 ließ er Kaiser Hirohito wissen, daß er die Absicht hatte, sich von Elizabeth scheiden zu lassen. Der Kaiser lehnte das absolut ab. Ein Kaiser, selbst wenn er ein Marionettenkaiser war, konnte sich nicht von seiner Kaiserin scheiden lassen. Vielleicht war auch das der Grund, warum Pu Yi nach seiner Unterredung mit Hirohito in Tränen ausgebrochen war.

Kurz nach dieser zweiten Reise nach Tokio erfuhr Pu Yi die schreckliche Nachricht: Elizabeth war schwanger, von einem seiner Diener. In seinen Memoiren geht er über die ganze Episode einfach hinweg. Er erwähnt lediglich, daß sie sich ‚in einer Weise benahm, die ich nicht tolerieren konnte'. Der Schuldige war Pu Yi's Chauffeur, Li Tieh Yu, der ihr das Opium verschafft hatte. Sie hatten zusammen geraucht, und mit der Zeit war er ihr Vertrauter geworden, dann ihr Liebhaber. Pu Yi legte eine Mischung aus Großmut und Kleinmut an den Tag: Er hätte Li töten lassen können. Nach dem Sittenkodex der Ching hatte sein Fahrer das größte Verbrechen begangen. Statt dessen steckte er ihm 400 Dollar zu und hieß ihn die Stadt zu verlassen. Als Elizabeth das Kind zur Welt brachte, wurde das neugeborene Baby, ein Mädchen, vor den Augen der Mutter von einem japanischen Arzt mit einer Spritze umgebracht.

Pu Yi, der wußte, was die Japaner vorhatten, tat nichts, um sie abzuhalten.

Welchen Effekt das auf Elizabeth hatte, kann man sich nur vorstellen. Tatsächlich scheint sie von diesem Moment an in einem ständigen Opiumrausch gelebt zu haben. Die ganze Episode, über die hinter Pu Yi's Rücken leise geflüstert wurde, war eine solche Schande, daß selbst Li Wenda ihn nicht bewegen konnte, ausführlich darüber zu sprechen.

Achtzehn Monate später, 1942, starb ‚Jade-Jahre'. Nach Darstellung von Pu Yi's Schwägerin Hiro bekam sie Fieber, fing an, große Mengen Wasser zu trinken und im Fieber zu fantasieren. Ein chinesischer Arzt diagnostizierte Meningitis und empfahl Glukose-Injektionen, doch da sich ihr Gesundheitszustand verschlechterte, bestand Yoshioka darauf, ein japanisches Ärzteteam herbeizurufen. Später gelangte Pu Yi zu der Überzeugung, daß dieses Ärzteteam sie absichtlich ermordet hatte. Wie er später vor dem Internationalen Kriegstribunal berichtete, „wurden die Glukose-Injektionen nicht verabreicht. In jener Nacht herrschte ein ewiges Hin und Her, japanische Krankenschwestern und Ärzte sprachen mit Yoshioka und gingen ins Krankenzimmer zurück." Am Morgen war sie tot, gerade 22 Jahre alt, und als Pu Yi verlangte, daß sie in Mukden in den Grabstätten der Ching bestattet wurde, wies Yoshioka diese Forderung glattweg zurück. Sie mußte in Changchun begraben werden, meinte er. (Ihre Asche blieb bis nach dem Krieg im Palast zu Changchun, um schließlich nach Peking gebracht zu werden.) Als Talisman, der für ihn tiefe Bedeutung hatte, und zum Zeichen seiner Liebe und Trauer bewahrte Pu Yi ihre abgeschnittenen Fingernägel und eine Haarlocke in einer kleinen Geldtasche auf, die er während seiner späteren Gefangenschaft in der Sowjetunion und in China die ganze Zeit bei sich hatte.

Einen Monat nach dem Tod von ‚Jade-Jahre' drängte Yoshioka darauf, daß Pu Yi sich eine neue Konkubine aus einem Stapel Fotografien junger japanischer Mädchen aussuchte. Pu Yi weigerte sich.

Aber schließlich heiratete er doch wieder.

1943, ein Jahr nach dem Tod von ‚Jade-Jahre', erschien an Pu Yi's Seite ein 12jähriges Mädchen, schrieb Hiro, lief aber nach drei Tagen wieder davon. Pu Yi unternahm nichts, um sie zurückzuholen. Statt dessen ging er auf Yoshiokas Kuppeleien ein, bestand aber darauf, daß die neue Konkubine ein einheimisches Mädchen war, keine Japanerin. ‚Laute aus Jade' (Li yi-ching) war sechzehn und spiegelte in den Augen der Japaner nur Pu Yi's herabgesetzte Bedeutung wider. Sie war die Tochter eines Kellners. Hiro Saga schrieb, daß sie unbedingt gebadet werden mußte – und entlaust –, als sie zum erstenmal ihren Fuß in den Palast setzte.

Auf dem Foto zeigt sie ein charaktervolles Gesicht, von hübscher Strenge, kein Puppengesicht, und eine knabenhafte Figur. Pu Yi behandelte sie eher wie einen Pagen denn als Konkubine. Bei seiner Aussage vor dem Internationalen Kriegsverbrecher-Tribunal erklärte er, daß „ich deshalb ein junges chinesisches Mädchen heiratete, weil ich sie, jung, wie sie war, so erziehen konnte, wie ich wollte, und sie nicht die japanische Art annehmen sollte, auch nicht die japanische Erziehung". Wahrscheinlich meinte Pu Yi eher, daß sie mit ihren sechzehn Jahren hinreichend zu beeindrucken und zu formen war, um dann alles, was er sich für sie ausdachte, als Norm zu akzeptieren. Jahre später erzählte er einem seiner chinesischen Gefängnisaufseher, daß „ich sie eine Liste mit Vorschriften und Strafen aufschreiben ließ und festsetzte, was im Fall von Ungehorsamkeit oder anderen Verfehlungen passieren würde. Sie unterschrieb dieses Dokument. Wenn ich Grund hatte, mich über ihr Verhalten zu beschweren, holte ich es hervor und sagte: Lies. Dann züchtigte ich sie. Ich habe ‚Jade-Laute' gehörig geschlagen."

Vermutlich war es ein Vorspiel oder ein Ersatz für den Liebesakt. Pu Yi gestand seine dunkle Seite ein. Über seine Mißhandlungen von Pagen schrieb er: ‚Diese meine Handlungen zeigen, wie grausam, wahnsinnig, gewalttätig und labil ich war.' Natürlich läßt er durchblicken, daß sein ‚Wahnsinn' aus der Art und Weise, wie er heranwuchs, und aus seiner Misere als Marionettenkaiser erwuchs. Der Streß, unter dem er litt, als sich das Kriegsglück gegen Japan wendete und er selbst das volle Ausmaß seiner Fehler erkannte, machte seine Neurose bestimmt noch ärger. Aber eine ganze Reihe von Verhaltensmustern – die Prügelstrafen, seine Einstellung zu Frauen im allgemeinen – deuten an, daß seine Persönlichkeit auf alle Fälle eine neurotische gewesen wäre, unabhängig von den äußeren Umständen. Während er Jahre später seine Seele in chinesischer Gefangenschaft vor den Chinesen fast vollständig bloßlegte, wobei er sich oft in einem schwärzeren Licht darstellte, als nötig war, erzählte er ihnen in Wirklichkeit nie die Wahrheit über seinen seltsam verfehlten Sexualtrieb. Sie gaben sich auch keine besondere Mühe, ihn zum Sprechen über diese Seite seines Charakters zu bringen.

Während sich Pu Yi also wie ein kleiner Despot benahm und sich als Herr über seine neue Teenager-Konkubine aufspielte, zudem den ganzen Hof mit seinen paranoiden Stimmungswechseln schikanierte, waren die Japaner im Pazifik und in Burma auf dem Rückzug. Gegen Tokio selbst wurden die ersten Luftangriffe geflogen. Die unter japanischer Kontrolle stehende Presse in Mandschukuo sprach von ‚heroischen Opfern' der japanischen Truppen an allen Fronten. Überall in der Mandschurei waren jetzt Luftschutzbunker und Sandsäcke zu sehen. Pu Yi fing an, seine Angst zu überwinden und chinesisch-sprachige Radiosendungen aus den Vereinigten Staaten zu hören. Ihm wurde klar, daß sich das Ende des Kriegs anbahnte. General Tomoyuki Yamashita, der japanische Oberkommandeur aller in der Mandschurei stationierten Streitkräfte (und der Mann, der 1942 den Blitzkrieg gegen Singapur geführt hatte), wurde nach Japan zurückgerufen. Zum Abschied machte er bei Pu Yi einen Anstandsbesuch. „‚Wir nehmen zum letztenmal voneinander Abschied. Ich werde nie wieder zurückkommen', sagte er und verdeckte weinend sein Gesicht", schrieb Pu Yi.

Die Japaner benutzten Pu Yi als Propagandavehikel, bis es nicht mehr ging. Pu Yi beschrieb, wie er an einem trüben

Tag im Sandsturm als Ehrengast einer japanischen Heereszeremonie beiwohnte, um eine Handvoll bemitleidenswerter japanischer Infanteristen feierlich ihrer Bestimmung als ‚lebendiges Kanonenfutter' zu überlassen. Sie waren ‚Freiwillige' und wie ihre Kollegen in der Luft sozusagen Kamikaze- Infanteristen. ‚Die Opfer, ungefähr ein Dutzend, standen in einer Reihe vor mir, und ich verlas die Ansprache, die Yoshioka vorbereitet hatte', schrieb Pu Yi. ‚Erst danach sah ich, wie ihre Gesichter leichenblaß waren und die Tränen über ihre Wangen flossen, und hörte, wie sie schluchzten.' Nach Ende der Zeremonie in den aufwirbelnden Staubmassen machte Yoshioka Pu Yi ein Kompliment für seinen Auftritt und meinte, sie hatten „in männlicher Weise japanische Tränen" vergossen, weil Pu Yi „sie so sehr bewegt hatte".

Pu Yi, der über das Ereignis in seinen Memoiren schrieb, meinte: „Ich dachte: Wißt ihr, ich habe gesehen, daß ihr lebendiges Kanonenfutter seid und beileibe Angst habt. Wenn ihr Angst habt, habe auch ich entsetzliche Angst."

Es verwundert etwas, daß es in Pu Yi's Autobiographie keinen Hinweis auf die Atombomben gibt, die auf Hiroshima (am 6. August 1945) und auf Nagasaki (am 9. August 1945) abgeworfen wurden und die japanische Kapitulation beschleunigten. Es war wahrscheinlich nicht, wie ich zuerst dachte, eine beabsichtigte Auslassung seinerseits, um die Verantwortung der Vereinigten Staaten für den Krieg möglichst kleinzumachen, und den Beitrag, den die Sowjets in letzter Minute zum Krieg im pazifischen Raum leisteten, möglichst groß.

Die Bombe auf Hiroshima bewirkte mit Sicherheit, daß „der Vogel vom Zaun fiel", wie sich der verstorbene Senator Alexander Wiley aus Wisconsin kernig ausgedrückt hatte. Der nachfolgende sowjetische Einmarsch in die Mandschurei, der am 8. August begann, war dann auch nur ein reiner Selbstbedienungsakt: Stalins Ziel war es, sich das Territorium, das nach dem russisch-japanischen Krieg von 1904–1905 in japanische Hände gefallen war und immer noch von den Japanern besetzt gehalten wurde, wiederzuholen, die industrielle Infrastruktur in der Mandschurei zu zerlegen und für sowjetische Zwecke einzusetzen sowie Tschiang Kai-schek's Streitkräften einen lebenswichtigen Teil Chinas streitig zu machen, indem Maos 8. Infanteriearmee die Gelegenheit bekam, die kommunistische Herrschaft über das Territorium, was einmal ‚Mandschukuo' gewesen war, zu errichten.

Weder Pu Chieh noch Rong-Qi, die damals bei Pu Yi waren, und nicht einmal Li Wenda, Pu Yi's Ghostwriter, der in der Mandschurei in der 8. Infanteriearmee diente, können sich erinnern, daß vor Ende des Kriegs je die Rede von Hiroshima und Nagasaki war. Sie hörten davon erst ein paar Tage nach Kriegsende. „Wir waren wegen der sowjetischen Truppen, die die Grenze überschritten hatten, in heller Aufregung", sagt Rong-Qi. „Von Hiroshima erfuhren wir erst, als wir Hirohito im Radio die Kapitulation verkünden hörten."

Erst am 9. August (am Morgen des gleichen Tages fiel die Bombe auf Nagasaki) wurde Pu Yi von General Yamata, dem neuen japanischen Oberkommandeur in Mandschukuo, informiert, daß Stalin in den Krieg eingetreten war und sowjetische Truppen die Grenze überschritten hatten. Während er Pu Yi mit Zuversicht versicherte, daß Japan am Ende als Sieger dastünde, heulten in Changchun die ersten Sirenen los, und die Unterredung wurde im neuen Palastbunker fortgesetzt. ‚Kurz danach explodierten Bomben ganz in der Nähe, und während ich im stillen zu Buddha flehte, sagte der General kein Sterbenswörtchen. Nach der Entwarnung war von seiner Zuversicht in einen Endsieg nichts mehr zu hören', schrieb Pu Yi. Eine Bombe hatte genau das Gefängnis unmittelbar gegenüber Pu Yi's Palast getroffen.

Am nächsten Tag (dem 10. August) kam General Yamata erneut in den Palast, um Pu Yi mitzuteilen, daß seine Streitkräfte in der Südmandschurei „die Stellung halten" würden, die Hauptstadt aber ‚zeitweise' evakuiert und nach Tunghua verlegt werden müßte. „Wir werden noch heute abziehen", meinte er. Pu Yi sagte ihm, daß das viel zu früh wäre. Er war nicht nur um seinen großen Haushalt besorgt, sondern auch um seine beweglichen Wertsachen – Gemälde, Juwelen, Jade –, mit denen er für den Rest seines Lebens komfortabel leben zu können hoffte. („Er war kein so guter Juwelen-Kenner", sagte mir sein Neffe Jai Lin, „aber von Jade verstand er wirklich etwas.") Die Japaner waren inzwischen wirklich nervös und wollten weg. Yoshioka sagte: „Wenn Ihr nicht geht, werdet Ihr der erste sein, den die sowjetischen Soldaten ermorden." Eine der drei Armeen, die in die Mandschurei einfielen, war eine sowjetisch ausgebildete Mongolen-Armee, und diese Nachricht jagte allen Beteiligten gehörige Angst ein. Mittlerweile hatte Pu Yi gelernt, wie er prüfen konnte, was die Japaner wirklich fühlten, und war geübt, hohle, heuchlerische Glaubensbekenntnisse zu dreschen, wie man es von ihm so lange Zeit erwartet hatte. Er zog also die Uniform des Oberbefehlshabers der Mandschukuo-Streitkräfte an, die längst auf der Flucht waren und ihre Uniformen, so schnell sie konnten, wegwarfen, und rief sowohl seinen Premierminister, den feigen Chang Ching-hui, als auch den japanischen Leiter des Staatsratsausschusses für allgemeine Angelegenheiten, der in Wirklichkeit Mandschukuo regierte, zu sich.

„Wir müssen den heiligen Krieg unseres Vaterlandes mit all unserer Kraft unterstützen und den sowjetischen Armeen bis zum Ende, bis zum äußersten Ende Widerstand entgegensetzen", sagte er mit feierlichem Ernst, um ihre Reaktion zu testen. Yoshioka flüchtete aus dem Zimmer, und kurz darauf marschierten japanische Soldaten zum Palast. Einen Moment lang dachte Pu Yi voller Entsetzen, daß sie gekommen waren, um ihn umzubringen. Immer noch in Uniform stellte er sich ans obere Ende der Haupttreppe und sah sie an. ‚Als mich die Soldaten erblickten', schrieb Pu Yi, ‚machten sie kehrt.' Er rief Yoshioka an, kam aber nicht durch.

Eine neue Angst bemächtigte sich seiner. Wenn die Japaner ihn nun zurückließen, ohne ihm etwas zu sagen? Wieder rief er Yoshioka an, und diesmal war die Leitung frei. Yoshioka sagte, er fühle sich nicht wohl, daß aber die Evakuierung am 11. August beginnen würde. Pu Yi rief Big Li zu sich. Er habe Hunger, sagte er ihm. Das Palastpersonal hatte ihn bereits im Stich gelassen, die Köche waren alle weg. Big Li konnte gerade noch ein paar Zwiebacke auftreiben.

Am Abend des 11. August wurden Pu Yi's jüngerer Bruder Pu Chieh, dessen Frau Hiro mitsamt all seinen anderen Verwandten von den Japanern zum Bahnhof gebracht, wo sie einen Sonderzug bestiegen. Pu Yi hatte inzwischen seine Schätze aussortiert; die sperrigsten Gegenstände ließ er zurück, die wertvollsten Objekte packte er in Koffer, und die Kleinode versteckte er im doppelten Boden einer Filmkameratasche. Pu Yi sollte als letzter den Palast verlassen, neben Yoshioka. Die meisten der in der Mandschurei stationierten ranghöchsten Mitglieder der japanischen Heeresleitung hatten die Stadt bereits mit dem Zug Richtung Korea verlassen, wie Hiro schrieb.

Bis zur letzten Minute wurden die Formalitäten beachtet: Vorweg fuhr das Fahrzeug mit den ‚heiligen Reliquien' des Shinto-Glaubens, die Hirohito ihm gegeben hatte. Der Shinto-Hohepriester von Mandschukuo, der ehemalige Leiter der Militärpolizei, Toranosuke Hashimoto, hielt sie während der Fahrt sorgfältig in den Händen, und während sich der Zug langsam durch die Straßen Changchun den Weg zum Bahnhof bahnte, machten alle Japaner tiefe Verbeugungen vor Pu Yi. Pu Yi hatte, als er den Palast verließ, Explosionen gehört: Es waren japanische Pioniere, die das Shinto-Heiligtum, den ‚Altar zur Nationalgründung', in die Luft sprengten, wo Pu Yi den Shinto-Bräuchen entsprechend die Andacht hatte verrichten müssen.

Hiro bemerkte in ihrem Buch ‚Wandering Princess', daß die Einwohner Changchuns bereits Vorkehrungen zur Begrüßung der Sieger trafen, während sich die Hofgesellschaft zur Abreise fertig machte: In aller Eile flickten Frauen Hammer-und-Sichel-Fahnen zusammen. Ein japanischer Beamter, der sich die ganze Zeit hindurch mit beispielhafter Besonnenheit verhielt, war Amakasu, der Geheimdienstler –

der Mann, der Pu Yi bei seiner Ankunft in der Mandschurei vor vierzehn Jahren begrüßt hatte. Inzwischen war er Leiter der Filmindustrie in Mandschukuo geworden. Er zahlte sein Personal aus, versicherte allen, daß sie überleben würden, und beging danach mit einer Zyankali-Tablette Selbstmord.

Spät am Abend dampfte die Lok, mit Pu Yi, seinem Hof, seinen Ministern und einer Handvoll japanischer Offiziere in den Waggons, aus Changchun ab, kam aber nie in Tunghua an. Wegen sowjetischer Luftangriffe wurde der Zug nach Talitzou umgeleitet – auf einer Nachtfahrt. Unterwegs hatte Pu Yi in Hülle und Fülle Gelegenheiten, um festzustellen, daß der japanische Traum wirklich ausgeträumt war: Alle japanischen Militärkonvois bewegten sich in südliche Richtung, ,und die Männer sahen dabei aus wie eine Kreuzung aus Soldaten und Flüchtlingen'. Auf halber Strecke nach Talitzou stieg General Yamata zu. ,Er berichtete mir, daß die japanische Armee am Siegen war und zahlreiche Panzer und Flugzeuge zerstört hatte', schrieb Pu Yi. An jeder Station aber konnte er mit eigenen Augen sehen, daß die Japaner, von Panik befallen, auf dem Rückzug waren. Japanische Zivilisten versuchten verzweifelt, auf den Zug zu klettern, ,und flehten weinend die japanischen Polizisten an, sie durchzulassen', während es zwischen japanischen Soldaten und den Gendarmen der Staatspolizei gar zu Handgreiflichkeiten kam.

Unterwegs sprach Pu Yi mit Yoshioka über seine Zukunft, der zwar an ganz andere Dinge dachte, sich aber als Verbindungsoffizier, der er bis zur letzten Minute blieb, höflich mit ihm unterhielt und Pu Yi sogar mehrere Möglichkeiten anbot. Der gegenwärtige Plan war, ein Flugzeug zu finden, welches Pu Yi nach Korea brachte, wo die Alliierten noch nicht eingefallen waren. Von Korea aus würde man dann versuchen, ihn nach Japan zu fliegen. Wo würde denn Seine Majestät in Japan gerne leben? Pu Yi wußte es beim besten Willen nicht. Aber Seine Majestät erinnerte sich doch bestimmt noch an seinen Staatsbesuch 1934. Gab es keinen Ort, der ihm gefiel? Wie wäre es mit Kyoto? Kyoto wäre ganz gut, meinte Pu Yi.

Insgeheim war Pu Yi erleichtert. Er hatte die Vorsichtsmaßnahme getroffen, seine persönlichen Geldmittel von Changchun auf eine japanische Bank in Tokio zu überweisen, wenige Wochen vor dem Eintritt der Sowjetunion in den Krieg. Er wußte immer noch nichts von den Atombomben auf Hiroshima und Nagasaki. Yoshioka hatte ihm versichert, daß eine Invasion des amerikanischen Militärs in Japan nie passieren würde, da sie Millionen Amerikanern das Leben kosten würde. Doch fügte Yoshioka hinzu, daß, sobald Pu Yi in Japan angekommen war, „Seine kaiserliche Hoheit (Hirohito) keine restlose Verantwortung für die Sicherheit Eurer Majestät übernehmen kann".

Am 14. August kam der Zug im Bahnhof von Talitzou an. Es war nachts, und Pu Yi und sein Gefolge wurden zu einer zweistöckigen Herberge gebracht, die der örtlichen Bergwerksgesellschaft gehörte. Dort hockte man am nächsten Tag vor dem Radioempfänger und hörte Hirohitos Ansprache an das japanische Volk und die Verkündung der Kapitulation Japans. Mit hoher Stimme und der für feierliche Anlässe vorbehaltenen archaischen Sprache und Sprechweise begann Hirohito – zum erstenmal über Rundfunk zu seinen Untertanen redend (im ganzen Land hatte man den Strom angeschaltet, damit er überall zu hören war) – seine kurze Ansprache, über die er und seine engsten Berater zwei Tage lang diskutiert hatten. „Wir haben Amerika und England den Krieg erklärt", sprach Hirohito,

„weil es Unser aufrichtiger Wunsch war, Japans Selbsterhaltung und die Stabilität in Ostasien zu sichern, wobei es niemals unser Ansinnen war, die Souveränität anderer Nationen zu verletzen oder uns territorial zu vergrößern . . ."

Die Ansprache wies kurz auf den Einsatz ‚einer neuen und schrecklichen Bombe' durch den Feind hin, ‚deren Zerstörungsgewalt in der Tat unkalkulierbar ist'. Ebenso zurückhaltend äußerte er sich zur Situation des Zweiten Weltkriegs: „Die Kriegslage hatte sich so entwickelt, daß sie nicht unbedingt zu unserem Vorteil war." Wegen des Worts ‚entwickelt' hatte der Kriegszustand zwei Tage länger angehalten. Hirohito hatte das Wort ‚verschlimmert' verwenden wollen. Seine Berater waren dagegen gewesen.

Pu Chieh, Pu Yi's jüngerer Bruder, übersetzte alles, noch während Hirohito sprach. Hiro schrieb, daß sich die Brüder danach die Hände reichten und weinten.

Zwei Tage später fand im Speisesaal der Herberge, dem größten Raum im ganzen Gebäude, eine fast surreale Zeremonie statt. In aller Förmlichkeit dankte Pu Yi als Kaiser von ‚Mandschukuo' ab, proklamierte die Auflösung der Reichsregierung und erklärte, daß ‚Mandschukuo' wieder zum chinesischen Territorium gehörte. Es wurde formell abgestimmt, und alle Anwesenden stimmten dafür. Ein letztes Mal versah er die Erlasse mit seinem Siegel, womit sie Gesetzeskraft bekamen. Er verlas sie mit fester, emotionsloser Stimme und schüttelte jedem seiner Minister die Hand, als sie nacheinander den Saal verließen. In seiner Autobiographie beschrieb Pu Yi das Ereignis als ‚eine weitere Farce, die zu erledigen war', während sich seine Minister vor ihm versammelten wie ‚so viele entlaufene Hunde'. Aber keiner der Anwesenden stellte den Ernst der Feierlichkeit in Frage. Es war eine ‚schlichte, aber eindrucksvolle Zeremonie', schrieb Hiro, und Pu Yi zeigte die ganze Zeit eine stille Würde, vielleicht, weil er erleichtert war, daß sein unglückliches Spiel in Mandschukuo endlich nach dreizehn Jahren und fünf Monaten vorbei war. Die Zeremonie in Talitzou hatte ein symbolisches Element: Vor dreieinhalb Jahrhunderten hatte dort der Mandschu-Stammesfürst Nurhaci begonnen, seine Truppen auszuheben, ehe er nach Süden stieß und die Ming-Dynastie herausforderte.

Es war außerdem ein viel zu gefährlicher Platz, um länger zu verbleiben: Das gesamte Umland wurde von kommunistischen Guerillas kontrolliert, die rasch die ganze Provinz beherrschten. Gewissermaßen in Panik, löste sich die Gesellschaft auf. Der Zug, der sie nach Talitzou gebracht hatte, fuhr zurück nach Changchun, und mit ihm der ehemalige Premierminister von ‚Mandschukuo', Chang Ching-hui, der als letzten, verzweifelten Kompromiß Mandschukuo formell an Tschiang Kai-schek übergeben wollte und deshalb versuchte, mit ihm in Funkkontakt zu kommen. Er hoffte, auf diese Weie eine sowjetische Besetzung vermeiden zu können. Chang Ching-hui's Schritt kam zu spät. Die Sowjets waren da, bevor er den Kontakt aufbauen konnte.

Pu Yi teilte Yoshioka nun mit, daß er es sich anders überlegt hatte. Er wollte nach Peking gehen und bei seinem Vater bleiben. Yoshioka argumentierte, daß es unmöglich war, ein Flugzeug nach Peking zu bekommen, während doch die Möglichkeit bestand, eines nach Korea und dann weiter nach Japan zu finden. Eine Überlandreise kam ebenfalls nicht in Frage. Pu Yi war schließlich mit dem ursprünglichen Plan einverstanden.

Das Flugzeug, sagte Yoshioka, würde von Tunghua losfliegen, und da es sehr klein war, müßte sich Pu Yi entscheiden, wer ihn begleiten sollte. Pu Yi wählte insgesamt acht Personen aus, darunter Pu Chieh, Jui Lon, Big Li und seinen Leibarzt. Elizabeth, ‚Laute aus Jade' und Hiro wurden zurückgelassen.

Es geschah mehr auf das Betreiben Yoshiokas hin als auf Pu Yi's: Pu Yi und seine unmittelbare Entourage wären es, die riskierten, von den Russen gefangengenommen zu werden, sagte Yoshioka immer wieder. Die Frauen in der Gruppe waren in keiner solchen Gefahr. Yoshioka beruhigte sie mit den Worten, daß sie später nachkämen und alle innerhalb einer Woche in Japan wieder zusammen wären. Daß er sich so wenig um sie sorgte, spiegelte obendrein die traditionelle Einstellung der Japaner gegenüber Frauen als untergeordnete Wesen wider. Pu Yi befand sich nicht in der Lage, um etwas dagegen zu sagen. Außerdem waren sowohl seine rauschgiftsüchtige Frau als auch seine kindliche Konkubine in der augenblicklichen Krise nur lästig.

‚Laute aus Jade' und Elizabeth fingen an zu ‚flennen', wie Pu Yi schrieb. ‚Laute aus Jade' wollte zu ihrer Familie nach Changchun zurück. Hiro, als Japanerin immer die Pflichttreue in Person, packte nächtens für ihren Mann. Pu

Chieh war in überraschend guter Laune. „Wofür brauche ich diese Sachen?" sagte er. „Morgen um diese Zeit bin ich doch in Japan."

„Paßt auf euch auf", legte Pu Yi denen ans Herz, die er zurückließ. Er nahm Hiro, die Verantwortungsbewußteste von allen, zur Seite. Sie sollten ihr Bestes tun, um so schnell wie möglich nach Korea zu kommen, sagte er ihr. Wenn man sie trennte, sollte jeder auf eigene Faust Japan zu erreichen versuchen. Sobald sie dort wären, wären Sorge und Leid vorüber. „Es gab genügend Geld auf der Bank, für jeden."

Die Hofangehörigen und Diener, die zurückbleiben mußten, stellten sich entlang des Bahnsteigs ein letztes Mal zu einer kleinen verzagten Zeremonie auf, um von Pu Yi und seinen Begleitern Abschied zu nehmen. Pu Yi gab jedem die Hand. „Ihr habt mir alle sehr geholfen", sagte er. „Ich bete, daß ihr alle ein gesundes und glückliches Leben vor euch habt." Hiro bemerkte, daß er weinte, als er den Zug bestieg.

Zu jedermanns Erstaunen wartete in Tunghua ein kleines Flugzeug auf sie. Sie gingen sofort an Bord. Es sollte sie nach Mukden bringen, wo man eine größere Maschine erwartete.

In Mukden angekommen, warteten sie auf die Ankunft der Maschine. Dann hörten sie ein Flugzeug näher kommen. Pu Yi und seine Leute verließen den Warteraum des Flughafens und gingen nach draußen auf die Landebahn. Es landete eine ganze Flotte von Flugzeugen, und während Pu Yi noch zusah, waren die sowjetischen Soldaten bereits dabei, sofort alle Japaner, die in Sicht waren, zu entwaffnen und den Flughafen zu besetzen.

Mehr oder weniger aus Versehen nahmen sie auch Pu Yi und seine Gruppe fest, bei der auch Yoshioka war. Sie verbrachten die Nacht im Wartesaal unter ständiger Bewachung. Am nächsten Morgen sollten sie ein sowjetisches Flugzeug besteigen, das dann irgendwo zwischen Mukden und Khabarowsk, dem endgültigen Ziel, zum Auftanken zwischenlandete. Pu Yi ging los, um den verantwortlichen Offizier zu sprechen. Er hatte sich bereits einen Plan zurechtgelegt, um sich von den einstmals mächtigen Japanern loszusagen, indem er sie für alles in ‚Mandschukuo' verantwortlich machte, was ja ganz bequem war. „Wir wollen nicht mit den japanischen Kriegsverbrechern im gleichen Flugzeug sitzen", sagte er mit so viel kaiserlicher Würde, wie er konnte. Yoshioka wurde ausgesondert und blieb zurück.

Kapitel 21

Sobald Pu Yi's kleine Gruppe Talitzou verlassen hatte, löste sich sein restlicher Hof ein für allemal auf. Die wenigen, noch verbliebenen japanischen Wachen und Mandschukuo-Garden verschwanden, und der Rest von Pu Yi's Familie mußte sehen, wie er durchkam. Obgleich Hiro für eine kleine Tochter (es war ihr zweites Kind) sorgen mußte, nahm sie das Heft in die Hand. Zunächst ging alles gut, und es schien, als ob ihre Gruppe in der Bergwerksherberge unentdeckt weiterleben konnte, bis sich die Situation etwas geklärt hatte. Pu Yi hatte ihnen reichlich Geld und große Mengen wertvoller antiker Stücke dagelassen.

In der dritten Augustwoche erreichte sie schließlich die Nachricht, daß Pu Yi von den Sowjets gefangengenommen worden war. Alle waren niedergeschlagen und weinten, auch Hiro. Das wirkliche Unglück aber begann erst mit dem 21. September, als ‚Banditen' die Stadt besetzten und Jagd auf die Japaner machten.

Hiro wurde auf offener Straße angehalten. „Da ist eine", rief ein ‚Bandit' und zeigte auf sie. „Nein, nein, sie ist meine Schwester", schrie eine von Pu Yi's jüngeren Schwestern geistesgegenwärtig – und sie ließen von Hiro ab. Sie hatte einen Koffer voll mandschurischer Währung in einem Tresorraum eines Gebäudes gelassen, das der japanischen Staatspolizei in Talitzou als Hauptquartier gedient hatte. Die ‚Banditen' durchsuchten sämtliche Häuser und Kasernen, die die Japaner besetzt hatten, und konfiszierten die Beute.

Wenige Tage später kamen die sowjetischen Truppen an. Auch sie hielten Ausschau nach Beute und Frauen, und Hiro, wie die meisten Frauen in der Gruppe, schnitt ihr Haar kurz und zog Männerkleidung an. Die Sowjets brachten sämtliche Japaner, die sie aufspüren konnten, nach Linchiang, eine größere Stadt. Hiro folgte mit ihrer Gruppe. Sie dachte, es wäre sicherer als in Talitzou, wo sie sich der Banditen erwehren mußten.

Wenige Wochen später kamen die chinesischen Kommunisten. Sie waren wohl sehr diszipliniert und plünderten nur die medizinischen Versorgungseinrichtungen, aber ihre Gegenwart setzte allen Hoffnungen auf eine Flucht über Korea nach Japan ein Ende. Dann kamen sie auch noch hinter ihre wahre Identität.

Hiros Gruppe wurde von einem aus den eigenen Reihen verraten – vom Gatten einer der Schwestern Pu Yi's, einem Enkel des verstorbenen ‚Reformers' Cheng Hsiao-hsu. Ob er sich bei den Kommunisten beliebt machen wollte oder sich an Pu Yi einfach rächen wollte, weil er nicht mit seiner Gruppe hatte türmen dürfen, bleibt dahingestellt. Jedenfalls verriet er sie alle. Ein chinesischer Offizier der Kommunisten besuchte Hiro in dem Haus, das sie gemietet hatten. „Sie sind Madame Pu Chieh, nicht wahr?" sagte er und beruhigte sie sogleich, alles wäre in Ordnung. Er hatte als ehemaliger Offizier in der Mandschukuo-Kavallerie Pu Chieh kennen- und schätzengelernt. Er würde dafür sorgen, daß ihnen nichts zustieß.

Er war ein Mann, der sein Wort hielt, doch der verräterische Schwager ließ nicht locker. Er war auf Rache aus. Erneut ging er ins militärische Hauptquartier der Kommunisten, um sie dieses Mal auf die riesigen Mengen Kunstschätze aufmerksam zu machen, manche davon aus der Verbotenen Stadt, die im Besitz der Gruppe waren. Das war natürlich ‚nationales Eigentum' und ein ernsthafter Verstoß. Die gesamte Gruppe wurde verhaftet, nach Tunghua gebracht und in einer Polizeistation festgehalten. Inzwischen war es Januar 1946.

Noch bestand die Möglichkeit, daß die neuen kommunistischen Machthaber die Gruppe mit Milde behandelt hätten. Inzwischen war aber ein neuer Krieg ausgebrochen – zwischen Tschiang Kai-schek und den Kommunisten. Tschiang's Truppen rückten bis tief in die Mandschurei vor, wobei sie von einigen japanischen Einheiten unterstützt wurden, die der Gefangennahme entgangen waren. Ein japanischer Truppenverband griff Tunghua an, ehe er sich nach erbitterten Gefechten wieder zurückzog. Die chinesischen Kommunisten rächten sich, indem sie einige japanische Gefangene erschossen. Ihre Haltung gegenüber Hiro und ihrer Gruppe wurde härter. Man hielt sie in der Polizeistation in eisiger Kälte gefangen.

Elizabeth hatte mittlerweile ihre üppigen Opiumvorräte aufgebraucht und fing an, nach Nachschub zu schreien. Um ihr zu helfen, bestach Hiro Wachtposten, die neues Opium beschafften. Im April wurden sie unter Bewachung nach Changchun zurückgebracht und in Sicherungsverwahrung genommen, während die chinesischen Kommunisten ihre schleppende Untersuchung des Falles fortsetzten. Hiros Stimmung stieg: Sie waren nicht in ein Gefängnis gesteckt worden, sondern befanden sich in gemieteten Zimmern, über einem Restaurant.

Kurz danach wurde ‚Laute aus Jade' freigelassen. Großherzig bot sie Elizabeth an, daß sie zu ihr kommen konnte, wo sie sich um sie kümmern wollte. Aber ihre Mutter wandte sich an die lokalen kommunistischen Parteibonzen und denunzierte Pu Yi's ganze Familie einschließlich Hiro als ‚Volksfeinde', indem sie behauptete, daß sie abscheuliche Verbrechen begangen hatten. Entweder wollte sie es ihnen auf diese Weise heimzahlen oder sich bei den Machthabern lieb Kind machen.

Erneut nahm die Polizei alle fest. Dieses Mal wurden Hiro und Elizabeth von den anderen getrennt und nach Kirin in den Norden des Landes gebracht, wo sie wieder in einer Polizeistation eingesperrt wurden.

Dort kam es dann zu Elizabeths endgültiger Agonie: Mit

dem Opiumrauchen war es nun ein für allemal vorbei. Hiro schrieb, daß sie so sehr schrie, daß andere Gefangene ununterbrochen brüllten: „Bringt diese ohrenbetäubende Hure um!" Polizeibeamte, Parteivertreter und einfache Leute aus der Stadt kamen, um sie toben zu sehen, ,als ob sie einen Zoo besuchten'. Kichernde Chinesen spazierten reihenweise an ihrer Zelle vorbei und glotzten die ehemalige Kaiserin von China dumm an, während sie um Opium bettelte oder halluzinierte, in der Verbotenen Stadt zu sein. „Los!" schrie sie dann, „bring mir was zu essen!" – „Ich will ein Bad!" „Wo sind meine Handtücher?" Hiro tat ihr Bestes, um sie zu trösten und ihr verständlich zu machen, wo sie war – es half alles nicht.

Die Offensive Tschiang Kai-schek's hielt an. Kirin wurde bombardiert, und alle Gefangenen kamen dieses Mal nach Yenchi im Osten des Landes. Hiro und Elizabeth fuhren mit einem Lastwagen, auf dem ein Banner mit der Aufschrift wehte: ,Verräter aus der kaiserlichen Familie von Mandschukuo.' Nach ihrer Ankunft wurden sie voneinander getrennt.

Nach ein paar Tagen gelang es Hiro, einen Blick durch ihr vergittertes Fenster in Elizabeth's Zelle zu werfen. Sie lag ausgestreckt am Boden, bewußtlos, in einer Lache aus Urin, Exkrementen und Erbrochenem. Hiro bat einen Wachtposten, Elizabeth etwas zu essen zu bringen. Der aber sagte nur: „Was! In die stinkende Zelle? Nie im Leben!"

Hiro meldete sich freiwillig, die sterbende Elizabeth zu waschen. Einer der Gefängniswärter sagte, er würde darüber nachdenken. Am nächsten Tag durfte sie zusehen, wie ein anderer Aufseher mit einer Maske vor dem Gesicht die Zelle säuberte und Elizabeth's schmutzige Wäsche in einen Korb packte. Elizabeth, nur mit ihrer Unterwäsche bekleidet, war jetzt wieder bei Bewußtsein, aber immer noch am Halluzinieren. Wieder erkundigte sie sich, wo ihre Diener steckten und warum sie ihr noch kein Bad bereitet oder frische Kleider gebracht hatten. Der Gefängniswärter zuckte die Achseln. „Die wird es nicht lange machen", meinte er.

Hiro und ihre kleine Tochter wurden von neuem verlegt. Elizabeth, die transportunfähig war, blieb zurück. Sie starb, vierzigjährig, an Unterernährung und anderen Auswirkungen des Opiumentzugs im Juni 1946.

Nach einer Woche wurde Hiro auf freien Fuß gesetzt. Sie kam nach Peking und wurde von dort nach Japan in die Heimat entlassen. Während ihres Aufenthalts in Peking besuchte sie Prinz Chun und brachte ihm schonend bei, daß beide Söhne zwar am Leben waren, aber in sowjetischer Gefangenschaft.

Unterdessen, während Hiro ihre lange, abenteuerliche Reise machte, waren die Sowjets fleißig am Zerlegen. Sie demontierten sämtliche Industrien, die die Japaner aufgebaut hatten. Sie plünderten die Infrastruktur der Mandschurei, wie Professor Jones schrieb, ‚in äußerst wählerischer, verheerender Weise, wobei sie mutwillig zerstörten, was sie nicht abmontieren konnten'. Der amerikanische Reparationsbeauftragte Edwin Pauley berichtete 1946 an Präsident Harry Truman: „Sie nahmen sich nicht alles, sondern konzentrierten sich auf bestimmte Kategorien. Neben den Vorräten und bestimmten kompletten Industrieanlagen holten sie sich bei weitem den größten Teil der funktionierenden Stromgeneratoren und Transformatoren, Elektromotoren und Einrichtungen aus Versuchsanlagen, Laboratorien und Hospitälern. Von den Werkzeugmaschinen suchten sie sich nur die neuesten und besten aus." Er schätzte den Umfang der Beute auf 858 Millionen Dollar (nach dem Geldwert von 1946). Trotz allem, was die Japaner in der Mandschurei angerichtet hatten, kam es nur zu vereinzelten Ausfällen chinesischer Brutalität gegenüber den 850 000 japanischen Einwanderern: Mit wenigen Ausnahmen wurden sämtliche japanischen Spitzenbeamte und hochrangigen Offiziere bis 1947 repatriiert. Hingegen waren die Sowjets wegen ihres Verhaltens „1946 schon mehr verhaßt als die Japaner", berichtete Jones.

Pu Yi führte derweil ein ereignisloses, langweiliges Leben in einem russischen ‚Kur'-Hotel in der Nähe von Khabarowsk. Er war dort halb Gefangener, halb Gast. Zu seinen Mitgefangenen gehörten führende Exminister, Generäle und Beamte des ehemaligen Mandschukuos. Die Sowjets, sagt Jui Lon, der mit Pu Yi die ersten Monate seiner Gefangenschaft in der Sowjetunion verbracht hatte, „waren sich nicht sicher, wie sie ihn behandeln sollten". Das Essen war gut, die Unterbringung die eines Luxushotels, und die Gefangenen wurden fast ganz sich selbst überlassen. Pu Yi wurde ein paarmal von einem Oberst des sowjetischen Geheimdienstes verhört, aber nie eingehend.

Der Tagesablauf war nach Pu Chieh's Worten nicht viel anders als der in der Residenz im Haus der ehemaligen Salzsteuer-Behörde zu Changchun. Pu Yi betete viel, bestand darauf, daß man ihn mit der einem Kaiser gebührenden Ehrerbietung behandelte, und ließ sein Personal wie in der Vergangenheit für ihr Vergehen bestrafen, allerdings nicht mehr mit Peitschenhieben oder Stockschlägen, sondern mit Ohrfeigen. Obwohl die Inhaftierten chinesisch-sprachige Rundfunksendungen der Sowjets verfolgten, bekamen sie nur fragmentarisch mit, was draußen in der Welt los war. Pu Yi wußte, daß Tschiang Kai-schek's und Mao's Armeen sich gegenseitig bekämpften, aber was er hörte, war nur vage: Der Bürgerkrieg, erinnerte sich Jui Lon, war kein vorrangiges Nachrichtenereignis in den sowjetischen Sendungen. Neuigkeiten von der Familie gab es in keiner Weise. Von Elizabeth's Tod sollte Pu Yi erst nach weiteren fünf Jahren erfahren.

Zwei Monate später wurde Pu Yi, unter sowjetischer Bewachung, nach Tokio geflogen, wo das Internationale Tribunal zur Untersuchung der Kriegsverbrechen in Gang kam. Der Prozeß, unter Vorsitz von Sir William Flood Webb, einem hohen Richter am australischen Obersten Gerichtshof, sollte zweieinhalb Jahre dauern, mit dem Ergebnis, daß acht der 28 Angeklagten, die sich wegen ‚Konspiration zur Führung eines Angriffskriegs' und ‚Verbrechen gegen die Menschlichkeit' zu verantworten hatten, zum Tode verurteilt und gehängt wurden. Zu den Todeskandidaten gehör-

Kenji Doihara, der ehemalige ‚Lawrence der Mandschurei', Seishiro Itagaki, der als Oberst die Verhandlungen über Pu Yi's Rückkehr nach ‚Mandschukuo' geleitet hatte, sowie der ehemalige japanische Premierminister Hideki Tojo, der zwischen 1935 und 1938 als Leiter des japanischen Geheimdienstes und der Staatspolizei in der Mandschurei fungiert hatte und später der hartnäckigste Befürworter eines Kriegs gegen Amerika und während der Kriegsjahre Premierminister unter Hirohito wurde.

Der wichtigste Helfer für den amerikanischen Oberstaatsanwalt Joseph Keenan war Generalmajor a. D. Takayoshi Tanaka, der plumpe Exspion und Liebhaber von ‚Juwel des Ostens'. Tanaka hatte seit 1942 im Ruhestand gelebt, da er gegen die Kriegspolitik gewesen war und darüber mit Tojo arge Auseinandersetzungen gehabt hatte.

Die Anklagevertreter hatten darauf bestanden, daß Pu Yi als Zeuge der Anklage vernommen wurde. Doch Sir William war sichtbar ungeduldig. Er wollte Pu Yi's Zeugenvernehmung so schnell wie möglich vom Tisch haben, um mit anderen, wichtigeren Zeugen den Prozeß fortsetzen zu können. In Wochenschaufilmen ist ein absurd jugendlich aussehender Pu Yi zu sehen, mit langen Haaren, wie ein aufmüpfiger, etwas liederlicher Schüler, der seine Hausaufgaben nicht gemacht hat und ausgesprochen nervös in der ‚mündlichen Prüfung' sitzt. Immer ein Bündel handgeschriebener Notizen in der Hand, sollte er zehn Tage, in denen er sich in seiner Haut beileibe nicht wohl fühlte, in dem riesengroßen vollbesetzten Gerichtssaal, dem dunkel getäfelten, ehemaligen Auditorium der japanischen Militärakademie, im grellen Licht der Scheinwerfer verbringen.

Als Anklagevertreter war es Keenans Aufgabe, Pu Yi's Rolle als unschuldiges Opfer der japanischen Militaristen, die ihn auf den ‚Mandschukuo'-Thron gesetzt hatten, glaubhaft zu machen. Den gewissenhaften englischen, amerikanischen und japanischen Anwälten der Verteidigung oblag zu beweisen, daß Pu Yi ein willfähriger Kollaborateur gewesen war und über seine Rolle als ‚Kaiser von Mandschukuo' beständig log. Auf der langen Zeugenliste der Strafverfolger war Pu Yi ein kleiner Fisch, aber wenn ein Zeuge ärgstens in Mißkredit gebracht werden konnte, dann wäre die Aussage anderer, bedeutenderer Zeugen folgerichtig ebenso in Frage zu ziehen.

Nachdem er offiziell als Zeuge Henry Pu Yi vorgestellt worden war, begann er, seine Zeugenaussage zu machen. („Ich wurde in Peking geboren. Mein Name ist Pu Yi, und der mandschurische Nachname lautet Aisin Goro. Geboren wurde ich 1906, auf den Thron als chinesischer Kaiser kam ich 1909. 1911 brach die Revolution in China aus ...") Er wurde sofort ins vernichtende Kreuzverhör genommen, worauf er sichtlich nicht vorbereitet war, obwohl er seine Verwirrung am Anfang rasch überwand und sich dann bisweilen sogar manche Sarkasmen nicht verkneifen konnte.

Die erste Schwierigkeit entstand wegen seiner Notizen, die er auf seinem Schoß liegen hatte, und welche nicht erlaubt waren. Pu Yi sagte dem Gericht, daß es nur Hinweise zu „einfachen Zeitangaben, keine ausführlichen Unterlagen" waren.

Keenans Fragen nach und nach beantwortend, gab er einen chronologischen Bericht über sein Leben ab, beginnend mit seiner Kindheit in der Verbotenen Stadt bis zu den Tagen als Marionettenkaiser in Mandschukuo, und seiner Darstellung nach waren jedesmal allein die Japaner die Schuldigen.

Anfangs hatte er im japanischen Generalkonsulat in Peking Zuflucht gesucht, sagte er, da „die englische Botschaft zu klein war". Dazwischen streute er eigene Kommentare. „Dr. Sun Yat-sen war ein großartiger Mann ... Damals waren die Beamten des chinesischen kaiserlichen Hofes sehr korrupt." Sir William Flood ermahnte ihn, sich an die Fakten seines eigenen Lebens zu halten.

Bei seiner Version seines Zusammentreffens mit Itagaki sagte Pu Yi, daß er das japanische Angebot, den neuen Staat von Mandschukuo zu leiten, „abgelehnt" hatte, „weil Itagaki verlangte, daß wir gleich nach seiner Errichtung Japaner als

Mandschu-Beamte einstellen werden". Er hatte Tientsin „unter Zwang" verlassen müssen, „unter dem Druck des japanischen Besatzungskommandeurs von Tientsin ... Itagaki sagte, daß man im Falle meiner Weigerung drastische Aktionen gegen mich einleiten würde. Meine Berater teilten mir mit, daß mein Leben in Gefahr ist, wenn ich nicht auf seinen Vorschlag eingehe." Itagaki hatte gezeigt, daß er ‚in seiner Haltung unerbittlich und gewaltsam' war.

Pu Yi sagte, daß er von dem Moment an, als er in die Mandschurei kam, „keine Hand frei hatte, keinen Mund, der mir gehörte ... Wenn ich Lord Lytton die Wahrheit erzählt hätte, hätte man mich gleich nach der Abreise der Kommission aus der Mandschurei ermordet."

Keenan erkundigte sich über sein Verhältnis zu ‚Jade-Jahre'. „Meine Frau – meine verstorbene Frau – hat mich sehr geliebt", meinte Pu Yi. „Sie war dreiundzwanzig, als sie irgendwie krank wurde. Sie war eine sehr patriotische Chinesin. Sie tröstete mich immer mit den Worten, daß ich eine Weile lang Geduld haben sollte. Danach könnten wir die verlorenen Gebiete wiederbekommen. Aber sie wurde von den Japanern vergiftet. Wer sie vergiftete? Es war General Yoshioka."

Pu Yi behauptete, daß er seine persönliche Palastwache unter dem Gesichtspunkt aufgestellt hatte, sie „an die chinesische Armee anzuschließen ... Meine Idee war, eine Art Streitmacht zu haben, damit ich zu einem zukünftigen Zeitpunkt die Möglichkeit hätte, zusammen mit der chinesischen Armee den Japanern Stirn zu bieten."

Sir William Flood hörte sich das alles mit wachsender Ungeduld an. „Wir führen hier keinen Prozeß gegen diese Zeugen. Es geht uns lediglich um seine Glaubwürdigkeit", erklärte er. „Keine Lebensgefahr, keine Todesangst sind Entschuldigungen für Feigheit oder Fahnenflucht. Sie entschuldigen auch nirgends Verrat. Den ganzen Tag hören wir uns nun schon die Entschuldigungen an, die dieser Mann vorzubringen hat, warum er mit den Japanern kollaborierte. Ich denke, wir haben genug davon gehört."

Die Anwälte der Verteidigung aber waren entschlossen, mit ihrer Meinung zu Wort zu kommen. Bei weitem am wirkungsvollsten argumentierte der englische Major Ben Bruce Blakeney von der Militärgerichtsbehörde der englischen Armee. Johnstons Buch sollte in ihren Wortgefechten eine wesentliche Rolle spielen.

MAJOR BLAKENEY Ich möchte Sie fragen, ob es nicht wahr ist, daß, nachdem Sie die Verbotene Stadt 1924 verlassen und die dem königlichen Stand angemessene Behandlung sowie Ihr jährliches Unterhaltsgeld nicht mehr voll bekommen hatten, Sie nicht ganz selbstverständlich das Gefühl hatten, daß die Republik ihren Vertrag mit Ihnen in fast jeder Hinsicht verletzt hatte?
PU YI Mein Gefühl damals war, daß ich eher aus der Verbotenen Stadt weg wollte, da die Umstände dort ganz und gar nicht förderlich waren. Mr. Johnston hat die damalige Situation in seinem Buch vollständig aufgezeichnet. Sie können daraus mein Gefühl und meine Lage entnehmen und verstehen.
MAJOR BLAKENEY Dann können wir also annehmen, nicht wahr, daß Sir Reginald Johnstons Buch Ihren Standpunkt korrekt wiedergibt?
PU YI Ja, ziemlich korrekt.
Es dauerte nicht lange, bis Blakeney dieses Eingeständnis ausbeutete.
BLAKENEY Ich möchte gerne von Ihnen hören, was seine (Johnstons) Stellung war.
PU YI Er war mein Englischlehrer.
BLAKENEY War er lange Jahre in Ihren Diensten?
PU YI Ja.
BLAKENEY War er neben seiner Tätigkeit als Lehrer auch Ihr Freund und Berater?
PU YI Er war nur einer meiner Lehrer.
BLAKENEY War er mit allen Einzelheiten Ihres Lebens und Ihren Ansichten während seiner Zeit bei Ihnen vertraut?
PU YI Für gewöhnlich wußte er über mich ein bißchen Be-

scheid. Aber als ich in der Mandschurei war, wußte er nichts mehr über mich.
BLAKENEY Ich glaube, Sie behaupteten, daß er in seinem Buch die Umstände jenes Abschnitts in Ihrem Leben korrekt dargelegt hat?
PU YI Das Buch bestand aus vielen Teilen ... Ich hatte nie die Gelegenheit, es ganz zu lesen ... was den Teil betrifft, der mein Leben in Tientsin beschreibt, wußte ich nicht, worüber er eigentlich schrieb.
BLAKENEY Wann haben Sie Sir Reginald Johnston zum letztenmal gesehen?
PU YI Ich sah ihn zuletzt in der Mandschurei.
BLAKENEY Wann war das?
PU YI Ich kann mich an das Datum nicht erinnern, auch nicht, in welchem Jahr es war.
BLAKENEY Wann sahen Sie ihn das letztemal, bevor Sie Tientsin verließen?
PU YI Offen gestanden kann ich mich nicht erinnern, wann es gewesen ist. Da ich mich nicht erinnern kann, kann ich es Ihnen auch nicht sagen.
BLAKENEY Sahen Sie ihn innerhalb, sagen wir, eines Monats, ehe Sie von Tientsin aus nach Port Arthur gingen?
PU YI Ich kann mich nicht erinnern.
BLAKENEY Haben Sie ein Vorwort zu seinem Buch geschrieben?
PU YI Ich kann mich nicht daran erinnern.
Blakeney holte sofort eine Ausgabe des Buches hervor und fing an, aus Pu Yi's Vorwort vorzulesen. Es enthielt Hinweise auf die Ereignisse in Tientsin im Jahre 1931, die seine Abreise ausgelöst hatten. (‚Niemand besitzt intimere Kenntnisse von den unglücklichen Ereignissen und Nöten jener kritischen Periode als er.') Pu Yi sah es sich genau an.
PU YI Das hat Cheng Hsiao-hsu geschrieben. Es ist nicht von mir.
BLAKENEY Wollen Sie damit sagen, daß die Kalligraphie nicht von Ihnen ist, oder die Worte nicht die Ihren sind?
PU YI Ich habe das noch nie gesehen.

Es folgte ein verfahrensrechtliches Gerangel. Keenan, der Anklagevertreter, wandte sich gegen die Verwendung des Buches als Beweisgrundlage mit der Begründung, daß Johnston tot war. „Wir wissen von dem Autor nichts, und soweit ich weiß, ist er keine anerkannte Autorität." Flood ergriff, sichtlich zu Blakeneys Verärgerung, für Keenan Partei. Aber eine Passage aus Johnstons Buch konnte Blakeney noch zitieren, da, wie er argumentierte, darin Pu Yi's Glaubwürdigkeit als Zeuge beeinträchtigt wurde. Sie bezog sich auf Johnstons Unterredung mit Pu Yi, kurz bevor er von Tientsin in die Mandschurei ging. War das, fragte er, eine korrekte Darstellung der Fakten?

PU YI Zu jener Zeit war Johnston tatsächlich in Tientsin. Aber es fand nie eine solche Unterredung statt. Johnston hatte einen kommerziellen Zweck im Auge, als er das Buch schrieb. Er wollte das Buch doch verkaufen. Hitler hat ein weltberühmtes Buch geschrieben. Es heißt ‚Mein Kampf' . . . Ich bin mit meiner Antwort noch nicht zu Ende.

SIR WILLIAM FLOOD Gut, dann beenden Sie sie auch nicht.

Es war schon alles schlimm genug, aber was Pu Yi dann zu seinem Interview mit Henry Woodhead sagte, nachdem er Chef der Exekutive geworden war, machte einen gar noch schlimmeren Eindruck. Alles, was er zu Woodhead gesagt hatte, hatte er in Gegenwart von Japanern oder Dolmetschern geäußert, denen er nicht trauen konnte, behauptete er. Jedenfalls „mußte ich eine heuchlerische Haltung annehmen, denn anders konnte ich das Vertrauen der Japaner nicht erwerben . . . Ich kann mich nicht an meine Äußerungen gegenüber Woodhead erinnern. Man sollte sie als eine Art Gegenpropaganda sehen." Was die Aussagen betraf, die der ‚Reformer' Cheng Hsiao-hsu in seinem Namen gemacht hatte, „weiß ich nicht, was seine persönlichen Aktivitäten waren. Ich hatte mit seinen persönlichen Überzeugungen nichts zu tun."

Die japanische Verteidigung holte eine Ausgabe des

Buches ‚Epochal Journey to Nippon' hervor und zitierte aus seinen täglichen Gedichten, was sie damit begründete, daß darin seine ‚innersten Gefühle' zum Ausdruck kamen.
PU YI Als ich diese Gedichte verfaßte, war es nur eine Art Zerstreuung ... Ich mußte etwas schreiben, einfach um sie glücklich zu machen. Man kann sie nicht ernst nehmen. Ich mache Ihnen keinen Vorwurf, denn als Anwalt der Verteidigung sähen Sie es natürlich gerne, wenn ich die Wahrheit so sehr verzerre, wie Sie es wünschen. Ich möchte mich nicht mit Ihnen streiten.
SIR WILLIAM FLOOD Ich habe Sie bereits ermahnt, Zeuge, daß Sie sich damit begnügen müssen, Fragen einfach zu beantworten, und daß Sie diese ausholenden Erklärungen unterlassen sollen.

Da das Kreuzverhör bereits in die zweite Woche ging, setzte Sir William Flood alles daran, Pu Yi's Zeugenaussage ein Ende zu machen. Die japanischen Anwälte aber waren nicht bereit, kampflos aufzugeben.
T. OKAMOTO (Itagaki's Verteidiger) Haben Sie die japanische Regierung je gebeten, Sie zum Kaiser zu machen ... Ihnen zu helfen, wieder Kaiser zu werden?
PU YI Nein.
T. OKAMOTO Es scheint heute, daß Sie mit der japanischen Regierung sehr unzufrieden waren. Hat es vielleicht damit etwas zu tun, daß Japan Ihnen nicht beistand, diesen sogenannten himmlischen Auftrag zu bekommen?
PU YI Das Ganze ist eine Erfindung.
T. OKAMOTO Sie haben erklärt, daß Sie, während Ihrer Zeit als Kaiser, zur Täuschung der japanischen Regierung verschiedene falsche Aussagen gemacht haben, daß Sie sogar Gedichte geschrieben haben, die Japan ehren, aber wurden diese Ehrungen nicht auch wegen Ihres starken Wunsches zu Papier gebracht, die Verbotene Stadt wiederzubekommen?
PU YI Ich habe Ihnen schon darauf geantwortet, nein.

Sir William Flood hatte genug. „Die wirkliche Frage ist, ob der Zeuge im wesentlichen ein Kaiser war oder ein reines

Gespenst der Japaner", sagte er. „Wir haben bereits genug vernommen, um uns in der einen oder anderen Weise zu entscheiden." Es ging darum, meinte er, „ob der Zeuge wirklich eine Marionette war. Ob er eine willfährige oder unwillfährige Marionette war, steht hier nicht zur Debatte."

Flood machte von seinem Recht als Vorsitzender Gebrauch und erklärte dem Gericht, daß, wenn man das Kreuzverhör nun beendete, „daraus nicht unbedingt zu folgern ist, daß wir dem Zeugen glauben. Wir können darüber verschiedener Meinung sein. Wir beenden es, weil wir denken, daß es äußerst sinnlos ist, mit dem Kreuzverhör weiterzumachen."

Pu Yi wurde aus dem Gerichtssaal geführt und in sowjetisches Gewahrsam zurückgebracht. Es war nicht mehr nötig, daß er noch einmal vor Gericht erschien.

Vom Moment seiner Festnahme durch sowjetische Fallschirmjäger 1945 in Mukden war es immer sein Plan gewesen, das Spiel so zu spielen, daß stets die Japaner den Schwarzen Peter für alles erhielten, was ihm zwischen 1931 und 1945 widerfahren war. In Tokio hatte er damit teilweise Erfolg, weil er Glück hatte: Nur ein paar Zeilen aus Johnstons Buch ‚Twilight in the Forbidden City' waren als Beweisgrundlage zugelassen worden, aus Woodheads Artikeln keine einzige. Weder Sir Reginald Johnston (da er bereits tot war) noch Woodhead (da man in nicht rechtzeitig ausfindig machen konnte) waren vor Gericht erschienen, um ihre Version der Fakten vorzutragen. Pu Yi nutzte das rasch aus, indem er sich als dauernder, selbstsicherer Lügner darstellte, der bereit war, alles daranzusetzen, seine Haut zu retten. Er bewies auch, daß seine öden vierzehn Jahre in Changchun in der Residenz der ehemaligen Salzsteuer-Behörde weder seinen Intellekt noch sein logisches Denken beeinträchtigt hatten. Nach dem ersten unglücklichen Tag bekam er wieder Selbstvertrauen: Er merkte, daß mit Ausnahme von Major Blakeney keiner im Gericht Johnstons Buch oder Woodheads Artikel gelesen hatte.

Wieder in Khabarowsk, wurde ihm von einem mandschurischen Wachmann mitgeteilt, daß Abgesandte von Tschiang Kai-schek nach Moskau geflogen waren, um seine Auslieferung an China zu verlangen. Pu Yi stellte sich auf das Schlimmste ein, denn er wußte, daß Tschiang Kai-schek ihm gewiß einen Schauprozeß machen würde, um ihn anschließend als Verräter hinrichten zu lassen.

Aber die Sowjets waren nicht bereit, solch einen wertvollen Fang einer wackeligen, antikommunistischen Regierung auszuhändigen. Sie waren zuversichtlich, daß Mao den Krieg in China gewinnen würde. Dann, und nur dann, würden sie ihn zurückgeben.

Kapitel 22

Nicht alle japanischen und Mandschukuo-Kriegsverbrecher in der Hand der Russen teilten nach dem Krieg Pu Yi's luxuriöse Haft. Viele von ihnen machten Bekanntschaft mit dem sowjetischen ‚Gulag'. Nur die älteren Gefangenen teilten Pu Yi's komfortablen Alltag, zunächst in einem Kurhotel, dann in einer umgebauten Schule bei Khabarowsk, bekannt als Haftanstalt Nr. 45.

Rong-Qi, Elizabeths Bruder, war einer von denen, die sich über Nacht in einem russischen Arbeitslager wiederfanden, zusammen mit den meisten von Pu Yi's Neffen – und Big Li.

Durch die Entbehrungen und die Disziplin im Arbeitslager fanden sie während dieser Jahre (1947–50) zu einer neuen Einstellung. Einige von ihnen, wie Rong-Qi, arbeiteten als einfache Arbeiter in einer Fabrik oder in der Landwirtschaft. Die Glücklicheren wurden als Krankenhauspersonal beschäftigt.

Sie verwandelten sich in Überlebenskünstler – was jeder Gulag-Insasse tun muß. Auch begannen sie, über die Ereignisse nachzudenken, die sie in diese Lage gebracht hatten. Die traditionellen persönlichen und familiären

Bande, die sie zu treuen Gefolgsleuten Pu Yi's gemacht hatten, wurden während dieser Jahre erheblich lockerer.

Obwohl Pu Yi nun ohne die Dienerschaft seines Hofes leben mußte, änderte sich sein eigener Lebensstil in der Zeit der russischen Haft nicht einschneidend. Im ‚Sondercamp Nr. 45' für japanische und Mandschukuo-VIPs kümmerten sich japanische und mandschurische ehemalige Ordonnanzoffiziere um die Bedürfnisse der Häftlinge. Pu Yi mußte niemals selbst sein Bett machen, abwaschen oder sonst eine Arbeit verrichten. Als Prinz Su schließlich auch in Pu Yi's Gefängnis verlegt wurde, übernahm er sofort die Rolle des Majordomus. Er ersetzte Big Li und kümmerte sich nun um Pu Yi's Kleider und Besitz.

So überraschend es auch klingen mag, die Insassen von ‚Sondercamp Nr. 45' wurden von ihren sowjetischen Bewachern nie durchsucht, nie wirklich als Gefangene behandelt. Sie waren nur vorläufige Häftlinge.

Zusammen mit einigen privilegierten japanischen Generälen und ehemaligen Mandschukuo-Ministern durfte Pu Yi also zu Buddha beten, Mah-Jongg spielen, drei Mahlzeiten täglich essen und zweimal in der Woche einen Film sehen. Nach seiner Rückkehr aus Tokio schrieb Pu Yi, er sei überwältigt von seiner Schuld und versuche für seine Schande in seinen Gebeten Abbitte zu leisten. Er wußte, er hatte nicht nur gelogen, sondern die Erinnerung an einen der wenigen Menschen, die er achtete, befleckt: die Erinnerung an Sir Reginald Johnston.

Bevor seine Verwandten und Big Li verschwanden, hatte Pu Yi Inventur seiner Vermögenswerte gemacht. Er hoffte, daß die Sowjets ihm erlauben würden, ein ‚würdiges' Exil in einem anderen Land als China zu suchen. Selbst die UdSSR hätte er vorgezogen. Pu Yi bat zweimal um Asyl dort, bekam aber keine Antwort.

Sollten die Sowjets ihn laufenlassen, so hatte Pu Yi genug Gold und Juwelen in seinem Besitz, um für den Rest seines Lebens komfortabel zu leben. Er hatte sogar mehr, als er hätte tragen können. Freiwillig händigte er etwa zweihundert

Juwelen der Gefängnisleitung aus; einige von den weniger wertvollen Juwelen wurde er einfach dadurch los, daß er sie auf dem Grundstück versteckte und im Boden vergrub. Später erfuhr er, daß die Sowjets diese Schätze an China zurückgegeben hatten – noch zur Zeit der russisch-chinesischen Freundschaft. Die wertvollsten Stücke versteckte er im Koffer seiner Filmkamera.

Pu Yi hatte nur vereinzelt Kontakt mit seinen sowjetischen Bewachern. Was den Klatsch anging, so war er auf die mandschurischen Ordonnanzoffiziere angewiesen, die zwar keine Ahnung hatten, was tatsächlich vor sich ging, sich aber mit dem Flair von Wichtigkeit umgaben. Einer erzählte ihm, er brauche sich keine Sorgen zu machen: die Russen würden ihn vermutlich für den Rest seines Lebens in Sibirien behalten, da dies ja der Teil der Welt sei, aus dem er stamme. Ein anderes Gerücht – das er nicht wirklich glaubte, nur in seinen verwegensten Träumen – war, daß die Sowjets die Absicht hätten, ihn wieder auf seinem mandschurischen Thron einzusetzen, diesmal als russische Marionette.

Der Krieg zwischen Tschiang Kai-schek und den chinesischen Kommunisten – zunächst von den russischen Medien weitgehend ignoriert – machte mit jeder Niederlage der Truppen Tschiang's mehr Schlagzeilen. Ein russischer Dolmetscher übersetzte vor den versammelten Häftlingen sowjetische Zeitungen, und nach 1947 wurden täglich chinesisch-sprachige Nachrichtenblätter verteilt. Pu Yi erfuhr 1948 von der Kapitulation Shanghais noch in derselben Woche, in der das geschehen war.

Allmählich begann Pu Yi zu begreifen, daß die Sowjets ihn einfach auf Eis gelegt hatten, bis Mao Tse-tung eine kommunistische Regierung in China etabliert hatte; sobald dies geschehen war, würden sie ihn nach Hause schicken.

Es war ein Alptraum, mit dem er sich allmählich arrangierte. Zunächst war diese Aussicht so erschreckend, daß er an nichts anderes denken konnte; er wurde religiöser als je zuvor. Im Laufe der Zeit wurde dann die Vorstellung, daß er eines Tages an die Kommunisten ausgeliefert werden würde, eine vertraute Angst, so vertraut wie die Angst vor dem Tod; der Tod war ebenfalls unausweichlich. Seine einzige Hoffnung war, daß es ein schneller Tod von der Hand der Kommunisten sein würde.

Pu Yi's Wissen über den Kommunismus im allgemeinen und den chinesischen Kommunismus im besonderen war beschränkt auf das, was er als Junge von Johnston, von dem ‚Reformer' Cheng Hsiao-hsu und später von seinen japanischen Beratern gelernt hatte. Yoshioka hatte einige Male angedeutet, daß die chinesischen Kommunisten keine gewöhnlichen Banditen seien, daß ihr Glaube an die Gleichheit aller und ihr militärisches Geschick sie zu einer gewaltigen Macht hatten werden lassen. Pu Yi hätte gerne mit ihm darüber diskutiert, aber er war nicht da. Pu Yi wußte nicht, daß Yoshioka, kurz nachdem er den Sowjets in die Hände gefallen war, Selbstmord begangen hatte.

Weder die Japaner noch sonst einer von Pu Yi's Mitgefangenen hatte die Natur des chinesischen Kommunismus auch nur annähernd verstanden. Vor allem hatte niemand in Pu Yi's Umgebung bemerkt, daß das kommunistische System der Rechtsprechung und Exekutive völlig verschieden war von dem des vorrevolutionären China. Nicht daß es weniger brutal gewesen wäre: Die riesige Zahl der Menschen, die im Strudel der Machtübernahme durch die Kommunisten hingerichtet wurden, beweist das Gegenteil.

Der Unterschied lag in der Methode der Bestrafung. Jean Pasqualini, Autor des Buches ‚Prisoner of Mao', dieser außerordentlich erhellenden Analyse des chinesischen Strafvollzugssystems, die auf seinen persönlichen Erfahrungen im Gefängnis und Arbeitslager beruht, drückt es so aus: ‚Das Gefängnis ist kein Gefängnis, sondern eine Schule, um aus den eigenen Fehlern zu lernen.' Chinesische Gefängnisse waren Orte, ‚wo die Gefangenen sich gegenseitig umerziehen'.

Die von den chinesischen Kommunisten verwendeten Verhörmethoden unterschieden sich erheblich von denen anderer totalitärer Staaten. Ihre Absicht war es nicht, einem angeblich Kriminellen einen Beweis aus der Nase zu ziehen, der dann im Verfahren gegen ihn verwendet werden konnte. Vielmehr war das Verhör eine Art religiöser Akt, eine Technik, die in früheren Zeiten von den Spezialisten der Inquisition verwendet worden war. Das Ziel war nicht nur, den Verdächtigen von seiner Schuld zu überzeugen, sondern ihn dazu zu bringen, sie anzunehmen: eine außerordentlich effektive Form der Gehirnwäsche.

Pasqualini schreibt: Das Ziel war ‚nicht so sehr, dich nichtexistente Verbrechen erfinden zu lassen, sondern dich dazu zu bringen, dein gewöhnliches Leben zu akzeptieren, so wie du es geführt hast, verdorben, sündig und bestrafenswert'. Im chinesischen Justizsystem ist der Angeklagte selbst der beste Ankläger, denn ‚die Selbstanklage ist eine der Meisterstücke des Systems ... Der Gefangene versucht, den Prozeß so geschickt wie möglich gegen sich selbst aufzubauen ... Wenn dem Gefangenen letzten Endes eine befriedigende Darstellung seiner Schuld gelungen ist, hat die Regierung damit ein Dokument in der Hand, mit dem sie ihn zu eigentlich jeder gewünschten Zahl von Jahren verurteilen kann. Der Wunschtraum jedes Staatsanwalts.'

Das System war überraschenderweise flexibel: Einige von denen, die der schwerwiegendsten Verbrechen beschuldigt waren, wurden mit großer Milde behandelt. Spione und Saboteure bekamen drei Mahlzeiten pro Tag und jede Menge Lesestoff, während andere, weit geringerer Vergehen angeklagt, am Rande des Hungertodes lebten. Die Gefängnisse selbst unterschieden sich erheblich in ihrer Qualität. Einige waren Schaukästchen, andere waren entsetzlich überfüllt und grausam hart. Dies war kein Zufall; in der chinesischen Methode der Umerziehung von Verbrechern konnte Freundlichkeit eine Waffe sein – manchmal sogar eine außerordentlich erfolgreiche.

In Pu Yi's Fall wäre es der direkte Weg gewesen, ihn mit den scheußlichen Verbrechen in ‚Mandschukuo' zu konfrontieren, seine Verantwortung an der Machtübernahme und während seiner Zeit als Marionettenherrscher abzuschätzen und ihn dementsprechend zu verurteilen. Das war mit den japanischen Angeklagten in dem Tokioter Kriegsverbrecherprozeß geschehen. Pu Yi hätte sich am besten damit verteidigt – wie er es in Tokio getan hat – , daß er eine Marionette war und die ganze Zeit über von den Japanern manipuliert worden war. Er war überzeugt, daß der Prozeß sehr kurz sein würde und er nach einer knappen, oberflächlichen Verhandlung hinausgeführt und erschossen würde.

So wäre Tschiang Kai-schek mit Pu Yi umgesprungen – nicht aber Mao. So wie in China ein Gefangener nicht nur bereuen, sondern seine Reue auch demonstrieren muß, so mußten Pu Yi und sein früherer Hof der neuen Gesellschaft als Lehrbeispiele für die alte dienen.

In den Augen Maos und anderer chinesischer Führer war Pu Yi, der letzte Kaiser, die Symbolfigur für alles Übel in der alten chinesischen Gesellschaft. Wenn er vorgeführt werden könnte als jemand, der eine dauerhafte Veränderung vollzogen hat – welche Hoffnung gab es dann für die unentwegten Konterrevolutionäre? Je erdrückender die Schuld, desto spektakulärer die Umerziehung – und desto größer der Ruhm der kommunistischen Partei Chinas.

Es gab noch einen zusätzlichen Grund, Pu Yi und seinen ‚Hof‘ mit besonderer Aufmerksamkeit zu behandeln: Die Umformung Pu Yi's zu einem vorbildlichen Kommunisten würde die Überlegenheit der chinesischen Revolutionsjustiz über das sowjetische System demonstrieren. Kurz nach der russischen Revolution war die Zaren-Familie ermordet worden. Nicht einmal Lenin war es gelungen, den letzten Zaren in einen Kommunisten zu verwandeln.

Aus all diesen Gründen hatte die Umerziehung von Pu Yi und seinem ‚Hof‘ große Bedeutung für die chinesischen Kommunisten nach ihrer Machtübernahme 1949. Und für Premierminister Tschou En-lai, der über Pu Yi's Auslieferung mit der Sowjetunion verhandelte, gab es noch ein besonderes Interesse zu hoffen, daß aus den Häftlingen ‚neue Menschen‘ würden: Einige von denen, die den Prozeß der Umerziehung mit Pu Yi teilen würden, waren ehemalige

KMT-Generäle, die einmal Tschou's Studenten auf der Whampoa-Akademie gewesen waren. In seiner schulmeisterlichen Art wollte Tschou En-lai das letzte Wort haben.

Pu Yi wußte von alledem nichts, als er im Sommer 1950 die Sowjetunion verließ und nach China zurückkehrte. Kurz zuvor waren seine Neffen, seine Halbbrüder und Big Li ins ‚Sondercamp Nr. 45' gebracht worden. Eines Tages steckte man die Insassen in einen Zug und brachte sie zur Grenze.

Es war wieder wie in alten Zeiten. Pu Yi's Neffen waren respektvoll wie zuvor. Jeder, einschließlich Big Li, schien sich zu freuen, ihn zu sehen. Pu Yi nahm ihre Stimmung als selbstverständlich. Er war seltsam still und sogar etwas forsch, als er den Zug bestieg, einen Regenmantel über dem Arm und einen Spazierstock in der Hand. Er reiste in einem separaten Abteil als einziger Gefangener unter biertrinkenden und rauchenden russischen Offizieren.

In der Tiefe seines Herzens war er überzeugt, daß er zur Exekution gebracht würde. In der Nacht, während die Offiziere schliefen, „lag ich mit offenen Augen da, wachgehalten von Todesangst". Als er betete, glaubte er, das Trampeln von Armeestiefeln zu hören, und schaute aus dem Fenster. Der Bahnsteig war leer. Die Offiziere hatten ihr Bestes getan, um ihn zu beruhigen; doch Pu Yi glaubte, das sei nur ein Trick gewesen, um ihn fügsam zu machen. „Mein Leben wird nicht mehr länger Bestand haben als der Tau auf der Außenseite der Fensterscheibe."

Am nächsten Morgen wurde Pu Yi in ein anderes Abteil gebracht, wo zwei Chinesen auf ihn warteten. Der eine trug einen blauen ‚Mao-Anzug', der andere eine Armeeuniform. Der Zivilist sah Pu Yi an und sagte: „Ich übernehme Sie auf Befehl von Premier Tschou En-lai. Sie sind jetzt in Ihr Vaterland zurückgekehrt." Pu Yi schrieb, daß er ‚auf einen Soldaten wartete, der mir Fesseln anlegte', und als das nicht geschah, dachte er: ‚Sie wissen, daß ich nicht weglaufen kann.' Eine Stunde später hielt der Zug an einer kleinen Station an der russisch-chinesischen Grenze. Dort standen zwei Reihen bewaffneter Soldaten – Chinesen auf der einen Seite,

Russen auf der anderen. Pu Yi ging zwischen ihnen hindurch und bestieg einen Zug, der an einem anderen Bahnsteig wartete. Er bemerkte, daß seine Verwandten – und andere Mandschukuo-VIPs – bereits in dem Zug waren, ,und keiner war gefesselt'. Die Fenster seines Abteils waren mit Papier überklebt. ,Dies bedeutete sicher, daß wir auf dem Weg zur Exekution waren.' Bereits zu diesem Zeitpunkt hatte Pu Yi seine Schuld akzeptiert. ,Die Gesichter der Verbrecher um mich herum', schrieb er, ,waren totenblaß.' Von jetzt an bezeichnete er in seiner Autobiographie seine Mitgefangenen als ,Kriegsverbrecher'.

Der Umerziehungsprozeß hatte bereits begonnen: Von Beginn der Reise an waren Pu Yi und seine Verwandten überwältigt von der Freundlichkeit, der Sorge und den ständigen Beispielen ehrenhaften Verhaltens auf seiten ihrer Bewacher. Ein Offizier kam vorbei, hieß sie zu Hause willkommen und versicherte ihnen, „sie bräuchten sich keine Sorgen zu machen". Er sagte auch, es sei ein Arzt mit im Zug, falls jemand medizinische Hilfe benötigte. Die Gefangenen nahmen ein chinesisches Frühstück zu sich, mit eingelegtem Gemüse, gesalzenen Eiern und Reis. Als die Wachen sahen, daß der Reis sehr begehrt war, gaben sie ihnen mehr – von ihren eigenen Rationen. Pu Yi glaubte, das würde geschehen, weil sie die Gefangenen für die kurze Zeit bis zu ihrem Tod bei Laune halten wollten.

Er beschloß, eine der Wachen in ein Gespräch zu verwickeln, einen jungen Soldaten, der ihm gegenüber saß. Zum erstenmal in seinem Leben gebrauchte er die höfliche Form der Anrede (*nin* statt *ni*).

„Sie sind ein Mitglied der Volksbefreiungsarmee", sagte er. „Das ist gut, sehr gut. Ich selbst bin Buddhist, und in den buddhistischen Schriften taucht oft das Thema der Befreiung auf. Buddha ist voller Mitleid und hat geschworen, alle Wesen zu befreien . . ."

Der Soldat starrte ihn mit weit aufgerissenen Augen und voller Unverständnis an. Pu Yi stockte und stand verwirrt auf, um auf die Toilette zu gehen.

Auf seinem Weg zurück zu seinem Platz hörte er ein Gespräch in einem anderen Abteil mit. Einer seiner Neffen, Hsiu, sprach vor den Wachen über Demokratie und Monarchie. Pu Yi unterbrach ihn: „Du sprichst noch über Monarchie? Wenn irgend jemand glaubt, die Demokratie sei schlecht, bekommt er es mit mir zu tun." Jeder sah ihn an. „Keine Sorge", rief Pu Yi, „ich bin derjenige, den sie als ersten erschießen werden." Ein Soldat drängte ihn, zu seinem Platz zurückzugehen. Pu Yi sagte zu ihm: „Das ist mein Neffe. Er hat schlechte Gedanken. Er ist gegen die Demokratie. Der andere hier ist Chao. Er war Offizier. Er hat viel Schlechtes über die Sowjetunion gesagt."

Der Zug stoppte am nächsten Morgen. Pu Yi konnte nicht sehen, wo sie waren, aber er hörte, wie eine Wache „Changchun" sagte. Aber der Zug hielt nur, um Lebensmittel einzuladen.

Stunden später hielt der Zug erneut: in Shenyang (Mukden). Der Tod im Land seiner Stammväter schien Pu Yi bevorzustehen. Ein Zivilist ging durch den Zug, mit einer Namensliste. Diejenigen, deren Namen er aufrief – Pu Yi war darunter –, sollten den Zug verlassen, um sich in einem Gasthaus auszuruhen. Dies, war Pu Yi überzeugt, mußte ein Vorwand sein, um alle zum Tode Verurteilten aus dem Zug zu holen.

Sie bestiegen einen Bus und wurden in ein großes Haus am Rande der Stadt gebracht, das von Soldaten bewacht wurde. Pu Yi's Angst muß überdeutlich gewesen sein, denn der Zivilist, der sie führte, sagte: „Wovor haben Sie Angst? Ich habe Ihnen doch gesagt, daß wir nur zu einer Rast hierherkommen."

In einem Zimmer im oberen Stockwerk wurden Tee, Kuchen und Früchte gereicht – wie zu einer Party. ‚Das wird die Henkersmahlzeit sein', dachte Pu Yi und nahm sich einen Apfel. Als er ihn gegessen hatte, wandte er sich an einen Soldaten und sagte: „Also – gehen wir!"

„Nicht so eilig", sagte der Zivilist. „In Fushun werden Sie eine Menge Zeit für Ihre Studien haben." Noch immer überzeugt, daß er hingerichtet würde, bat er um die Liste der Namen, die zuvor aufgerufen worden waren. Er glaubte, dies sei die Liste der für die Exekution bestimmten Gefangenen.

Gerade in dem Moment, schrieb Pu Yi, betrat ein neuer Schub ‚Kriegsverbrecher' den Raum, darunter ‚Little Chang', der Sohn des Marionetten-Premiers von Mandschukuo Chang Ching-hui. Dieser berichtete Pu Yi, er sei schon seit einiger Zeit in China; jetzt würden sie zusammen nach Fushun gehen. Erst da entspannte sich Pu Yi. „Als wir hörten, daß alle am Leben waren, daß es unseren Familien gutging und daß die Kinder entweder studierten oder arbeiteten, hellten sich unsere Gesichter auf. Tränen traten mir in die Augen."

Wieder im Zug, waren die Gefangenen nun in bester Stimmung. ‚Wir sprachen über die Angst, die wir zuvor gehabt hatten, und brüllten vor Lachen', schrieb Pu Yi. Die Gruppe war nun überzeugt, daß das Schlimmste vorbei war. Bald würden sie nach Hause gehen dürfen, ‚nachdem sie einige Tage lang kommunistische Bücher gelesen hatten'. Doch die Wachen brachten sie zu einem Lager mit Wachttürmen. Innerhalb der hohen Umzäunung standen Reihen eingeschossiger Gebäude. Alle Fenster waren vergittert. Pu Yi hatte seinen Bestimmungsort erreicht: das Fushun-Gefängnis.

Er wurde entkleidet, durchsucht und dann in eine Zelle voll ehemaliger Mandschukuo-Generäle gebracht. Sie nahmen Haltung an und wußten nicht, wie sie auf Pu Yi's Anwesenheit reagieren sollten. Dann öffnete sich die Zellentür erneut, und Pu Yi wurde in eine andere Zelle gebracht – mit vertrauten Gesichtern. Diese Zellengenossen gehörten zur Familie: sein Schwiegervater, sein Bruder Pu Chieh und drei seiner Neffen.

Ihre Hoffnung auf Freiheit war zerstört worden, doch die Dinge hätten schlimmer stehen können. Sie waren zusammen, und die Angst vor der Hinrichtung kehrte zurück. Das Abendessen war so gut gewesen, daß es ihr letztes hätte sein können, ihre Henkersmahlzeit. Prinz Su war anderer Ansicht. Sie hätten keine Zahnbürsten, Seifen und Handtücher erhalten, sagte er, wenn ihnen der Tod drohen würde. Die nächste Mahlzeit war genauso gut; aber was Pu Yi endgültig davon überzeugte, daß seine Bewacher ihn am Leben lassen wollten, war die genaue ärztliche Untersuchung, der er sich am nächsten Tag unterziehen mußte. Der Gefängnisarzt fragte ihn, ob er irgendeine besondere Nahrung benötige. Dann erhielt er eine Gefängnisuniform und Zigaretten.

Pu Yi und seine Zellengenossen richteten sich in dem Gefängnisalltag ein: eine dreißig Minuten dauernde Exerzierübung im Hof, drei Mahlzeiten pro Tag, Benützung der Gemeinschaftsräume zu bestimmten Stunden, um im Radio Nachrichten und Musik zu hören. Was alle beeindruckte, war die offensichtliche Herzlichkeit und der Humor der Wärter, die ihnen auch heißes Wasser zum Baden brachten. Keiner von ihnen benahm sich wie ein Kerkermeister der ‚alten Gesellschaft'. Niemand sagte etwas Gemeines oder fluchte mit ihnen. Einer der Neffen wollte einem Wärter seine Uhr schenken; sie wurde höflich zurückgewiesen.

Jetzt war es an Prinz Su, sie mit Einzelheiten des Gefängnislebens vertraut zu machen. Die anderen blickten zu ihm als dem ältesten und erfahrensten Gruppenmitglied auf; er übernahm allmählich die Führer-Rolle. Der Wärter, meinte er, hätte die Uhr zurückweisen müssen, weil ihn jemand beobachtet hätte.

Später suchte Prinz Su nach seinen Zigaretten. „Verdammt!" sagte er. „Ich habe sie nach der Übung auf einem Fenstersims liegenlassen. Die Wärter rauchen alle. Ich habe ihnen ein hübsches Geschenk gemacht." Es war die letzte Schachtel einer Stange teurer Zigaretten, die er beim Aufenthalt in Shengyang gekauft hatte.

Die Zellentür öffnete sich: „Hat irgend jemand Zigaretten im Hof verloren?" fragte der Wärter. Er gab sie Prinz Su zurück. Sie hatten noch eine Lektion über neue chinesische Tugend gelernt. Die Umerziehung hatte begonnen.

Kapitel 23

Als Schuljunge in Harbin hatte Jin Yuan jeden Morgen seinen Kotau verrichtet, zuerst in Richtung Tokio, danach vor einem Porträt Pu Yi's, des Kaisers von Mandschukuo. Er erinnerte sich, wie er stundenlang mit den anderen Schulkameraden an den Straßen von Harbin stand, in der Hand die Mandschukuo-Flagge, und auf den vorbeifahrenden ‚Kaiser' wartete. 1940 hatte er einer Schuldelegation angehört, die Pu Yi nach seinem zweiten Besuch in Japan begrüßte. Jedesmal, wenn er als Kind ins Kino ging, gab es Wochenschaufilme zu sehen, die Pu Yi zeigten, wie er Fabriken besuchte, Amtsträger begrüßte oder verwundete japanische Soldaten in den Hospitälern tröstete.

Als sein Bruder von den Japanern ermordet wurde, begann der Haß in Jin Yuan's Familie, die immer gegen das Regime von Mandschukuo gewesen war, noch stärker zu werden. Jin Yuan selbst blieb fortan der Schule fern – er konnte sich nicht mehr überwinden, den Kotau vor Hirohito zu machen. 1945, im Alter von 19 Jahren, schloß er sich der Volksbefreiungsarmee an und wurde Kommunist. 1950 kam er zur Behörde für öffentliche Sicherheit. Er hatte eine untergeordnete Stellung im Fushun-Gefängnis, als Pu Yi dort mitsamt seiner Verwandtschaft, seinem ehemaligen Hof und japanischen wie Mandschukuo-‚Kriegsverbrechern' eingeliefert wurde. Einer der Gründe für seine Zuteilung zum Personal des Fushun-Gefängnisses war, daß er fließend Japanisch sprach, was er an der Schule in Harbin gelernt hatte. Yuan war einer der ersten Gefängnisbeamten, die Pu Yi sah. Yuan gab ihm Bücher, Zeitungen und Ratschläge, wie er sich im Gefängnis zu verhalten hatte.

Das Gefängnis in Fushun war 1936 von den Japanern gebaut worden, um die vielen politischen Gefangenen, die es in der Mandschurei gab, unterzubringen. Nach Ende des Zweiten Weltkriegs, als Tschiang Kai-schek's Mannen nach Fushun zurückkamen, diente es kurzzeitig als Kaserne für die Kavallerie. 1950 gab Tschou En-lai der Behörde für öffentliche Sicherheit in der Mandschurei den Auftrag, das mittlerweile leerstehende Gebäude instand zu setzen, Zentralheizung zu installieren und es als Gefängnis speziell für japanische und ‚Mandschukuo'-Kriegsverbrecher herzurichten. Jin Yuan wurde von seinen Vorgesetzten in Fushun als einer der Gefängnisbeamten ausgesucht. Die Ironie des Schicksals wollte es, daß einer seiner ersten Insassen der ehemalige Statthalter von Fushun war, der unter dem ‚Kaiser von Mandschukuo' sein Amt ausgeübt hatte.

„Mir gefiel die Idee überhaupt nicht", erzählte mir Jin Yuan. „Ich versuchte, einen anderen Posten zu bekommen. Ich wollte mit denen nichts zu tun haben, die für den Tod meines älteren Bruders verantwortlich waren und für das Leiden meiner Familie in all den Jahren. Ich fragte mich, wie ich es je aushalten konnte, in ihrer Nähe zu sein."

Jin Yuan, der inzwischen im Ruhestand ist und in Peking lebt, ist ein stämmiger Mann in den Sechzigern mit den Gesichtszügen einer wohlwollenden chinesischen Otto Preminger-Ausgabe. Er war bis 1975 im Fushun-Gefängnis tätig – zuerst als Aufseher, danach als stellvertretender Direktor und nach 1960 als leitender Direktor. Er war von Anfang an für Pu Yi zuständig. In Bertoluccis Film über Pu Yi kann man Jin Yuan sehen. Er spielt den ‚Parteichef', der Pu Yi die Papiere zu seiner Begnadigung und Rehabilitation aushändigt.

Jin Yuan spielte von Anfang an eine Schlüsselrolle in dem Prozeß, der aus Pu Yi (Gefangener Nummer 981) einen loyalen Bürger Chinas machen sollte. Obwohl er zwanzig Jahre jünger als Pu Yi war, wurde er zu einer Vaterfigur – der ersten seit Johnston. Von 1950 an, mit einer kurzen Unterbrechung im Jahre 1952, sollte Jin Yuan täglich Kontakt zu Pu Yi haben und ihm sogar das Pokerspielen beibringen. Im Laufe seiner neun Jahre im Gefängnis wie auch danach wurde Pu Yi von ihm abhängig, in der gleichen Weise wie ein Patient von seinem Analytiker nach Jahren der Therapie abhängt.

Jin Yuan verdankt seine ausgezeichnete Karriere in der

Die opiumsüchtige Wan Jung (Joan Chen, rechts), Pu Yis erste Frau, mit der Freundin Ar Mo (Jade Go).

Pu Yi (John Lone, links) wird zum Kaiser von Mandschukuo ernannt.

Der Regisseur Bernardo Bertolucci.

„ ‚Der letzte Kaiser' ist eine Geschichte über Veränderungen . . . eine Reise von der Dunkelheit ins Licht, die Metamorphose eines Mannes . . . Pu Yi ist ein außergewöhnlicher Anti-Held der Moderne . . . Seine mythologische Existenz ist zerstört, aus der Raupe wurde ein Schmetterling und aus dem Drachen wieder ein Mann."

Bernardo Bertolucci

Behörde für öffentliche Sicherheit in vielfacher Hinsicht Pu Yi. Sein Erfolg bei der Verwandlung Pu Yi's vom Kaiser zum einfachen Bürger kam Mao selbst zu Ohren, der ihm ein persönliches Glückwunschschreiben schickte. Seitdem wurde Pu Yi's Werdegang unter Jin Yuan's Aufsicht als Vorbild für andere Beamte im Sicherheitsbüro hingestellt, dem sie folgen sollten.

Ohne Jin Yuan's Erfolge irgendwie zu schmälern, sollte man sich vor Augen halten, daß von dem Tag an, als die ersten ‚Kriegsverbrecher' ins Gefängnis von Fushun eingeliefert wurden, Tschou En-lai selbst mit strengem Auge darüber wachte. Es war ein gewaltiger Vorteil. Im Gegensatz zu einem anderen Gefängnis mit ‚Schaufenstercharakter', dem Pekinger Gefängnis, welches oft von ausländischen Vertretern besucht wurde, mußte das Gefängnis in Fushun nicht als Fabrik operieren und Waren produzieren und mit ungelernten Arbeitskräften und antiquierten Maschinen Quoten erfüllen. Es hatte auch keine bunt zusammengewürfelten, ‚schwierigen' Elemente: sämtliche Insassen waren vom gleichen Typ – japanische und ‚Mandschukuo'-Kriegsverbrecher, zu denen 1956 ehemalige Generale aus Tschiang Kaischek's Armee kamen. Die Beamten im Fushun-Gefängnis konnten ungewöhnlich viel Geld ausgeben, um es in Schuß zu halten, sehr zum Wohle der Gefangenen. Es gab immer genügend zu essen, die medizinische Versorgung war die beste, die China zu bieten hatte, und die Beamtenschaft war extra ausgesucht worden. Selbst als sämtliche Gefängnisinsassen für zwei Jahre von Fushun nach Harbin verlegt wurden, da man befürchtete, daß die während des Korea-Kriegs vorrückenden amerikanischen Streitkräfte über die Stadt herfallen könnten, wurde das Gefängnispersonal im großen und ganzen mit verlegt.

Pu Yi sollte seine Erfahrungen im Gefängnis in allen Einzelheiten zu Papier bringen. Sein Wunsch aber, seinen Aufsehern zu gefallen – und sich bei seinen etwaigen Lesern einzuschmeicheln – war derartig stark, daß sein Bericht über seine ‚Umerziehung' manchmal irritierend streberhaft klingt, fast zu gut, um wahr zu sein. Selbst wenn man in Betracht zieht, daß er den Karzer unter speziellen Umständen durchmachte, wünscht man sich doch wenigstens einmal einen Hinweis auf einen nicht so perfekten Aufseher oder eine einzige Zeile über eine ungerechte oder nicht ganz so ideale Behandlung eines Gefangenen: In Pu Yi's Gefängnis scheinen alle, die Machtbefugnisse hatten, Heilige gewesen zu sein.

Es kam zu Zusammenstößen: Wie Jin Yuan mir erzählte, gab es 1952 eine ‚Meuterei' der japanischen Ex-Generale. Sie konnten nicht verstehen, warum sie so lange nach Kriegsende noch gezwungen sein sollten, immer wieder den Prozeß zu durchlaufen, endlos Bekenntnisse ihrer Verbrechen während und vor der Kriegsereignisse niederzuschreiben. Auch unter den ehemaligen KMT-Generalen muß es einige ziemlich hartnäckige Fälle gegeben haben, denn die japanischen Gefangenen wurden 1964 entlassen, die letzten der ‚Mandschukuo'-Insassen 1965 – doch die letzten KMT-Generale verließen Fushun erst 1975, mehr als 35 Jahre nach ihrer Gefangennahme.

Pu Yi brauchte neun Jahre, um vom Kaiser zum Bürger zu werden. Gemessen an der für chinesische Gefängnisse üblichen Dauer war das eine vergleichsweise kurze Zeit. Der Grund ist, wie Jin Yuan gerne einräumt, daß die Sicherheitsbehörde Instruktionen hatte, seine ‚Umerziehung' so schnell wie möglich zu vollziehen: „Man wollte, daß er ein normales Leben führte, aber nicht erst, wenn er schon zu alt dafür war", sagte Jin Yuan. Anders gesagt, und was ja auch verständlich ist, beabsichtigten die chinesischen Parteiführer, den als gebessert ‚wiedergeborenen' Pu Yi für ideologische Zwecke einzusetzen.

Es war dennoch ein gewagtes Spiel, denn niemand konnte sicher sein, wie Pu Yi auf das Gefängnisleben und den ‚Umerziehungsprozeß' reagieren würde. So kam es, daß Jin Yuan trotz seiner früheren Erfahrungen nicht nur „anfing, Pu Yi ziemlich zu mögen", wie er sich ausdrückte, sondern auch bereits sehr früh erkannte, daß er ihn vor den Stichelein und Quälereien von seiten seines ehemaligen ‚Hofes' beschützen mußte. Denn ohne die letzten Reste seines ‚Hofes', ohne die traditionellen Privilegien seiner alten Umgebung war Pu Yi im Gefängnis von Fushun der schwächste, hilfloseste von allen Insassen – und ohne die Hilfe und den Schutz durch Jin Yuan hätte er es vielleicht nicht überlebt, ständig von ihnen aufgezogen zu werden und ideologisch angehauchter Kritik ausgesetzt zu sein.

Doch auch in der heimeligen Familienatmosphäre in seiner Zelle knisterte es vor Spannungen. Big Li wandte sich bald gegen seinen ehemaligen Herrn. ‚Der kleine Hsiu' hatte es Pu Yi nicht verziehen, daß er mit dem Zug auf und davon gefahren war; er weigerte sich, weiterhin sein Diener zu sein. Pu Yi mußte sich auf einen anderen Neffen stützen, ‚den kleinen Jui', der seine Kleider und Socken wusch und sein Bett machte. In jenen ersten Tagen, als sie zusammen waren, hatte Pu Yi immer noch eine gewisse rudimentäre Autorität als Familienoberhaupt: Als ‚der kleine Hsiu' außer Hörweite war, warnte er die übrigen, Sorge und Behutsamkeit nicht zu vernachlässigen. Pu Yi, der während der Zugfahrt seinen Neffen denunziert hatte, fürchtete, daß dieser nun mit ihnen das gleiche machen könnte. Er hielt auch kleine Moralpredigten über die Stärke und den Zusammenhalt der Familie und die Verpflichtung zur Loyalität.

Sein Machtwort in der ‚Familien'-Zelle währte nur zehn Tage, dann wurde er verlegt. Dieses Mal waren die anderen Insassen in der Zelle alle Fremde, und Pu Yi fühlte sich hoffnungslos verloren. Im Gefängnis galt die Vorschrift, daß Unterhaltungen nur in der eigenen Zelle geführt werden durften. Pu Yi bat den Gefängnisdirektor um eine spezielle Erlaubnis, seine Familie jeden Tag sehen zu dürfen. Es wurde ihm gewährt, und ‚der kleine Jui' stopfte weiter seine Socken und wusch seine Wäsche.

Immerhin wurde Pu Yi nun zum erstenmal wie jeder andere Gefangene behandelt, was für ihn eine sehr verdrießliche Erfahrung war. Sein ganzes Leben war er bedient worden. „Ich hatte bis dahin nicht einmal meine Füße selbst gewaschen, oder meine Schuhe zugebunden." Mit einem Mal war alles anders. „Als sich die anderen am Morgen bereits wuschen, war ich immer noch mit dem Anziehen beschäftigt ... Als ich anfing, mir die Zähne zu putzen, merkte ich, daß ja gar keine Zahnpasta drauf war, und wenn ich mit dem Zähneputzen fertig war, hatten die anderen schon fast gefrühstückt."

Seine Zellengenossen trieben allmählich ihre Späße mit ihm. Sie waren alle ehemalige ‚Mandschukuo'-Offiziere, „die es in den alten Tagen nie gewagt hätten, in meiner Gegenwart ihren Kopf zu heben". Jetzt kicherten sie hinter seinem Rücken. Irgendwann kam Pu Yi an die Reihe, das Gemeinschaftsklo zu leeren, und das konnte er einfach nicht tun. „Ich dachte, ich würde meine Ahnen damit demütigen."

Bei der Parade bot er ein so unmögliches Bild, daß der Gefängnisdirektor ihn ‚mit freundlicher Stimme' heraustreten ließ und vor den anderen anwies, sich ordentlich anzuziehen. Pu Yi war dem nicht sonderlich aufgeschlossen. „Ich war mein ganzes Leben lang eingelocht, aber früher bin ich mit Respekt behandelt worden."

Der Korea-Krieg machte die Dinge nicht besser. Wenige Monate nach ihrer Einlieferung in das Fushun-Gefängnis wurden die Gefangenen und die Beamten mit dem Zug nach Harbin gebracht, wo die Verhältnisse um einiges härter waren. Das Gefängnis in Harbin, das ebenfalls von den Japanern gebaut worden war, war nicht renoviert worden: Es bot weit weniger Annehmlichkeit. Es war kälter, und die Moral sank wie Blei. Der Krieg wurde zum dauernden Gesprächsstoff bei den Gefangenen. Keiner glaubte, was in der Zeitung stand, und als die Zeitungen für ein paar Wochen ausblieben, meinten sämtliche Gefangenen, daß dies deshalb geschah, weil China eine Reihe von Niederlagen erlebte. Wie Pu Yi später erfuhr, wurden die Zeitungen offiziell verboten, weil die höheren Stellen im Gefängnis nicht wollten, daß die in ihrer Obhut stehenden Insassen von der ‚konterrevolutionären Gesetzgebung' lasen, die damals eingeführt wurde. Sie befürchteten, daß die Moral darunter leiden könnte.

Die Insassen waren über den Krieg geteilter Meinung: Einige Ex-Offiziere meinten, daß die Vereinigten Staaten China auf jeden Fall in die Knie zwingen würden; die Pessimisten – Pu Yi gehörte dazu – waren überzeugt, daß, sollte ein solcher Sieg bevorstehen, sie alle erschossen würden. Dieses Gerücht machte mit solcher Heftigkeit die Runde, daß der Sicherheitschef des Harbiner Gefängnisses sämtliche Gefangenen versammeln ließ, eine Stunde lang auf sie einredete und ihnen zusicherte, daß ihr Leben nicht in Gefahr war.

Bei dieser Ansprache wurde es Pu Yi zum erstenmal klar, daß er eine lange Zeit im Gefängnis vor sich hatte. Zuletzt wandte sich der Gefängnisdirektor an die Gefangenen: „Vielleicht werdet Ihr nachher sagen, daß, wenn wir euch nicht umbringen werden, es eine gute Idee wäre, euch laufenzulassen. Aber das wäre es nicht. Wenn wir euch freiließen, bevor ihr umerzogen seid, könntet ihr versucht sein, weitere Verbrechen zu begehen. Wie dem auch sei, das Volk jedenfalls würde das nicht gutheißen, und es würde euch auch nicht verzeihen, wenn es euch sieht."

Damit war zum erstenmal deutlich geworden, was man von Pu Yi erwartete. Aber er war auf die Konsequenzen nicht eingestellt. Mit seiner Familie und mit Big Li, selbst ein wesentlicher Zeuge der Ereignisse der Vergangenheit, hatte er ein Abwehrsystem aufgebaut, das seiner Meinung nach bei der Anhörung vor dem Kriegstribunal einigermaßen Wirkung gezeigt hätte. Als er dann in Harbin war und die Zeit für ihn kam, über vergangene Ereignisse in seinem Leben zu schreiben, ‚als Teil ihrer Gedankenreform' (was alle Gefangenen in chinesischen Gefängnissen tun müssen), hielt er sich an seine Tokioter Version der Fakten: Er behauptete, seit seinem Auszug aus der Verbotenen Stadt stets ein unwilliges Opfer der Japaner gewesen zu sein.

Gleichzeitig versuchte er, ein vorbildlicher Gefangener zu werden: Unordentlich wie eh und je und immer noch vom ‚kleinen Jui' abhängig, der ihm die Wäsche sauberhielt, übernahm er den Zellendienst, doch so unbeholfen, daß man ihn von der Essensausgabe freistellte: Ständig verschüttete er alles.

Er war entschlossen, seine Loyalität zu dem neuen Regime spektakulär zu demonstrieren. Er besaß ein unschätzbar wertvolles Jadestück, drei Siegel, die aus drei fest zusammenhängenden Stücken der Chien-Lung-Periode herausgearbeitet worden waren. Eines Tages, als ein hoher Beamter das Gefängnis besuchte und seine Zelle inspizierte, überreichte er die Siegel in aller Feierlichkeit, indem er sich verbeugte und bat, „der Volksrepublik ein Geschenk von mir machen" zu dürfen.

Zu seinem Erstaunen nahm der Besucher das Geschenk nicht an. „Sind Sie nicht Pu Yi? Sie besprechen das besser mit den Dienststellen", sagte er. Pu Yi reichte das Siegel an Jin Yuan. Die Wirkung war nicht die gewesen, die er sich erhofft hatte. Beiläufig sagte der Gefängnisdirektor zu ihm: „Wir haben Ihre Siegel und Ihre Briefe. Wir haben auch, was Sie den sowjetischen Stellen gegeben haben. Aber worauf es dem Volk ankommt, sind Männer, Männer, die sich durch die Umerziehung gewandelt haben."

Dieser Prozeß verlief schwieriger, als er gedacht hatte. Das Schlimme war, daß überall um ihn herum eine Loyalitätsverschiebung eintrat. Fürst Su, der vielleicht seine Loyalität zu ihm nicht aufgegeben hätte, starb, während sie in Harbin eingesperrt waren. Obgleich Pu Yi es zu dieser Zeit noch nicht bemerkt hatte, so war die Unterstützung durch seine Gruppe dennoch nicht mehr gegeben, und das schon seit der Zeit vor ihrer Verlegung nach Harbin; den größten Wandel von allen hatte Big Li vollzogen, sein Leibdiener in den vergangenen zweiunddreißig Jahren.

Im Jargon der chinesischen Sicherheitsbehörden unterscheidet man zwei Arten von Individuen: den Zahnpastatuben-Gefangenen und den Wasserhahn-Gefangenen. Pu Yi kam in seinem Prozeß der ‚Umerziehung' sehr langsam voran, mit ganz kleinen Fortschritten; bei ihm war es, wie wenn man auf eine Zahnpastatube drückt und immer nur ein kleiner Klacks herauskommt, während Big Li ein Mann des

Wasserhahns war. „Es dauerte nicht länger als einen Monat", sagte Jin Yuan, „um alles herausströmen zu lassen."

Jin schrieb Big Li's schnelles ‚Vorankommen' seinem ‚armen Familienhintergrund zu ... nachdem er gehört hatte, wie das Feudalsystem funktionierte, wurde ihm bewußt, daß er für den größten aller Grundbesitzer gearbeitet hatte.' Was den Wandel aber zweifellos noch mehr beflügelte, war, daß Big Li dahinterkam, daß er ohne sein eigenes Verschulden im Gefängnis steckte, sondern hauptsächlich deshalb, weil er einfach das Mißgeschick gehabt hatte, Pu Yi's Diener zu werden. „Big Li hatte kein Verbrechen begangen", gestand Jin Yuan ein. „Er war im Gefängnis, weil er Pu Yi's persönlicher Diener war, und man hielt Pu Yi für so hilflos, daß man dachte, er hätte ohne ihn nicht überleben können." Aber Big Li's Sinneswandel kam so plötzlich, daß er auf der Stelle den Dienst verweigerte und nicht länger Pu Yi's Diener im Gefängnis bleiben wollte. Die erste Auflehnung gegen ihn ereignete sich, wie Pu Yi schrieb, als Big Li sich weigerte, seine Brille zu richten. Es war ein entsetzlicher Augenblick für Pu Yi, denn Big Li wußte alles über die Flucht aus Tientsin, die in der Kameratasche versteckten Juwelen und die Art und Weise, wie sich Pu Yi gegenüber den Pagen benommen hatte. Wenn Big Li den Gefängnisbeamten alles erzählte, was er wußte, würde sich herausstellen, daß Pu Yi's Eingeständnisse, die er mit solcher Sorgfalt im Gefängnis niedergeschrieben hatte, ein Haufen Lügen waren. Es war für Pu Yi nicht leicht, mit Big Li zu sprechen, da sie in verschiedenen Zellen untergebracht waren. Er versuchte, seinen Neffen als Nachrichtenüberbringer einzusetzen. Aber selbst die Neffen gehorchten ihm immer weniger.

Für Pu Yi zeigte sich dies an dem Tag, als die Insassen eine Reihe von Sketschen über ihr Leben im Gefängnis darboten, was in China üblich ist, denn sie geben wertvolle Hinweise auf den Fortschritt der Insassen. In einem Sketsch machte man sich über einen ehemaligen Justizminister in „Mandschukuo" lustig, der ständig versuchte, sich bei den Aufsehern einzuschmeicheln, indem er ganz laut kommunistische Literatur las, wenn ein Aufseher in Hörweite war. Auch ein Sketsch über Pu Yi kam zur Aufführung, in dem seine Angewohnheit, zu Buddha zu beten und nicht einmal Fliegen zu töten, durch den Kakao gezogen wurde. Und in einem anderen Sketsch wurde ‚der kleine Jui' durch Verulkung seines sklavischen Dienens für einen anderen Gefangenen ‚kritisiert'. Kurz nachdem die Aufführung zu Ende war, weigerte sich ‚der kleine Jui', sich weiterhin um Pu Yi's Wäsche zu kümmern, und bald verhielt er sich sogar regelrecht feindlich.

Warum, verstand Pu Yi, als er von ihm einen Zettel bekam, auf dem er ihn drängte, ehrlich zu sein und alle Juwelen, die er in seiner Kameratasche hortete, zurückzugeben. Jetzt war es Pu Yi klar, daß seine Angehörigen hinter seinem Rücken den Beamten alles über seine Schätze erzählten. Nachdem Pu Yi über die Sachlage eine Woche nachgedacht hatte, entschied er sich, daß es wohl besser wäre, sie freiwillig herauszurücken.

In der Tat hatten die Gefängnisbeamten mit Pu Yi Katz und Maus gespielt, und das schon seit seiner Einlieferung. „Sie wußten, was in der Kameratasche war", erzählte mir einer seiner Angehörigen, der damals mit ihm im Harbiner Gefängnis gewesen war. „Sie wollten nur sehen, wie lange Pu Yi es aushalten würde."

Der Gefängnisdirektor gab ihm eine Quittung für die 468 Juwelenstücke, die er übergeben hatte. Pu Yi's Geste wurde als sein erster ‚aufrichtiger Akt der Reue' gesehen. Zudem erfuhr er eine wichtige Lektion in Sachen Verhaltensordnung im Gefängnis: Als er nach Abgabe der Juwelen wieder zu seiner Zelle zurückkehrte, gratulierten ihm seine sich vormals immer abweisend verhaltenden Mitgefangenen und fingen an, ihn ‚der alte Pu' zu nennen. Zum erstenmal ignorierten sie ihn nicht mehr, noch behandelten sie ihn länger mit Verachtung. Es war eine kluge und rechtzeitige Geste gewesen, sagte ‚der alte Yuan' zu ihm, ein ehemaliger Botschafter für Mandschukuo in Japan. „Denk' dran, die Regierung weiß über Dinge Bescheid, die du schon vor Jahren vergessen hast."

Die Aushändigung der Juwelen war nur der Beginn von Pu Yi's ‚Umerziehungsprozeß': Als die Gefangenen aufgefordert wurden, Listen der japanischen Verbrechen in der Mandschurei aufzustellen, war sich Pu Yi klar, daß sein früheres Bekenntnis danach überhaupt keinen Wert mehr hätte. Schuldgefühle über sein Verhalten in der Vergangenheit öffneten die Schleuse für eine Flut reumütiger Selbstanklagen. Und vielleicht genauso wichtig war, schrieb Pu Yi, daß ‚ich merkte, wie ich gegen eine Kraft anzugehen hatte, die unaufhaltsam war und nicht nachlassen würde, bis alles ans Licht gekommen war'.

„Ich muß meine Schuld dem Volk bekennen", sagte Pu Yi zum Gefängnisdirektor. „Ich könnte sie nicht abbüßen, und wenn ich zehntausendmal sterben müßte." Er fragte einen seiner Mitgefangenen in der Zelle, ob er auf seine eigenen ‚Verbrechen' in dem Aufsatz über das Verhalten der Japaner in der Mandschurei eingehen sollte. „Natürlich", lautete die Antwort. „Die Regierung hat über uns in jedem Fall so viel Material bekommen, daß es viel besser ist, mit der Sprache herauszurücken."

Pu Yi fing an zu schreiben, und sein früheres Bekenntnis wurde unsinnig. Nun erzählte er die Tatsachen, wie er sie aus seiner Zeit in Tientsin in Erinnerung hatte, und berichtete von den Umständen seines Aufbruchs in die Mandschurei. Es war der Wendepunkt in seinem Leben und der erste wesentliche Schritt in seinem ‚Umerziehungsprozeß'.

Li Wenda, der die Aufzeichnungen während seiner Arbeit, Pu Yi bei seinen Memoiren als Ghostwriter zu helfen, lesen und später auch herausgeben sollte, sagt, sie waren ein abscheuliches Dokument von Feigheit und Mangel an moralischer Stärke, ein Beweis, daß er sein ganzes Leben lang von Angst und Schuldgefühlen heimgesucht worden war. Von jetzt an fuhr Pu Yi auf der ‚selbstkritischen' Schiene, bis an sein Lebensende.

Was hatte die Schleusen geöffnet? War seine ‚Umerziehung' – wie Pu Yi selbst glaubte – das Ergebnis gedanklicher Reflektionen über die Natur seines eigenen absurden

Schicksals, das noch dazu absurd privilegiert war? Oder war dieser spektakuläre Wandel bloß der letzte einer Reihe von Kunstgriffen, um sich selbst herauszunehmen, sich vor den Konsequenzen seiner Handlungen zu drücken, wie in der Vergangenheit? Big Li glaubt bis heute, daß sein ehemaliger Herr und Gebieter weder so demütig noch so unschuldig war, wie er sich gab. Man muß fast glauben, daß die gleiche billige Schläue, die Pu Yi während der Kriegsverbrecherprozesse in Tokio an den Tag gelegt hatte, auch unter diesen neuen Umständen gut zu gebrauchen war, und vielleicht entwickelte sich daraus ein gewisser geschickter Umgang mit der Selbstkritik als Instrument, alles wieder in der kommunistischen Gesellschaft Chinas gutzumachen. Den Jargon jedenfalls lernte er innerhalb kürzester Zeit zu beherrschen. Als er 1954 ins Gefängnis von Fushun zurückkam, war er bereits auf dem Weg, Chinas berühmtester Gefangener zu werden.

Kapitel 24

Einer der wesentlichen Unterschiede zwischen dem chinesischen Strafsystem und dem der übrigen Welt besteht darin, daß in China das Verhalten eines Strafgefangenen ständig unter Beobachtung ist, und das ohne jegliche elektronische Überwachungsanlagen. Die Aufseher bemerken sofort, wenn sich die Stimmung der Insassen ändert oder plötzlich umschlägt. Selbst was der Gefangene im Schlaf stammelt, entgeht ihnen gewöhnlich nicht.

Der Grund ist, daß in einem chinesischen Gefängnis jeder über den anderen Mitteilungen macht, und jeder Insasse seinerseits die Rolle des Strafverfolgers übernimmt. In Gruppensitzungen klagen sie sich gegenseitig an. Einer wirft dem anderen vor, faul zu sein, ein Heuchler zu sein und sich staatsfeindlich zu verhalten; und wie dann jeder reagiert, bestimmt, wie es in Wirklichkeit um ihren ideologischen ‚Fortschritt' bestellt ist. Die Gefangenen erkennen sofort, daß ihre Entlassung in die Freiheit nicht so sehr von der Zeit abhängt – es kann sein, daß man, wie Pu Yi, gar nicht vor Gericht kommt –, sondern von den konkreten Fortschritten im ‚Umerziehungsprozeß'.

Die Beamten haben zahlreiche Mittel und Wege, um festzustellen, wie konkret die Fortschritte sind. Die schriftlich niedergelegte ‚Selbstkritik' ist ein wesentlicher Bestandteil in der ‚Umerziehung', ohne die ein Gefangener nie auf seine Entlassung hoffen kann. Die Chinesen sind jedoch ein praktisches Volk, und die ‚Selbstkritik' allein genügt nie: Genauso wichtig ist das tagtägliche Verhalten des Gefangenen, wenn er allein oder innerhalb seiner Gruppe ist. Natürlich können Aufpasser nicht ständig alles mitbekommen, aber selbst in einer so speziellen Umwelt wie im Fushun-Gefängnis (schließlich waren auch japanische ‚Kriegsverbrecher' und solche von der KMT zur ‚Umerziehung' da) passierte nichts ohne ihr Wissen. Die Gefangenen wußten ganz genau, daß nichts verheimlicht werden konnte bzw. sollte, und daß es für sie alle um so besser war, je offener sie über die Verfehlungen und Verhaltensauswüchse des anderen sprachen.

In den meisten Gefängnissen werden petzende Informanten geringschätzig als ‚Spitzel' betrachtet, und gemeinhin werden solche Spitzel aus dem Weg geräumt. Nicht so in China: Ein Insasse, der die Vorkommnisse in seiner Zelle, und waren sie noch so unbedeutend, nicht an seinen Aufseher herantrug, mußte feststellen, daß er es von seinen Mitgefangenen in der Zelle vorgehalten bekam. Wer nicht kooperierte, hielt es nicht lange aus, denn er merkte rasch, daß er ganz allein auf weiter Flur stand.

Eine chinesische Gefängniszelle war, besonders in den Jahren, als Pu Yi in Fushun war (1950–1959), eine marxistisch-leninistisch-maoistische Encounter-Gruppe, und das rund um die Uhr (eine Weigerung, an den ‚Diskussionsgruppen' teilzunehmen, war an sich schon ein konkretes Zeichen antigesellschaftlichen Verhaltens). Und wenn ein

Aufseher mal nicht während einer ihrer endlosen Strafsitzungen zugegen war, wußte er am nächsten Tag dennoch über alles Bescheid: Aus Selbstschutz und um zur Kenntnis zu bringen, wie sehr ihr ‚Umerziehungsprozeß' bereits Früchte trug, erzählten die Gefangenen den Wärtern alles, was um sie herum los war, vom Augenblick des Aufstehens am Morgen bis zum Moment, wo ihnen abends die Augen zufielen. Alles, was gesagt wurde, jede augenscheinlich bedeutungslose kleine Veränderung oder Wendung im Verhalten wurde an die Beamten herangetragen, um kommentiert, analysiert und mit Selbstkritik behandelt zu werden.

Natürlich gab es Mittel und Wege, das System aufs Kreuz zu legen. Da – wenigstens im China unter Mao – das ganze menschliche Verhalten durch Ideologie konditioniert wurde, war es wichtig, sich im Rahmen der Ideologie akzeptabel zu verhalten und ‚zu beichten'. Das Verschulden eines Gefangenen konnte verziehen (aber nicht vergessen) werden, wenn sich das schriftliche Bekenntnis – auch wenn es sich nur um etwas Triviales handelte wie eine zu Bruch gegangene Fensterscheibe – an die richtige semantische Form hielt. Andererseits konnte es zu harten Bestrafungen kommen, wenn es in unpassender Form zu Papier gebracht wurde, und wenn der Gefangene den Eindruck vermittelte, daß er versuchte, den Beamten mit Entschuldigungen auszutricksen, die für oberflächlich und leichtfertig gehalten wurden. Demut und Offenheit im Bekennen der eigenen Schuld waren unerläßlich.

Pu Yi's Verständnis des Systems beschleunigte zweifellos seinen ‚Umerziehungsprozeß'. Demut wurde bei ihm eine stereotype Verhaltensform. Es war gar nicht so leicht. Für viele seiner Mitgefangenen war Pu Yi beispielsweise ein gefundenes Fressen. Sie ‚denunzierten' ihn nicht nur als ‚größten Großgrundbesitzer' in China, sondern verunglimpften ihn auch als kleinen hilflosen Dussel; ihnen entging allerdings, und das war ihr Fehler, daß die Gefängnisbeamten ein derartiges Verhalten als Schuldübertragung und Verkleinerung ihrer eigenen Verbrechen interpretierten. Sie gewannen damit keine Punkte, im Gegenteil, vielleicht zögerte sich deshalb sogar ihre Freilassung um Monate, möglicherweise gar Jahre hinaus. Einer wie Big Li jedoch, der den Beamten von Anfang an einen sich an die Tatsachen haltenden Bericht über Pu Yi's wirkliches Verhalten von 1924 an lieferte und seine persönlichen Ressentiments gegen ihn nie in Beleidigungen ausarten ließ, war deutlich ‚progressiv'. Big Li wurde 1956 entlassen, wie auch einige Neffen von Pu Yi, die Jin Yuan von Pu Yi's geheimem Versteck der Schätze aus der ‚Verbotenen Stadt' erzählt hatten. Pu Yi wurde nie gewahr, daß Jin Yuan vom Tag seiner Einlieferung an nahezu alles über ihn wußte.

Pu Yi wurde von anderen Gefangenen auf vielfache Weise belästigt. Es wurde genau beobachtet, wie er mit ihnen umging. Während ihres Aufenthaltes in Harbin beispielsweise mußten die Insassen manuelle Arbeiten verrichten – keine halsbrecherische Fabrikarbeit, bei der sich die meisten Gefangenen in China tüchtig zeigen mußten, wenn sie nicht ihr Recht auf Verpflegung verwirken wollten. Sie hatten lediglich Kartonstreifen zu einer Schachtel zusammenzukleben und die Bleistifte, die aus der Harbiner Bleistiftfabrik kamen, einzuschachteln. Pu Yi hatte selbstredend zwei linke Hände. Am Anfang bekam er seine Schachteln gleich wieder zurück. Einer seiner Zellengenossen, ein schurigelnder ehemaliger hoher ‚Mandschukuo'-Beamter, zog deshalb ständig über ihn her und warf ihm vor, ‚immer noch wie ein stinkender Kaiser zu handeln', um hinterher zu sagen, daß er es mit seinen Bemerkungen nur gut meinte, da sie ganz zu Pu Yi's Bestem waren.

Pu Yi reagierte mit einer ‚Schullösung', wie es im Jargon des chinesischen Strafsystems genannt wird. „Schau her", sagte er geduldig, „ich bin dümmer als du, ich kann mit meinem Mundwerk nicht gut umgehen, mit anderem schon gar nicht, und so bin ich halt geboren worden. Reicht dir das?"

Die Schurigelei machte ihn ganz krank, und er mußte mit Fieber ins Krankenhaus gebracht werden. Es war eine Zeit intensiven Nachdenkens und eine Periode der Bestandsaufnahme. „Jedesmal, wenn man mich ausgelacht oder als unfähig hingestellt hatte, hatte ich mich bis zur Weißglut geärgert und alle, die an mir etwas auszusetzen hatten, gehaßt, auch die Volksregierung, die mich eingesperrt hatte. Jetzt sah ich, daß das falsch von mir war. Ich war wirklich zum Lachen, ein Dummkopf und ein unfähiger obendrein." Er erkannte jetzt, daß die Art und Weise, wie er erzogen und groß geworden war, verantwortlich für seinen augenblicklichen Zustand war.

Der Gefängnisdirektor lobte ihn für diese neue Erkenntnis. „Sie sind Ihrer Unfähigkeit auf den Grund gegangen", sagte er, und dies wäre ein Schritt in die richtige Richtung. „Aber Sie sollten sich selbst fragen, warum diese Prinzen und Hofbediensteten Sie so erzogen haben."

Weil es in ihrem eigenen Interesse war, sagte Pu Yi.

So einfach war es auch wieder nicht, meinte der Direktor. Hatten die Leute, die ihn zum Kaiser erzogen hatten, ihn absichtlich schädigen wollen? Pu Yi wußte nicht zu antworten. „Denken Sie sorgfältig nach", wurde ihm geraten. „Wenn es Ihnen gelingt, eine Antwort zu finden, hat sich Ihre Krankheit gelohnt."

Was der Gefängnisdirektor meinte – aber Pu Yi selbst herausfinden lassen wollte – war, daß das System schuld war, nicht die einzelnen Menschen, die es umsetzten. Auch diese Lektion sollte Pu Yi rasch intus haben. Die für seine Qual in Wahrheit verantwortlich waren, waren überhaupt keine Individuen, sondern Abstraktionen: der Imperialismus, der Feudalismus, der Kapitalismus. Auf der einen Seite war das beruhigend und stärkend für die Achtung vor sich selbst.

Der ‚Umerziehungsprozeß' war noch kaum in Gang gekommen: Im März 1954 kehrten Pu Yi und die übrigen ‚Kriegsverbrecher' nach Fushun zurück, und dann wurde es Ernst. Jetzt begann der schwierige Teil des Prozesses mit einer umfangreichen Katalogisierung der japanischen und Mandschukuo-Kriegsverbrechen, wobei die japanischen Insassen Doppelrollen erfüllten – als Zeugen und Angeklagte, die um Nachsicht ersuchten. Es mußten weitere ‚Geständnisse' geschrieben werden, und da sie wesentlich ausführlicher ausfallen sollten als bislang – und von den Insassen erwartet wurde, daß sie sich gegenseitig belasteten –, wurden dieses Mal drastische Sicherheitsmaßnahmen eingeführt, damit nicht einer auf die Idee kam, mit Hilfe der anderen eine Geschichte zusammenzuspinnen. Ich fragte Jin Yuan, wie es denn möglich war, daß sie sich nicht zusammentaten und eine Version zurechtzimmerten, die sie von jeder Schuld frei machte. Ganz einfach, sagte er und schaute einen Moment lang so bedrohlich wie der verstorbene Otto Preminger. „Wir steckten jeden in eine Einzelzelle."

Pu Yi brauchte Monate, um seinen Bericht fertigzustellen. Dann wurde er von zwei externen Beamten der Sicherheitsbehörde ins Kreuzverhör genommen, die Zeile für Zeile durchgingen. Sie wußten, wie Pu Yi später schrieb, unglaublich Bescheid. Sie wußten, wieviel Reis, Sojabohnen und Opium in der Mandschurei Jahr für Jahr angebaut worden waren. Sie hatten Unterlagen von den japanischen Exporten aus ‚Mandschukuo', kannten die Einzelheiten des Nahrungsmittelrationalisierungssystems, das die Japaner eingeführt hatten, und fragten ihn jedesmal, wenn sie in seinen langatmigen Schilderungen auf eine Zahl stießen, woher er die denn hatte. Sie fanden unweigerlich heraus, was Tatsache war und was allein auf Hörensagen beruhte – und inwieweit sich Pu Yi auf vergangene Gespräche mit seinen Zellengenossen stützte.

Dann wurden die ‚Selbstkritiken' der einzelnen Häftlinge zu einem orchestralen Ganzen verbunden: Mit ins Spiel kamen nun auch die japanischen ‚Kriegsverbrecher'. Auch sie waren zuvor schon voneinander getrennt worden und hatten den gleichen ‚umerziehenden' Prozeß hinter sich. Sie waren also bereit, ihren Part zu leisten: Einer der japanischen Gefangenen, Tadayuki Furumi, ehemals ein hohes Tier im ‚Staatsrat für allgemeine Angelegenheiten' in „Mandschukuo", hielt vor den versammelten ‚Mandschukuo'-Insassen einen Vortrag über japanische Verbrechen in Mandschukuo, wobei er sich unermüdlich mit Japans Opiumpolitik und der systematischen Ausbeutung der mandschurischen Bodenschätze auseinandersetzte.

Ein ehemaliger japanischer Offizier der Staatspolizei schilderte den versammelten Gefangenen, wie er Massenhinrichtungen durchgeführt und Zivilpersonen zu Sklavenarbeit getrieben hatte. „Sämtliche Greueltaten", so stellte Pu Yi fest, „waren in meinem Namen ausgeführt worden."

Als nächstes sollten Beweise für japanische und Mandschukuo-Folterungen und Grausamkeiten von den Opfern selbst kommen. Zu diesem Zweck wurden schriftlich gemachte Aussagen von bestimmten Überlebenden, die man vorher ausgesucht hatte, vorgelesen. Sie hatten den japanischen und ‚Mandschukuo'-Behörden getrotzt und für ihren Widerstand mit der Folter bezahlt. Jedes dieser Schriftstücke endete mit dem Ruf nach Vergeltung. „Die japanischen und chinesischen Verräter müssen ihre Blutschuld sühnen. Rächt unsere ermordeten Familien!"

Beabsichtigt war mit dieser Lektion folgendes: Pu Yi hatte sein ehemaliges Handeln ständig mit der Begründung entschuldigt, daß es keine Möglichkeit für ihn gegeben hatte, sich den Japanern entgegenstellen zu können. Nun waren da einfache mandschurische Arbeiter, Bauern, Hausfrauen und Kinder, die es in der Tat gewagt hatten. Seine Schuld war also überwältigend, ein Effekt ganz nach Absicht seiner Gefängniswärter. Pu Yi schrieb: „Man kann den Konsequenzen seiner Sünden nicht entgehen." 1955 war er ein anderer Mensch. Als der Gefängnisdirektor ihn fragte, wie er sich seine Zukunft vorstellte, machte Pu Yi einen Diener und sagte: „Ich könnte nur auf meine Bestrafung warten."

Auch wenn Pu Yi es noch nicht wußte, wurde aus ihm doch langsam ein anschauliches Beispiel für die ‚Massen'. Anfang 1955 kam ein chinesisches Kamerateam ins Fushun-Gefängnis und filmte, wie die Insassen im Hof Volleyball und Pingpong spielten. Pu Yi stand im Brennpunkt des Interesses. Aber die Ressentiments der anderen gegen ihn waren derart, daß kein Häftling neben ihm gefilmt werden wollte.

Im März besuchte eine Gruppe ranghöchster, altgedienter Generäle – unter ihnen Marschall Chuh Teh, was Pu Yi aber nicht wußte – das Gefängnis in Fushun. Man sprach mit Pu Yi und seinem jüngeren Bruder Pu Chieh. Einer der Generäle sagte ihm, er sollte weiterhin fleißig lernen. „Eines Tages werden Sie den Aufbau des Sozialismus mit Ihren eigenen Augen sehen können." Das konnte nur bedeuten, wie einer der Gefangenen in Pu Yi's Zelle sagte, daß sie vorhatten, ihn eines Tages rauszulassen. „Das machte jeden heiter", schrieb Pu Yi. „Wenn der Verräter Nummer eins sicher war, dann bedeutete das, daß es auch für sie Hoffnung gab."

Er stand immer noch in vielfacher Hinsicht unter einem durchschnittlichen Häftling: Er wusch mittlerweile zwar seine Kleider, blieb aber hoffnungslos unordentlich; immer vergaß er, den Wasserhahn nach Gebrauch zuzudrehen, was eine Verschwendung des Wassers war; immer noch hatte er eine Aversion gegen das Töten von Fliegen (1955 war in China das Jahr der ‚Fliegenausrottung', und von den Insassen wurde erwartet, daß sie pro Tag fünfzig Fliegen mit speziell ausgegebenen Fliegenpatschen totschlugen), und immer noch betete er, wenngleich er längstens kein Vegetarier mehr war. Die anderen Gefangenen behandelten ihn mit einer Mischung aus Verachtung und Ungeduld; Pu Yi war inzwischen durch und durch von dem Gefühl seiner eigenen Nichtswürdigkeit durchdrungen und auf bemitleidenswerte Weise dankbar, wenn er für ein Lob ausgesucht worden war. Ohne das Ausmaß des Wandels voll zu erkennen, war er auf bestem Wege, ein vorbildlicher Arbeiter zu werden – bescheiden, emsig, voller Selbsttadel. Er bewunderte den Gefängnisdirektor und Jin Yuan wegen seiner Weisheit und Nachsicht und anerkannte, daß sein ehemaliger Diener, Big Li, ihm haushoch überlegen war. Pu Yi war reif für das letzte Stadium im ‚Umerziehungsprozeß'.

Dies geschah in Form von Ausflügen unter der Aufsicht von Gefängnisbeamten in das Gebiet, das ehemals ‚Mandschukuo' gewesen war, und durch Zusammenführungen mit einigen der ehemaligen Opfer seiner Marionettenherrschaft. In ‚Mao'-Anzüge gekleidet wurden die Gefangenen zu den ehemaligen Plätzen japanischer Greueltaten gebracht. Pu Yi sprach mit einer Frau, die eine Massenexekution überlebt hatte. „Sie hatte ihnen vergeben", schrieb Pu Yi, „was die japanischen Kriegsverbrecher so verblüffte, daß sie eine Weile sprachlos waren, ehe sie anfingen, vor Scham zu weinen, und vor ihr niederknieten, mit der Bitte, die chinesische Regierung möge sie bestrafen."

In einer ländlichen Gemeinde gestand er seine Identität vor einer Bauersfrau ein, deren Familie während der ‚Mandschukuo'-Jahre verhungert war. Aber statt ihn zu verfluchen, sagte sie: „Es ist jetzt vorbei, sprechen wir nicht mehr darüber", und Pu Yi brach weinend zusammen. Überall, wohin er kam, sah er deutliche Zeichen von Wohlstand und Selbstachtung bei den einst ‚mit Füßen getretenen Massen'. In Bergwerkzechen, Stahlfabriken, Kraftwerken – wo sie auch hinkamen, überall wurden die ehemaligen ‚Mandschukuo'- und japanischen ‚Kriegsverbrecher' so freundlich empfangen, daß sie davon ganz übermannt waren. Der Kreis war fast geschlossen. Jetzt konnte Pu Yi einer größeren Öffentlichkeit gezeigt werden. Es war unwahrscheinlich, daß er seine neuen Grundsätze vergaß.

Der erste Besuch kam von einer unerwarteten Person: Li Yu-ching, die Konkubine, die er 1945 zurückgelassen hatte, brachte ihm einen Schreibstift und ein Paar Schuhe. Sie war schwanger. Jin Yuan hatte ihr aber gesagt, Pu Yi nichts davon zu erzählen. Es würde ihn nur aus der Fassung bringen. Jin Yuan sprach nur kurz mit ihr, muß aber in der kurzen Zeit gute Arbeit geleistet haben, denn er schaffte es, daß sie ‚aus dem Nähkästchen' plauderte, über ihr Leben – und die Identität des Vaters ihres Kindes. Wenig später wurde dieser Mann in ein Arbeitslager geschickt wegen ‚Unterhaltung einer Affäre mit einer verheirateten Frau'; das Kind wurde zur Adoption an ein kinderloses Paar freigegeben.

Li Yu-ching sollte noch zweimal zu Besuch kommen – einmal 1957, das andere Mal 1958. In seiner Autobiographie erwähnte Pu Yi keinen ihrer Besuche, wahrscheinlich, weil diese Besuche nicht zu dem rosigen Bild seines neuen Lebens paßten, welches er inzwischen mit fester Absicht zu vermitteln trachtete.

Statt dessen zog er es vor, an einen anderen Besuch zu erinnern, den er dann auch als seinen ersten schildert. Am 10. März 1956 kam es zu einem formellen Wiedersehen der Familie: Pu Yi, Pu Chieh, zwei Schwager und zwei Neffen wurden ins Amtszimmer des Direktors gerufen, wo Pu Yi's Onkel, Tsai Tao, und zwei seiner jüngeren Schwestern schon auf ihn warteten.

Es war keine komplette Überraschung: Seit 1955 war es den Familien der ‚Kriegsverbrecher' aus ‚Mandschukuo' erlaubt gewesen, mit den Insassen zu korrespondieren. Pu Yi wußte, daß es den meisten Mitgliedern seiner Familie gutging und sie sich an das neue Regime angepaßt hatten. In seinem Buch wurden die Umstände, unter denen ‚Kaiserin' Elizabeth starb, bedeutsamerweise nicht erwähnt; es findet sich nur ein flüchtiger Hinweis auf die Tatsache, daß sie ‚seit langem' tot war. Unermüdlich schrieb er jedoch über den ideologischen Fortschritt, den andere Verwandte machten: Onkel Tsai Tao, der sich nie die Schande der Kollaboration aufgeladen hatte, gehörte inzwischen dem Nationalen Volkskongreß an, wo er die Minderheit der Mandschus vertrat, und war erst vor kurzem mit Mao zusammengetroffen. Mao war es dann auch gewesen, der das Zusammenkommen der Familie genehmigt hatte.

Seine anderen Schwestern hatten sich ebenso gewandelt, indem sie ihre ‚Umerziehung' freiwillig gemacht hatten. Zwei waren Lehrerinnen geworden, die eine gab Nähunterricht, die andere als ‚gesellschaftliche Aktivistin' und Angehörige eines Straßenkomitees. Die Gefangenen konnten den Wandel nicht fassen. Sie erinnerten sich daran, wie sie alle träge Kinder gewesen waren, immer von allen Seiten bedient. „Nähst du wirklich? Fährst du wirklich Fahrrad?" fragte einer der beiden Schwager ‚Schwester Nummer drei'.

Auch auf die Umstände, unter denen sein Vater 1951 starb, kommt Pu Yi in seinem Buch nicht zu sprechen, vielleicht weil Prinz Chun bis zu dem Moment, als er starb, immer noch der Meinung war – da er ja kein Lebenszeichen von ihnen erhalten hatte –, daß sie in sowjetischer Gefangenschaft waren.

Prinz Chun hatte die Zeit der japanischen Besatzung und den anschließenden Bürgerkrieg unter bedrängten Verhältnissen überlebt. Zusammen mit einem seiner Söhne hatte er eine Privatschule aufgemacht. Als diese ihre Tore schließen mußte, wurden sie Lehrer an einer staatlichen Schule. Fünf Monate vor seinem Tod verkaufte Prinz Chun das Anwesen des ‚Nördlichen Herrschaftssitzes' an die neue chinesische Regierung, was die Geldprobleme der Familie etwas linderte.

Zu seinem Erstaunen fand Pu Yi heraus, daß nicht nur seine Schwestern, sondern auch die jüngere Generation der Familienangehörigen unter dem neuen Regime gut zurechtkamen. Sie waren alle Studenten oder berufstätig. Keiner war wegen seiner Blutsbande mit Pu Yi bestraft worden. Er war dem neuen Regime dankbar, und seit diesem Zusammentreffen mit seiner Familie klingt seine Schilderung des Gefängnislebens wie ein wunderbares Loblied. Es folgten weitere Ausflüge zu Fabriken und Bauernhöfen, und immer staunte Pu Yi über den Fortschritt, der sich seit der kommunistischen Machtübernahme eingestellt hatte; von den Fehlern, die den ‚Großen Sprung nach vorne' – der begann, als Pu Yi noch im Gefängnis war – zu einem verheerenden Rückschritt in der Landwirtschaft und Industrie für China machten, scheint er nichts gewußt zu haben. In dieser Zeit wurde er auch zu einem Prozeß gegen einige japanische Kriegsverbrecher geladen, um als Zeuge auszusagen, was er mit Vergnügen tat: Denn mittlerweile war er von der revolutionären Gerechtigkeit vollauf überzeugt.

„Meine Gedanken", schrieb er, „schweiften zurück nach Tokio, zu dem Internationalen Kriegstribunal. Dort hatten sich die japanischen Kriegsverbrecher des Beistands von Rechtsanwälten bedient, um Schwierigkeiten zu machen und die Zeugen zu attackieren. In der Hoffnung auf mildere Urteile hatten sie zu jeder erdenklichen Methode gegriffen, um ihre Verbrechen zu vertuschen. Bei diesem Gerichtsverfahren aber gaben alle Kriegsverbrecher ihre Schuld zu und unterwarfen sich der Strafe."

Ab 1956, sagt Jin Yuan, fing er an, Interviews zu geben – zwischen zehn und zwanzig im Jahr. ‚Sein Umgang mit der Presse war sehr gut.'

Die denkwürdigste Zeit in seinen letzten Jahren im Gefängnis aber war, als er seine Star-Rolle in einer Folge von Theaterstücken spielte, die die ‚Mandschukuo'-Insassen für ihre japanischen und KMT-Mitgefangenen selbst verfaßt hatten und zur Aufführung brachten. In der Vergangenheit war Pu Yi nie gefragt worden, ob er mitmachen wollte. Die Veranstalter hielten ihn für zu schüchtern und zu tölpelhaft, um auf der Bühne zu stehen. 1956 fing er nicht nur an, im Chor mitzusingen, sondern auch Sprechrollen zu übernehmen. Das Thema seines ersten Stückes war die Suez-Expedition im gleichen Jahr. Es hießt: ‚Die Niederlage der Aggressoren'. Einer der Exminister von ‚Mandschukuo' (‚weil er eine große Nase hatte') spielte den Außenminister Selwyn Lloyd, Pu Yi einen linken Parlamentsabgeordneten, der den Außenminister im Parlament wegen Englands ‚unehrenhaften' Verhaltens attackierte.

Für seine Rolle hatte er denselben dunkelblauen Anzug angezogen, den er beim Prozeß in Tokio angehabt hatte. Als der antichambrierende Selwyn Lloyd Englands Politik zu rechtfertigen versuchte, trat Pu Yi dazwischen und sprach sich heftig dagegen aus. Plötzlich kehrte sein vergessenes Englisch zurück und er improvisierte einfach drauflos. „Nein, nein, nein", brüllte er. „Das kommt nicht in Frage! Gehen Sie! Verlassen Sie dieses Haus!" Er bekam enthusiastischen Applaus. Es war einer der stolzesten Tage in Pu Yi's Leben. Bald wurde er ein großer Liebhaber von Theaterstükken. Er spielte auch einen japanischen ‚Kriegsverbrecher' am Hofe der ‚Marionette von Mandschukuo'.

In einem anderen Stück – es stammte aus der Feder Pu Chieh's – ging es um ‚Mandschukuo'. Es war eine plump dramatisierte Geschichte: Ein chinesisches ‚Verräterpaar' kollaboriert zuerst mit den Japanern und versucht dann, mit Tschiang Kai-schek in Kontakt zu kommen, um das Land an ihn auszuliefern. Sie werden gefangengenommen und ‚umerzogen'.

Der Stoff war der der gängigen chinesischen Filme in den fünfziger Jahren und der späteren, offiziell zugelassenen Peking-Opern. Obwohl es ‚nichts Besonderes an sich' war, wie Pu Yi schrieb, ‚konnten wir als Kriegsverbrecher uns alle selbst darin sehen. Es erinnerte uns an unsere Vergangenheit, es ließ uns aufmerksam bei der Sache bleiben und uns immer mehr vor uns selbst schämen.'

Ein Aspekt darin war auf ergreifende Weise tragikomisch: Jedesmal, wenn die beiden ‚Verräter' ihre Dienstzimmer betraten, machten sie den Kotau zum ‚Bild seiner kaiserlichen Majestät' des ‚Kaisers von Mandschukuo' hin – ein Foto von Pu Yi in voller Kaisermontur –, während der wirkliche Kaiser das Stück von seinem Platz im Gefängnispublikum aus anschaute. Er erlebte es nicht als Ironie, nur als Ekel, und schrieb, daß das Porträt, vor dem sich die Schauspieler verbeugten, ‚das schmutzigste Ding in der Welt' war.

Eine Person war sich über Pu Yi's Wandlung nicht ganz schlüssig geworden. Li Yu-ching, seine Konkubine, ließ sich ein weiteres Mal sehen. Sie blieb sogar zwei Tage, wobei sie mit Pu Yi die Zelle teilte (er hatte inzwischen einen eigenen Raum und bewegte sich innerhalb des Gefängnisbereichs fast wie ein freier Mann). Sie muß gedacht haben, daß sie schließlich anfangen sollte, aus der Verbindung mit ihm Kapital zu schlagen.

Sie fragte Jin Yuan genau über ihre gemeinsamen Aussichten aus. Wann würde er freikommen? Was war ihr Anteil an seinem Besitz? Was war mit seiner persönlichen Jade-Sammlung? Hatte sie nicht teilweise ein Anrecht darauf?

Jin Yuan, der ihre räuberische Natur witterte, zeigte sich unverbindlich. Er hatte keine Ahnung, wann man ihn freiließe, sagte er, und im übrigen gehörte jetzt sowieso alles, was er besessen hatte, dem Staat. Wenige Wochen später begann sie, die Scheidung gerichtlich einzuleiten, die sie damit begründete, daß ihre Vermählung arrangiert worden war, ohne überhaupt nach ihrer Einwilligung zu fragen.

Pu Yi mußte einen letzten ‚Kampf' mit seinen ehemaligen Ministern und Generälen von ‚Mandschukuo' durchstehen. Sie wollten nicht glauben, daß Pu Yi vom Transfer der Staatskasse von ‚Mandschukuo' – 30 Millionen Dollar – nichts gewußt hatte, der wenige Wochen vor dem Ende des Zweiten Weltkrieges abgewickelt worden war. Pu Yi hatte damals nur den Transfer seines eigenen, persönlichen Vermögens angewiesen, und mit ungewohnter Hartnäckigkeit und Empörung beteuerte er unablässig seine Unschuld. Als er merkte, daß die Gefängnisbeamten ihm seine eigene Darstellung der Ereignisse ohne Wenn und Aber glaubten, „brach ich in Tränen aus".

Den allerletzten Beweis für seine völlige Wandlung sollte Pu Yi eines Tages 1959 antreten. Ganz China unternahm eine landesweite Kampagne gegen das Nagetier. Jedes Kind mußte mindestens eine tote Maus herzeigen können. Pu Yi schrieb, daß er seine ‚abergläubische' buddhistische Aversion vor dem Töten überwinden konnte, nachdem ihm ein Aufseher ‚Geschichten vom Leiden' unter der tyrannischen ‚Mandschukuo'-Herrschaft erzählt hatte. „Aufseher Chang lenkte mich so", schrieb er, „daß ich imstande war, sechs Mäuse zu töten."

Im September 1959, zur Feier des zehnten Jahrestags der Errichtung der Volksrepublik, schlug Mao Tse-tung eine spezielle Amnestie für bestimmte Kategorien von Gefangenen vor, darunter auch ‚Kriegsverbrecher', die ‚sich durch ihre eigene Wandlung wirklich von einer bösen Vergangenheit losgesagt und zu einer tugendhaften Gegenwart gefunden hatten'. Das Zentralkomitee der Partei gab ordnungsgemäß seine Zustimmung, und im Gefängnis zu Fushun wurde die Nachricht mit stürmischer Begeisterung aufgenommen. Jin Yuan fragte Pu Yi, wie er darüber dachte. Er war glücklicher als zuvor, und gesünder, sagte er, von der ‚freiwilligen Arbeit', den Gemüsegarten des Gefängnisses zu pflegen und Kohlen zu schleppen. Inzwischen war er einer der Assistenten in der Gefängnis-Krankenstation, lief im weißen Kittel herum und wurde von den japanischen ‚Kriegsverbrechern' nur noch mit ‚Herr Doktor' angeredet. „Ich werde als letzter gehen", sagte Pu Yi ganz bescheiden, „das heißt, wenn ich mich durch die Umerziehung je ganz wandeln kann."

Und wenn Pu Yi's Name bei den nächsten Entlassungen ‚umerzogener' Gefangener dabei war?

„‚Das kommt für mich nicht in Frage', lachte ich."

Am nächsten Tag verlas ein offizieller Vertreter des ‚Höchsten Volksgerichts' eine ‚spezielle Begnadigungsnote' vor den versammelten Gefangenen. „Der Kriegsverbrecher Pu Yi, 54, gebürtiger Mandschu und aus Peking, hat inzwischen zehn Jahre Haft abgeleistet", hieß es. „Als Ergebnis der Umerziehung durch Arbeit und ideologische Schulung hat er gezeigt, daß er sich wirklich gebessert hat. Entsprechend Klausel eins der Speziellen Begnadigungsanordnung soll er deshalb entlassen werden."

Pu Yi brach wieder einmal unter Tränen zusammen.

Kapitel 25

Pu Ren, sein Halbbruder, holte Pu Yi am 9. Dezember 1959 am Pekinger Hauptbahnhof ab. Er erkannte ihn kaum. „Ich hatte ihn seit 1934 in Changchun nicht mehr gesehen", erinnerte er sich. „Damals war er mir enorm groß erschienen. Inzwischen war ich fast genauso groß. Er war gebeugt und sah alt aus und gebrechlich."

Pu Ren brachte ihn ins Haus einer seiner verheirateten Schwestern. Sie sprachen bis weit in die Nacht. Pu Yi zeigte sich neugierig wie eine Klatschbase und wollte wissen, wer von den Familienangehörigen verheiratet war, was jeder tat, wie viele Enkel er inzwischen hatte. Er war in die ‚Rolle' des gütigen Familienpatriarchen geschlüpft, die Haltung des ‚großen Bruders', die er sich für den Rest seines Lebens von der Familie nicht nehmen ließ.

„Er war naiv und merkwürdig albern", sagte Pu Ren, „und zu einem gewissen Grad hatte er einige Schwierigkeiten, sich an den Alltag einer Großstadt anzupassen." In der ersten Zeit lebte er in der kleinen Wohnung seiner Schwester und half bei den im Haus anfallenden Arbeiten, so gut er konnte, aber sie wünschte sich, er täte es nicht – er war so unbeholfen wie eh und je, brach alles in Scherben und verschüttete alles.

In China sind alle Einwohner für die Sauberkeit der Straßen in ihrer Nachbarschaft verantwortlich. Pu Yi bestand darauf, daß auch er an der Reihe war, die Straßen und Gehwege vor dem Wohnblock seiner Schwester zu fegen – und verlor prompt die Orientierung. Mit seinem Besen in der Hand irrte er in der Nachbarschaft umher und erkundigte sich schließlich, wo er war.

„Ich bin Pu Yi", sagte er, „der letzte Kaiser der Ching-Dynastie. Ich wohne bei meinen Verwandten, aber ich finde nicht mehr zurück."

Er hatte sich Mao's Diktum, ‚dem Volk zu dienen', auf karikaturistische Weise zu Herzen genomen: Wenn er einen Bus nahm, stieg er nicht eher ein, bis der letzte Fahrgast im Bus war, so daß er häufig an der Haltestelle zurückblieb. In Restaurants verwirrte er die Bedienungen mit kleinen Predigten. „Sie sollten mich eigentlich nicht bedienen", pflegte er zu sagen, während er sich erhob und eine tiefe Verbeugung machte. „Ich sollte Sie bedienen."

Er war geistesabwesender als zuvor. „Als ich ihn das erste Mal sah", erzählte Li Wenda, sein Ghostwriter, „hielt er ganz verzweifelt eine Schultertasche unter dem Arm festgeklemmt, in der er seine Notizen, seine Brille, seine Arznei, seine Uhr und seine Brieftasche hatte. Wenn man mit Pu Yi unterwegs war, war einem mindestens eine größere kritische Situation sicher, denn er verlor alles."

Irritieren konnten auch seine persönlichen Angewohnheiten, erinnerte sich Li Wenda. Wenn Pu Yi in einem Hotel war, „vergaß er regelmäßig, die Türen hinter sich zu schließen, die Toilette zu spülen, den Wasserhahn zuzudrehen, wenn er sich die Hände gewaschen hatte, und schuf innerhalb kürzester Zeit ein heilloses Durcheinander um sich herum. Es war fast schon genial." Die lange Gewohnheit, nur bedient zu werden, war durch fast fünfzehn Jahre Gefängnis nicht geändert worden. Vielleicht kultivierte er seine Geistesabwesenheit sogar, weil er merkte, daß es eine gewinnende Charaktereigenschaft war. Während der ersten Jahre im Fushun-Gefängnis hatten ihn seine Mitgefangenen wie einen Hanswursten behandelt. Inzwischen mag er die Rolle des Hanswursten freiwillig angenommen haben.

„Er kam mit dem ‚Marken-System' in den Restaurants nie zurecht", sagte Li Wenda. In allen Eßlokalen in China, außer in den für Touristen, werden im voraus zigarettenpapierdünne Essensmarken für das Gericht gekauft, das man essen will. „Er gewöhnte sich nie daran, genausowenig wie er sich daran gewöhnen konnte, zusammenzuzählen, was die verschiedenen Speisen kosteten." Er war ein hoffnungsloser Fall in Gelddingen: „Als er anfing zu arbeiten, gab er regelmäßig seinen ganzen Lohn schon in der ersten Woche aus und verließ sich hinterher auf die Freigebigkeit anderer."

Er schrieb emsig an Jin Yuan, der kurz nach seiner Entlassung zum Gefängnisdirektor in Fushun aufgestiegen war, und gab ihm einen täglichen Bericht über seinen ‚Fortschritt'. Als Jin Yuan nach Peking kam, besuchte er ihn, manchmal am späten Abend, und immer ohne Vorankündigung, und sprach endlos von seinen Bemühungen und Unzulänglichkeiten im Werdeprozeß zu einem vollständig ‚umerzogenen' Kommunisten.

Er hatte zu Anfang für mehrere Monate das Privileg, mit seiner Familie in Peking in Müßiggang zu leben und statt zu arbeiten Museen zu besuchen, zu lesen, mit seinen Angehörigen Tee zu trinken. Big Li dagegen wurde unmittelbar nach seiner Freilassung einem Straßenbautrupp in Peking zugeteilt und mußte Steine zertrümmern; und Pu Yi's Neffen mußten in staatlichen Landwirtschaftskolchosen 30 Kilometer außerhalb von Peking arbeiten.

Pu Yi war ständig erstaunt über die Ehrlichkeit der gewöhnlichen Leute: Immer wieder ließ er seine Brieftasche und goldene Uhr in Restaurants, Kantinen und Büchereien liegen, und jedesmal bekam er sie wieder. Die Uhr hatte für ihn einen enormen sentimentalen Wert: Er hatte sie 1924 auf der Flucht vor den Spitzeln seines Vaters in einem Laden im Pekinger Botschaftsviertel zusammen mit Johnston gekauft, kurz bevor er den ‚Nördlichen Herrschaftssitz' verlassen hatte, um zuerst im deutschen Krankenhaus, danach in der japanischen Botschaft Zuflucht zu finden. ‚Das war der Tag', schrieb Pu Yi, ‚als mein Leben anfing, einen schändlichen Verlauf zu nehmen.'

Die Uhr war der einzige Wertgegenstand, der ihm geblieben war, nachdem er in Fushun seine versteckten Schätze an den Staat zurückgegeben hatte. Einen Tag bevor Pu Yi das Gefängnis verließ, gab der Gefängnisdirektor sie offiziell an ihn zurück. Zuerst lehnte Pu Yi das Geschenk mit den Worten ab, daß sie mit dem Geld gekauft worden war, welches „der Ausbeutung entstammte". Der Gefängnisdirektor überredete ihn zur Annahme. Welche Ursprünge es auch hatte, meinte er gefaßt und geduldig, es war nun „ein Geschenk des Volkes von China".

Pu Yi kehrte zum erstenmal seit 1924 in die Verbotene Stadt zurück. Es war ein Besuch im Rahmen einer ‚Besichtigungstour', um sich mit dem neuen Peking vertraut zu machen, zusammen mit anderen freigelassenen KMT- und ‚Mandschukuo'-Gefangenen. Pu Yi führte sie überall herum und wunderte sich über die Verwandlung des Orts, der einst desolat und heruntergekommen war. Nun sah alles wie aus dem Ei gepellt aus, ein Museum, vollkommen restauriert und voller Besucher. Er erkannte eine Zahl von Gegenständen wieder, die er selbst aus der Verbotenen Stadt damals mitgenommen und später zurückgegeben hatte.

Mit Li Wenda's Hilfe schrieb er später einen Artikel für

das chinesische Reisemagazin ‚Luyou' (‚Reisen'), in dem er seine Eindrücke schilderte, als er den Ort zum erstenmal nach 32 Jahren wiedersah.

Auf der Suche nach den wenigen, noch lebenden Mandarin-Gelehrten, Greise inzwischen, die in seinen jungen Jahren als Kaiser seine Berater gewesen waren, fand er Chang Yen-ying wieder, der ihm ergeben zuerst nach Tientsin, später nach Changchun gefolgt war, bis die japanische Bevormundung eine zu große Unterdrückung für ihn wurde. Inzwischen war er über achtzig Jahre alt, ans Krankenbett gefesselt und dem Tode nahe. „Wenn es dir wieder besser geht, werden wir dem Volk zusammen dienen", sagte Pu Yi zu ihm. „Ich bleibe immer an deiner Seite", sagte der alte Mann. „Und ich bleibe an der Seite der kommunistischen Partei", sagte Pu Yi fromm.

Kurz nachdem Pu Yi entlassen worden war, hatten er und ein paar ehemalige KMT-Generale Tschou En-lai einen Besuch abgestattet. Der chinesische Premierminister war wohl die beschäftigste Person in ganz China, aber er unterhielt sich lange und ausführlich mit ihnen – und zur Überraschung aller ohne ideologischen Jargon.

Sie sollten sich alle vor Augen halten, daß sie nun Angehörige ein und desselben Landes waren, und stets daran denken, sich an die Veränderungen um sie herum anzupassen und jedwede Nostalgie nach der ‚alten Gesellschaft' aus ihrem Denken zu verbannen, sagte Tschou En-lai. Sie sollten auch aufpassen, daß sie nicht ihre Familienangehörigen beleidigten und sich bewußt bleiben, daß in der ‚neuen Gesellschaft' Frauen den Männern gleichgestellt waren, wichtig Arbeiten übernahmen und nicht länger die Hausklavinnen des Mannes waren. Aus persönlichen Erfahrungen wußte er, wie viel er seiner eigenen Frau schuldig war, erklärte Tschou ihnen.

Den KMT-Generalen sagte Tschou En-lai, daß er mehrere von ihnen wiedererkannte, die einst an der Whampoa-Militärakademie seine Schüler gewesen waren.

„Ich kann kein sehr guter Lehrer gewesen sein, denn

sonst hätte keiner von Ihnen den Weg eingeschlagen, der Sie dahin führte, gegen die Kommunisten zu kämpfen", sagte Tschou En-lai mit einem Grinsen. „Entweder das, oder Sie waren alle ziemlich lausige Schüler." Aber er sprach zu ihnen als ‚alter Kumpel', sagte er, nicht als einer, der darauf aus war, alte Wunden aufzureißen. Wenn sie Probleme hätten, könnten sie stets zu ihm kommen, seine Tür stünde immer offen.

Zu Pu Yi gewandt, sagte Tschou, daß man ihm aus allem, was ihm in seiner Kindheit widerfahren war, keinen Strick drehen konnte.

„Sie trifft keine Schuld, daß Sie mit drei Jahren Kaiser wurden. Sie sind auch nicht verantwortlich dafür, daß es 1917 zu einem versuchten Staatsstreich zur Restauration kam", sagte er. „Aber für alles Spätere waren Sie zur vollen Verantwortung zu ziehen. Sie wußten ganz genau, was Sie taten, als Sie im Gesandtschaftsviertel Zuflucht suchten, danach unter japanischem Schutz nach Tientsin reisten und damit einverstanden waren, die Exekutive in ‚Mandschukuo' zu leiten."

Pu Yi verneigte sich. Demütig wie immer, sagte er zu Tschou En-lai, daß er es selbst als Kind hätte besser wissen müssen.

Im März 1960 bekam Pu Yi schließlich einen Arbeitsplatz zugewiesen und wurde Halbtagsassistent im Botanischen Garten, einem Ableger des ‚Botanischen Instituts' der chinesischen Akademie der Wissenschaften. Außerdem begann er, zusammen mit Li Wenda, seine Autobiographie zu schreiben.

Der Vorschlag, seine eigene Biographie zu schreiben, kam von Tschou En-lai höchstpersönlich bei einem ihrer Treffen kurz nach Pu Yi's Entlassung. Li Wenda kann nicht sagen, ob Tschou En-lai plötzlich auf diese Idee kam, oder ob es ein sorgfältig überlegtes Angebot war. Pu Yi reagierte begeistert auf den Vorschlag. Stolz erzählte er dem chinesischen Premierminister, daß er bereits das meiste Material zusammen hatte. Seinem Eindruck nach waren seine ‚Bekenntnisse' im

Gefängnis veröffentlichungsreif, abgesehen von ein paar kleineren Hinzufügungen. Tschou En-lai sagte, er sollte sich an die Arbeit machen.

Im Gegensatz zu der Legende, die ihn als Rosengärtner in Peking hinstellte, war Pu Yi nie ein geschickter Gärtner. Er pflanzte Setzlinge um, machte die Gewächshäuser sauber und schob in Wirklichkeit eine ruhige Kugel. Er lebte in einem spartanischen Einzelzimmer in der Arbeiterunterkunft an Ort und Stelle, und wenn die vormittägliche leichte Arbeit getan war, zogen er und Li Wenda sich in das nahe ‚Hotel der Duftenden Hügel' zurück, wo sie zusammen zu Mittag aßen und dann den ganzen Nachmittag an seinen Memoiren arbeiteten. Die Kosten wurden von Tschou En-lai's Amt getragen, der sich häufig erkundigte und wissen wollte, wie die Sache gedieh.

Tschou En-lai, der selbst ein Sproß einer aristokratischen Familie mit einer Reihe von Mandarinen unter den Vorfahren war, hatte von Anfang an ein besonderes Interesse an Pu Yi und der ‚umerzogenen' Aisan-Goro-Familie gezeigt. Zum ersten chinesischen Neujahrsfest nach Pu Yi's Entlassung lud er ihn und mehrere Angehörige seiner Familie zu einem inoffiziellen Essen zu sich nach Hause ein. Die Einladung sollte von da an zu jedem chinesischen Neujahrsfest erfolgen, bis zur ‚Kulturrevolution'. Tschou En-lai's Begeisterung für Pu Yi rührte teilweise aus der recht ungewöhnlichen ideologischen Kehrtwendung um 180 Grad her, die Pu Yi vollzogen hatte. Wenn der Kommunismus es schaffte, jemanden wie Pu Yi so zu wandeln, gab es nichts, was der Kommunismus nicht vollbringen konnte, wie er gerne sagte.

Als sie mit der Arbeit an Pu Yi's Autobiographie begannen, dachte Li Wenda zuerst, daß es damit getan wäre, Pu Yi's ausgedehnte ‚Selbstkritik', die er im Gefängnis abgefaßt hatte, einfach zu überarbeiten, und daß der ganze Prozeß nicht mehr als drei Monate in Anspruch nähme. Beim Lesen von Pu Yi's Schrifttum merkte er allerdings, daß sie ganz von vorne beginnen mußten. Die ‚Selbstkritik' war nicht ausreichend tatsachengetreu, die Sprache geschraubt und fast jede Seite voll mit emotionalen Bekenntnissen einer Unmenge Sünden. Damit, wie Tschou En-lai es wollte, das Buch eine breite Leserschaft in China wie im Ausland fand, mußte es ganz neu geschrieben werden.

Es dauerte vier Jahre, bis sie damit fertig waren. Die letzten drei Jahre arbeitete Pu Yi nicht mehr im Botanischen Garten, sondern in den Archiven des politischen Komitees der chinesischen Volksrepublik. Inzwischen (im November 1962) war aus ihm ein voller Staatsbürger geworden, mit dem Recht, zur Wahl gehen zu können. Es war, wie er schrieb, ‚der stolzeste Tag meines Lebens'.

Pu Yi und Li Wenda arbeiteten in Bibliotheken, führten Interviews mit noch lebenden ehemaligen Angehörigen der ‚Verbotenen Stadt' und sprachen mit den Leuten, die ihn während seiner Jahre in Tientsin gekannt hatten. Pu Yi suchte Eunuchen auf, um sie über die Zustände in der Verbotenen Stadt zu befragen, und Li Wenda fuhr für mehrere Wochen in die Mandschurei.

Pu Yi sprach sogar mit Li Tieh Yu, seinem ehemaligen Chauffeur, dem Mann, der Kaiserin Elizabeth in Changchun geschwängert hatte. Li Wenda erinnerte sich, daß sie sich zufällig auf der Straße in Peking begegnet waren. Pu Yi erkannte Li und sagte, daß sie sich unbedingt zu einem kleinen Plausch zusammensetzen mußten. Li Tieh Yu war verwirrt und wollte absagen, doch Pu Yi beruhigte ihn, daß er sich keine unnötigen Gedanken machen sollte: Er wollte nur von ihm etwas über die Verhältnisse in den Wohnbereichen der Dienerschaft im Salzsteuer-Palast hören, für das Buch, das er gerade schrieb. Mit keinem Wort sprach er Li's Affäre mit Elizabeth an. Als sie sich verabschiedeten, gab er Li alles Geld, das er bei sich hatte – ungefähr zehn Dollar.

1962 heiratete Pu Yi wieder, zum fünften Mal. Li Shuhsien, über vierzig, war von Beruf Krankenschwester und mit einem der ehemaligen KMT-Generale, die mit ihm im Gefängnis gewesen waren, verwandt; durch ihn waren sie miteinander bekannt geworden. Sie bekamen eine kleine

Zweizimmerwohnung in Peking. Li Shu-hsien, die weiterhin als Krankenschwester arbeitete, fand, daß es sie manchmal wahnsinnig machen konnte, hinter Pu Yi her sein zu müssen. Sie hatte eine spitze Zunge und nörgelte gerne. „Pu Yi war ihr gegenüber zuvorkommender als sie ihm gegenüber", erzählte Li Wenda. Verschiedenen Berichten nach scheint sie eine zänkische Schreckschraube gewesen zu sein. Aber Pu Yi trug sein neues Unglück mit Fassung und Gleichmut.

Gehörte das etwa auch zu seiner frommen neuen Rolle, oder hatte er sich wirklich gewandelt? Sein jüngerer Bruder Pu Chieh ist überzeugt, daß Pu Yi's Wandlung echt war: „Das Gefängnis war für ihn wie eine Schule", meinte er. „Sein ganzes Leben lang, bis 1945, hatte er von allen um sich herum die Überzeugung vermittelt bekommen, daß er etwas Besonderes, beinahe Göttliches war. Deshalb war seine Haltung anderen gegenüber nie normal gewesen. Erst in Fushun wurde er sich der anderen als menschliche Wesen bewußt."

„Früher gehörte es zu seinem Charakter, daß er ungemein selbstsüchtig war", berichtet sein Neffe Jui Lon. „Selbst im Gefängnis versteckte er seine Zigaretten und verschenkte niemals eine, obwohl er genug hatte und kein starker Raucher war. Als ich ihn nach seiner Freilassung in Peking traf, war er ein anderer Mensch, und zum erstenmal in seinem Leben fing er an, Anteilnahme für seine Familienangehörigen zu zeigen."

Er kümmerte sich nun wirklich um andere: Eines Tages fuhr er mit dem Fahrrad eine alte Frau an, die daraufhin ins Krankenhaus mußte. Pu Yi besuchte sie bis zu ihrer Genesung jeden Tag, und während er mit Li Wenda im ‚Hotel der Duftenden Hügel' an seiner Autobiographie arbeitete, lud er immer einen Neffen ein, zu ihnen herüberzukommen und ihnen beim Mittagessen Gesellschaft zu leisten. Es war die Zeit, als der ‚Große Sprung nach vorn' auf dem Höhepunkt war und es kaum etwas zu essen gab, außer in den Luxushotels.

Sein neues Bewußtsein machte ihn zuweilen intolerant. Als Pu Chieh (der 1960 aus dem Gefängnis kam) und seine japanische Frau Hiro wieder zusammenleben wollten (Hiro war während all der Jahre in Japan gewesen), unternahm Pu Yi alles Mögliche, um ihrer Rückkehr nach China Steine in den Weg zu legen. Pu Chieh appellierte an Tschou En-lai, der Pu Yi ans Herz legte, mehr Verständnis zu zeigen. „Sie wissen, der Krieg ist vorbei", sagte er. „Sie dürfen diesen nationalen Haß nicht in ihre eigene Familie hineintragen." Man kann sich des Eindrucks kaum erwehren, daß Pu Yi in seinem Bemühen, seine ‚Umerziehung' unter Beweis zu stellen, gegenüber den Machthabern des neuen Chinas die gleiche feige Haltung an den Tag legte wie vormals gegenüber den Japanern zu Zeiten des ‚Mandschukuo'-Regimes.

Ich fragte diesbezüglich Rong-Qi: „Natürlich ist in jedem von uns der Überlebenstrieb sehr stark", meinte er recht einsichtsvoll. „Aber er hatte sich wirklich geändert. Er sah ein, daß Imperialismus und Feudalismus in Wirklichkeit keine funktionierenden Systeme waren und nur der Kommunismus China retten konnte."

Allerdings gab es seit 1949 mehrere kommunistische Chinas. Die Euphorie der frühen fünfziger Jahre wich rasch einer Folge totalitären Personen, wie er in der Geschichte selten ist. Die eher übertriebenen, von Klischees durchsetzten Kapitel in seiner Autobiographie, die seine Erfahrungen im Gefängnis schilderten, wurden auf dem Höhepunkt des Mao-Kults geschrieben und vermitteln den Eindruck auswendig gelernter, x-mal wiedergekäuter Lektionen. Sie konnten 1964 in keinem anderen Stil geschrieben werden. Heute klingt es freilich etwas archaisch.

Heute anerkennen alle chinesischen Historiker die schrecklichen Konsequenzen des ‚Großen Sprungs nach vorn', und beklagen die Unterdrückung, die mit der ‚Laßt hundert Blumen blühen'-Bewegung einherging. Beide Ereignisse finden in Pu Yi's Buch keine Erwähnung; dies war auch gar nicht möglich, ohne Kopf und Kragen zu riskieren, bis die dunklen Jahre der Kulturrevolution und der ‚Viererbande' vorüber waren.

In Pu Yi's Buch stecken auch einige Absurditäten, die chinesische Leser heutzutage schwer akzeptieren können. In China weiß heute jeder, daß nicht Tschiang Kai-schek, wie Pu Yi behauptete, sondern die Sowjets 1945 die Fabriken in der Mandschurei demontierten; und die, die chinesische Gefängnisse oder Arbeitslager während der Jahre der Kulturrevolution erlebten – und das haben Millionen –, können nicht umhin, über das vorbehaltlose rosige Bild vom Leben im Gefängnis zu lachen.

Die Ursache dafür ist, daß Pu Yi's Autobiographie heute im Licht der ‚Kulturrevolution' gelesen wird. Das Wissen um die damaligen Vorgänge hat eine gewisse Skepsis hinsichtlich der Ereignisse davor erzeugt. Das Wissen um die Exzesse, die durch den Personenkult um Mao während der Jahre (1960–64), als Pu Yi seine Autobiographie schrieb, entstanden, ist heute viel größer, und die Skepsis auch. Die jüngere Generation der Chinesen weiß – auch wenn die Älteren es nicht wissen –, daß während jener Jahre aus weiten Teilen Chinas ‚Potemkinsche Dörfer' gemacht wurden, die mit der Wirklichkeit nichts gemein hatten: Vielleicht waren sogar einige der Landwirtschaftsbetriebe und Fabriken, die Pu Yi während seiner letzten Jahre der ‚Umerziehung' besuchte, derartige ‚Potemkinsche Dörfer'. Vielleicht waren sie echt – schließlich ist die Mandschurei immer eine reiche chinesische Provinz gewesen –, doch waren die Nachwirkungen der ‚Kulturrevolution' so, daß dieser Art von Prosa, mit der Pu Yi seine Erfahrungen und Erlebnisse schilderte, nicht mehr ganz über den Weg getraut wird.

Diese Form von Skepsis wird bestehen bleiben, bis die letzten Spuren der Mao-Verehrung verschwunden sind und eine offene, realistische Beurteilung seiner Person stattfinden kann, also im Licht einer schrecklichen Repression durch die ‚Laßt hundert Blumen blühen'-Bewegung, seines halbbackenen ‚Großen Sprungs nach vorn' und seiner erbarmungslosen Zerstörung seines eigenen Parteiapparats während der Kulturrevolution. Mit Recht hat Simon Leys darauf hingewiesen, daß die vielgeschmähte ‚Viererbande', die China in ein derartiges Chaos und Elend stürzte, eigentlich ‚Fünferbande' genannt werden sollte, denn ohne Mao hätte sie sich selbst zunächst nie als regierende Bande einsetzen können. Pu Yi jedoch gehörte der Ära an, als die bequeme, engstirnige maoistische Linie immer noch völlig unbestritten und durch die Roten Garden und die ‚Viererbande' noch nicht endgültig in Mißkredit gebracht worden war.

Man fragt sich angesichts der enorm mächtigen, maoistischen Propagandamaschine der fünfziger und frühen sechziger Jahre, ob Pu Yi's spätere konditionierte Reaktionen und Antworten etwa ehrlicher waren als die während seiner Jahre in ‚Mandschukuo'. War nicht sein ganzes späteres Leben Spiegelbild einer schwachen, neurotischen und tief gestörten Persönlichkeit?

An dieser Stelle ist es wichtig, sich in Erinnerung zu rufen, daß Pu Yi nicht der einzige war, der eine so erfolgreiche ‚Umerziehung' hinter sich hatte. Harte Kerle wie die KMT-Generäle, und gar noch härtere wie die japanischen, die in der Samurei-Tradition und dem ‚Buschido'-Kult aufgewachsen waren, der den Tod in der Schlacht und die volle Aufopferung für Japan im Krieg verherrlicht, wurden in Fushun, was die Unterstützung kommunistischer Ideale betraf, genauso devot wie Pu Yi. Über die Umerziehung der japanischen Kriegsgefangenen gibt es einen ganzen Stapel von Literatur, den ein paar japanische ‚Absolventen' des Fushun-Gefängnisses während ihrer ‚Umerziehung' geschrieben und dabei genauso übertrieben haben wie Pu Yi. Ein gutes Beispiel ist die Autobiographie (‚A war criminal returns from China') von Saburo Shimamura, eines ehemaligen japanischen Generals der Staatspolizei, der kurz nach Pu Yi entlassen wurde; er schrieb sie 1975, ohne daß sie in Japan veröffentlicht wurde, während sie in China erst 1984 herauskam.

Man kann sagen, daß Pu Yi wirklich vom Saulus zum Paulus wurde, und er erst nach einundvierzig Jahren in zahlreichen vergoldeten Gefängnissen die wahre Freiheit fand, als er wirklich in einem Gefängnis eingesperrt war, wobei er sich naiv, aber ehrlich dem Maoismus an den Hals warf.

Es gibt aber noch eine andere Version der Lebensgeschichte von Pu Yi, die neben anderen Leuten auch Big Li aufrechterhält: daß Pu Yi während seines ganzen Lebens ein professioneller Überlebenskünstler war, der sich mit dem Wind drehte, und daß seine ‚Umerziehung' genauso ein Bluff war wie seine ostentative Demut in seinen letzten Lebensjahren. Big Li, der seit 1924 ständig bereit stand, wenn Pu Yi winkte oder rief, gehört zu denen, die glauben, daß die neue Pu-Yi-Rolle genauso berechnet war wie die alte. „Das Buch entspricht nicht der Wahrheit", sagt er. „Aus Selbsterniedrigung heraus stellte sich Pu Yi schlechter und hilfloser dar, als er eigentlich war."

Big Li erinnerte sich, daß Pu Yi ihn einst nach seiner Entlassung in Peking besuchen kam und „mit demütigem Gehabe ein bißchen Staub von meinem Mantel bürstete. Es war alles reine Schau. Er wollte, daß jeder glaubte, er hätte sich geändert. Aber in Wirklichkeit schauspielerte er die ganze Zeit nur."

Big Li ist über jene Jahre im Gefängnis von Fushun nicht böse, wo er lesen und schreiben lernte. Was er Pu Yi aber nicht verzeihen kann, ist sein eigenes, früheres ‚vergeudetes Leben'. Er lebt heute in einer kleinen Wohnung in Peking inmitten seiner Familie, mitsamt einigen Enkelkindern. Es widerstrebt ihm, über Pu Yi zu reden, aber wenn er es mal tut, ist die schroffe Ablehnung sofort erkennbar. Es ist verständlich, daß Big Li meint, Pu Yi's ‚Umerziehung' war eine bewußt angelegte, heuchlerische Aneinanderreihung äußerlicher Gebärden.

Ob Pu Yi's Reue nun echt oder nur gespielt war, die Tatsache jedenfalls, daß man ihm gegenüber bemerkenswert nachsichtig und milde war, kann dadurch nicht verschleiert werden, selbst wenn diese enorme Nachsicht und Milde aus der bewußten Entscheidung erwuchsen, seine ‚Umerziehung' für Propagandazwecke auszunutzen.

Verrat in dem Umfang, wie Pu Yi ihn begangen hatte, wird in den meisten Ländern als Kapitalverbrechen geahndet. Viele der dicken Fische unter den Kriegsverbrechern des Zweiten Weltkriegs wurden mit erstaunlicher Laxheit behandelt; dafür wurde der anglo-irische Radio-Propagandist und Nazifreund ‚Lord haw-Haw' aufgeknüpft: Die Vorurteile gegen Quislinge sind im Westen in der Tat sehr stark. Man kann wohl sagen, daß Pu Yi, wäre er vor ein westliches Gericht gekommen, ebenfalls hingerichtet worden wäre. Im Gegensatz zu den vielen französischen und italienischen Kollaborateuren, die insgesamt von der Widerstandsbewegung hingerichtet wurden, hatte Pu Yi in der Tat viel Glück.

Meiner Ansicht nach war der Grund nicht nur darin zu sehen, daß Tschou En-lai ihn für Propagandazwecke einsetzen wollte: Durch die kommunistische Machtübernahme 1949 war die Last seiner Schuld paradoxerweise geringer geworden. In einer Gesellschaft, in der alle Grundbesitzer und ‚Straßenfeger des Kapitalismus' eingefleischte Bösewichte waren, kam es nicht so sehr darauf an, daß Pu Yi zudem ein Landesverräter war: In den Augen der kommunistischen Ideologen benahm er sich nur artgemäß. Wenn alle Kapitalisten und Grundbesitzer von ihrer Natur her ‚Verräter' waren, folgte daraus logischerweise nur, daß Pu Yi, der ‚allergrößte Grundbesitzer', auch der größte Verräter sein mußte. Und letztlich war Pu Yi lebendig mehr wert als tot.

1963, ein Jahr vor der Veröffentlichung seines Buches, gab Pu Yi eine Pressekonferenz. Er arbeite an seinen Memoiren, ließ er verlauten, und beantwortete die Fragen irgendwie mit trauriger Würde. Ein westlicher Diplomat, der mit dabei war, erinnert sich, daß „er nicht ein einziges Mal gelächelt hat". Damals war die diplomatische Isolation Chinas nahezu komplett, das Leben der Chinesen war im strengen und allumfassenden Griff der Partei gefangen. Das Ereignis wurde daraufhin vom diplomatischen Korps als Zeichen gewertet, daß Maos Regierung im Begriff war, die gesellschaftlichen Zwänge etwas zu lockern.

Pu Yi's Autobiographie erschien 1964. Von der ersten

Auflage wurde in China relativ wenig verkauft (30 000 Stück). Allerdings wurde Pu Yi nun über Nacht zu einer Persönlichkeit für die Medien. Er gab zwar nicht viele Interviews, aber für die diplomatische Gemeinde wurde er zu einem gesuchten Mann. Sein Buch wurde in mehrere Sprachen übersetzt, was ihn in seiner schüchternen Art recht berühmt machte. Inzwischen arbeitete er am historischen Institut des chinesischen Volkskomitees. Er ging durch die Archive der Verbotenen Stadt und schrieb regelmäßig über die Zeit vor der Republik: Jetzt bemerkten die Stellen in China, daß Leute wie Pu Yi und seine Familie faszinierende Auskünfte über die Vergangenheit geben konnten. Sie waren Informationsquellen, und nicht nur Pu Yi, sondern auch seine Geschwister brachten ihre Erinnerungen in die Archive der Regierung ein.

„Zweifellos wäre Pu Yi selbst in das Volkskomitee aufgenommen worden", sagte Li Wenda, „wenn die Ereignisse normal verlaufen wären." Pu Chieh bekam 1980 seinen Sitz im Volkskomitee – den höchstwahrscheinlich Pu Yi eingenommen hätte, wäre er noch am Leben gewesen. Jin Yuan, der inzwischen im Ruhestand ist, sagt mit einer Spur von Neid: „Diese Leute bekleiden mittlerweile einen höheren Rang als ich."

1964 äußerten sich bei Pu Yi zum erstenmal Krebsbeschwerden. 1965 wurde er operiert. 1966 ein weiteres Mal. 1967 kam er ins Kreiskrankenhaus. Seine kommunistische Überzeugung, sagt sein Neffe Jui Lon, „gab ihm die Fähigkeit, dem Tod gefaßt ins Antlitz zu schauen. Vielleicht ging da die größte Wandlung in ihm vor. Früher, in Changchun, hatten wir ihn als Feigling verachtet, eine Memme, die alles tun würde, um heil davonzukommen."

Als Pu Yi im Sterben lag, brach das China seiner Träume, das außer in seiner Fantasie nie wirklich existiert hatte, in einem Chaos von Gewalt in der Kulturrevolution zusammen. Dank Tschou En-lai kam Pu Chieh, Pu Yi's jüngerer Bruder, unversehrt durch diese schlimmen Zeiten, desgleichen Pu Ren, der Lehrer. „Sie plünderten zum Glück nur mein Haus und nahmen sämtliche Bücher weg", erklärt er.

Aber der Schaden für Chinas intellektuelle und administrative Infrastruktur war nicht zu ermessen. Einige der angesehensten chinesischen Führungspersönlichkeiten kamen ums Leben, unter ihnen Ministerpräsident Liu Shao-chi sowie einige der großen Helden des ‚Langen Marsches' von 1936. Marschall Chuh Teh, der wahre Held, der Pu Yi später in Fushun besuchte, starb durch die Hände der Roten Garden: Sie wußten, daß er ein Diabetiker war und beschleunigten absichtlich seinen Tod mit Glukose-Injektionen.

Es gibt heute so gut wie keine chinesische Familie, die nicht irgendwelche Narben aus der Zeit der Kulturrevolution davongetragen hat, entweder durch Todesfälle, Deportationen, Verstümmelungen oder durch verlorene Jahre auf dem Land mit unwichtiger Landarbeit. Rotgardisten schreckten auch nicht davor zurück, den Sohn des chinesischen Führers, Teng Hsiao-ping, vom dritten Stock eines Hauses aus dem Fenster zu werfen. Stundenlang ließen sie ihn auf der Straße liegen. Heute sitzt er querschnittsgelähmt in einem Rollstuhl.

Am Ende wurden die Rotgardisten selbst Opfer der Kulturrevolution: Sie wurden von der Volksbefreiungsarmee schließlich dingfest gemacht und aufs Land verbannt. Viele chinesische Studenten, die in Bertoluccis Film als Komparsen mitwirkten, waren bereits Mitte Dreißig. Sie hatten zehn Jahre Ausbildung versäumt.

Keiner von denen, die bei Pu Yi's ‚Umerziehung' mitgeholfen hatten, blieb verschont; selbst der Gefängnisdirektor Jin Yuan wurde festgenommen. Er fand sich als Gefangener der Roten Garden in seinem eigenen Gefängnis wieder, und das mehrere Jahre lang. Heute noch steigt ihm die Zornesröte ins Gesicht, wenn er sich an die ganze Gemeinheit erinnert. Li Wenda verbrachte sieben Jahre in Einzelhaft, wegen seiner Ghostwriter-Tätigkeit als ‚Konterrevolutionär' gebrandmarkt. Die Roten Garden waren mit Pu Yi's Buch nicht einverstanden, nicht weil es etwa Mao nicht hinreichend lobte, sondern weil es in verschiedenen Sprachen übersetzt worden war – und alles Fremde war ihnen ein

Dorn im Auge, wie schon den Boxerrebellen und im Grunde ihres Herzens auch Tzu-hsi, dem ‚Alten Buddha'.

Der Neffe Jui Lon hatte gerade ein Zehn-Jahres-Pensum in einem landwirtschaftlichen Kollektiv hinter sich und war nach Peking zurückgekommen, um sich als Kalligraph zu vervollkommnen, als die Kulturrevolution losbrach: Er verbrachte weitere neun Jahre in einem anderen Landwirtschaftsbetrieb, diesmal in der Mandschurei. Heute arbeitet er als fest angestellter Kalligraph in einer der größten Kunstgalerien in Peking. Wenn man mit ihm spricht, kann man sich nur wundern, wie elastisch die Chinesen sind. Braungebrannt und wie ein chinesischer Charles Aznavour spricht er ohne jede Spur von Verbitterung über die Vergangenheit. Immerhin war auch er im Fushuner Gefängnis, nur weil er zu Pu Yi's Hof gehört hatte, und das Handwerk des Kalligraphen kann er erst seit 1979 beruflich ausüben.

Mit dem Ende der Kulturrevolution und während der Nachwirkungen von Maos Tod 1976 kamen auch wieder andere Bücher als die Mao-Bibel zur Veröffentlichung. Von einer zweiten Ausgabe von Pu Yi's Autobiographie wurden 1979 1 300 000 Stück verkauft. Doch Li Wenda räumt ein, daß die neue Generation der Chinesen, die die Kulturrevolution nicht erlebt haben, das Buch in seiner augenblicklichen Form fast nicht verstehen können: Die Eingangskapitel, die sein kaiserliches Vorleben beschreiben, stellen sie vor ein Rätsel, und die Schilderung seiner Jahre im Gefängnis finden sie langweilig. Die Kulturrevolution hat alle Chinesen, was diese Art von ‚Umerziehung' betrifft, skeptisch gemacht.

Tschou En-lai's Zielsetzung aber wurde respektiert: Pu Yi gehört bereits zum Heldenpantheon Chinas, als das perfekte Vorbild eines ‚umerzogenen', neuen Menschen. Aus dem Fushun-Gefängnis wurde ein Museum. Dort kann man Pu Yi's Briefe an Jin Yuan hinter Glas lesen. Das Gebäude der ehemaligen Salzsteuer-Behörde in Changchun ist heute eine geologische Fakultät. Pu Yi's ehemaliger Empfangssaal, wo er einst Hof hielt, ist aber ebenfalls ein kleines Museum geworden, wo noch sein Thron steht.

Als Pu Yi im Sterben lag, konnte er nicht gewußt haben, daß er eines Tages eine exemplarische Figur des chinesischen Kommunismus abgeben und man über sein Leben einen Film drehen würde. Er allein hätte uns sagen können, ob seine ‚Umerziehung' wirklich so gründlich war, wie er es hinstellt, und ob der Film den wahren Gegebenheiten entspricht. Wir können nur Vermutungen anstellen.

Aber zu Herzen geht seine Geschichte allemal, ob wir ihn nun als echt Gewandelten oder als gewandten, schauspielernden Opportunisten einstufen. Er stand vor unmöglichen Entscheidungen und mußte die Konsequenzen seiner Fehler bis zum bitteren Ende, über eine quälend lange Zeit hinweg, ausbaden. Seine Geschichte spielt sich auf mehreren Ebenen ab: Auf einer dieser Ebenen spielt sich die seltsame Geschichte eines Verräters ab, der zu einem posthumen Helden wurde, ohne weder den Verruf noch den kommunistischen Heiligenschein ganz zu verdienen. Auf einer anderen Ebene ist es die Geschichte zweier junger Menschen, die in einer Welt gefangen waren, die sie nicht verstanden oder gar steuerten. Einer der beiden Menschen, hoffnungslos dem Opium verfallen, starb, der andere überlebte auf Kosten anderer, und als er versuchte, sich Linderung für seine wirklichen und eingebildeten Sünden zu verschaffen, fand er in seinem Leben bis dahin nichts außer Schandtaten.

Er mag die meiste Zeit in seinem Leben schwach gewesen sein und ein Feigling, aber er war auch ein Unschuldiger. In die Jahre gekommen, wollte Pu Yi, daß die Nachwelt ihn als einen ehrwürdigen, ‚umerzogenen' Kommunisten in einem totalitären Paradies sah.

Und da ist noch eine Vision, die wir von ihm haben: der kleine Junge, der auf uns von seinem unsinnig hohen Thron herabschaut, der Teenager, der auf einem Fahrrad zusammen mit seiner hübschen Braut durch die Verbotene Stadt flitzt, der Dandy, der bei Whiteway's in Tientsin seine Anzüge bestellt, der Marionettenkaiser, der vor Hirohito nicht mit seinen Handschuhen fertig wird.

NURHACI, 1550–1626, Gründer der Dynastie;
regierte die Mandschurei von 1616–26.

ABAHAI, regierte die Mandschurei 1626–43.

Haoge, Prinz Su, 1609–48

SHUN CHIH, Kaiser, 1644–61;
1644 Umzug der Dynastie nach Peking.

K'ANG HSI, Kaiser, 1662–1722

YUNG CHENG, Kaiser, 1723–35

CH'IEN LUNG, Kaiser, 1736–95

CHIA CH'ING, Kaiser, 1796–1820

TAO KUANG, Kaiser, 1821–50

HSIEN FENG, Kaiser, 1851–61; verheiratet mit der Obergemahlin, später Östliche Kaiserinwitwe, die 1881 starb; mit Tzu-hsi, später Westliche Kaiserinwitwe, die 1908 starb.

Prinz Tun

Prinz Yu-chin

Prinzessin Jung-Shu (1854–1911)

Prinz Kung, 1833–98

Tsai-chang

TUNG CHIH, Kaiser, 1862–75; heiratete die Obergemahlin Alute, die 1875 Selbstmord beging, und Konkubinen; keine Nachkommen.

Prinz Tuan

Tsai-chin

KUANG HSU, Kaiser, 1875–1908 heiratete die Obergemahlin und Tochter von Yehomala's Bruder, 1868–1913; die Konkubine »Die Glanzvolle«, 1874–1924; die Konkubine Perle, 1876–1900 (ermordet); keine Nachkommen.

Prinz Su, 1863–1922

P'u Chun, 1900 zum gesetzmäßigen Thronerben ernannt; 1901 abgesetzt.

PU YI, geb. 1906; Thronfolger 1908; 1912 abgedankt; 1932 Staatsoberhaupt von Mandschukuo; 1934–45 Kaiser von Mandschukuo; heiratete 1922 die Obergemahlin Wan Jung (Elizabeth), die 1946 starb; die zweite Gemahlin Wen-hsiu, die sich 1931 scheiden ließ; 1937 Heirat mit der zweiten Konkubine, Jade-Jahre, die 1942 starb; nahm die Konkubine »Laute aus Jade« zur Frau, später wieder geschieden; 1962 Heirat mit Shu-hsien Li; keine Nachkommen.

Juwel des Ostens alias Yoshiko Kawashima, geb. 1906; heiratete Kanjurjab 1927; hingerichtet 1948.

DIE FAMILIE DER MANDSCHU-KAISER

Die Namen der Kaiser sind großgedruckt. Zwischen 1844 und 1908 erscheinen sie mit der Angabe ihrer Regentschaftsperioden, jeweils beginnend mit dem Mondjahr, das dem Tod ihres Vorgängers folgte.

Prinz Ch'un, 1840–91; heiratete Tzu-hsi's Schwester

Prinz Ch'un, 1880–1950; heiratete eine Tochter von Jehonala's Freund Jung-lu.

| P'u Chieh, geb. 1907; 1937 Heirat mit Hiro, Tochter des Grafen Saga. | Erste Schwester (früh verstorben) | Zweite Schwester; heiratete 1932 den Enkel von Cheng Hsiao-hsu; 1933 erstes Kind in London zur Welt gebracht. | Dritte Schwester; heiratete Elizabeth's Bruder Jun-ch'i. | Vierte Schwester; heiratete einen Mongolen. | Fünfte Schwester; heiratete den Sohn von Chang Hsun's Stabschef. | u. a. |

Ältere Tochter, geb. 1938; 1957 Selbstmord.

Jüngere Tochter, geb. 1940

HEYNE TASCHENBÜCHER

zu Film und Fernsehen

01/6857 - DM 14,80

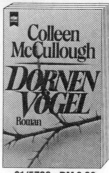

01/5738 - DM 9,80

01/6852 - DM 6,80

01/6930 - DM 6,80

01/6881 - DM 8,80

01/6929 - DM 7,80

01/6779 - DM 7,80

01/6849 - DM 6,80

Jetzt als Heyne-Taschenbuch:

Die mitreißende Familiensaga von Bette Bao Lord.

Heyne-
Taschenbuch
496 Seiten
01/6647 - DM 9,80

Ein faszinierendes Epos aus dem Reich der Mitte, ein Zeit- und Sittenbild vom China unseres Jahrhunderts. – Vergleichbar mit McCulloughs Welterfolg »Dornenvögel«.

Wilhelm Heyne Verlag München

PEARL S. BUCK

Die großen Asien-Romane der Nobelpreisträgerin. Bewegende Schicksale, fernöstliche Lebensweisheit, abendländische Humanität

01/5917 - DM 6,80

01/5959 - DM 6,80

01/6043 - DM 7,80

01/6206 - DM 14,80

01/6239 - DM 5,80

01/6407 - DM 6,80

01/6816 - DM 7,80

01/6871 - DM 7,80

Drei aufregende Fernost-Thriller

"Jeder, der Lustbaders Ninja verschlungen hat, wird von diesem orientalischen Rache-Epos hingerissen sein." James Patterson

Dai-Sho
Roman
512 Seiten
01/6864 - DM 9,80

Gai-Jin
Roman
442 Seiten
01/6957 - DM 8,80

Giri
Roman / 414 Seiten
01/6806 - DM 7,80

Wilhelm Heyne Verlag München

PETER SCHOLL-LATOUR

Der Tod im Reisfeld

**Einer der größten Bucherfolge unserer Zeit.
Weltauflage 1,2 Millionen.**

Peter Scholl-Latour kennt Asien wie kaum ein anderer. Er ist mit allen Ländern zwischen dem Golf von Bengalen und dem Golf von Tonking vertraut! Vietnam, Kambodscha, Laos, Thailand, Burma, Singapur, und er kennt China, den mächtigen Nachbarn.
Er bietet eine Reportage höchsten Ranges und beschreibt ein Drama historischen Ausmaßes, den Vietnam-Konflikt.
„Das spannendste und informativste deutsche Indochina-Buch."
Der Spiegel

Heyne-Taschenbuch
395 Seiten
01/6876 – DM 9.80

Wilhelm Heyne Verlag München